CANTIQUE DE LA RACAILLE

Vincent Ravalec

Cantique de la racaille

opus 2

roman

Fayard

ISBN : 978-2-213-64285-7

À mes gentils lecteurs

Remerciements

L'auteur tient à remercier Claude Durand qui lui a donné l'idée d'écrire une suite à *Cantique de la Racaille*, Iegor Gran qui a pensé à l'or et au pétrole comme références économiques, Frédéric Schoendoerffer pour ses tuyaux sur les services secrets, Bruno Mouron et Pascal Rostain pour leurs inénarrables récits de paparazzi, Muriel Tessier du Cros pour son orthographe, Lorelei Martin pour sa visite d'Ourasi, Olivier Fontvieille et Hélène Crochemore pour leur patience lors des essais de couverture, DL pour ses renseignements sur le monde de la finance, sa fille pour lui avoir fait écumer les festivals techno d'Europe, Natacha Maximov pour son hospitalité récurrente à Cannes, Lilas Seewald pour son travail d'éditrice, Dominique Fusco pour le service de presse, Valérie Degenne pour son indéfectible soutien, ses parents pour la même raison, son fils pour le partage de certaines aventures, Olivier Nora pour son enthousiasme, et bien entendu le docteur Dugarin, sans qui l'écriture de ce livre n'aurait pas été possible.

Avertissement

Cantique de la racaille, opus 2 est la suite d'une histoire relatant l'ascension et la chute d'un petit voyou.

Alors qu'il se rêvait chef d'entreprise, Gaston a été condamné à une longue peine pour le meurtre de celui qui avait abusé de son amie Marie-Pierre.

Quinze ans plus tard, il sort de prison.

Si certains personnages du premier livre ressurgissent dans l'aventure, il n'est cependant pas nécessaire d'avoir lu le premier roman pour lire et comprendre l'intrigue de celui-ci.

Première partie

Et derrière la porte que l'on guette
Le flux des miroirs murmure
Aux fils incessants des rivières
Les rameaux de notre histoire

Chapitre 1

(Jésus s'éclipsant du tombeau)

La première chose que je pense en mettant le pied dehors, c'est que le monde a changé. Je le sens dans l'air. Je le sens à la tête des gens. La veille, j'ai rêvé du tableau d'acuité visuelle face auquel, dans la pièce qui jouxte l'infirmerie, Hepner-qui-sait-tout me prodiguait ses leçons secrètes : les lettres représentaient les formes nouvelles et mouvantes de l'extérieur. Je suppose – ou plutôt comme Hepner m'a appris à le supposer – qu'il s'agit d'un message envoyé par un recoin de mon cerveau pour mieux gérer l'anxiété qui étreint les détenus après une longue peine.

J'ai obtenu une permission, à un mois de ma libération, après treize ans, huit mois et quatorze jours (si je ne compte pas la garde à vue qui a précédé mon incarcération). Cette mesure ne m'a été accordée qu'en raison de l'imminence de ma libération, et encore parce que Hepner l'a appuyée. Pendant ma détention, j'ai joué de malchance, mes demandes de conditionnelle ayant été systématiquement reléguées aux oubliettes. Comme si un sort malin s'acharnait à me maintenir prisonnier. Soit des faits-divers scabreux mettant en scène des détenus récidivistes défrayaient l'actualité, soit survenaient des élections, et donc un climat peu propice à la clémence. Quand ce n'était pas le directeur qui m'avait dans le nez. Quoi qu'il en soit, la réponse était toujours la même : pas de liberté, comme un leitmotiv dément à vous rendre fou. Avant d'y être confronté, on aurait tendance à penser que certaines situations seront invivables, qu'il sera impossible d'y survivre. C'est en partie faux, puisque je n'étais pas mort. Non pas d'ailleurs que je n'aie songé me suicider, mais je suppose qu'avoir une plus haute idée de mon destin que ce qui était mon lot, et le fait également d'avoir été un capitaine d'entreprise, d'avoir surmonté beaucoup de difficultés lorsque j'avais ma société, tout cela m'a aidé à traverser l'épreuve.

Les deux paparazzi avec qui j'ai rendez-vous m'attendent à l'angle de la rue. Je monte dans la voiture et, sitôt la portière refermée, je leur demande s'ils ont l'argent. Ce sont les premières paroles que je prononce à l'air libre, après ces absurdes années d'enfermement. « Vous avez l'argent ? » Et même si le monde a changé, cette phrase claque dans l'air comme des retrouvailles joyeuses, comme la certitude d'une reconnexion immédiate avec les forces vives qui, en profondeur, animent la marche des gens, de la Terre et du monde.

– Vous avez l'argent ?

Ils pourraient se vexer, ou faire une blague, dire « Eh bien, mon gars, tu ne perds pas le nord ! » Non, celui qui est chauve dit simplement « Si t'as la puce et que les photos sont bonnes, cela devrait pouvoir se faire ». Et l'autre tire sur son cigare. Je pense que ce sont des pros, alors je me calme. J'essaie de respirer et de passer en mode Self-control-absolu, mais malgré les exercices de Hepner, je n'y arrive pas. Je dis juste « Oui, j'ai la puce et je pense que les photos sont bonnes, mais je n'ai rien pour la lire ». Cigare enlève celle de son portable et glisse à la place celle que je lui tends, que j'ai sortie de ma bouche enroulée dans du plastique. Les images apparaissent sur l'écran tactile de l'iPhone. Chauve regarde. Il dit « Elles sont pas mal. C'est toi qui les as prises ? » et je réponds « Oui, je suis inscrit à l'atelier photo et j'ai essayé de faire quelque chose de vivant ». On le voit dans sa cellule, dans le couloir, lisant son courrier. On le voit qui a peur. On le voit qui pleure. Et les deux disent « Celle-là est top, on peut faire une couv si on a de la chance ». Ils m'expliquent qu'on va attendre d'avoir le gars du journal pour parler argent, parce que ça change tout s'ils la passent en Une ou pas. Comme ils ne semblent pas évoluer dans le Monde-de-l'Entourloupe – c'est par Hepner que le contact s'est fait –, je me détends. Ce n'est pas encore le printemps, mais la campagne est déjà verdoyante. Je me demande si un jour quelqu'un a décidé de peindre le monde, et si oui, s'il y avait déjà une sorte de trame, de canevas grossier sur lequel il n'a eu qu'à broder. Cette question profonde est un autre signe que je me refamiliarise avec la liberté. Lorsqu'on est enfermé, on ne se pose pas la question de savoir si un jour quelqu'un s'est saisi de pinceaux pour imaginer ce genre de théâtre affreux. On sait de manière certaine qu'il s'agit d'une erreur, d'un bug généré par la collision improbable de quelques comètes qui, dans leur égarement, ont enfanté cet incompréhensible hiatus. Puis je repense à Marie-Pierre, quand je l'avais prise en stop vers Le Havre. Cela fait des années que son souvenir ne m'a pas à ce point occupé l'esprit. « Ça doit te faire bizarre, t'y es depuis combien de temps ? » s'inquiète brusquement Chauve. Je réponds « Presque quatorze ans ». Ni l'un ni l'autre ne commente.

(Le bruit de fond)

Le Gros a faim, nous nous arrêtons pour déjeuner dans une auberge.

– Ça va te changer de l'ordinaire de la taule, dit gentiment Chauve, c'est bon ici, ils sont dans le *Gault-Millau*.

– Non, de ce côté-là on est plutôt bien loti, un grand chef nous fait la cuisine. Il avait deux étoiles au *Michelin*.

Ce qui est vrai. Le malheureux est au CDD pour un problème relationnel. Il a grièvement blessé l'amant de sa femme. C'est lui qui compose les menus de Hepner, donc les miens.

– Ah, dit Cigare, c'est pas celui qui a mis un coup de fusil à l'amant de sa femme ?

Nous commandons. Je choisis un camembert rôti au calvados. Des scènes de chasse revues par un peintre moderne ponctuent les murs du restaurant de taches de couleurs rappelant vaguement des animaux aux abois. J'essaie de deviner si les Règles du Monde se sont encore compliquées, ou s'il est encore possible de tirer son épingle du jeu, pour peu que l'on soit, comme moi, travailleur et doué d'esprit d'initiative. Cigare tente une nouvelle fois de joindre le commanditaire des photos. Sans succès, c'est sa messagerie. Ils peuvent fourguer à *Match* celle où il chiale, mais l'autre peut balancer plus de pognon pour l'ensemble.

– C'est toujours comme ça ?

– Ça dépend. Parfois la commande est précise et c'est une formalité, parfois on a intérêt à faire le tour des popotes avant de conclure.

D'après Hepner, qui connaissait quelqu'un qui les connaissait, Chauve et Cigare sont des tops dans leur partie. Les pros de la photo interdite. Dans notre affaire, il s'agissait de clichés du trader vedette du moment, celui qui a crashé sa banque de plusieurs milliards. Le type a été placé au CDD.

Le CDD est un centre de détention modèle, pour détenus méritants en fin de peine, mais qui, accessoirement, héberge les VIP trop « hot » pour qui le quartier d'isolement de la Santé manque de glamour et, surtout, que d'obscures raisons réfléchies par les Plus Hautes Zones du Pouvoir ou les Sphères Proches dans le secret de leur cœur obligent à tenir à l'écart. Les mauvaises langues disent que le dispositif date de l'affaire Elf, du séjour des pontes derrière les barreaux. J'ai réussi à y être transféré il y trois ans, lors de mon énième refus de conditionnelle, motivé cette fois par le massacre d'une famille, l'avant-veille de la commission, par un taré en permission. La représentante de l'AP et la juge ont pris en considération mes cris de putois indigné – et complètement justifiés –, concernant la malchance qui me frappait, d'autant que j'avais argué qu'étant chef d'entreprise, je me devais de préparer activement ma réinsertion. Elles m'ont, en contrepartie, transféré à Doux-Manoir (c'est le nom du CDD, construit sur le terrain d'un ancien manoir où sont logés les bureaux de l'administration). Cela a été mon unique carte de chance, mais de taille, puisque j'ai rencontré Hepner, qui m'a pris sous son aile.

– C'est vraiment trois étoiles ? veut savoir Chauve. Vous avez chacun votre chambre et vous vous gérez entièrement ?

– Plus ou moins, je dis, c'est sûr que ça n'a rien à voir avec Clairvaux. On est cinq par pavillon, on peut faire du sport, la cuisine, il y a des ateliers, une bibliothèque, des vidéos. On peut aller dans le parc.

– T'en as pas, dans le parc, de notre client ?

– Non, il reste dans sa chambre. La plupart du temps il chiale, ou il lit les articles de presse sur son affaire. Il en paraît dans le monde entier. Sa mère lui en apporte tous les jours.

– La mère vient tous les jours ?

– Oui, j'en ai une avec elle.

On regarde de nouveau les photos que Chauve n'a pas bien vues tout à l'heure, car il conduisait.

– Du vin ?

Chauve propose un sancerre. Cigare approuve.

– Remarque, on peut fourguer la couv à *Dirt*, et celle avec la mère à *Match*.

Ils m'expliquent que le type qu'ils essaient de joindre est un nouveau venu sur le marché, qui monte son magazine sur le modèle de la série américaine *Dirt*.

– Tu vois ce que c'est ?

– Carrément, je dis. Les séries, je n'arrête pas d'en regarder.

Dirt est une série mettant en scène la rédactrice d'un journal de paparazzi et son équipe – *le photographe schizophrène, la descente aux enfers du comédien qui vend son âme au diable, la meilleure amie de sa copine fait une OD, sa copine sombre dans la drogue*. Le premier numéro de l'apprenti magnat de presse auquel pensent Chauve et Cigare est prévu pour la semaine prochaine. Il tient à marquer le coup. C'est un numéro test sur lequel il va lever des fonds. Crash Trader chialant en première page est-il suffisamment glamour ?

– Peut-être pas en couv complète, mais en appoint. C'est de l'actu chaude.

Le serveur apporte les plats. Brusque rétrécissement du temps. Cigare, escalope normande. Spécialité maison. Attention, c'est chaud. Chauve, moules à la crème. Elles sont bonnes. Oui, ah, ah. Assiettes décorées d'aplats de couleur. Murs, papier peint uni et tableaux d'animaux. Le buffet campagnard. L'effrayant bruit de fond des autres convives. « On peut avoir du pain, madame, s'il vous plaît ? » Et la serveuse qui passe en jupe. Le commanditaire rappelle. Cigare sort pour lui parler. Je questionne Chauve sur son boulot. Je sais qu'ils couvrent l'Élysée, mais qu'ils ont aussi fait des guerres, la famille de Monaco, des trucs sidérants, c'est Hepner qui me l'a dit. Chauve me raconte quelques anecdotes, l'histoire insensée d'une actrice recluse qu'ils n'ont pu approcher que travestis en Hindous.

– C'est un métier de bandit, sauf qu'on n'a pas de flingue, mais des appareils photo.

Cigare revient. « Trente mille, mais il veut l'exclu sur l'ensemble. » Chauve fait la moue. « C'est pas assez, *Paris-Match* fera pas la couv, mais on peut avoir vingt mille sans problème. » Cigare s'énerve. Dit à Chauve de le rappeler s'il est si malin. Chauve sort, le téléphone à la main. Revient cinq minutes plus tard. « Trente mille, mais on peut refiler celle avec la mère à *Paris-Match*. Je lui ai dit que comme ça tout le monde verra qu'il a les meilleures. »

– Il t'a parlé de J ?

– Oui, c'est une obsession.

Je demande qui est J. Cigare me répond que c'est la fille d'un acteur célèbre, mannequin, qui s'est fourvoyée dans la coke. Dirtman voudrait un plan à la Kate Moss. « Putain, fait Chauve, il la veut pas non plus en levrette dans les toilettes du Baron ! » En dessert, nous dégustons des tartes aux pommes chaudes flambées. N'ayant pas bu d'alcool depuis longtemps, je suis groggy.

(Avant Paris)

Nous remettons le cap sur la capitale. Dans la voiture, je pense à Crash Trader en train de chialer dans sa cellule. Aurais-je pu être comme lui ? Au lieu de monter ma société et de devenir chef d'entreprise, j'aurais pu travailler à la Bourse. Mais cela me paraissait moins flamboyant. Être derrière un écran toute la journée et passer des ordres de vente ne doit pas être si folichon. Alors que chef d'entreprise, c'est une aventure en soi, un espace où le risque existe, où l'on doit être dynamique, responsable et inventif. Et de toute façon, lui aussi a mal fini. Embouteillages avant le tunnel de Saint-Cloud. Si je réalisais une série débutant à ma sortie de prison, j'imaginerais un générique avec des images rafale en cascades, mais aussi d'autres émanations plus poétiques, des ralentis. Hepner m'a expliqué comment on peut programmer sa vie comme un film. Nous arrivons sur le périph. Je revois Paris pour la première fois après quinze ans d'absence.

(Dirt)

Nous avons rendez-vous au Fouquet's. Pas à la brasserie, mais au lounge de l'hôtel mitoyen – inexistant dans l'Ancien Temps, celui de ma société, Extramill, où les francs étaient encore de la fête. Entrée design fer forgé. Groom black avec prestance. Hall chic et de bon goût. Escalier moquetté menant à un premier étage cosy néomoderne.

– C'est là que le Président a dormi le soir de son élection, susurre Cigare. Depuis, le directeur est incontrôlable.

Nous prenons place sur de moelleux canapés. Le maître d'hôtel glisse vers nous et s'enquiert de nos souhaits. Cigare et Chauve étudient la carte des cocktails, blaguent avec lui, sont parfaitement à l'aise. Dirt arrive. J'essaie de passer dans le Monde-du-Complet-Détachement, opération qui s'avère, finalement, plus facile que prévue. L'important étant – *dixit* Hepner – de prendre l'instant comme une inédite nouveauté, sans le dissocier du moment précédent, en l'acceptant simplement, ce qui évite surprises trop grandes et infranchissables fossés. Donc, activant mes super capteurs, j'ai paramétré que traiter un bizness de photos dans un endroit où les jolies femmes sont assorties aux tentures et où l'élite de la République se repose lors des verdicts chanceux, alors que le matin encore l'ombre des geôles alourdissait mes épaules de son funeste fardeau, est absolument normal.

– Bon, fait Dirt. Numéro un la semaine prochaine, j'ai le feu vert du financier.

Ça n'a pas l'air d'émouvoir plus que ça les deux compères.

– C'est incroyable, remarque Cigare, qu'il y ait encore des couillons pour investir dans la presse écrite.

– C'est rassurant, remarque, on a encore un répit avant le Pôle Emploi, appuie Chauve, qui se cure le bout d'un ongle avec une pique à olive.

Dirt ne réagit pas, il dit « Alors c'est bon, vous avez les photos ? » et Chauve lui montre sur son ordi, où il les a transférées. Dirt siffle, admiratif, notamment sur celle où Crash Trader chiale. « Putain, si on avait voulu la mettre en scène, on n'aurait pas fait mieux, avec un bon rédactionnel, ça va déchirer. » Il regarde aussi les autres. « Pas question de laisser *Match* les avoir, vous me faites un lot, je prends tout. » Cigare m'interroge du regard, comme si j'étais décisionnaire, il dit même « Ça ne dépend pas de nous, c'est lui qui vend, nous, on est juste associés. » Et pour finir, nous transigeons sur trente-trois mille. Le seul souci, c'est qu'il va payer sur facture à la société de Cigare & Chauve, et pas en cash.

– Comment ça, pas en cash ? je m'inquiète.

– Non, en cash, c'est pas possible. Maintenant il y a des contrôles pour un oui ou pour un non.

J'ai un instant de panique. Chauve doit comprendre ce qui se passe, parce qu'il me fait un clin d'œil et me dit « T'inquiète pas, on va voir ça après », et la discussion reprend sur J, Dirt veut absolument avoir quelque chose dessus.

– T'es lourd, fait Cigare, faussement pudique, elle prend de la coke, et alors ? C'est pas une raison pour la traîner dans la boue.

Dirt fait comme s'il n'avait pas entendu.

– Vous ne pouvez pas faire jouer vos contacts ? On m'a dit qu'elle allait à une fête ce soir. La fille qui vous tuyaute peut pas voir de quoi il retourne ? C'est sur le premier numéro que les annonceurs vont monter. Si vous avez du lourd, je peux suivre.

– On peut toujours appeler, fait Chauve, soudain moins à cheval sur la déontologie. Elle aura peut-être une idée.

Cigare cherche dans ses contacts et pianote sur son iPhone. Il explique la situation. « Oui, ce soir, paraît-il, tu peux essayer de te renseigner ? Oui, bien sûr, comme d'habitude. » Il raccroche. Dirt commande un Martini.

– Alors ?

– Elle nous rappelle.

J'en profite pour questionner Dirt sur son projet. Il me confirme qu'il s'agit bien d'un magazine à l'image de la série américaine, s'exalte en décrivant le bébé. « Les gens sont sales, la société est sale, nous leur renvoyons leurs propres saletés, mais mises en scène, magnifiées, théâtralisées. Les demi-dieux sont devenus fous, amoraux, vénaux, égoïstes, perdus, dépravés, et c'est ça que nous montrons au public, les coulisses de sa propre bêtise. »

– C'est un intellectuel, me précise Cigare.

– Comment ça ? je demande, ne comprenant pas très bien.

– Il veut dire que, si la société fonctionnait différemment, il n'y aurait pas tous ces scandales et cette fascination pour le sordide, s'en mêle Chauve qui a dû débattre du sujet de nombreuses fois déjà.

– Et vous allez vraiment l'appeler *Dirt* ?

– Oui, le titre n'est pas déposé pour l'Europe en tant qu'organe de presse. C'est énorme, non ?

J'approuve de confiance. Une fille sortie d'un magazine vient faire la bise à Cigare, qui lui pelote affectueusement le bout d'un sein. À la table voisine, un homme d'un certain âge – grisonnant, BlackBerry, digne mais fatigué – parle dans son portable. « Non, je ne verserai pas une pension si importante, c'est de l'escroquerie, vous pouvez le lui dire de ma part. » Tout ce que vendait Extramill, les téléphones, les écrans plats, les ordinateurs, avait déferlé sur le monde. J'avais été un précurseur.

– On va déchirer, reprend Dirt. Dé-chi-rer.

La fille rappelle. Oui, il y a bien une nouba ce soir, pour l'anniversaire d'une amie de J. Elle peut y emmener quelqu'un. « OK, dit Cigare, on te rappelle dans cinq minutes. » Visiblement, ni lui ni Chauve ne sont trop open pour monter à l'assaut eux-mêmes. « Ça ne marchera pas, explique Cigare, on a planqué son père pendant des années, elle nous connaît depuis la maternelle. » Dirt me regarde. « Et lui, il ne peut pas y aller ? »

– Je ne sais pas, ça consiste en quoi ?

– La même chose qu'avec le trader, mais dans une fête de branchés.

– Il y aura plein de mannequins, toutes les copines de J.

– Et ?

– L'idéal, ce serait de la voir en train de se défoncer, bave Dirt. Comme dans la série : plus c'est trash, plus je paie. Bien sûr, pas question que tu te fasses couper le petit doigt, ah, ah ! *– l'épisode où le photographe schizophrène se mutile pour accéder au service où est soignée une starlette qui s'est brûlé le visage en fumant du crack*. Mais que tu la shootes en train de renifler sa merde, ça oui !

Au moins, c'est sans ambiguïté. Cigare a l'air gêné. « Qu'est-ce qu'il y a, lance Dirt, je te choque ? – C'est pas ça, rétorque Chauve, mais on la connaît depuis toute petite. On l'a même photographiée bébé avec N, sa mère. Ça me fout les boules qu'elle soit le nez dedans. » Dirt ricane franchement. « Je vous ai connus moins pudibonds. » Chauve se tourne vers moi. « Qu'est-ce t'en penses ? »

– Pourquoi pas, je fais, j'avais prévu de me balader dans Paris, mais s'il y a plein de mannequins…

Cigare est déjà en train de rappeler la fille. « OK, je t'ai trouvé un cavalier, on se retrouve au Virgin vers vingt heures ? »

– Par contre, dit Dirt, il peut pas y aller sapé comme ça. Faut le nipper un peu.

– On va s'en occuper, répondent Chauve & Cigare qui, décidément, semblent m'avoir adopté. On te phone quand on a des news.

(Les galeries marchandes)

Nous laissons Dirt qui a un autre rendez-vous sur place – une bombe d'un mètre quatre-vingt arrive quand on se lève et nous embrasse un par un, cette fois Cigare ne lui touche pas les seins – et ressortons sur les Champs. Nous traversons l'avenue et marchons vers le coin des galeries marchandes. J'essaie de voir ce qui a changé. Pas grand-chose, somme toute. Les portables. Et les iPod. On fait quelques magasins. Une heure plus tard, je suis rhabillé des pieds à la tête. Léger, sport, de bon goût. « Style les cokés de la haute, t'es dans le ton. » Pour l'argent, Chauve m'explique qu'ils vont se débrouiller, m'en donner une petite partie en cash maintenant et l'autre en chèque quand je sors, car il suppose – à juste titre – que je n'ai pas de compte en banque. Il voit que je tique. « T'inquiète pas, on n'est pas des escrocs – il me donne sa carte –, il y a notre adresse, nos portables, on fait un tiers pour toi, un tiers pour les frais, un tiers pour nous, c'est correct. » Je me répète ce que m'a dit Hepner. « Essaie d'avoir un bon contact avec eux, on ne sait jamais, ils peuvent t'aider », alors je dis « OK, pas de problème. » Et Chauve me tend une liasse roulée, déjà deux mille euros, et je dis « C'est cool, c'est cool », et en touchant l'argent j'ai une drôle d'impression, que l'argent est malade, qu'il y a un problème, et je vois des milliers de rats affamés, leurs dents luisent dans une nuit indistincte, et Chauve dit « Deux mille sur onze mille, on te doit encore neuf mille, les fringues par contre c'est sur les frais de ce soir. » Nous ressortons et allons au Virgin. Cigare m'achète un portable, avec une Mobicarte. Je leur demande ce qu'ils pensent de Dirt.

– Il est bizarre, dit Chauve, limite malsain. Je sais pas trop si on va travailler avec lui.

– D'autant que son canard, on n'y est pas encore, souligne Cigare. Les financiers, par les temps qui courent, j'aimerais bien voir la couleur de leur pognon.

– Il paraît que c'est des Saoudiens qui veulent se faire une place en contrôlant les people, rétorque Chauve.

J'ai de nouveau la tête qui tourne. De part et d'autre du grand escalier, des couvertures de livres – sur la crise financière, le réchauffement de la planète – ruissellent, comme dégoulinant des murs. Des gens assis par terre lisent des BD et des romans de SF. Des clips passent sur de grands écrans. On attend la fille qui doit m'emmener à la fête. Cigare va faire un tour au rayon DVD. Chauve téléphone. Je feuillette un gratuit qui traîne. Une quarantaine d'enfants afghans ont été découverts dans les égouts, sous la gare de Rome. D'après la police, ils auraient traversé l'Europe cachés dans des ferries, sur des embarcations pneumatiques et vivaient là dans des conditions précaires. La Corée a défié le monde en tirant une fusée missile. Certains dirigeants qui avaient touché des stock-options ont accepté de les rendre. Une fouine a dévoré en quelques mois les câbles de frein de centaines de véhicules de marque Renault, la gendarmerie de Perros-Guirec a réussi à la filmer. Le nouveau Président américain demande un monde sans arme nucléaire. Le G20 a obtenu un meilleur contrôle des paradis fiscaux et l'ONU va œuvrer pour que les promesses profitent aux plus pauvres. Il y a encore eu des morts et des attentats ici et là. Un banquier a été retrouvé assassiné dans une mise en scène macabre rappelant les photos de David LaChapelle.

– La voilà, me pousse du coude Chauve. Elle s'appelle Daphné.

(Mouss)

Daphné doit avoir dans les vingt-cinq ans. Son visage affiche des prémices de stigmates de fêtarde, tout en étant plutôt mignonnet, mais sans être une beauté non plus. Elle nous fait la bise. Je sens son odeur, un mélange de parfum, de cigarette et d'alcool. Elle commande un café. Sur l'écran géant, un clip montre des villes dévastées et des flammes.

– Je te présente Gaston, dit Cigare. Il travaille avec nous.

– Le truc, c'est que c'est déguisé, annonce Daphné. Il faudrait louer un costume.

Chauve la regarde, interloqué. « Un costume, mais où va-t-on trouver un costume à cette heure ? On vient de le renipper de la tête aux pieds ! » Cigare dit qu'il doit y aller, qu'il a un rancard. Chauve souffle, comme si c'était toujours pour lui les problèmes. Il regarde sur son iPhone. Pléthore de magasins et de sites proposent des déguisements, mais ils ne sont pas ouverts le samedi soir. Le samedi soir, les loueurs de costumes fantaisie sont eux-mêmes dans des bals costumés, des fêtes grandioses, ou alors ils se reposent, en tout cas ils n'attendent pas sur le pas de leur porte que se présente le chaland, cela va de soi.

– Et sans costume, vous ne pourrez pas entrer ?

– Si, mais la fille qui organise fait des soirées incroyables, avec des thèmes, si je viens comme ça, en plus avec quelqu'un qu'elle ne connaît pas, elle risque de pas me réinviter.

– Pourquoi, c'est toujours la même qui invite ?

– Ils sont toute une bande, elle adore organiser des fêtes, répond, laconique, Daphné.

Je vois que Chauve hésite entre dire « Écoute, vas-y comme ça et tant pis si tu grilles le plan » et la possibilité de futurs scoops chez la jeunesse people dépravée. Le moyen terme finit par l'emporter. « Non, c'est idiot, il faut trouver des costumes. » Daphné acquiesce, finit par lâcher qu'il y a peut-être une solution, mais... « Combien ? » fait Chauve qui a compris de quoi il retourne. Il lui donne déjà deux cents euros pour me faire entrer, plus un bonus si les photos sont bonnes. Daphné demande cent euros supplémentaires. Sur l'écran, des choses noires, des tentacules, puis une chanson : *Un rayon de soleil/Ma main sur ton petit cul*. Chauve la fredonne en sortant les billets de son portefeuille. Je pars avec Daphné, on va d'abord chez elle, me grimer, puis à la fête. Chauve m'a montré le fonctionnement de l'appareil qu'ils me prêtent, dissimulé dans un briquet. « Il y a même un flash, mais tu le débrayes, sinon c'est la cata. » L'optique ayant une grande sensibilité, même en basse lumière, cela devrait marcher. On prend le métro, Daphné habite vers place de Clichy. Le métro me semble aussi pire qu'il y a quinze ans. « Tu travailles avec eux souvent ? » me demande ma cavalière, histoire de dire quelque chose. « Plus ou moins », je fais, ayant du mal à reprendre pied.

– Tu es photographe ?

– Oui, je bricole. Et toi ?

– Moi je me cherche un peu. Je travaille dans la mode, mais là j'ai arrêté.

– Styliste ?

– Non, j'étais attachée de presse pour *Cosmo*, mais je me suis pris la tête avec une rédactrice.

Elle habite un studio au sixième sans ascenseur. Chez elle, la déco est marrante. Il y a des marionnettes, dans des positions bizarres.

– C'est quoi ?

– Des trucs que j'essaie, mais c'est inabouti.

Elle farfouille dans un placard, m'explique qu'elle a fait les beaux-arts, qu'elle est à fond dans son histoire de marionnettes et que c'est pour ça qu'elle s'est pris la tête à *Cosmo*, parce qu'elle trouve leur trip futile et bête. Ses créations ne sont pas encore au top, elle n'a pas de galeriste, mais chaque fois qu'elle croise quelqu'un, elle en fait une marionnette et c'est comme un journal intime. Il y en a dans les toilettes qui pendent du plafond. C'est assez… étrange.

– Tiens, c'est ton costume.

Elle sort de l'armoire une veste avec des ailes et un haut-de-forme.

– C'est un costume de quoi ?

– D'ange Johnny Walker. Je l'avais fait pour mon ex.

Il y a aussi une chemise à jabot et un pantalon genre pantalon de cheval. Elle me dit de les essayer. Elle va mettre son costume de Vampirella. Léger engourdissement. J'enlève mon pull et mon tee-shirt tout neufs. Elle me tend la chemise.

Passe sa main dans mon cou pour arranger le col. « C'est cool, vous faites la même taille. » J'enfile le pantalon, qui me va aussi. La veste et le haut-de-forme. Je me regarde dans la glace. J'ai chaud. Elle se déshabille. Elle est en soutien-gorge et en culotte. « Et toi, tu les connais depuis longtemps, les deux Pieds Nickelés ? – Non, je dis, pas tellement. » Son soutien-gorge est transparent. Je vois la pointe de ses seins. Elle enfile la robe de Vampirella. « Il faut que je me maquille, j'en ai pour cinq minutes. » Je patiente en regardant des livres d'art qui sont dans la bibliothèque.

– Et tu as toujours été photographe ?

– Non, avant j'avais une société.

– De quoi ?

– De matériel hi-fi et informatique.

– Et tu préfères quelque chose de plus créatif ?

– Oui.

– T'as raison, les gens ne sont pas assez inventifs. Tout le monde ne pense qu'à l'argent, c'est désespérant.

Elle revient dans la pièce et enfile des bas qui tiennent tous seuls. Elle s'est fait un maquillage noir. Un maquillage de Vampirella. Elle commande un taxi. Nous roulons dans les rues de Paris. J'ai l'impression d'être drogué.

– Ça va ? elle demande. Tu as l'air ailleurs.

– Non, je dis, j'ai un petit coup de barre, ça va passer.

La fête a lieu dans un endroit incroyable. Un ancien immeuble d'imprimeur transformé en loft, sur plusieurs niveaux, rue des Saints-Pères. Il y a une centaine de convives. Personne ne fait attention à nous. Les gens sont déguisés. Daphné fait la bise à la cantonade. Je reste les bras ballants et vais me servir un Perrier. J'essaie de me concentrer sur ma mission. Je ne sais pas à quoi ressemble J. L'ambiance n'est pas tellement *Délires de stupre à Hollywood*. Plutôt bon enfant.

Les costumes sont surprenants. Ce ne sont pas de banals costumes de pirates ou de Batman, non, chaque invité porte un déguisement original. Daphné réapparaît, une coupe à la main, et m'explique que la fille qui organise a un réseau d'amis qui font des bals comme ça depuis l'adolescence, parfois c'est dans des châteaux et c'est vraiment extraordinaire. « Tu vois, si on était venus habillés normalement, on aurait fait taches. » Je lui demande si J est là. Elle me la montre discrètement et me dit qu'à son avis le type qui vient d'arriver (qui n'est pas déguisé) et qui lui parle doit être le dealer. J est en libellule avec des cerises dans les cheveux. « Vu, je dis, distinguant un Black, de dos, pas déguisé. » Mon portable vibre. C'est Chauve, qui me demande où j'en suis. « Du calme, je réponds, je viens d'arriver. Mais le dealer est avec J. » Chauve sera dans le coin d'ici une demi-heure et m'attendra en bas.

– C'est comme des chiens de chasse, je glisse à Daphné, ils ne lâchent jamais l'affaire.

– Oui, ça les excite. C'est pour ça aussi que c'est les meilleurs.

Je me rapproche de J. Le Black se retourne.

– Hé ! je fais, saisi, Toss ?! Mais qu'est-ce tu fais là ?

Il se fige sur place, comme devant un fantôme. Il me fixe intensément. J le tire par la manche. Il la repousse, se rapproche de moi. La musique change brusquement, de house techno à un air d'opéra complètement hors de propos. « Tu connais mon frère ? »

Je réalise ma méprise – *différentes scènes de Prison Break, avec le plan de la prison tatoué dans le dos.*

– T'es le frère de Toss ?

Il écarquille les yeux et bat des paupières plus rapidement.

– Qui c'est ? dit J qui s'impatiente. Un ami à toi ?

– Tu connaissais mon frère ? il dit, effaré maintenant de cette constatation.

– J'étais avec lui à Clairvaux, on était ensemble en cellule.

Quelques instants plus tard, je suis dans une chambre, à l'étage – lit à baldaquin, coin salle de bains, Jacuzzi. Tandis que Mouss – c'est son nom – fait des lignes à J tout en me questionnant sur son frère. Je lui explique qu'on a partagé la même cellule pendant plusieurs mois, que l'administration nous avait mis ensemble pour éviter qu'il déprime trop, il avait eu des problèmes avec un surveillant dans l'autre bâtiment. « Les enculés, il n'arrête pas de répéter, les enculés ! Je voulais aller mettre le feu là-bas, si j'avais eu les couilles je serais allé mettre le feu là-bas. » Il veut savoir ce qui s'est passé ensuite. J se refait une ligne, écoutant vaguement la discussion. J'appuie discrètement sur le déclencheur de l'appareil, comme si je jouais machinalement avec mon briquet. « Il s'est repris de bec avec les surveillants, ils lui avaient interdit le sport. – Les enculés, répète encore Mouss qui a maintenant les larmes aux yeux. C'est mon grand frère, c'est lui qui m'a tout appris. – Oui, je dis, il était cool. » Après une altercation, les surveillants l'avaient collé au mitard.

– C'est eux qui l'ont tué ? Si t'as une preuve, je peux faire un procès ?

– Franchement, je ne sais pas. Ils ont dit qu'il s'était suicidé. Mais c'est ça qui a déclenché les émeutes. Il était très populaire, j'ajoute. Tout le monde le trouvait cool. Quand il est mort, ça a fait comme une révolution.

Mouss répète plusieurs fois « comme une révolution, comme une révolution », et ça le fait sourire, ça amoindrit son chagrin. Du coup, il me demande si je veux une ligne. Je décline sa proposition mais, comme je ne veux pas éveiller les soupçons, je réponds « Pas tout de suite, plus tard ». Il m'en donne un peu, dans un paquet, car il faut qu'il bouge, mais il voudrait me revoir pour parler de son frère. Son téléphone sonne. « J'arrive, d'ici une demi-heure maxi. » J le paie. Il sert d'autres personnes. Les billets changent de mains. Les paquets aussi. Je repère un type à l'écart qui commente : « Je ne vois pas pourquoi vous avez besoin de ça pour vous éclater, c'est nul », et je me dis que si on suspecte quelque chose pour les photos, cela fera un coupable idéal. Mouss part en me faisant la bise (alors qu'il ne la fait pas aux autres) et Daphné qui vient de nous rejoindre assiste à cet événement – moi recevant l'accolade du dealer –, ce qui me confère, je le vois dans ses yeux, un zeste d'intérêt que je n'avais pas la seconde d'avant. Nous restons, quelques camés de la haute, celui qui est contre la drogue, J, Daphné et moi, dans la chambre à baldaquin. J fait passer un doseur de Ricard et s'aspire plusieurs doses de crack. Je lui allume la pipe avec mon briquet à différentes reprises (ses fausses cerises dans les cheveux brillent sous la flamme). Puis je redescends avec Daphné et… nous dansons, comme des amoureux. Daphné se colle contre moi et me dit qu'il y a son ex et qu'elle est bien contente, car il voit qu'elle est avec quelqu'un et qu'en plus j'ai son costume. Je sens mon vibreur qui s'agite et du coup, comme en bas on s'impatiente, nous nous éclipsons. Chauve, que Cigare a rejoint, nous attend dans la voiture.

– Alors ?

– Je pense que c'est bon, je fais, assez faraud. Si l'appareil a fonctionné, on devrait avoir quelques bonnes images.

– Il connaissait le dealer, explique Daphné, dans un étonnement enfantin (elle est légèrement ivre), il lui a fait la bise.

– Oui, c'est un coup de chance, je connaissais son frère qui s'est suicidé.

Chauve lit la puce sur son ordi. « Putain, il fait, putain dis donc, là c'est carrément du lourd ! » Cigare hoche la tête. « Oui, mais à part l'autre con, personne ne les prendra. »

Pas besoin de demander pourquoi. J, en gros plan, tirant sur la pipe, avec de la bave qui lui coule de la commissure des lèvres. Trop trash. Trop *Dirt*.

(Daphné)

Cigare appelle Dirt – de son vrai nom Marc-Olivier. « Oui, au-delà de tes espérances, si, en train de se cracker en gros plan. » Le plafonnier de la voiture et l'ambiance du parking Saint-Germain sur le maquillage de Daphné lui donnent l'aspect d'un vampire. Chauve me chambre sur mon costume d'ange (qui n'est guère pratique, je suis obligé de replier les ailes en permanence pour ne pas les abîmer). Une dizaine de minutes plus tard – à croire qu'il attendait lui aussi à côté –, Dirt arrive. Nous fait des appels de phares. Sa voiture vient se glisser à côté de la nôtre – *24 heures, quand le candidat black risque de se faire casser la figure par des voyous dans un parking.* Chauve tend l'ordi. Dirt fait glisser les photos une par une. « Putain, il fait, putain, c'est le plus beau jour de ma vie ! » Cigare dit que ça vaut très cher. « Combien ? » veut savoir Dirt. Une discussion s'engage. « Pas assez », fait Cigare après nous avoir consultés. Pour finir, nous tombons d'accord sur soixante mille euros, pour les photos de Crash Trader et de Crack Cerise, plus une série sur les cuisines de l'Élysée que Cigare n'arrive pas à fourguer. « Le top, c'est les cerises dans les cheveux, commente Dirt en scellant le marché d'une poignée de main. Les cerises dans les cheveux, ça lui donne un air d'enfant qui se commet sur le sentier de la perdition. Les gens vont adorer ! » Sur cette remarque déconcertante de compassion, nous mettons les voiles et, comme j'ai laissé mes affaires chez Daphné et que les deux ont une soirée avec la Présidente et son mari où ils doivent aller de toute urgence, ils nous larguent à la station de taxis. Cigare me reglisse deux mille euros en cash et me dit que le reste va suivre, qu'il faut que je m'ouvre un compte en sortant et que *grosso modo* il me revient encore dix mille euros sur le coup du briquet magique. Il me dit aussi que j'ai le truc. « Paparazzo, c'est pas comme photographe de mode ou artistique. Il faut être au bon endroit au bon moment, et ça, tu l'as ou tu l'as pas. C'est dans tes lignes de vie. » Je pense aussi qu'il ne faut pas avoir trop de scrupules. Quant à Daphné, elle a droit, dans l'euphorie, à cinq cents euros en plus de ce qu'elle a déjà touché.

– Sûr, je m'inquiète, pas d'enculeries ?

Il rigole.

– Non, nous, on travaille comme des bandits, mais on est des faux bandits. T'auras un chèque le jour de ta sortie et, si tu veux, on te mettra sur des plans.

Je reste avec ma compagne. Les feux arrière de la voiture s'éloignent sur le boulevard – *The Shield, les ripoux partant sur un braquage, avec les soupçons qui pèsent sur eux, quand ils doivent attaquer le train plein de pognon des mafieux.*

– Ce serait pas possible que t'appelles ton copain pour que j'en achète ? me demande Daphné, d'une voix qui se veut mutine. J'en aurais bien pris, moi, de la coke.

Je lui réponds que ce n'est pas la peine, qu'il m'en a donné, et pris d'une bouffée d'ivresse, due non pas à un adjuvant extérieur mais au sentiment qui commence à m'étreindre – je vais bientôt être libre, avec de l'argent, ce qui ôte à ma sortie son aspect angoissant –, je l'entraîne dans un renfoncement de porte cochère, rue Bonaparte, et je lui prépare une énorme ligne qu'elle s'envoie en reniflant bruyamment, Vampirella sniffant dans l'obscurité parisienne, et je me sens à cet instant incroyablement en phase avec l'environnement, les réverbères, l'ombre des toits, les murs des vieux immeubles et les mystères qu'ils doivent receler, et quand Daphné dit « T'es vraiment cool, en fait, j'aurais pas cru en te voyant, au début », les ailes de mon costume battent l'air de contentement. Comme elle est cokée, et moi surexcité par mon incroyable fortune et par la vie qui s'offre, nous partons à pied, plus ou moins vers chez elle et la place de Clichy, mais en vérité plutôt le nez au vent, en romantisme absolu, si tant est qu'on puisse parler de romantisme entre un ange VRP pour une marque d'alcool et Vampirella, mais il y a quand même de ça. Les rues de Saint-Germain sont un écrin doux, et nous marchons. Les personnes que nous croisons nous regardent à cause de nos déguisements, Daphné est cokée et saoule, ça la fait rire et moi aussi.

– Mais, je finis par demander parce que ça m'intrigue, J, tu la connais bien ?

– Plus ou moins, surtout la fille qui fait les soirées. J'étais dans une école d'art. Elle connaît J depuis toute petite.

– Mais ça te fait quoi, enfin, les photos, qu'on la voie en train de fumer du crack, tu ne trouves pas que ça craint ?

– Si, c'est triste, mais depuis que sa mère est morte, je pense qu'elle est pas mal dans la *night*.

Je ne lui demande pas ce que ça lui fait de toucher cinq cents euros pour la faire mitrailler à bout portant pour un journal people. Je suppose qu'elle s'en fout, ou qu'elle considère que cela n'a pas plus d'importance que ça. Nous continuons notre périple, jusqu'à la Seine. Daphné tient à ce que nous allions sur les quais.

– Ce genre de promenade, c'est *hyper hype*, en fait. Je ne fais jamais ça toute seule.

Elle me demande si j'aime la poésie. Je lui dis que oui, que j'aime bien Aragon et Baudelaire, ou Mallarmé, que ce qui me plaît, c'est quand ce n'est pas trop formel mais que ça se mélange à la vie, comme dans les poésies en prose de Baudelaire, ou dans *le Fou d'Elsa* d'Aragon, ou alors quand ça procède d'une autre logique, comme Mallarmé, et elle me dit qu'elle ne connaît pas *le Fou d'Elsa* mais qu'elle va le lire, et malgré son maquillage affreux qui en plus commence à couler, avec la goutte au nez à cause de la fraîcheur de la nuit et de la coke, je lui trouve un certain charme.

Nous marchons le long des berges, sous les ponts, au bout de l'île de la Cité.

– C'est là où les Templiers ont été brûlés, je dis, parce que Hepner m'a raconté l'histoire en long et en large. Ils étaient devenus une menace pour le royaume et se livraient à des pratiques ésotériques.

Daphné est impressionnée. Elle-même a une copine dans une société secrète, qui fait des messes noires. C'est tout à fait possible qu'elle vienne là. Les endroits où il y a eu des sacrifices ou des morts sont recherchés, car il reste des effluves de mal. Elle me demande si j'aimerais faire des sorts. Elle, sa copine lui a proposé, mais ça la fait flipper.

– Je ne sais pas, je dis, je ne me suis jamais posé la question, et puis, du mal, il y en a déjà beaucoup partout, à quoi cela servirait d'en rajouter ?

Nous remontons par le Louvre, Opéra. Je lui demande si ça l'ennuie de continuer jusqu'à Pigalle. Quand nous arrivons, le jour se lève, il y a des saletés par terre, des cornets de frites, des cannettes de bière, mais je suis content de revoir le quartier, et j'aimerais presque pousser jusqu'à Barbès. Mais il commence à être tard et, pour finir, on va petit-déjeuner au Chào Bà Café.

– T'es un drôle de type, elle fait. J'arrive pas à te cerner.

Nous retournons place de Clichy – je dois récupérer mes affaires et je voudrais prendre une douche avant mon train, vu que je dois être au CDD avant dix-sept heures. Une fois chez elle, je me déshabille et je vais dans la salle de bains, en laissant mes affaires dans la pièce, et quand je ressors, elle est toute bizarre et me lance, en montrant mon autorisation de permission que je dois présenter en cas de contrôle d'identité : « Mais t'es en prison, c'est pour ça que tu connaissais le dealer ? » Je la rassure en lui disant que ce n'est pas grave, que je suis gentil, mais elle a l'air catastrophée, comme si le fait de m'avoir côtoyé lui faisait prendre un risque fou, ou qu'il existait des possibilités qu'elle se contamine elle-même. Elle répète encore « C'est pour ça que tu voulais aller à Pigalle ? » Je finis par comprendre qu'elle pense que je voulais me taper une pute et cela provoque une curieuse résonance dans mon cerveau. Je réponds « Mais non, qu'est-ce que tu vas chercher là ? » et elle secoue la tête en répétant « En même temps, c'est normal. À ta place, certainement que je ressentirais les mêmes choses ». Elle finit par sourire et dit :

– Je vais faire une marionnette pour le salut de ton âme.

Le costume d'ange avec les ailes est tout avachi sur la chaise, comme un pyjama qu'on n'a plus envie de mettre, et elle murmure encore, pour elle, « Quand je pense que je me suis foutue à poil devant toi, ça a dû te faire un truc pas possible », et je la regarde, hébété, avec la fatigue, le jour qui s'est levé et l'espèce de gueule de bois qui commence à m'envahir, alors que je n'ai ni bu, ni pris quoi que ce soit, et finalement elle me note son numéro de téléphone sur un morceau de papier et je quitte l'appartement avec mes affaires, et je mets le cap vers la gare Saint-Lazare. Je dois être au CDD avant dix-sept heures et en train c'est tout un bazar, il y a un changement et un tortillard qui met un temps fou, la fille des services sociaux me l'a expliqué en long et en large.

J'ai juste le temps d'un crochet par les Champs pour changer les billets de Cigare contre quatre billets de cinq cents euros que je pourrai passer facilement à la fouille. Ensuite, dans le train, je reste pendant le trajet à rêvasser, à toucher les billets, à regarder la carte des paparazzi et à imaginer ce que je vais faire en sortant, avec les vingt mille euros, et c'est flou, oui, c'est ce que je me dis, mon destin est flou, alors je respire, comme dans les séances d'H+, et j'essaie de passer sur un programme relaxant.

Quand j'arrive à la prison, c'est pour apprendre que la tumeur de Hepner a encore gagné du terrain, il va mourir incessamment.

Chapitre 2

(Labyrinthe de l'esquisse des chances)

– C'est sûr ? je demande.

– Certain. Il me reste quelques jours, une semaine au plus.

– Vous avez mal à la tête ?

– J'ai des cachets.

– Ils ne vous ont pas gardé à l'hôpital ?

– Ils voulaient, mais je préfère être là, on a des choses à peaufiner.

Puis le directeur vient le voir et s'adresse à lui avec déférence, comme à chaque fois, s'inquiète que tout aille bien et que rien ne manque. Hepner le remercie, dit que je m'occupe de lui et que le chef va lui confectionner ses derniers repas. « Heureusement, ça ne me coupe pas l'appétit, ah, ah ! » Vu les circonstances, le directeur fera rentrer quelques bonnes bouteilles. Il nous quitte en donnant une poignée de main croisée à Hepner, murmurant du bout des lèvres – j'entends quand même – « Cela n'existe pas ». Hepner fait de même. « Cela n'existe pas. » Une fois seul, Hepner me demande de lui raconter les paparazzi. « Ils sont incroyables, hein ? »

Quand j'en suis au dealer, lui expliquant que je le connaissais, il énonce : « C'est peut-être ta chance qui redémarre. » Pour Vampirella, il n'en revient pas que je ne l'aie pas baisée. « Tu voyais la pointe de ses seins à travers le soutif ? » Il répète cela plusieurs fois, nostalgique, les yeux dans le vague. Puis il ajoute : « Tu devrais te mettre aux femmes quand tu sortiras, cela t'apprendrait des choses. » Comme d'habitude, j'opine et écoute ce qu'il me dit. Jusqu'à présent, il m'a toujours donné de bons conseils.

Les jours qui suivent, nous faisons séance d'H+ sur séance d'H+. Je comprends qu'il veut me transmettre le maximum avant de partir, ce que je perçois comme un cadeau. Je le remercie de ce qu'il fait pour moi et j'essaie de comprendre au mieux les leçons. Je dois être particulièrement réceptif, car plusieurs fois je plonge dans un état si profond qu'à mon réveil je ne me souviens de rien.

Pour cela, Hepner a doublé la dose habituelle, à tel point que dans les heures qui suivent j'ai des éclairs de couleur qui filent devant les yeux et des étourdissements. Puis cela passe. Dans mes rêves, la nuit, Hepner me répète « N'oublie pas, n'oublie pas ! », comme si la séance recommençait, avec les mêmes morceaux de musique dont, au matin, je n'ai pourtant aucun souvenir, si ce n'est une vague brume qui flotte dans un coin de mon cerveau.

(L'anneau du pouvoir)

Hepner meurt quelques jours plus tard, en fin d'après-midi. Je suis au sport et, quand je reviens, il est allongé sur le lit, livide. J'appelle un gardien et nous lui fermons les yeux. « Il t'a laissé ses effets, dit le surveillant, le directeur m'a prévenu. » Je retire la bague qu'il portait au petit doigt, comme il me l'a demandé. Elle me va juste à l'annulaire. Le reste tient dans une enveloppe, c'est la clef pour ce dont il m'a parlé. Le soir, nous dînons avec le chef cuisinier, nous parlons de Hepner, à quel point c'était un chic type. Nous buvons la dernière bouteille, cadeau du directeur, puis je me retire dans mes appartements, le chef aussi. Je suis seul, à regarder le plafond de la cellule sans pouvoir dormir. À trois heures du matin, le portable, que j'ai laissé allumé, vibre. C'est Cigare qui me dit que si je suis OK, il a un truc énorme a me proposer.

– Oui, je fais, en parlant doucement parce qu'un surveillant peut toujours pointer le bout de son nez. Qu'est-ce qu'il faut faire ?

– T'as pas regardé les actus ? Ils ont écroué le numéro un.

Effectivement, j'ai vu que le P-DG d'une de nos principales banques était inculpé et jeté en prison après plusieurs séries d'opérations foireuses et de manœuvres douteuses qu'il a couvertes et dont il s'est servi pour s'enrichir, alors que la banqueroute était imminente. Autant dire que la nouvelle fait l'effet d'un cataclysme après tous les scandales qu'il y a eu dernièrement, Madoff, la crise, Crash Trader et tout le reste, les suicides, le spectre de krach qui rôde partout et les subprimes auxquels personne ne comprend rien.

– Ils vont le mettre chez toi, mon contact à la Santé dit qu'il n'est pas là-bas.

– OK, je dis, je te rappelle quand j'ai quelque chose. Et avec Dirt, pas de problème ?

Il m'explique que la parution est peut-être retardée d'une semaine, parce qu'ils ne veulent pas lâcher les photos tant que l'argent n'est pas versé.

– Comment ça ? je m'affole. Il n'a pas déjà payé ?

– Si, un acompte, mais pas tout. Il attend le pognon du Saoudien.

Je raccroche, anxieux. Imaginer que l'argent ne soit pas au rendez-vous me plonge dans un abîme d'incertitudes. J'arrive finalement à me rendormir. Je rêve encore de Hepner. Un rêve presque réel, comme pendant les séances d'H+. Il me dit de faire très attention, une fois que je serai dans l'appartement, de n'y inviter personne et surtout de bien poster les lettres. À la fin, l'image est imprécise, comme si son esprit avait moins de force. Je me réveille avec ses dernières paroles dans la tête. « Je t'ai laissé des marques à suivre, il y a beaucoup à gagner pour toi. » Ces mots résonnent en moi une partie de la journée – « il y a beaucoup à gagner pour toi » –, tandis que je guette de prochains arrivants.

En début d'après-midi, la charrette nous amène un nouveau copain. Quand je demande au surveillant, il m'apprend que c'est le salopard de la banque et que des types comme ça, pour lui, c'est pire que des braqueurs, ou même des assassins, parce que ce qu'ils font, c'est s'enrichir sur le dos des pauvres, c'est de leur faute si le monde va si mal. Un autre surveillant approuve. De loin, je vois le directeur escorter le nouveau venu. Ils le mettent dans le pavillon mitoyen du mien, avec un gros type qui est là pour homicide. Sa mère a eu un différend avec un voisin, à qui il a fait une prise de catch qui l'a tué raide. Hepner l'appelait « la brute portugaise ». Je sais qu'il se prénomme Marco et qu'il n'est pas très causant. Je le vois au sport régulièrement. Quand il y a des détenus faiblards, le directeur les met avec lui. Marco attend sa conditionnelle et le directeur sait qu'il lui mange dans la main et que le néophyte, qui n'a pas encore connu les tourments d'Oz, sera en sécurité à ses côtés, non pas d'ailleurs que le CDD soit peuplé de voyous, mais on ne sait jamais.

– C'est bon, je téléphone à Cigare, il vient d'arriver… Oui, le pavillon voisin du mien. Je te rappelle.

D'après Cigare, c'est un gros gros morceau. Si j'arrive à mitrailler Big-Voleur-du-peuple, là ce sera carrément *Match* et l'international. L'ennui, c'est que la brute ne va pas le lâcher. Il va me falloir ruser.

Hepner a été transporté à la morgue. Le directeur vient me voir pour me dire qu'une cérémonie se tiendra le surlendemain dans la chapelle et que je suis le bienvenu. Il s'assure qu'on m'a bien donné les effets. Je remarque qu'il regarde ma bague, son ton a changé. Il se montre maintenant presque amical et m'annonce qu'il va voir si je ne peux pas bénéficier de deux semaines de grâce supplémentaires, ce qui me ferait sortir à la fin de la semaine. La nouvelle me provoque un début de tachycardie. Je reste à le fixer. « Bien, monsieur, bien, monsieur. » En sortant, il me tapote amicalement l'épaule, à croire que l'alliance de Hepner détient un pouvoir magique. Plutôt que d'aller rôder tout de suite auprès de ma proie, je me rallonge sur le lit et m'adonne à mes exercices de respiration subtile, détaillant ce que je vais emmener et ce que je vais donner à des codétenus.

Si ce que m'a dit Hepner est vrai, je n'ai aucune raison de m'en faire, même si l'argent des paparazzi n'est pas au rendez-vous. En même temps, je ne peux m'empêcher d'imaginer le pire, que Hepner était mythomane, que les cartes ne marchent plus, que quelqu'un va surgir et m'empêcher d'accéder à ce qu'il m'a laissé. Pour m'apaiser, je me récite des vers de Lamartine : *D'ici je vois la vie, à travers un nuage,/S'évanouir pour moi dans l'ombre du passé,/L'amour seul est resté : comme une grande image/Survit seule au réveil dans un songe effacé.* Cela me calme finalement suffisamment pour envisager de passer à l'action dans la soirée.

Mon appétence pour la poésie date de Clairvaux. Un condamné à perpétuité dont je partageais la cellule en lisait.

C'est entre autres pour cette raison que Hepner m'avait pris avec lui. Je suppose qu'il cherchait quelqu'un d'un bon niveau intellectuel. Quand je lui avais expliqué en plus mon passé de chef d'entreprise et ma connaissance du monde des affaires, il avait tilté.

Je m'apitoie quelques minutes sur ce souvenir. Mes premières rencontres avec Hepner. Assez longtemps pour avoir les larmes aux yeux. Je m'adresse au surveillant, demande à aller me recueillir dans la chapelle – ce qui n'est pas permis en dehors de l'office du dimanche – à cause du décès de mon ami. Il hésite. En même temps, il sait que le directeur est bien disposé à mon égard et que je suis libérable. Il finit par accepter. « D'accord, tu diras au collègue que c'est moi qui t'ai autorisé, parce que j'ai presque fini mon service. » C'est ce que j'escomptais.

Je reste des heures dans la chapelle que je connais par cœur – on y venait avec Hepner pour des séances d'H+, avec la bénédiction du directeur. J'attends que le soir tombe tout en observant les vitraux, les statues et les symboles qui y sont gravés, dont Hepner m'a expliqué le sens secret, d'après son Savoir. Une fois sonné l'extinction des feux, je sors discrètement, évitant les caméras. Je vais jusqu'à la fenêtre de Big-Voleur. Comme prévu, avec la relève les surveillants m'ont oublié. Coup de bol, le salopard est en train d'écrire à sa table. Je le mitraille plusieurs fois comme je peux, avant de me carapater vers mon pavillon, qui est fermé. Je cogne à la porte et demande au cuisinier d'appeler par l'interphone, expliquant que j'étais à la chapelle à cause du décès et que j'ai pas vu passer l'heure. « *OK*, fait l'interphone, *on t'ouvre.* »

Une fois dans la chambre, je regarde les photos, elles ne sont pas géniales. À travers la fenêtre, cela ne donne pas grand-chose. J'appelle Cigare, expliquant que j'en ai déjà une ou deux, mais qu'elles ne sont pas top, en tout cas rien à voir avec Crash Trader ou avec Cerise en perdition.

– *Fais au mieux, l'idéal serait que tu puisses avoir quelques gros plans avec une expression de circonstance.*

Il m'annonce aussi que Dirt a payé et que le journal sera en kiosque demain matin.

– Good news, je dis, je prépare la suite.

Le lendemain, je fonce voir la brute et lui déballe un laïus comme quoi je souhaite lui laisser mon livre sur les deltoïdes – qu'un codétenu, TVA, m'a lui-même laissé à Clairvaux – parce que je vais être libéré et que cela me fait plaisir. Il est surpris de cette marque de tendresse. J'embraie en disant que mon ami est mort, que j'ai le cœur brisé. Je lui demande si lui-même a des nouvelles de sa libération et si sa mère va bien. Là, je sais que je touche le point sensible, il voit sa mère deux fois par semaine, c'est tout ce qui compte pour lui. Oui, elle va bien, elle doit d'ailleurs venir tout à l'heure.

– Ça m'a fait plaisir de te connaître, je fais en lui serrant la main. Bonne chance pour toi.

Je retourne dans mes appartements, me mets à guetter. Normalement, les parloirs sont entre quatorze et dix-sept heures. J'avoue n'avoir jamais fait particulièrement attention à l'heure à laquelle venait sa mère, d'autant plus que je n'ai pas de parloir et donc pas l'occasion d'y aller. Je suppute mes chances quand on frappe à ma porte. Une jeune femme, mignonne, respirant la fraîcheur, se présente comme étant la nouvelle du service social.

– Bonjour, elle claironne d'une voix flûtée, je venais pour une petite visite, comme vous partez quand j'arrive, on a juste le temps de faire connaissance.

Je la fixe comme une apparition déplaisante, sans lui proposer de s'asseoir.

– Oui, j'arrive à grogner, en quoi puis-je vous être utile ?

Là, elle rit franchement et m'explique que normalement c'est l'inverse. Les longues peines peuvent se sentir désemparées à l'idée de recouvrer la liberté. Elle-même n'a pas besoin d'aide, mais c'est gentil de s'en soucier. La voilà qui sort une feuille avec des questions auxquelles il faudrait que je réponde, ce qui provoque en moi un début de fureur quasi irrationnelle.

– Avez-vous un point de chute ? Dans le cas contraire, je peux vous donner l'adresse d'un foyer d'hébergement.

J'essaie de rester calme, car je pense aux deux semaines de grâce que le directeur dans son immense mansuétude m'a accordées. Je n'ai pas envie de les fiche en l'air dans un mouvement d'humeur.

– Aucun problème, j'ai un point de chute.

– Pourtant vous n'avez jamais eu de visites pendant toute la durée de votre détention.

Je la regarde en clignant des yeux rapidement, comme m'a appris Hepner. Du coup, elle perd de sa consistance tangible.

– Comment le savez-vous ?

– C'est marqué dans votre dossier.

Par la fenêtre, je vois la brute se rendre aux parloirs.

– Écoutez, j'ai été injustement maintenu en détention alors que la conditionnelle aurait dû m'être accordée depuis longtemps. Je pense qu'avoir purgé ma peine me dispense de poursuivre cet entretien.

Maintenant, c'est elle qui me fixe en clignant des yeux. Elle se met à rougir et à bafouiller qu'elle est désolée, elle ne voulait pas me blesser, elle aurait dû se rendre compte que c'était un sujet brûlant pour moi, elle… Je la coupe en lui expliquant que je suis désolé aussi, je vis un deuil éprouvant, il faut que je me recueille, elle n'a pas de souci à se faire, j'ai tout ce qu'il faut pour ma sortie.

– Oui, elle insiste, j'ai vu que vous étiez intéressé par la photo.

– Vous avez activé votre forfait relou, ou quoi ? Je vous explique que je n'ai besoin de rien. Qu'est-ce que ça peut vous faire que j'aie été à l'atelier pâte à modeler ou expression corporelle ? J'ai payé ma dette. C'est pour ma conditionnelle que j'aurais eu besoin d'appui, maintenant ce n'est plus nécessaire.

Il ne manquerait plus qu'elle mette la puce à l'oreille du directeur si l'affaire des photos tournait au vinaigre.

– OK, bat-elle en retraite, je n'insiste pas, mais si vous avez besoin je vous laisse mes coordonnées, vous pouvez toujours m'appeler, même une fois sorti.

Elle me laisse une carte avec son nom, Anne Carruthers, et disparaît enfin. À peine a-t-elle le dos tourné que je bondis vers le pavillon mitoyen. La porte est ouverte, comme toujours dans la journée. Je fais d'abord semblant d'aller dans la chambre de la brute, en jetant un coup d'œil au passage à celle de Big-Voleur. Infarctus ! L'enfoiré n'est pas là non plus. Il a dû aller au parloir sans que je m'en aperçoive. Donc, c'est cuit. Je m'apprête à rebrousser chemin, quand j'avise le cahier sur lequel il était en train d'écrire la veille. Je m'approche, il est recouvert d'une écriture fine et serrée. Manifestement, il s'agit d'une... pièce de théâtre. Une par une, je photographie les pages, une dizaine au total, et je repars, me disant qu'avec les photos où on le voit penché sur le bureau plus le cahier, il y aura peut-être quand même un billet à glaner.

– C'est chaud, me dit plus tard le cuisinier. Quelqu'un a photographié le trader, c'est dans un magazine où on voit aussi la fille de N et L en train de se camer. Ils en parlent au JT.

– Ça doit être un surveillant, je fais, avec le maigre salaire qu'on leur verse, c'est normal qu'ils cherchent des extras.

Je suis libéré deux jours plus tard. La cérémonie pour Hepner a eu lieu dans la plus stricte intimité. Seuls le directeur et moi-même y avons assisté. Le directeur a fait des signes et dit des paroles que je n'ai pas comprises, brûlé de l'encens qu'il avait apporté. Quand les portes du CDD se referment derrière moi, je me promets, comme tous ceux qui sortent, que je ne retournerai jamais en prison.

(Les nuages du vent)

Les portes s'ouvrent et je quitte le Monde-des-Serrures-et-des-Barreaux. La voiture m'attend plus loin, au même endroit que la dernière fois. J'ai une impression de bug, comme si la matrice émettait un hoquet de neige carbonique fondante, composé, dans l'éblouissement de la liberté, d'éléments primordiaux de ma vie passée. Cette pellicule mémorielle se transforme en dizaines de personnages, succession de miroirs déformants qui prennent – je me force à respirer lentement – le chemin d'une évaporation discrète. Je monte à l'arrière et claque la portière. Cigare mâchouille son cigare, et Chauve est toujours chauve. Deux corbeaux, dans un dessin animé, prêts à m'emmener vers des aventures terrifiantes. L'appareil photo n'est qu'un leurre, une façon de contrarier l'imprévu.

– Je ne sais pas si ça va convenir. On le voit pas bien, à travers les barreaux, mais j'ai shooté tout le cahier. C'est sous forme de pièce de théâtre, je crois que ça concerne l'affaire.

Chauve prend la puce et la glisse dans son téléphone pendant que Cigare allume l'ordi. Les photos défilent sur l'écran. « Celle-là, à la limite, c'est jouable », commente

Cigare, puis ils passent au cahier. Ils lisent sans rien dire et se regardent.

– Alors, je demande, ça concerne l'affaire, ou pas ?

Ils paraissent dubitatifs. Chauve siffle entre ses dents, huf-huf-huf, avant de se gratter le crâne.

– C'est chaud, fait Cigare. On va avoir tout le monde sur le dos.

Le ciel est gris bleu pâle. Je me demande si je vais revoir Marie-Pierre et l'effet que ça me ferait.

– Oui, ça concerne l'affaire, mais ça met en cause des politiques, m'explique Chauve.

– *Le Monde* serait peut-être partant, suggère Cigare.

– *Match* aussi, mais il faudrait éviter d'apparaître nous-mêmes.

Nous roulons vers Paris. Même décor que la dernière fois, mais les arbres ont verdi. Je ne sais pas si je me sens angoissé, joyeux, ou anesthésié. Chauve me félicite. Ce que je rapporte, c'est plus qu'un scoop, seulement c'est tellement brûlant que l'utiliser n'est pas évident. Ils ont déjà subi plusieurs contrôles fiscaux suite à des photos et, même s'ils sont clean, c'est toujours des soucis à n'en plus finir, alors autant se tenir à carreau, mais ils vont quand même voir s'ils ne peuvent pas les fourguer sans qu'on sache que cela vient d'eux.

– Vous avez vu ? je demande. C'est rigolo, c'est comme une fable de La Fontaine. Ysengrin, c'est l'ancien ministre des Finances, non ?

Ils me donnent un chèque, pour Crash Trader et Cerise Crackée, et nous convenons d'un rendez-vous le lendemain. En attendant, je leur laisse la puce. Ils me lâchent porte de Saint-Cloud à une station de taxis.

(La place de la Conciergerie avant Notre-Dame)

J'indique l'adresse au chauffeur, place des Vosges.

– Vous arrivez de voyage ? me demande le taximan, en apercevant mes sacs. Vous avez de la chance, le beau temps revient.

– Oui, je dis, j'étais à l'étranger, pour mon travail.

Le Marais m'a toujours semblé une enclave bizarre, ce que me confirme le taximan que j'écoute distraitement. C'est bourré de sens interdits, qu'on le prenne par République ou par Bastille, qui plus est c'est un quartier gay, et d'ailleurs maintenant le maire est gay aussi, et il n'a rien contre les homos, mais certains soirs c'est infernal. Le taximan connaît quelqu'un qui a déménagé tellement c'était la folie. Tandis que cette litanie berce mon retour définitif dans la capitale, je passe sur un des programmes d'H+ – Confluence-organisée –, et le déroulé des rues et des feux rouges s'agence comme un teaser distrayant. Ma première sortie était en compagnie d'une vampire cocaïnomane, le taximan homophobe doit en être la continuité naturelle, et je me demande ce que fabrique Daphné, si je vais l'appeler et essayer de la séduire comme me l'a conseillé Hepner. Je pèse le pour et le contre de cette hypothèse pendant que nous longeons les quais. La Conciergerie et Notre-Dame me paraissent plus petites que dans mon souvenir. Quand le taxi me dépose devant l'hôtel particulier, la neige carbonique finit de se dissiper, et je sais que je commence une nouvelle vie.

(Hepner home)

Je compose le code, premier barrage à franchir, sans succès. Heureusement Hepner-qui-pense-à-tout a anticipé un changement possible et m'a confié une clef et… elle ouvre. L'immeuble est divisé en trois appartements, celui de Hepner est au premier, au deuxième il y a une femme seule, et au troisième c'est vide, enfin ça l'était quand Hepner habitait là, avant qu'il soit embastillé. J'arrive sur le palier du premier, enfonce l'autre clef dans la serrure, je tourne et pas de sirène qui se met à hurler ou de gens qui surgissent avec des bâtons pour me dire « Que fais-tu ici, petit salaud ! ». Non, rien de tout cela, juste une immense entrée, avec des tableaux partout, et le parquet qui grince sous mes pas quand je m'avance et que je pose mes sacs par terre.

J'ai un étourdissement. L'appartement me semble familier, comme si j'y étais déjà venu, voire que j'y avais déjà séjourné. Les pièces sont gigantesques, hautes, avec des moulures. Des bibliothèques remplies de livres, des statues, des objets. J'allume les lumières, l'électricité fonctionne. L'eau coule au robinet de la cuisine et le ménage a été fait récemment. Tout est exactement comme me l'a décrit Hepner. Je vais jusqu'à la chambre. Le lit est à baldaquin, avec une immense toile – des femmes nues s'étirant dans un paysage de science-fiction –, un Dalí – Hepner m'a prévenu. Non loin, d'ailleurs, est posé un énorme livre dédié au peintre et, estourbi, je reste un moment à le feuilleter, comme saoul, à contempler ces formes s'étirant sous l'effet d'un temps différent, pétries dans une pâte à modeler effrayante de beauté, et j'ai des réminiscences de certaines séances d'H+, où des paysages du même genre étaient apparus. Je tente de m'en souvenir plus précisément, en vain. Finalement, je défais mes affaires et commence à m'installer. Avant, je vérifie le plus important, si les cartes de crédit sont bien au bon endroit, ce qui est le cas, six en tout, à différents noms, avec des papiers, deux passeports, un au nom de Hepner et l'autre à celui de Serge Mofart, avec la photo de Hepner, et dans une enveloppe je trouve cinquante mille euros. Je ne sais pas si j'arrive à penser « C'est incroyable » ou quelque chose du genre, et je suppose que le fait d'avoir partagé ma cellule avec lui pendant presque deux ans m'a préparé à vivre dans un appartement de six cents mètres carrés, place des Vosges, avec des toiles de maîtres, de l'argent et des faux papiers.

Puis je reprends mes esprits. Je sors les deux enveloppes, en cache une où m'a dit Hepner, descends pour acheter deux puces et emprunte ensuite le métro. Je me rends suffisamment loin de la maison, à plusieurs stations, j'appelle le numéro qu'il m'a donné et je laisse sonner, sans réponse. Je dois dire : « Je voudrais parler à Monsieur Arthur », on doit me répondre : « Il est occupé, il peut vous rappeler à quel numéro ? » Et je dois donner le numéro de la deuxième puce que j'ai achetée, en majorant d'un le deuxième et l'avant-dernier chiffres. Hepner m'a fait apprendre par cœur le stratagème, j'ai mon laïus tout prêt, mais personne ne répond. Je laisse sonner, des dizaines de fois, et j'attends, et je rappelle encore, et je commence à me dire que quelque chose s'est grippé dans le mécanisme de Hepner. Je ne sais pas quoi, mais je le pressens. Cela m'inquiète. Les stratagèmes d'espions sont amusants dans un livre, mais là, en vrai, je trouve cela plutôt angoissant. J'imagine Monsieur Arthur à l'autre bout, ou plutôt l'absence de Monsieur Arthur, presque plus flippante encore.

Finalement, comme ça ne répond toujours pas, je laisse tomber. Avant de rentrer, je fais un détour par la poste et je glisse la deuxième lettre dans la boîte. Je ne regarde pas à qui elle est adressée, car je l'ai promis à Hepner, il m'a juste dit de la mettre dans la levée « Province », ce que je fais, scrupuleusement. Quand j'arrive place des Vosges, il se met à pleuvoir, ce qui souligne les effluves du printemps.

(Mérédith)

En ouvrant la porte de mon nouveau chez moi, j'entends du bruit à l'étage au-dessus. J'en profite donc pour monter me présenter, comme me l'a demandé Hepner. Je sais que la femme s'appelle Mérédith, qu'elle vit avec un enfant autiste, Joe, et que c'est la seule personne à qui je peux dire la vérité, à savoir qu'il est mort et qu'il m'a filé l'appart jusqu'à ce qu'on vienne m'en déloger.

– Bonjour, je fais quand la porte s'ouvre. Je m'appelle Gaston et Monsieur Hepner, enfin Siegfried, m'a recommandé de venir me présenter dès mon arrivée pour que vous ne me confondiez pas avec un cambrioleur, ah, ah !

Elle sourit vaguement. Me fait entrer. Le salon est de même dimension que le mien, meublé différemment, plus sobre, mais avec grande élégance. Je m'assieds sur un fauteuil en résine moulée. Bien que plus toute jeune, Mérédith est incroyablement belle. Elle dit « Il est mort, non ? ». Son fils me fixe, curieux de ma réponse. Elle ajoute « Forcément, parce que sinon j'imagine mal qu'il vous ait fait cadeau de son appartement ». Nous parlons et le temps semble se distendre, comme dans le tableau de Dalí. La tête me tourne encore. Quand je me lève pour prendre congé, j'ai un blanc dans le cerveau comme si rien ne s'était passé.

Plus tard, alors que je m'endors dans l'immense lit où Hepner a dû se livrer à je ne sais quelles bacchanales, les images me reviennent, comme si entre les deux étages existait une fracture mystérieuse, une distorsion qu'il me faut intégrer avant de poursuivre. Ma nouvelle voisine et son fils autiste resté assis, posé comme une statue, sur le canapé. Mérédith me demandant des détails sur la détention, ce que faisait Hepner, quel genre de relation nous avions, s'il a souffert et comment il est mort, d'une voix sans émotion, avec des yeux d'une beauté irréelle. Puis les images continuent de défiler, m'indiquant que mon cerveau est en train de gérer le choc de la sortie. L'appartement. Les paparazzi. Monsieur Arthur qui ne répond pas. Les pensées se bousculent dans mon esprit jusqu'à une heure avancée. Quand finalement je sombre enfin dans le sommeil, c'est pour rêver de Hepner, qui me répète encore « Tu as beaucoup à gagner si tu fais ce que je te dis, beaucoup à gagner ».

Le lendemain, je me lève frais et dispo. Les marbres, les mosaïques précieuses et les bains moussants sont aux antipodes de la douche du CDD. Cela avait dû paraître bizarre à Hepner de changer à ce point de régime. Puis je me prépare à aller affronter le monde. La première chose est d'ouvrir un compte bancaire et – là encore, Hepner a pensé à tout – je me confectionne une attestation d'hébergement, avec une photocopie de son passeport et une quittance d'EDF certifiant que je suis bien domicilié à cette adresse, et je me rends dans une agence où j'explique que je viens de rentrer de l'étranger et que j'ai un chèque à déposer, et cela ne pose aucun problème d'autant que la somme est conséquente. Un conseiller de clientèle, après avoir expédié les formalités, m'attribue une carte de crédit et un chéquier, aussi facilement que si j'avais voulu acheter un paquet de cigarettes. Nous bavardons de choses et d'autres, de la crise, qui est, je le vois bien, une péripétie abstraite déjà dépassée, et de l'incarcération du numéro 1 de l'autre groupe bancaire. Comme il s'agit de concurrents, il se permet de rire, indiquant par là même que ce genre de choses n'aurait pas pu arriver chez eux, mais son hilarité sonne faux, parce que nous savons, lui comme moi, que si, au contraire, cela aurait pu arriver dans n'importe quelle banque et que les gens, le peuple, les pauvres ont eu une nouvelle occasion de savoir – mais quelle importance, après tout ? – qu'ils sont les gogos d'un jeu qui les dépasse. Cette information, qui n'est en soi pas nouvelle, est confirmée par la mise en détention des fleurons de l'establishment et ouvre une brèche de plus dans la matérialisation des angoisses du monde. Sur le bureau, *Les Échos* annoncent d'ailleurs qu'un nouveau financier a été assassiné dans une mise en scène macabre, à la David LaChapelle, et on sent que cette information n'a rien à faire là, qu'elle est un élément scabreux dans quelque chose qui n'a pas à l'être, et le banquier rit encore, un rire maintenant forcé, et me dit que j'aurai ma carte de crédit dans quelques jours.

(Les clefs de la modernité)

La deuxième opération urgente est d'acquérir les outils de ma nouvelle place dans le monde, d'être moi aussi un homme technologique, relié aux autres par le biais de ces machines qui ont envahi la planète pendant ma détention et dont j'avais été, avec Extramill, un précurseur. Pour cela, je dois me procurer un téléphone portable digne de ce nom – celui que m'a donné Chauve ne vaut pas tripette – et un ordinateur. Comment vivre aujourd'hui sans téléphone ni ordinateur ? Je me suis préparé à la révolution numérique pendant mes derniers mois de détention, en allant à l'atelier photo et en regardant à la télé les émissions sur Internet, et je me sens près à affronter ce nouvel aspect de la modernité. J'ai vaguement songé à aller au marché aux voleurs ; des téléphones, là-bas, il doit y en avoir à la pelle, mais à quoi bon repartir dans une direction qui s'est avérée une impasse, et maintenant, en plus de mon background d'homme d'affaires, je suis quand même artiste photographe, c'est ainsi que j'aimerais qu'on me perçoive. Barbès est un passé révolu, inutile de cultiver des choses qui n'ont plus lieu d'être.

Finalement, j'entre dans la boutique d'un opérateur qui a pignon sur rue, où, comme à la banque, un vendeur est tout content de m'ouvrir un dossier. Ayant longuement médité sur la question, je suis à deux doigts de prendre un BlackBerry, mais pour finir je sens que je vais opter pour un iPhone, encore que le BlackBerry soit plus proche du monde des affaires, mais l'iPhone me plaît et j'hésite longtemps, et pour finir je prends les deux. Je m'ouvre un abonnement, toujours grâce aux attestations *post mortem* de Hepner. Je discute avec le vendeur, qui me montre différents modèles, en finissant par m'avouer que cela va tellement vite que lui-même il se retrouve souvent largué, mais il m'assure que BlackBerry a une assistance technique vraiment au point et qu'iPhone est très facile. Je prends deux numéros, un pour l'iPhone, l'autre pour le BlackBerry, et quand je tends mon RIB, tout fraîchement imprimé de la banque, je sens qu'un nouveau pan de la vie s'ouvre, que ce n'est pas du chiqué, que je suis vraiment libre et que j'ai en main des atouts que j'aurais été bien en peine d'imaginer il y a quelques semaines encore, quand ma sortie me paraissait un gouffre noir et angoissant, sans perspective, sans point de chute, avec un horizon peu lumineux. Je prends confiance en moi.

Dans la rue, avec mes deux téléphones, j'ai l'impression de trouver ma place, naturellement. À la Fnac, je regarde les ordinateurs. Je sais déjà celui que je veux, le même que celui du type qui venait nous faire l'atelier photo, un portable Mac qui m'a paru le summum du must. Mais il ne se fait plus. Il est même déjà obsolète, d'après la vendeuse, qui a un vague sourire condescendant. À la place, elle m'en propose un autre, un Mac Pro, qui normalement ne se fait que sur commande, mais là un client a annulé au dernier moment, et elle peut même me faire une légère remise. Il est couleur acier, avec un grand écran, et j'en tombe aussitôt amoureux. Je décide de l'acheter et, une heure plus tard, je suis de nouveau dans un taxi, avec mon iPhone, mon BlackBerry et mon Mac dans son carton avec le logo Apple dessus, et je sais – je le sens, comme si un cœur spécial palpitait non loin de moi et me le confirmait – que oui, je suis maintenant de retour et complètement en phase avec le reste du monde. En pole position pour de nouvelles aventures.

(Les machines inopérantes)

Bien sûr, quand j'arrive à Hepner home, tout n'est pas aussi simple. Je commence par l'iPhone, que j'arrive à allumer, mais pour l'initialiser complètement il faut que j'aille sur le site et que je le connecte à mon ordinateur. Seulement, pour cela, il faut une connexion à Internet et je n'en ai pas. Je n'ai pas voulu prendre de Livebox car cela me paraît trop risqué de me servir de la ligne fixe de l'appartement – qui pourtant marche parfaitement – et je suis comme un idiot, avec mon beau Mac dont je ne sais quoi faire et qui me demande auquel de mes réseaux préférés je souhaite me connecter. J'en essaie un, mais il me demande une clef de sécurité. Le nom du réseau est Méréd, ce qui doit être Mérédith. Eurêka ! Je monte à l'étage et je sonne chez Mérédith. Je lui demande si par hasard elle n'a pas une Livebox et si je peux m'en servir, moyennant finance bien sûr. Elle rigole et rétorque que même sans finance je peux, le code est marqué dessus. À l'autre bout de la pièce, son fils bouge ses doigts en roulant des yeux bizarres. Quand je m'approche pour noter la clef de sécurité – il faut que je me baisse à croupetons car il est au dos de l'appareil, lui-même caché sous un meuble –, il effectue une danse étrange, tandis que sa mère répète « Joe, Joe, s'il te plaît, laisse Gaston tranquille », et je trouve plaisant qu'elle ait mémorisé mon prénom. Somme toute, il n'y a pas grand-monde, aujourd'hui, qui s'en souvienne ou le connaisse. Quand je redescends – elle m'a offert une tasse de thé –, il est tard, si bien que, le temps que j'allume l'ordi, me connecte, entre le numéro de la Livebox puis téléphone à l'opérateur – parce que ça ne marche toujours pas –, le service est off, et pour BlackBerry c'est pareil, un disque m'invite à rappeler le lendemain matin. Du coup, je reste avec ma technologie inopérante, pris d'une légère panique : comment faire marcher ces machines magiques que tout le monde utilise et qui, peut-être, ne fonctionneront pas avec moi ?

(Le charme des fausses barbes)

Heureusement, il me reste le téléphone que j'ai acheté le soir de ma permission, avec ma Mobicarte, ce qui permet à Cigare de me contacter alors que je m'apprête à sortir dîner.

– *Il faut qu'on se voie. C'est chaud pour les photos.*

Je les retrouve au bar du Ritz, celui qui donne sur la rue derrière, le bar Hemingway. J'y vais à pied, content de marcher dans Paris. Ils ont la mine grave.

– Désolé, dit Cigare, les photos sont top, mais on ne peut rien en faire, c'est trop tendu.

– On les a proposées à tout le monde, mais en ce moment, avec le Nouveau Président, il y a des rétorsions quasi immédiates.

– Des rétorsions ? je fais, ne comprenant pas très bien. Quel genre de rétorsions ?

– On ne sait pas, peut-être rien, mais les directeurs de journaux ont peur de commettre un impair. La période est instable.

– On a un truc à te proposer, mais c'est moins d'argent.

– Quoi donc ? je demande.

Le bar est richement décoré, mais sombre. Un DJ passe une techno aseptisée. Pour y accéder, j'ai dû traverser un long couloir, depuis l'entrée place Vendôme, pourvu de vitrines d'un kitch inouï et pas de très bon goût, mais il s'agit du Ritz et qui dit Ritz dit que les gens doivent s'y connaître en matière d'élégance, et je suis content d'être là, dans cet endroit prestigieux, avec mes pas sur la moquette qui ont donné un goût feutré à ma progression, et le moelleux des fauteuils qui, comme au lounge du Fouquet's Barrière, procure une sensation d'apaisement, de tranquillité, et surtout une ivresse, celle de faire partie de cette frange du monde où les choses importantes se jouent.

– C'est pas mal ici, je commente, alors que le serveur jette un coup d'œil à Cigare, je ne connaissais pas.

– Oui, fait Chauve, ils essaient de rendre l'endroit branché, mais ce n'est pas gagné.

– La Présidente venait faire sa gym ici, avant, ajoute Cigare. Je l'ai photographiée dans le Spa.

Je m'enquiers de notre affaire.

– Les journaux n'en veulent pas, mais il y a un site qui est intéressé.

– Un site ?

Ils m'expliquent qu'avec l'avènement d'Internet plusieurs sites se sont montés avec des journalistes venus de la presse écrite. L'ennui, c'est que pour l'instant l'économie de ces supports est balbutiante. Ils ne disposent pas de rentrées d'argent suffisantes pour payer comme les magazines. En revanche, ils ont une plus grande latitude. De plus, ils sont à la recherche de scoops pour se faire connaître.

– C'est moins d'argent, ou pas d'argent ?

Les deux rigolent.

– Pas d'argent, on ne sait pas ce que ça veut dire, pouffe Chauve. Ça n'entre pas dans notre système conceptuel.

– Ils sont prêts à lâcher dix keuros.

– Pour eux, c'est déjà le Pérou.

– Ça fait cinq chacun, je calcule à voix haute.

Ils se regardent.

– Bon, fait Chauve. On connaît le type qui a monté le site, on lui doit un service. On fait ça cadeau.

– Cadeau ? je fais. Comment ça, cadeau ?

– Ça nous arrive de faire des BA. C'est rare, mais ça arrive.

– On te met en contact et tu te débrouilles. On veut pas être mêlés à ce truc, si on sait que c'est par nous, ils vont encore nous casser les pieds.

Ils me donnent un numéro.

– Tu appelles d'une cabine. Tu donnes un faux nom et même tu y vas avec des lunettes, une casquette et une fausse barbe, qu'il ne puisse pas te reconnaître ensuite.

– À ce point ?

– Oui, rigole franchement Chauve. C'est la banque. Tu touches au cœur du monde. Un banquier qui met en cause le ministre des Finances, on est dans du lourd. Ce n'est pas la peine qu'ils te remettent en prison tout de suite.

– Il y a autre chose, ajoute Cigare.

– L'autre taré avec son journal à scandale…

– Dirt ? je demande.

– Oui. Il veut que tu travailles pour lui.

– Comment ça ?

– Tu lui as tapé dans l'œil. Il veut des gars comme toi. Capable de faire ce que nous, on ne ferait pas, ou ce qu'on ne ferait plus.

Cigare redemande une Margarita. Chauve un Martini.

– Eh bien, je dis, merci.

– Au bon endroit, au bon moment. Tout le monde a droit à son jour de chance, conclut Chauve alors que le DJ, dans un moment d'égarement, diffuse un remix de Plastic Bertrand. *Oléampadada ça plane pour moi, ça plane pour moi !*

(L'indignation des clochards)

Je rentre à pied. Marcher la nuit dans Paris est agréable. C'est nouveau. Avant, dans mon ancienne vie, je ne le faisais jamais, je prenais le métro, ou des taxis, ou ma voiture. Je ne flânais pas en profitant de la douceur des rues, en regardant les entrées d'immeubles qui, Hepner me l'a dit, sont comme des portes vers des mondes venus du passé, de notre mémoire collective, ou peut-être même de plus loin encore. Place des Vosges, des clochards ivres sont en train de se prendre la tête avec des policiers en tenue et en VTT. J'entre dans l'immeuble, affichant un air indigné.

Je dois contacter Dirt le lendemain, et aussi le type du site. Il attend mon appel entre dix heures et dix heures trente, sur un fixe. Je ne sais quoi penser de la situation, de cette ambiance trouble, avec moi au milieu, surgi de nulle part, invisible fantôme en plein Paris. L'argent semble tomber du plafond, mu par un ressort mystérieux.

L'appartement est silencieux. Mes voisins également. Je suppose qu'à cette heure Mérédith dort. Avant de me coucher, je fais quelques exercices d'H+, comme me l'a appris Hepner. Je plonge ainsi dans le sommeil « comme la lune dans un écrin de nuage », serein, prêt à affronter la nuit avec quiétude. Je fais quelques rêves, toujours avec Hepner m'indiquant un chemin balisé, comme si ma vie maintenant devait prendre la forme d'une route tracée par lui et sur laquelle je n'avais qu'à m'appuyer, et cela est rassurant et en même temps source d'une anxiété que je ne parviens pas à analyser, comme si le fait que quelqu'un essaie de décider à ma place était insupportable, mais peut-être n'est-ce qu'une résistance. Hepner m'a expliqué que les programmes permettaient de venir à bout de blocages et que le cerveau avait tendance à se cramponner à ses vieilles manières de fonctionner.

Quand je me réveille le lendemain, je suis frais et dispo et je note les tâches à accomplir : 1/ Dirt ; 2/ me grimer ; 3/ le type du site ; 4/ la technologie. Je commence par appeler Dirt, qui répond d'un laconique « Marc-Olivier, j'écoute » et propose qu'on déjeune le lendemain, ce qui, je le comprends, est une intronisation dans un autre type de relation. Déjeuner n'étant pas juste boire un verre ou un café, mais la preuve que nous sommes sur un pied d'égalité et que je l'intéresse suffisamment pour qu'il me consacre un bout significatif de son emploi du temps. Il m'indique l'adresse de sa société, Ballon rouge, située derrière l'Opéra. Ensuite, je cherche une cabine – j'ai un mal de chien à en trouver une, car maintenant tout le monde a des portables, seuls les étrangers qui appellent à l'autre bout du monde avec des cartes prépayées s'en servent encore – et j'appelle le type du site. « Dans une heure, je dis, déguisant ma voix, église Saint-Eustache, mettez-vous en position de prière tout au bout de la nef. Ayez votre portable allumé ainsi que l'argent. J'espère que vous avez le Bluetooth. »

Puis je file passage Brady et, suivant à la lettre les recommandations de Chauve et de Cigare, j'achète de quoi me grimer, une fausse barbe et une perruque, puis des lunettes de soleil dans un bazar sur le boulevard. Quand j'arrive dans l'église, mon client est déjà là, du moins je suppose que c'est lui, en position de prieur. Je me poste derrière lui et le hèle promptement. Le dialogue est bref, efficace.

– C'est vous le type du site ?

– Oui, vous avez les photos ?

Je réponds par l'affirmative et que je vais les lui transférer sur son portable s'il me donne le pognon. Il veut se retourner, mais là je le smashe direct : « Désolé, je préfère que vous ne me voyiez pas, c'est mieux pour tout le monde. » Je lui télécharge les photos, il les regarde et me dit « OK, c'est bon », puis enfin me tend une enveloppe.

– Vous pouvez recompter, il y a la somme demandée.

– Pas besoin, je ne pense pas que vous allez m'escroquer.

Je lui demande d'attendre cinq minutes avant de sortir, et je m'en vais.

(L'émotion des hommes-machines)

Reste maintenant à régler le problème de la Livebox et du BlackBerry, qui m'angoisse complètement. Est-ce que je vais réussir à maîtriser ce foutu truc, ou bien vais-je rester un laissé-pour-compte de la technologie, alors qu'il est évident que n'importe quel citoyen d'aujourd'hui se doit d'avoir un rapport parfaitement sain avec ce que nous propose la modernité ? Sitôt dans l'appartement, je soupèse la marche à suivre. D'abord la Livebox, ou rappeler BlackBerry. La réponse va de soi, c'est d'abord la Livebox, puisque BlackBerry doit dépendre aussi d'un site, comme l'iPhone. J'appelle donc le numéro d'assistance, qui n'est pas le bon, je m'en rends compte après sept minutes trente-cinq de mise en attente, le service dont j'ai le numéro est l'assistance commerciale, pas l'assistance technique, en plus je n'ai pas de Livebox, donc pas de numéro à communiquer, donc cela ne colle pas. Pour finir, j'arrive à parler à un conseiller, à qui j'explique mon problème : j'ai rentré les numéros, mais sans succès.

– *Quelle est la marque de votre Livebox ?*

– Je ne sais pas, je ne l'ai pas sous les yeux.

– Vous n'êtes pas chez vous ?

– Si, mais la Livebox est dans un autre appartement.

– Et vous n'avez pas la marque ?

– Je vais aller voir.

– Très bien.

Je pose le combiné. Je vais jusqu'à la porte. Le temps que je monte, si tant est que Mérédith soit là, cela va prendre trop de temps. C'est sûr. De nouveau un début de panique m'étreint. Je retourne vers le téléphone.

– Je suis désolé, je dis, mais je ne peux pas avoir accès à la Livebox maintenant.

– C'est regrettable mais, sans cette information, je ne peux vous venir en aide.

Il parle avec une voix posée, teintée d'un léger accent.

– Et si je rappelle avec l'information ?

– Ce sera mieux, mais l'idéal serait que vous soyez près d'elle, des précisions supplémentaires seront probablement nécessaires.

– À côté de la Livebox ?

– Oui, monsieur, avec votre ordinateur.

– Et vous ne pouvez pas me dire la cause du non-fonctionnement ?

– Elle peut être diverse. Avez-vous la marque de la Livebox ? Cela dépend de la marque.

– Non, je n'ai pas la marque. Je n'ai pas accès à la Livebox présentement.

– C'est regrettable mais, sans cette information, je ne peux vous venir en aide.

– …

– …

– Je vous remercie.

– Au revoir, monsieur, bonne journée. À votre service.

Je raccroche, en sueur. C'est un robot. J'en ai instantanément la conviction. Certaines personnes se sont transformées en robot pendant mon incarcération. Je reste de longues minutes à digérer ce fait surprenant, ce qui achève d'aspirer mon courant vital. Malgré ce début de fatigue urbaine, dû au fait que les robots, lorsqu'ils sont en contact avec des humains, se nourrissent de leurs fluides afin d'éprouver les émotions que leur condition leur interdit, j'arrive à me ressaisir et à avoir une idée : quand l'ordinateur me demande à quel réseau je souhaite me connecter, il me propose différentes possibilités, dont une s'intitule « Sofa bar ». Or, j'ai vu non loin de Hepner home une vitrine avec marqué « Sofa bar – Internet café ». Il serait peut-être possible de négocier un accès permanent.

(Le Sofa bar)

Effectivement, mon souvenir ne m'a pas trompé. Il y a bien, dans la rue adjacente à la place, qui donne sur la rue Saint-Antoine, un bar qui s'appelle le Sofa bar et qui propose l'Internet *free*.

– Désolé de vous déranger mais…

– Vous ne me dérangez pas, on est ouvert depuis une semaine, nous n'avons pas encore de clients. Comment trouvez-vous la déco ?

L'endroit est curieux. Genre science-fiction. Mais une science-fiction mâtinée d'une touche parisienne. Comme si… comme si des gens d'une autre planète étaient venus habiter Paris et avaient tenté de s'y fondre en empruntant le *mood* local sans toutefois parvenir à dissimuler leurs véritables origines.

– C'est sympa, vous… enfin, c'est une conception personnelle ?

– Comment ça ?

– Vous avez fait appel à un professionnel ou vous l'avez imaginée toute seule ?

– Ni l'un ni l'autre en fait. On est plusieurs à tenir le bar.

– Ah.

– Je m'appelle Daisy. Paranoïd Daisy.

– Paranoïd Daisy ?

– Ça ne vous plaît pas ?

– Si. Ça va bien avec le bar.

– Et vous ?

– Est-ce que je vais bien avec le bar ? Je ne sais pas. Je m'appelle Gaston. Je suis voisin.

– C'est cool.

– Je me demandais si vous aviez Internet ?

– Est-ce que tu bois de l'alcool ?

– Non, je dis, sur la défensive, je ne bois pas d'alcool, je n'aime pas ça.

Un instant, l'idée m'effleure qu'elle est de mèche avec le type de l'assistance technique. Pendant mon incarcération, le monde est devenu bizarre. Il n'en reste qu'une façade, qu'animent des êtres incompréhensibles pour notre système de pensée. Ils ont cependant gardé une apparence humaine – *V : la série, Les Envahisseurs. Ils prétendent ne pas nous vouloir de mal, mais leur nature d'épouvantable serpent en fait des prédateurs redoutables.* Mais je chasse cette pensée saugrenue. Paranoïd Daisy se penche vers moi – elle a des seins incroyablement suggestifs – et me demande si elle peut me demander d'autres trucs.

– Je ne sais pas. Ça dépend des questions.

– On a un questionnaire. C'est pour l'investisseur.

– Si c'est pour l'investisseur, alors…

– Quelle est ton activité ?

– Photographe.

– Ah ? Plutôt art, ou plutôt presse ? Ou mode ?

– Disons presse pour les rentrées financières et art pour moi-même.

– Tu as un projet philosophique dans la vie ?

– Comment ça ?

– Quelque chose qui t'anime ? Un but ? Une recherche ?

– C'est trop personnel, je finis par répondre au bout d'un moment.

– Tu aimes les jus de fruits ?

– Cela dépend.

– Parce qu'en fait, le concept, c'est qu'on ne sert pas d'alcool. On sert tout, sauf de l'alcool, mais on a une super cave en jus de fruits et en tisanes. Et aussi des trucs genre milk-shakes avec des herbes qui font planer, mais légalement.

– Ah.

– As-tu une petite amie ?

– Non, enfin oui, enfin non en fait. J'arrive de voyage. J'étais à l'étranger.

– Parce que le Sofa bar a aussi une vocation de rencontre entre les gens. Mais plus physique-vraie-réalité, moins virtuel qu'Internet.

– C'est cool. Vous avez Internet ?

– Attends, deux dernières questions : préfères-tu l'opéra ou la techno ?

– …

– Parce qu'on voudrait une programmation éclectique. Qu'est-ce que t'en penses ?

– C'est une bonne idée. Ouais. Franchement une bonne idée. Comme ça, tout le monde est content. Et l'autre ?

– Ta vie te semble-t-elle épique ?

Là, je rigole, épique, dans un certain sens oui, elle l'est. Enfin, cela dépend de ce qu'on entend par-là.

(Le numéro de la Livebox)

Finalement, je remonte avec le numéro de leur Livebox et une invitation à venir boire des jus de fruits et de la tisane qui fait planer en toute légalité. Quand j'entre la clef sur mon ordinateur... suspens... suspens... Ô mon Dieu, ça marche ! Je pousse des cris de joie et entame une danse devant le grand bureau où Hepner a dû passer du temps à concevoir ses programmes d'H+ ou à faire d'autres choses bizarres. Ensuite, j'appelle BlackBerry, et là pas besoin de me connecter, le type m'active mes adresses e-mail sans problème, une demi-heure plus tard mon iPhone marche aussi. J'ai Internet et des téléphones et je me sens mieux, plus à même de fonctionner dans notre monde, et je repense à cette question de fond, ma vie est-elle épique ? Évidemment, et elle va le devenir de plus en plus. Oui, j'ai le vent en poupe, et je vais devenir... un grand photographe, reconnu, apprécié et riche. Je m'attarde devant la bibliothèque de Hepner où il y a des livres sur l'hypnose, les drogues, la neurobiologie, des grimoires qui ressemblent à des ouvrages de magie moyenâgeuse, des cours de médecine et des traités de maths et d'économie. Je me demande ce qu'il en faisait, à quoi cela lui servait vraiment, et pourquoi, finalement, il était en prison, qui était le type que je devais contacter, et pourquoi était-il aussi généreux avec moi ? Y a-t-il anguille sous roche, ou pas ?

Puis, je chasse cette pensée et je surfote sur Internet. Je regarde des sites, je fais mumuse avec mon nouveau joujou, je m'inscris sur Facebook, site sur lequel j'ai lu plein d'articles en prison et vu plein de reportages, en mettant une photo où je suis à mon avantage et en indiquant « célibataire » et « photographe » dans mon profil, puis je sors flâner, et je fais quelque chose dont j'ai envie depuis ma première sortie : aller revoir Barbès et tous les souvenirs que j'ai là-bas. C'est idiot, mais c'est comme si une partie de moi-même était encore prisonnière d'un passé néfaste, et pour cela je me branche sur l'H+ Revivre-sa-vie-par-fragments-constructifs. J'ai chargé le disque dans mon iPhone, puisque chez Hepner se trouvent tous les CD, avec le logo de Hepner Company sur la couverture, un smiley qui dit « *Life is beautiful* », et je pars à pied de la place des Vosges, mon nouveau chez moi, vers Barbès, mes souvenirs obscurs, en écoutant la musique et les recommandations de la voix de Hepner qui me parvient d'outre-tombe, m'expliquant comment me confronter à mon passé, jouer avec et en faire de gracieuses arabesques. La musique répète *paix, paix sur Terre, paix dans l'Univers, shanti, shanti*, et je fredonne en marchant. Sur le seuil du Sofa bar, Paranoïd Daisy me fait un coucou, et dans la rue Saint-Antoine je croise des moines et des soldats en cotte de mailles, probablement des gens se rendant à une reconstitution théâtrale ou à un film. Je prends le métro à Saint-Paul et mets le cap vers le XVIIIe. Je me demande ce que sont devenus Saïd et les autres.

(Barbès)

Barbès a changé. La gare du Nord aussi. Le bar Maurice n'existe plus, ça je le savais déjà, mais à la place se trouve maintenant l'entrée du métro. Toujours autant de zonards autour de la gare, mais je n'en connais plus aucun. Je remonte vers La Chapelle. C'est truffé de magasins indiens et pakistanais. Je suis sûr qu'ils doivent se faire envoyer de la came et que ça doit dealer à qui mieux mieux. Il n'y a plus le magasin de farces et attrapes à côté des Bouffes du Nord, et vers Barbès c'est complètement reconstruit. Des habitations à loyer modéré, et un parking là où avant se tenaient des immeubles délabrés. Place de la Goutte-d'Or, c'est le clou, le commissariat, pile où se tenait le marché aux voleurs, et plus personne n'est là, en tout cas plus personne que je connaisse. Je déambule un moment, des gosses jouent au foot, il y a de nouveaux magasins. Cacahuète, à qui je vendais des bouteilles d'alcool dans sa cahute devant le café sur le boulevard, a complètement disparu. Même « Salut Barbès ! », la grande pancarte qu'on voyait depuis la rue de Guerrisol quand on montait le long de l'hôpital, n'existe plus non plus. Il reste pourtant toujours la foule. Il me semble qu'il y a moins de toxicos, moins de voleurs et plus de barbus et de djellabas, mais ce n'est peut-être qu'une impression. Ne sachant pas très bien ce que j'étais venu chercher, je finis par faire demi-tour et par remettre le cap sur le Marais. En redescendant vers République, devant le bordel d'embouteillages dus aux nouveaux couloirs de bus, je me dis que le passé est mort et, épuisé par cette constatation, je m'arrête boire un coup vers le carreau du Temple, dans ce qui s'appelait auparavant une brasserie et maintenant un lounge, avec une terrasse abritée d'un rideau de plastique pour que les gens puissent fumer. À côté de moi, deux types discutent.

– Tu ne devineras jamais la blague qui m'arrive l'autre jour, dit le premier.

– Non, c'est quoi ? répond l'autre.

– Figure-toi que je me suis abonné à *L'Expansion*, mais comme je voulais bénéficier de la réduction, je l'ai fait au nom de ma femme, parce qu'elle a repris des études.

– Martine a repris des études ?

– Oui, de philo, elle s'ennuie avec les enfants. Mais bref, l'abonnement a foiré, je ne recevais pas les numéros, alors j'ai envoyé des e-mails pour râler et c'est une fille qui m'a répondu, très gentille. Du coup, on a commencé à échanger deux trois conneries et, de fil en aiguille, je lui ai proposé qu'on se voie.

– Carrément, t'as dragué la gonzesse des abonnements de *L'Expansion* ?

– C'est là où ça devient rigolo. Comme l'abonnement était au nom de Martine, elle croyait que j'étais une femme.

– Elle était gay ?

– Oui.

– Elle a dû sauter en l'air en te voyant.

– Pas du tout, on a bu un coup, très mignonne.

– Et alors ?

– Je l'ai baisée quand même.

– Ah, ah ! fait l'autre, qui a certainement l'habitude des blagues de son copain, t'es vraiment incroyable.

Et cela me fait penser que je devrais rappeler Daphné, ou essayer de trouver d'autres contacts.

– Et sur Facebook, t'arrives à choper facilement, parce que Meetic ça a l'air mort ? s'enquiert Celui-qui-écoute.

– Non, je vais sur AdopteUnMec, au moins il n'y a pas d'ambiguïté, affirme Celui-qui-baise.

(AdopteUnMec)

Je retourne place des Vosges, en prenant le temps de flâner le long des vitrines rue de Turenne, et d'apprécier le design et les nouvelles collections d'été.

Une fois dans l'appartement de Hepner, je sais quoi faire, je me connecte sur Facebook, j'essaie de retrouver Marie-Pierre, mais quand je tape son nom rien ne sort, alors j'essaie Bruno, et là, bingo ! Une photo apparaît, que je reconnais immédiatement. Son profil est verrouillé, mais je lui demande d'être « mon ami » en lui envoyant un message.

« *Salut, c'est Gaston, je ne sais pas si tu te rappelles, j'avais une société qui s'appelait Extramill, on partageait des bureaux...* » J'attends, fébrile, et toutes les cinq minutes je vais voir s'il m'a répondu, et pour patienter je vais sur AdopteUnMec, ça a l'air hyper chaud, les filles ont un panier et elles font leurs emplettes, des garçons qu'elles doivent consommer jusqu'à plus soif. Je regarde les photos des types qui sont en attente d'être choisis, il y en a plein de pas mal, et je me demande si une fille voudrait m'adopter, d'autant que c'est plutôt jeune. D'ailleurs, dans les critères d'âge, il y a le détail jusqu'à trente-cinq ans, c'est-à-dire : inférieur à vingt ans, les jeunots, ensuite deux tranches de cinq ans, et après c'est directement « supérieur à trente-cinq », sans plus de précisions, autant dire que les À-partir-de-trente-six sont considérés comme une masse indistincte, regroupée sous l'appellation « vieillards », et ça me fait flipper. Peut-être personne ne voudra-t-il de moi, ni pour m'adopter, ni même sur Facebook, et je vais finir comme un pauvre truc en perdition, un paria de la réalité virtuelle. Je contemple mes deux téléphones, le BlackBerry et l'iPhone, et mon ordinateur flambant neuf, et je visualise des images positives, comme dans le programme d'H+ Marchez-serein-sur-le-chemin-de-la-réussite. Cela a certainement un effet, car je me sens mieux et d'ailleurs Bruno finit par me répondre. J'ai fait un renvoi de mes messages Facebook sur ma boîte e-mail et sur mes téléphones qui crépitent de petits tut-tut annonciateurs – un *zind* pour le BlackBerry, un *gong* pour l'iPhone –, je suis informé immédiatement en stéréo. Il a l'air stupéfait d'avoir de mes nouvelles. Il me donne son portable et me dit de l'appeler, qu'il faut absolument qu'on se voie, si bien qu'une heure plus tard je suis dans un bar vers Notre-Dame-de-Lorette en train de raconter ce que j'ai fait ces quinze dernières années.

– Et tu n'as eu aucune réduction de peine ?

– Non, j'ai joué de malchance, alors qu'en tant que chef d'entreprise, normalement, j'y avais droit sans problème, mais à chaque fois il y avait quelque chose, soit un changement politique, soit des faits-divers scabreux, ma conditionnelle a donc toujours été refusée. Mais c'est le passé, ça m'a permis de suivre une formation de photographe.

– Ah oui ?

Il me propose d'aller chez lui car il doit y retrouver quelqu'un. D'après ce que je comprends, il n'est pas au mieux de sa forme. Ces quinze dernières années ont été pour lui une lente descente vers…

– … la misère, mon ami. J'ai cramé tout mon pognon et je m'en suis mis plein le nez, et aujourd'hui je suis dans la mouise.

Il me l'explique sans complexe. Du fringant golden boy des années quatre-vingt, il ne reste pas grand-chose. À force de se coker, ses affaires ont périclité. Il a eu un héritage qui l'a remonté pendant un certain temps, mais il a fini par le dilapider bêtement en dope. Un investissement malheureux a eu raison de ce qui restait. Heureusement, il est propriétaire de son appartement, ce qui le met à l'abri d'une dérive plus sévère.

– Et Patricia ?

– Oh ! la la ! On s'est séparés. Elle voulait des enfants, moi ça ne me disait rien. Elle vient de se mettre avec un journaliste.

On sonne à la porte. C'est son dealer. À qui il doit de l'argent. Conciliabule. Finalement, je le dépanne de deux cents euros. Il se fait des lignes en s'excusant vaguement, répète « Putain, c'est incroyable, tu sais que je pensais souvent à toi, bon Dieu, et le cap d'Agde, tu te rappelles, tu sais que mon oncle a toujours l'appart ? ». J'ai envie de lui demander si par hasard il a eu des nouvelles de Marie-Pierre, mais je n'y arrive pas, ça ne sort pas. Il se refait des lignes. À la télé, une émission grand public démarre. Le sujet du jour est « Victime de paparazzi, que faire ? ».

– Hé ! je crie presque, je la connais ! C'est moi qui ai pris les photos !

Au premier plan, invitée, se trouve la fille qui organise la fête costumée, Hermine d'Armentières qui, à peine lancée par le présentateur, se répand en diatribes comme quoi elle s'est sentie trahie, que quelqu'un a abusé de sa confiance, qu'elle ne peut plus dormir paisiblement maintenant, car quelqu'un a volé des images chez elle, et c'est comme si on avait dérobé un bout de cette pauvre J qui, de plus, n'avait pas besoin de ça.

– Ah oui, commente Bruno en reniflant, elle aussi, elle est à fond dedans.

Les photos – mes photos – sont en gros plan sur l'écran de télé.

– C'est moi, je dis, c'est moi qui ai pris les photos chez elle.

On continue de regarder. « *Pour vous donc, c'est plus qu'une atteinte à la vie privée, c'est quelque chose de maléfique ? – Absolument*, affirme Hermine, *le fait de prendre des images de gens en détresse, sans leur consentement, cela aggrave le Mal.* »

Et là-dessus, l'invité suivant n'est autre que... le type du site à qui j'ai vendu les photos dans l'église, qui est là en exclu pour expliquer pourquoi ils ont décidé de publier les photos sur leur site pour faire respecter la démocratie, et lui pense l'inverse, qu'au contraire cela peut être le Bien, et une discussion s'engage entre Hermine et lui. Hermine s'embrouille, dit que la démocratie c'est une chose et l'image de quelqu'un en détresse c'en est une autre, et l'autre répond qu'on a un document ahurissant qui met en cause la classe politique et peut-être le Premier ministre, et qu'il était de son devoir – il insiste sur son devoir en prenant un air docte – de publier les photos. « *Mais le secret de l'instruction, la sérénité de la justice ?!* s'insurge l'animateur. *Manifestement ces clichés ont été pris en prison, dans la cellule d'un détenu en préventive, n'est-ce pas perturber le cours de l'enquête ?* »

– C'est moi, je redis encore une fois, parce que j'ai l'impression que Bruno n'a pas bien percuté. C'est moi qui ai pris les photos. Les deux. La fille droguée et le banquier en prison. J'en avais même pris une autre encore avant, du trader qui a fait plonger sa banque, en train de chialer avec sa mère.

Je vois qu'il me regarde sans bien comprendre, ou alors en pensant que je suis mytho, alors je répète « Je suis photographe maintenant, la fille je l'ai shootée pendant ma permission, et l'autre avant de sortir de prison », pendant qu'à l'écran le type du site raconte pour l'anecdote comment « on » lui a donné rendez-vous dans une église sans qu'il puisse voir son interlocuteur, et je montre à Bruno le téléphone sur lequel j'ai les photos, et là il est carrément épaté, il dit « Putain, Gaston, tu changes pas, toi, tu changes pas ». Je lui explique tout dans le détail, combien j'ai touché, comment j'ai fait, lui faisant jurer le secret, et quand j'en suis à ma rencontre avec Mouss, il tique et me demande si je ne pourrais pas le contacter, parce que le plan de coke qu'il a, c'est vraiment de la merde, et là, peut-être parce que c'est moins gênant, du fait qu'il a bien compris que j'étais en train de revenir au top, je dis :

– Et Marie-Pierre, la fille avec qui j'étais, t'as jamais eu de ses nouvelles ?

(Les cartes du soir qui tombe)

Quand j'arrive place des Vosges, il y a encore de la lumière à l'étage de Mérédith, et il me semble que Joe, le fils bizarre, me fait des signes depuis la fenêtre, mais c'est peut-être une illusion provoquée par la nuit. Bruno a bel et bien eu des nouvelles de Marie-Pierre, pas lui directement, mais Patricia l'a croisée une fois dans un grand magasin pendant les soldes, dans les cabines d'essayage, c'est pour cela qu'il s'en souvient, ça l'avait fait triper de l'imaginer en sous-vêtements. « Elle était canon, non ? Ah, ah ! » Et, oui, il était possible que Patricia ait gardé ses coordonnées. Le seul problème, c'est qu'il n'avait aucune envie d'appeler Patricia, avec qui il était en froid – il lui devait de l'argent. Au bout du compte, comme on était sur le pas de la porte et qu'il était question de coke, j'avais abattu ma carte, lui proposant sans vergogne de relancer mon contact s'il appelait Patricia.

(L'avènement de la crinière des roses)

Avant de m'endormir, je vais sur Facebook et je regarde si j'ai de nouveaux amis, mais comme je ne connais personne, l'effet boule de neige n'est pas au rendez-vous, alors comme je ne sais vraiment pas à qui envoyer un *poke* ou faire une demande d'ajout, je me rabats sur la fille de la prison qui m'a laissé sa carte, Anne Carruthers, elle est sur Facebook, son profil n'est même pas fermé, il indique « célibataire » et son lieu de résidence. Dans le message, je lui dis que je voudrais m'excuser d'avoir été si véhément, mais que j'étais à cran au moment de la sortie, tout va bien maintenant, j'ai du travail et je serais très content de l'inviter à déjeuner pour effacer cette fâcheuse entrevue. Bien sûr, c'est un peu osé, vu que je ne la connais pas mais, en même temps, qui ne tente rien n'a rien, et cette fille avait l'air sympa, en tout cas mignonne. Je me dis aussi qu'il faut que j'aille voir Daphné, d'abord pour vérifier si elle n'a pas de problème avec Hermine, ensuite pour essayer de la baiser, et je me promets de l'appeler le lendemain. Puis je vais me coucher et, même si c'est déconseillé par les programmes d'H+, je me branle en imaginant Daphné, et Anne Carruthers, et aussi je repense à Marie-Pierre, je me demande si Bruno va réussir à obtenir le numéro, ce qu'elle est devenue, et l'effet que cela va lui faire si on se revoit. Son image n'est pas aussi précise que je le souhaiterais, ce que je revois d'elle concerne les moments heureux, quand on a eu le pavillon, avant qu'on ne parte au cap d'Agde et toutes les atrocités qui ont suivi, elle sourit et semble contente. Bien sûr, je sais que c'est de l'histoire ancienne, mais qui sait, le fait de revenir au top, de devenir certainement un photographe en vue, de conjuguer réussite financière et épanouissement artistique, tout cela peut augurer d'une manière différente de se retrouver.

Chapitre 3

(Ballon rouge)

Le lendemain, je m'éveille guilleret. Les rêves ont été féconds, ou alors c'est le programme d'H+, ou de m'être branlé, ce qui m'arrive rarement, en prison c'est le truc à éviter sinon on passe son temps à ça. Certains détenus, scotchés devant les pornos du matin au soir à s'en user la bite, finissent par se dessécher sur pied, par devenir complètement détraqués. Avant de partir à mon déjeuner avec Dirt, je regarde si Anne Carruthers a répondu à ma demande d'ajout, ce qui est le cas, d'un long message. Très surprise que je l'ai contactée, mais why not ? Elle comprend parfaitement que j'étais fébrile au moment de la sortie – c'est le terme qu'elle emploie, fébrile – et elle est d'accord pour déjeuner, mais pas cette semaine, la semaine d'après, car maintenant elle est à la prison et ne revient en région parisienne que la moitié du temps. Par contre, *no* news *of* Bruno. D'après ce qu'il m'a expliqué, avec Patricia c'est à couteaux tirés, mais j'ai compris qu'il devait l'appeler depuis un moment pour lui demander un truc auquel il tient, cela lui fera donc un prétexte. Elle aussi a hérité, et il avait investi l'argent dans une affaire qui a foiré complètement. Un projet de chambres d'hôtes coquines, avec un décorum érotique, dont une collection de godemichés achetée une fortune, grâce à quoi ils comptaient être dans les guides, « attraction à ne pas manquer du Paris Frisson ». Il paraît qu'une fois référencé dans le *Lonely Planet* par exemple, tous les Américains viennent et c'est le délire complet tellement ils lâchent de pognon. L'ennui, c'est que comme ils ont splitté, l'affaire a périclité et, en représailles, Patricia a gardé un des godes, une des pièces maîtresses, qu'il veut absolument récupérer, car sinon, d'après l'estimation des experts, l'ensemble vaut beaucoup moins. J'ai rendez-vous non loin de la place Beauvau, directement au siège de la société de Dirt, qui s'avère en fait – alors que je m'attendais vaguement à quelque chose comme le building du magnat de la presse – un loft au rez-de-chaussée d'un immeuble haussmannien, donnant sur cour et faisant office de bureau comme de studio de prises de vue, avec la raison sociale sur la porte, « Ballon rouge, organisation de séminaires informatiques », ce qui est bien loin de la tour rutilante de *Citizen Kane*. Marc-Olivier doit se rendre compte que je tique, car il précise « C'est provisoire ici, c'est mon ancienne structure, je faisais des séminaires de formation, on va garder l'endroit pour les *shootings* hot, c'est tranquille ». Il me présente son assistante, Vassilia – jupe courte, petit air effronté, seins dessinés sous pull en V – qui va venir « déj' avec nous, car ce dont on a à parler c'est vraiment du lourd et c'est bien qu'elle soit là ». Je les suis jusqu'au restaurant qui jouxte le ministère et donc, mon nouvel ami me le fait remarquer, rempli de fonctionnaires de police, et pas n'importe lesquels, des tops qui font la pluie et le beau temps, ce qui est bien pour lui, car il en connaît certains. Nous prenons place à une table réservée par Vassilia, heureusement car le restaurant est bondé. À peine assis, Marc-Olivier entre dans le vif du sujet.

– C'est rare que je me trompe sur les gens. Je pense que tu es la personne que je recherche. D'où tu viens, ce que tu as fait, je m'en fiche. Je crois que tu es de confiance et que nous allons travailler ensemble.

– Je le pense aussi, je dis, sans trop m'avancer.

– Le projet que je suis en train de mettre sur pied est colossal.

– ...

– C'est du jamais vu en Europe.

– ...

– Personne n'a encore osé faire ça, aller là où je veux aller.

– ...

Le serveur veut savoir si nous avons choisi. J'opte pour un mille-feuille aux courgettes et un risotto au gingembre. « J'évite de manger des aliments carnés », je précise, un poil gêné, en fait, de cette particularité, que je dois aux programmes d'H+, qui sont plus performants, d'après Hepner, quand on s'en tient à une nourriture d'origine non-animale. Vassilia approuve gentiment en disant que sa meilleure amie est végétarienne. Marc-Olivier reprend.

– On est sur un énorme coup. Le Festival de Cannes off.

– C'est-à-dire ?

– Je veux que tu sois mon photographe. Je veux l'exclusivité.

– Pourquoi pas, si on tombe d'accord.

– L'argent n'est pas un problème. C'est colossal.

– ...

– Cannes ! Fête monstrueuse pour les VIP sur yacht ! Une orgie de trente-six heures. Le gratin. Les stars américaines. Les gros producteurs.

– Sur un yacht ?

– Fantaisie d'un émir du pétrole. Drogue, sexe, jeu, fantasme. Tout ce dont vous avez toujours rêvé. Les invitations se font au compte-gouttes. Le niveau de célébrités se situera entre huit et neuf sur une échelle de dix. Je veux des photos de tout ce qui va se passer là-bas. Quand je dis tout, c'est des gros plans sur des phallus dressés, des contre-plongées sur des sexes béants, des visages en train de jouir, des narines dilatées par la drogue, des rails de coke, des billets maculés de sueur aux tables de poker, et surtout, surtout, le regard des stars s'enfonçant dans la perdition. C'est ça que le public attend, et c'est ça qu'on lui cache en permanence !

Je me demande s'il n'est pas un poil fou. Le serveur apporte les entrées. Vassilia me sourit, genre « Ne t'inquiète pas, on s'habitue très vite ».

– C'est prévu pour quand ?

Il me regarde comme si j'étais demeuré, ou que j'avais mal suivi le cours.

– Cannes, je t'ai dit. En plein Festival. L'orgie a lieu le lendemain du premier week-end. Tu ramènes les photos, on sort un « Spécial : montée des marches » avant la clôture. Et *Dirt* sera plus connu que la Palme d'or, ah, ah !

– Ah, ah ! je fais en écho.

– Ah, ah ! fait Vassilia.

– L'orgie, il répète, les yeux dans le vague. Ça va être énorme.

J'imagine plus ou moins le truc. Un bateau avec tout le cinéma international en train de s'envoyer en l'air. Et moi prenant des photos. Paparazzo. Au cœur du truc.

– Maintenant, ce n'est pas gagné. On a un mois pour préparer l'opération. Si on réussit, c'est le jackpot.

– OK, je fais, prenant un air concentré. Quels sont les paramètres ?

– Simple – il sort un stylo –, ça c'est la mer. Ça c'est le bateau. Ne sont admis sur le bateau que les invités triés sur le volet, qui partiront du port de Cannes.

– Je suppose que je suis invité ?

– Justement non, c'est tout le problème.

– Ah, mais alors comment on va faire ? Il me fixe des yeux. Sourit. Puis éclate de rire brusquement.

– Je n'en ai pas la moindre idée.

Nous rions encore.

– C'est pour ça que je t'emploie. Tu as carte blanche. Vassilia va te transmettre les infos en notre possession.

Je me racle la gorge. Tout autour de nous les fonctionnaires du ministère terminent leur déjeuner. Il fait beau. C'est le printemps. J'ai un début de mal de tête.

– Et en termes de...

– D'argent ? Cent mille euros. Et illimité pour les frais, sur justificatifs évidemment. S'il est nécessaire d'engager une danseuse du ventre ou un kangourou sodomite, aucun problème. Par contre, *Dirt* est propriétaire des droits.

– OK, je finis par dire. Mais dans ce cas je reste anonyme. Pas de trace de rien. Et les cent mille payables en cash.

On tope dans la main. Avant de retourner au bureau où Vassilia me mettra au courant de tous les détails, il a encore quelque chose à me dire. Il a besoin que je fasse des photos d'un couple qui doit passer un week-end à Deauville.

– En train de baiser, je demande ?

– Pas nécessairement. Si ça se présente, mais main dans la main ou en situation tendre sera suffisant.

Pour ça, il me propose cinq mille euros plus les frais, ce que je trouve peu, mais il explique que ce n'est pas destiné à la publication mais à ses investisseurs. Le week-end devrait avoir lieu dans deux semaines. Quant à Cannes, c'est dans six semaines. Autant dire qu'il ne faut pas que je chôme.

(Vassilia)

Retour à Ballon rouge. Marc-Olivier nous laisse, car il doit superviser un *shooting* avec « des filles de l'Est pour égayer le site ». Je suis Vassilia dans son bureau. D'après elle, la partie est loin d'être gagnée, le bateau où est organisée la soirée est une véritable forteresse. Elle me montre des photos.

– Waouh, je fais comme un crétin, c'est le super yacht !

Elle rigole. « Non, ça ce n'est pas le bateau, c'est juste une des navettes qui emmènent les gens depuis le port de Cannes. Le vrai bateau, c'est celui-là. »

– Bon Dieu, mais c'est carrément un immeuble !

Le… paquebot est hallucinant. Il y a tellement d'étages que c'est à se demander comment il arrive à flotter. Vassilia a des photos de l'intérieur.

– Mais prises avant que l'émir ne le rachète. D'après ce qu'on sait, il a tout redécoré. Et renforcé les systèmes de sécurité. Pour la petite sauterie – elle prononce « sauterie » d'un air volontairement détaché, mais avec, me semble-t-il, une certaine gourmandise –, les invités devront montrer patte blanche au moyen d'un bracelet codé qui leur aura été livré la veille par coursier. Ils sont emmenés en bateau et, une fois sur place, obligés de se déshabiller intégralement avant de revêtir un costume dans la garde-robe mise à disposition, et surtout de passer sous des portiques, afin de vérifier que personne n'emmène de téléphone ou d'appareil. Uniquement possible d'emmener sa carte de crédit pour ceux qui veulent jouer.

C'est le seul divertissement qui n'est pas gratuit, pour garder le frisson du jeu.

– Tous ces gens vont renoncer à leur téléphone pendant vingt-quatre heures ?

Cela me paraît extravagant.

– Il y a déjà eu une fête l'année dernière. Les happy few dans la confidence n'ont pas envie de rater un truc aussi gigantesque. Et je crois qu'il y a un espace spécial où on peut venir téléphoner, mais en dehors des aires de jeu. Pour beaucoup, c'est trente-six heures de off, trente et six heures de pur délire.

– Quelles sont les possibilités de s'introduire ? Vraiment aucun moyen de se faire inviter ?

– Non, l'émir vérifie la liste personnellement. Cela nécessiterait un contact qu'on n'a pas.

– Waouh, je refais, épineux comme problème.

– Par contre, nous avons accès à l'homme de confiance qui organise le show. Il est en train de chercher le meilleur en matière de *sex & drug*.

– Pour la drogue, je peux peut-être essayer de voir, je tente.

– Inutile, de ce côté, ils ont déjà tout ce qu'il faut et, à moins que tu ne possèdes une substance inédite, ce n'est pas la peine d'essayer. Restent les attractions. Ils font passer un casting la semaine prochaine. Il nous faudrait une imparable distraction.

Elle prononce « imparable distraction » en me regardant droit dans les yeux, avec un air mutin et songeur en même temps. Pour elle, cela doit être comme un jeu.

– OK, je dis, perplexe. Je vais réfléchir.

– Tu penses trouver un moyen ?

– Je ne sais pas. J'espère. C'est un challenge. J'aime les challenges.

Ils ont songé un moment à la piste haute couture, parce qu'Emir & Co font appel aux plus grands couturiers pour habiller les invités, mais cela ne permettrait pas une plongée suffisante au cœur de l'action.

– Ça va avec Marc, tu te sens en phase ?

– Oui, il est dynamique. C'est une qualité nécessaire pour un chef d'entreprise.

– Certains le trouvent spécial. Mais il a des côtés marrants, c'est pour ça que je travaille avec lui. C'est différent de la presse classique, c'est…

– Comme une aventure ?

Elle rit. « Exactement. Une aventure. C'est dingue cette histoire de yacht, non ? » J'acquiesce, « Oui, carrément ». Je lui demande si la formule de *Dirt* qui est sortie avec mes photos marche bien.

– Du feu de Dieu, avec les retombées médiatiques qu'on a eues, on est à plus de cinq cent mille.

– Et J n'a pas fait de procès ?

– Pour l'instant, non, il paraît que sa mère est écœurée.

Je repars avec des numéros sous le bras. Elle me donne aussi son portable. Je lui demande son nom de famille. C'est pour Facebook, j'explique, comme je viens de sortir de prison, je n'ai pas beaucoup d'amis. Ça doit être à cause de la manière dont je le dis, elle paraît touchée, me le donne, et j'ai l'impression qu'il pourrait se passer quelque chose entre nous. Quand elle s'est baissée pour prendre des magazines et me les donner, j'ai vu le début de ses seins.

(L'obèse et la naine)

À peine dehors, je reçois une alerte texto : c'est Bruno, qui me demande de le rappeler. Il a le « phone de M-P ». Je dois reconnaître que cela me provoque un choc. Je suis obligé de m'asseoir à une terrasse de café et de commander un verre d'eau, en forçant ma respiration à se calmer. Je suis tellement ému que je n'arrive pas à me placer dans une H+ disposition, ce que je devrais pourtant faire, vu les circonstances. Il me faut un certain temps pour digérer l'information. Je suis en mesure de joindre Marie-Pierre, d'entendre le son de sa voix et de lui parler, en sachant qu'il y a une chance pour qu'elle me raccroche au nez, ou refuse de me voir, ce que d'un certain point de vue je redoute, mais qui serait également plus simple, cela éviterait une confrontation gênante, d'autant qu'elle n'est certainement plus la Marie-Pierre que j'ai connue. Du coup, il faut aussi que j'appelle Mouss, car Bruno, qui ne perd pas le nord, m'a envoyé un autre texto, « Pense à la c ». Le frère de mon ancien compagnon d'infortune répond dès la seconde sonnerie. « *Allô, Mouss, j'écoute.* » Il voit très bien qui je suis et se souvient parfaitement de notre rencontre. Si c'est possible qu'on se voie ? Cela lui ferait plaisir, il a pas mal repensé à ce que je lui ai dit, et il voudrait que je lui parle encore de son frère. Il est sur Paris cet après-midi et peut me retrouver au Deauville dans l'heure qui vient.

– Ça marche, je fais. À tout de suite.

Je rebrousse donc chemin, remonte vers les Champs en passant devant l'Élysée où le président plus jeune qui a remplacé l'ancien plus vieux doit faire son jogging. Rue Saint-Honoré, il y a toujours autant de boutiques de luxe, autant et même plus que de Pakistanais et d'Indiens à La Chapelle, et je me demande si ce serait une bonne idée d'acheter un cadeau pour Marie-Pierre. Soupesant cette suggestion quelques instants, un sac, ou un bijou, ou une montre, je me dis finalement que ce serait déplacé. Cela installerait notre rencontre sur un terrain inadéquat. Oui, inadéquat, cela ne collerait pas.

Au Deauville, Mouss est déjà là. Il boit un jus de pamplemousse en terrasse, laquelle – nous sommes mi-avril – est chauffée par des braseros en forme de palmier. Nous nous enquérons mutuellement de notre santé, disons tous deux qu'on est contents de se voir, et j'ajoute que moi aussi j'ai repensé à lui et à son frère, et que c'était vraiment un chouette gars, vraiment droit. Je répète ça plusieurs fois, « droit, tu vois, c'est comme ça que je le décrirais, et crois-moi dans ce genre d'hôtel c'est pas si fréquent », ce qui somme toute est vrai.

– Ouais, Toss, c'était un sacré lascar.

C'est plus fort que lui, il en a encore les larmes aux yeux. « Tu peux pas savoir ce que j'étais proche de mon frère, il renifle. Si j'avais été là, ce ne serait jamais arrivé. » En fait, quand Toss était monté au braquo, Mouss était lui-même à Fleury pour une connerie stupide et il s'en voulait encore, sinon c'est sûr que Toss serait encore là, avec lui. « Et le pire, c'est qu'il a même pas vu ma réussite, il aurait été fier, tu vois, c'est moi qui arrose tout le show-biz, ils prennent tous ma CC. » Derrière lui, un couple qui vient de s'asseoir commande des kirs royaux. L'homme est obèse. La femme naine. Elle a une voix haut perchée, un maquillage forcé et des bagues à presque tous les doigts. Je me demande s'ils sont vrais ou s'il s'agit aussi de gens remplacés pendant mon incarcération, comme ceux des assistances téléphoniques technologiques.

– Et les photos de J ? je demande innocemment. J'ai vu un truc à la télé, c'est pas gênant pour toi ?

Autant mettre les pieds dans le plat directement.

– Les photos du canard à scandale ?

– Oui, ils en parlaient dans une émission.

– C'est un client en moins, répond le dealer, philosophe. Sa mère l'a mise en désintox. Mais comme ça me fait de la pub, ça compense.

– En tout cas, c'est dégueulasse. T'as une idée de qui les a prises ?

– Oui, c'est le petit pédé à lunettes qui lui faisait la morale quand je l'ai servie dans la chambre. Il a dû prendre les photos avec son téléphone sans qu'on le voie.

– Ah carrément, remarque ça partait d'un bon sentiment.

– Je comprends pas que t'aies envie de me tromper, dit la naine derrière Mouss. C'est pas que ce soit pas envisageable, tout le monde peut avoir envie d'une aventure, mais pas là, en ce moment, avec ce qu'on traverse, je comprends pas.

– Justement, dit l'obèse, j'avais besoin de me changer les idées.

– D'un bon sentiment, faut pas exagérer, chacun est libre de se défoncer s'il en a envie.

– C'est sûr. Je dis, démagogue, sans trop savoir s'il a raison ou pas. Chacun est libre.

– C'est une question de démocratie. Ça devrait être marqué dans la Constitution.

– T'as mis des préservatifs au moins ? s'inquiète la naine.

– À ce sujet, il serait possible de te prendre quelque chose ? J'ai un pote qui consomme pas mal.

– J'ai quasiment rien sur moi. Il me reste un paquet de dix. Si tu veux plus, faut qu'on se revoie.

– Non, admet l'obèse, mais elle avait fait les tests récemment.

– T'exagères. Je trouve que ça à dire : t'exagères !

– Tu sais bien que les caoutchoucs ça me fait débander.

– Je vais déjà te prendre ça, et je te rappelle dans les jours qui viennent. Cent, ce serait possible ?

– Oui.

– C'était pas notre contrat. Notre contrat, c'était transparence et rapports protégés à l'extérieur.

– Bon, je vais faire les tests aussi, comme ça, on sera tranquilles et t'arrêteras de me casser les pieds.

– Je sais pas si j'aurais encore envie de toi maintenant.

– Ça fait combien ?

Il m'annonce le prix. « C'est un peu cher, mais c'est la top qualité. C'est pour ça que j'ai autant de succès chez les friqués. Mais si tu prends cent, je t'arrangerai ça. »

– Pas de problème. C'est pour un cadeau.

Il descend aux toilettes me préparer le paquet. « Paie, dit la naine, en fait je crois que j'ai envie que tu me baises maintenant.

– J'ai du MDMA aussi, m'informe Mouss. Top qualité.

(Le godemiché de Patricia)

Quand j'arrive chez Bruno, il est au téléphone en train de s'écharper avec Patricia. Je l'entends qui hurle derrière la porte. « Mais putain, puisque je te dis que je ne peux rien en faire sans cette pièce ! », suivi de « Mais je m'en contrefous que t'aimes te branler avec, j'en ai besoin, c'est tout, bordel ! ». Il vient m'ouvrir, le téléphone coincé sur l'oreille, en continuant de vociférer, comme quoi c'est un comportement puéril, que ce n'est pas comme ça qu'ils vont récupérer l'argent et que c'est la seule bonne affaire qu'ils aient faite et qu'elle la gâche par sa stupidité. Il raccroche en balançant le combiné sur le canapé et en la traitant de salope, de pute et de conasse.

– Elle me rend hystérique, bon Dieu, hystérique !

Je sors le paquet de coke et je lui fais un rail, assez gros, qu'il engloutit tel un aspirateur vorace, sa narine dilatée, pour reprendre l'expression de Marc-Olivier, faisant penser au seuil d'un tunnel sans fond. Combien a-t-il pu sniffer dans toute sa vie ? Certainement des fortunes. Pour qu'il ait claqué tout son pognon, il a dû y aller fort. Il est dans le Monde-où-on-renifle-sa-Propre-Perdition. Noirâtre et plein de sables mouvants.

– J'ai le numéro, il finit par dire. Patricia l'avait gardé.

– Il est encore bon ?

– A priori, oui. Patricia l'a revue il y a un an ou deux. Elles ont fait les boutiques ensemble et devaient se recontacter, mais Patricia n'a pas donné suite, Marie-Pierre non plus.

Je les imagine toutes les deux dans les magasins. Il y a un an ou deux, j'étais avec Hepner, en train de suivre ses enseignements, au CDD.

– Il vaut mieux que tu le saches, elle a refait sa vie. Elle a été mariée deux fois. Elle a deux enfants.

Ça me fiche un super coup.

– Je ne m'attendais pas à ce qu'elle m'ait attendu dans un couvent, je dis. J'ai juste envie de la revoir.

Il se refait une ligne.

– Elle est bonne ? je demande. Normalement c'est celle que tout le show-biz se met dans le nez.

– Ça va. Mieux que celle du connard à qui j'achète en ce moment.

– Le mien a du MDMA aussi.

– Merci, j'ai déjà suffisamment de problèmes avec la CC, pas la peine d'en rajouter.

– Patricia lui a dit que j'allais l'appeler ?

– Non, elle n'en sait rien. J'ai regardé dans son carnet d'adresses.

– Elle l'avait dans son carnet d'adresses ?

– Dans son ordi. Elle sait pas que j'ai son mot de passe. Ça me permet de voir ce qu'elle fabrique.

Je rigole.

– Tu l'espionnes ?

– Non, mais c'est normal que je sois au courant de ce qu'elle fabrique. Elle a toujours mon gode.

Je me demande si la coke ne lui a pas tapé sur le ciboulot.

– Évidemment, je dis. Vu qu'elle a toujours ton gode…

– C'est la colonne vertébrale de la collection. Faut que je te montre, c'est une folie. Elle est dans le *Guiness Book*.

Il va farfouiller dans une étagère, trouve des DVD et un classeur.

– Mais comment sais-tu qu'elles se sont revues il y a un an ou deux ?

– Patricia tient un journal. J'ai tapé le mot-clef. Si je lui avais demandé, elle m'aurait jamais donné le numéro, ou bien elle aurait prévenu Marie-Pierre, c'était cuit.

Il enclenche le DVD dans le lecteur, me donne le classeur.

– Il y a des photos et la revue de presse.

Ce qu'il dit a l'air vrai. La collection a été réunie par un Russo-Japonais dans les années trente, puis vendue à un Iranien proche du shah, qui se l'est fait confisquer au moment de la Révolution. Elle a ensuite été échangée contre des armes à un Libanais, qui l'a cédée pour une dette de jeu à un Américain, qui, ruiné à son tour, l'a mise en vente chez un antiquaire homosexuel cannois, où un type avec qui Bruno était associé l'a finalement achetée, l'antiquaire se mourant du sida, jusqu'à ce que Bruno la lui rachète à son tour. En plus de son parcours rocambolesque, la collection s'est enrichie à chaque nouveau propriétaire de pièces supplémentaires, tant et si bien que lorsque Bruno l'a fait expertiser, on lui a confirmé qu'il détenait un véritable trésor, dont pas mal de pièces rares et notamment ce phallus en or et diamant ayant appartenu à la famille royale iranienne, pour l'instant en possession de Patricia. Nous regardons la démo sur DVD. La collection est incroyable. Il y a des bites de toutes sortes, de toutes formes, de toutes époques et de toutes origines. Une voix off les détaille sobrement, une par une, en agrémentant son commentaire de quelques anecdotes historiques, puis nous avons droit à une démonstration en live. Là, autant le dire, ça se corse. Une fille apparaît, d'une beauté surnaturelle, et entreprend un véritable show, changeant de costume selon la provenance du gode, ou des boules de geisha, ou encore d'autres instruments que je ne connais pas. « *Qu'est-ce qu'un doigt de sorcière agrémenté d'un lutin magique ? Ma foi, c'est un double gode avec une petite languette pour vous chatouiller le clitoris en même temps.* » La fille joint évidemment le geste à la parole, et avec une grâce et un trouble qui vous renverseraient un moine sur la tête.

– Waouh, je dis. Tu l'as trouvée où ? Elle était avec la collection ?

– Laisse tomber. C'est à cause d'elle qu'on s'est séparés avec Patricia.

– Je croyais que c'était à cause des thunes ?

– Oui, mais ça a été la goutte d'eau. C'est une mannequin que j'avais engagée pour faire la vidéo. Et j'ai perdu la tête.

– C'est-à-dire ?

– Ce que tu peux imaginer. Tu vois à quoi elle ressemble…

– Je croyais que toi et Patricia vous étiez plutôt relax sur les relations.

– Oui, avant, quand on sortait, mais elle en a eu marre, elle voulait des enfants, qu'on se range. Avec Destiny, j'avais l'impression de repartir comme en quatorze.

– Comment elle s'appelle ?

– Destiny. Ça ne s'invente pas.

La fille continue ses contorsions. Elle a un regard hallucinant, un corps de rêve et une souplesse qui lui permet de nous faire découvrir toutes les subtilités de la collection.

– Mais pourquoi tu ne t'es pas mis avec elle ?

– L'argent. Elle se loue, avec elle rien n'est gratuit. C'est un gouffre.

– C'est une pute ?

– Non, pas vraiment une pute. C'est quelqu'un qui ne voit les choses que sous un angle vénal. C'est même pas malsain, c'est dans son caractère. Elle pense qu'elle est un objet précieux et qu'elle doit évoluer dans le luxe.

Je repars avec le numéro de Marie-Pierre et la promesse de lui ramener encore de la coke. J'ai la vision de Destiny qui flotte devant mes yeux. Destiny, bon Dieu, quel prénom ! Je me demande combien elle peut coûter. D'après Bruno, certainement bonbon. Comme je ne sais pas trop quoi faire, je mets le cap sur la place de Clichy et Daphné. J'ai essayé de l'appeler mais j'ai dû mal noter, cela fait : numéro pas attribué. Je pense aussi à elle en soutien-gorge, quand elle s'est déshabillée pour se changer, et cela m'émoustille. Il est clair que, depuis ma sortie, je suis dans le Monde-du-Désir-Sexuel. C'est évident. Le type en train de raconter son anecdote croustillante avec la lesbienne. Le gros et sa naine. Bruno et ses bites. Hepner n'a cessé de me l'expliquer, nous attirons les situations qu'on appelle, et il est certain que la frustration sexuelle que j'ai accumulée doit avoir tendance à me propulser dans ce genre de débats. En bas de chez Daphné, je me souviens de l'étage et du bâtiment, mais je n'ai pas le code, alors je poireaute devant le digicode, à côté d'une pute qui me semble avoir pris racine là depuis avant mon incarcération, avec un manteau en fausse panthère et des cheveux décolorés. Elle a dû connaître l'époque héroïque des prostituées de

Pigalle, et j'en suis à soupeser mes chances de finir dans un bar à hôtesses, ce qui serait une humiliation et un échec certain, quand la porte s'ouvre, et Daphné sort accompagnée d'une fille habillée en noir et maquillée de même. Nous avons mutuellement un mouvement de recul. « Je suis désolé, je dis, j'ai essayé de t'appeler mais j'ai dû mal noter le numéro » et au moment où je finis ma phrase, je réalise que je suis complètement abruti, que je n'ai pas mal noté le numéro, mais qu'elle m'en a donné un faux. Elle bredouille un « Ah oui, certainement » et se tourne vers sa copine en disant « Tu sais, c'est la personne dont je t'ai parlé », et la fille hoche la tête sans rien dire, comme si mon cas était une chose entendue, et j'ai une impression de malaise qui me rappelle le jour où je me m'étais arrêté chez cette vieille folle, alors que j'étais tombé en panne d'essence, je l'avais prise pour une sorcière. La fille dit juste « Bon, ben, il faut que j'y aille, on se parle plus tard » et on se retrouve avec Daphné, gênés de part et d'autre, et je la suis dans la rue, jusqu'au tabac où elle va s'acheter des cigarettes.

– Je venais voir si tu n'avais pas de problème, il y a eu une émission de télé, j'ai vu ta copine, celle qui organise les soirées, elle avait l'air hyper furax.

– On le serait à moins. C'est elle qui a grillé J dans la presse.

– Comment ça ? je fais, interloqué.

– Si, elle se sent coupable. C'est chez elle que les photos ont été prises.

– Oui, bien sûr, mais ce n'est quand même pas elle qui les a prises. Elle soupçonne quelqu'un, enfin tu n'as pas eu de problème ?

– Non, elle pense que c'est son ami d'enfance qui a fait ça, celui qui avait des lunettes, pour que J arrête de se défoncer.

– C'est cool. J'avais peur que tu sois dans l'embarras.

Elle achète des Lucky Strike. Nous ressortons du tabac. Je suis pris d'une furieuse envie de la baiser.

– Bon, elle dit, je suis désolée. Je t'ai donné un faux numéro de téléphone, quand tu m'as dit que tu étais en prison j'ai flippé.

– C'est rien, je fais, prêt à pardonner. Les apparences sont contre moi, mais je suis gentil, et de toute façon je ne suis plus en prison, j'ai fini ma peine.

– Tu veux monter boire un café ?

L'envie de la baiser redécroît.

– Je ne veux pas t'embêter.

– C'est bon, si je te le propose c'est que ça me fait plaisir.

Nous montons chez elle. Il y a plus de marionnettes que la dernière fois. Le plafond en est constellé.

– J'en fais plein en ce moment. Il paraît que si on se concentre on peut influer sur les gens.

Je regarde les figurines de plus près. J'ai l'impression que l'une d'elles me ressemble.

– C'était ta copine qui fait de la magie, la fille avec qui tu étais ?

– Oui, elle a reçu des nouveaux enseignements. On essaie de les mettre en pratique.

Comme je ne sais pas quoi dire, et que de toute façon je ne bois pas de café, je lui propose de la coke.

– En fait, t'es vraiment sympa, elle commente, en reniflant son rail. Je savais pas trop, parce qu'au début je te trouvais cool, touchant même, et puis après j'ai flippé à cause de la prison, elle redit.

Je ne sais pas ce que je vais lui raconter si elle me demande pourquoi j'y étais. Heureusement, elle revient sur la cocaïne.

– T'en prends pas, toi ?

– Non, j'aime pas la drogue. Je ne bois pas non plus.

– Pourquoi ?

– Je fais des exercices que quelqu'un m'a appris en prison. Si je bois ou si je me drogue, ça fiche tout en l'air, j'explique, en me disant que je ne devrais pas lui raconter ça, que ça ne regarde personne.

– Comme du yoga ?

– Oui, même genre.

– Avec ma copine, on voulait en faire, parce que cela peut donner plus de pouvoir.

– Ah, je fais, je ne savais pas.

La discussion dévie sur la photo. On regarde des livres. Nan Goldin. Des scènes sexuelles. Elle me demande si j'ai baisé depuis que je suis sorti. Je réponds que non. Nous nous embrassons. Ensuite elle me suce, en me mettant de la coke sur le gland. Je jouis au bout de très longtemps. J'ai l'impression que mon sperme sort en un torrent ininterrompu, fragmenté par la voix de Hepner, qui me dit, en anglais : « *Be careful, she wants sperm.* » Daphné se caresse en même temps et jouit aussi. J'ai la vision de ses fesses, avec son string pas tout à fait enlevé, et sa main glissée entre ses cuisses, et le plafond avec toutes les marionnettes suspendues.

– T'es sur Facebook ? je demande en me rhabillant. Parce que j'ai quasiment pas d'amis, ce serait sympa si on le devenait.

Là, elle rigole, en disant que j'ai un côté à l'ouest qui me rend sympathique. Je me sens un poil cotonneux d'avoir joui. On va grignoter une pizza vers La Fourche. Avec la coke, elle n'a pas très faim, je mange d'un bon appétit. Je la raccompagne en bas de chez elle. Elle me donne son nom de famille, « pour qu'on soit amis sur Facebook ». On rigole tous les deux en se faisant un bisou sur la bouche.

(L'astuce des guirlandes de jade)

Je dors comme un bébé. Certainement à cause de mon activité sexuelle. Pour Hepner, l'AS est prépondérante et signe de beaucoup de choses. Avant de m'endormir, je me suis quand même écouté Comment-résoudre-une-situation-compliquée-en-faisant-appel-aux-forces-latentes-qui-nous-entourent ? qui est sur le disque *Prospérez créativement*, et j'ai rentré le problème au milieu des sons binauraux et des propositions positives sous forme de mots-clefs : « endroit clos », « orgie », « attraction », mais quand je me lève le lendemain pas de solution nette, juste une idée diffuse qui me trotte dans la tête sans que j'arrive à la préciser. J'ai prévu d'appeler Marie-Pierre vers onze heures, ce qui est, je pense, le meilleur moment. Si elle a deux enfants, ils sont probablement à l'école, et elle doit être tranquille. Je descends avant au Sofa bar, où je prends un petit-déjeuner, une tisane énergisante et des toasts avec de la confiture de violettes. J'essaie de me détendre, de respirer tranquillement, mais je ne peux m'empêcher d'être anxieux à l'idée de cette conversation. Disons que je me prépare au pire, à savoir qu'elle me raccroche au nez. L'ennui serait qu'elle ne réponde pas. Je préfère l'avoir directement que de lui laisser un message.

– On pend la crémaillère, m'informe Paranoïd Daisy. Tu veux venir ?

– Bien sûr. C'est quand ?

– La semaine prochaine. Il y aura tous les sympathisants.

– Ah, c'est cool.

– Faudrait que t'aies un nom. Tout le monde a un nom.

– Comment ça ?

– Par exemple, moi mon vrai nom, c'est pas Paranoïd Daisy.

– Ah bon, c'est quoi ?

Elle rit.

– Ce que tu es drôle. C'est Sophie. Remarque, j'aurais pu m'appeler Mireille. J'ai horreur de Mireille.

Je ne sais pas si je remonte à l'appartement ou si j'appelle de la terrasse du Sofa bar, où il y a quand même du bruit. Pour finir, je compose le numéro. « *Allô* », fait une voix que je reconnais. Je bredouille une phrase incompréhensible. « *C'est qui ?* » demande Marie-Pierre.

– Gaston.

– *Qui ça ?*

J'ai du mal à articuler. Comme si la salive collait à mes mâchoires. Gaston, je redis. On était ensemble avant. J'avais une société. Extramill. Il y a un temps de silence. Puis elle fait :

– *Gaston ???*

– Je te dérange ?

– *Mais tu es où ?*

– Le Marais. Vers Saint-Paul.

– *Vers Saint-Paul.*

– Oui, j'ai un appartement.

De nouveau, un temps de silence. Assez long. Puis elle dit :

– *Il faut qu'on se voie. Tu veux qu'on déjeune ensemble ? Je suis juste à côté.*

– Bien sûr, j'arrive à répondre, c'est une bonne idée.

On convient de se retrouver chez Bofinger à treize heures. Je raccroche. J'ai les mains moites. Elle est à côté, j'aurais pu la croiser dans la rue. Sa voix était pareille qu'avant, mais en même temps différente. Une voix de femme. Installée dans la vie. *Il faut qu'on se voie*. Bonne analyse de la situation. *Tu veux qu'on déjeune ensemble ?* Temps de décision rapide. Je suis tellement fébrile que je n'arrive même pas à me mettre un disque d'H+, ou à faire des exercices, non, je vais marcher dans le quartier, je passe au restaurant pour réserver une table, je vais faire un tour à la Fnac, je regarde des livres de photos, pour pouvoir en parler et qu'elle voie que, maintenant, ma vie a pris une nouvelle direction, que je suis un artiste. Je me demande s'il faut que je lui parle de *Dirt*, de J et de l'autre en cellule en train de chialer, et peut-être que oui, cela dépendra de comment ça se passe. Quand j'arrive au restaurant, elle est déjà là.

– J'avais réservé au nom de Gaston, je dis, pour dire quelque chose.

On se fait la bise. Je m'assieds en face d'elle. Elle est…

– T'es toujours aussi jolie.

– Tu crois ? Je trouve que j'ai grossi.

On se regarde sans trop savoir quoi dire. Elle répète : « Gaston, Gaston, mais c'est incroyable, c'est incroyable ! » J'ai des idées bizarres qui se bousculent dans mon cerveau, comme si on m'avait mis un chapeau avec une cymbale sur la tête et qu'à chaque fois que quelqu'un parlait, que Marie-Pierre me regardait, cela frappait un coup dessus.

On finit par arriver à discuter. Je lui explique que je suis sorti définitivement, que je suis photographe et que tout va bien. De son côté, elle a eu deux enfants, avec deux types différents et vit avec le second depuis six ans.

– C'est sérieux alors ?

– On est mariés.

– C'est cool, je fais en étudiant la carte. Comme tu t'appelles maintenant ?

Elle mâchouille sa salade de mesclun au gorgonzola.

Léger break dans les roulements de batterie.

– Lenoir, Marie-Pierre Lenoir.

– Ah, je fais, comme le boulevard. Et t'habites Paris ?

– On a un pavillon en banlieue, au Vésinet. Mon mari est dentiste.

– Excuse-moi, je fais, ça ne me regarde pas. C'est... je suis content que ce soit bien pour toi.

– Moi aussi. Je suis contente que tu sois sorti. T'es tellement... enfin, si tu ne m'avais pas prise en stop je serais peut-être encore en Normandie.

On parle du passé. Du squat. De la société. Du braquage de la voiture avec les godemichés.

– C'était tellement incroyable. Déjà que tu voles une voiture, en plus que tu la voles avec des godemichés. T'es quand même un sacré numéro.

On parle aussi du pavillon. Des moments heureux. De la campagne de pub pour Extramill. C'est extra, c'est extra mille !

– N'empêche, je dis. J'ai quand même été un précurseur. Maintenant, tout le monde a des écrans plats et des téléphones portables.

Elle rit. Oui, dans un certain sens. Nous ne parlons pas du drame, ni des choses tristes. Je lui raconte ma sortie et mon nouveau métier. Elle trouve ça génial.

– Mais c'est exactement ce qu'il te fallait. Paparazzo, c'est formidable.

– Je fais aussi de l'art. Je vais bientôt préparer une expo, je t'inviterai. Paparazzo, ça a un côté négatif, ça n'embellit pas le monde.

– Depuis quand tu veux embellir le monde ?

– C'est une question philosophique. Si tu l'embellis, par définition, il devient plus beau.

Elle rigole encore. « Tu m'épateras toujours. » Quant à elle, elle est décoratrice, c'est pour cela qu'elle était dans le quartier. Elle attendait un tapissier qui ne cesse de lui poser des lapins. Je n'insiste pas sur son mari. Je lui dis que j'ai vu Bruno et que c'est par lui que j'ai eu son téléphone. Elle s'en doutait. Elle me confirme qu'elle a bien revu Patricia et qu'elles ont fait les soldes ensemble, qu'elle est au courant que Bruno est une vraie catastrophe.

– Patricia m'a dit qu'il s'était mis à se droguer et qu'il a dilapidé l'argent de l'héritage.

– C'est possible, je fais, sans entrer dans les détails.

– En tout cas, elle était drôlement contente de le quitter. Elle est avec un avocat maintenant, ou un journaliste, je crois.

Elle ne prend pas de dessert, parce que « le tapissier doit arriver à deux heures et il faut absolument qu'elle soit sur le chantier ».

– Eh bien, je dis, si je fais une expo, je t'envoie un texto.

– Génial. Et bonne chance, en tout cas. Prends soin de toi.

Elle disparaît dans l'escalier. Je reste pour payer l'addition.

(L'âme des musées)

Le reste de l'après-midi, je flâne, je vais à Beaubourg et je m'achète le Pass pour y retourner quand je veux. Je traîne dans les expos. Je regarde Kandinsky et Calder, et les collections permanentes, je regrette qu'il n'y ait pas plus de photos, mais se confronter à d'autres modes d'expression est important, cela donne des idées, Hepner me l'a expliqué, et je me creuse la tête pour imaginer quel genre mon expo à moi va prendre, et dans quelles directions je dois me lancer pour trouver un projet cohérent qui attire les foules. Je crois que le mieux, c'est quelque chose autour de l'argent, ça me correspond et c'est un sujet qui intéresse tout le monde ; en plus, me semble-t-il, il n'a pas forcément été exploité de façon artistique. Je suppose que beaucoup d'artistes trouvent l'argent obscène, c'est souvent comme ça qu'il est montré, alors que l'argent, ce n'est ni sain ni malsain. Hepner a beaucoup insisté là-dessus : l'argent est une interface, la matérialisation de notre énergie, un moyen d'échanges, et c'est cela que j'ai envie de montrer.

En sortant du musée, je laisse un message à Daphné – cette fois, c'est bien son numéro – en lui faisant un bisou et en lui disant qu'elle n'hésite pas à me rappeler quand elle a envie d'aller se faire un tour, une expo, ou un truc comme ça. Il est important que je noue des liens sociaux et, somme toute, je n'en ai pas tellement. C'est en remontant vers le café Beaubourg que j'ai l'illumination.

– Bon Dieu ! je crie tout haut. Mais je suis un âne. Un véritable âne !

La femme qui trottine devant moi me regarde avec des yeux ronds, elle tient un paquet à la main… un sex-toy Sonia Rykiel. La solution était là, sous mes yeux depuis le début. J'allais m'introduire sur le yacht de l'orgie grâce à la collection de Bruno. Comment ne pas y avoir pensé avant !

Brusquement, je suis pris d'une frénésie, je l'appelle en lui demandant si je peux passer maintenant. Coup de chance, il est chez lui. Une demi-heure plus tard, je ressors avec les DVD, non sans lui avoir redonné encore un peu de coke et lui avoir assuré que je me fais fort de récupérer le gode en or de Patricia s'il me promet de me louer la collection. Ensuite, je fonce à Ballon rouge, où Vassilia m'attend. Je lui montre les DVD et les coupures de presse, en expliquant mon plan : me proposer avec la collection et Destiny, si possible.

– Pas mal, commente Vassilia. On va voir ce qu'en pensent les autorités compétentes.

Coup de chance, Marc-Olivier, lui, est dithyrambique. Il a eu raison de me faire confiance, il le sentait, et avec ça c'est du velours, le casting doit avoir lieu prochainement, il faut qu'on soit près. J'explique le problème du gode.

– Aucun problème, crédit illimité.

– Je propose combien ? je demande quand même.

– Je ne sais pas, me répond Vassilia, alors que Marc-Olivier est déjà reparti. Tâte le terrain, on verra bien si ça passe.

Du coup, je refonce chez Bruno à qui j'explique plus avant le topo. Pour l'instant, la priorité est double : 1/le gode en or ; 2/ Destiny.

– Ça va coûter très cher, soupire le cocaïnomane. Destiny, il faut pratiquement une planche à billet qui tourne non-stop pour parvenir à la suivre, quant à Patricia, comment tu comptes t'y prendre ?

– Je vais l'appeler et lui expliquer de quoi il retourne.

– Elle ne voudra pas te voir.

– Et si je vais là où je suis sûr de la rencontrer ?

– C'est la seule solution. Et il faut que tu arrives à la convaincre tout de suite. Sinon après elle va se monter le bourrichon avec son connard et tu ne la feras pas rechanger d'avis.

– À combien j'ouvre la mise ?

– Je ne sais pas. Elle me demande vingt mille euros.

– Bingo, je fais. En contrepartie, tu me passes la collection le temps que j'en ai besoin.

Là, je vois qu'il tique.

– C'est pour quoi faire ?

– Je peux pas te dire exactement. C'est sans risque pour les objets.

– Il faut que tu m'en dises plus, ou alors que tu montes un peu. Je ne gagne rien dans l'histoire.

– Tu gagnes le gode.

– De toute façon, elle ne peut pas le vendre. C'est moi qui ai les papiers. Si elle le vend, je porte plainte.

Nous tombons d'accord sur cinquante grammes de coke et une somme à déterminer, mais selon lui – il a reniflé la bonne affaire – vingt mille de plus seraient mérités. Je récupère le téléphone de Destiny, à qui je laisse un message – « Dis que t'appelles de la part de l'agence Wong, me glisse Bruno, c'est des Taïwanais pour qui elle travaille régulièrement » –, expliquant sobrement qu'il y a « un petit chantier avec beaucoup d'argent à la clef ». Ensuite j'écoute Bruno me détailler les habitudes de Patricia, nous consultons son journal et son agenda, pour être sûrs de l'endroit où je peux la pécher. L'ennui, c'est qu'elle semble surbookée, or j'ai besoin de l'avoir sous le coude dans un coin tranquille suffisamment longtemps pour la convaincre.

Avant de le laisser, je lui dis que j'ai revu Marie-Pierre, qu'elle s'appelle Lenoir, que son mari est dentiste et qu'elle habite au Vésinet. Nous ironisons sur le besoin qui a poussé nos anciennes compagnes à choisir à ce point la sécurité. Cela nous rapproche un instant. Puis je refonce chez Ballon rouge, où – je l'ai joint sur son portable – Marc-Olivier m'attend malgré l'heure tardive. Je lui expose la situation, il va me falloir dans un premier temps cinquante mille euros, mais si ça marche, c'est le prix que je peux demander pour participer à la fête. Ce ne serait donc qu'une avance. Marc-Olivier n'a pas l'air de s'émouvoir de l'énormité de la somme. Il me demande les DVD et le press-book. Passe un coup de fil. « *It's necessary. Yes, now.* » Nous partons en taxi. Je l'attends chez Diwan, pendant qu'il va au Georges-V. Quand il revient, tout est réglé. Il me donne une enveloppe et dit de prendre contact avec Vassilia – qu'il appelle Vass – quand j'ai besoin de plus l'argent. « C'est énorme, il répète. C'est énorme ce qu'on prépare. »

Je rentre place des Vosges, crevé mais content de ma journée. J'ai le sentiment d'avoir mis en place des choses constructives et d'être de nouveau en phase avec la vie économique. Avant de m'endormir, je jette un coup d'œil sur les actualités – que je regarde sur mon ordi, la télé me paraît complètement dépassée. Des otages ont été libérés. Une femme s'est fait greffer un bout de peau de panthère en matière synthétique sur un avant-bras. Un typhon a dévasté le Japon. Un ado de douze ans a mis en ligne un site qui ne diffuse que des bonnes nouvelles. Le *serial killer* qui poursuit banquiers et traders a fait une nouvelle victime, un banquier à Genève. Je m'endors avec le programme d'H+ Comment-faire-son-deuil-d'une-relation-passée en visualisant Marie-Pierre, en essayant de ne pas lui en vouloir d'être mariée à quelqu'un d'autre que moi et de ne pas divorcer tout de suite pour qu'on se remette ensemble, et je m'endors paisiblement.

(Les racines de l'art)

Le lendemain, tout s'enchaîne à la vitesse de l'éclair. Je guette Patricia à la sortie de chez elle, mais elle est accompagnée de ce qui doit être son mari, le journaliste, et du coup je la piste toute la journée. Elle va de rendez-vous en rendez-vous, je me demande ce qu'elle peut bien fabriquer. Bruno m'a dit qu'elle était plus ou moins attachée de presse, qu'elle bossait en free-lance pour des boîtes de com, et finalement elle revient chez elle en métro vers seize heures et je l'aborde au moment où elle est devant sa porte d'immeuble, comme ça pas de problème qu'elle se doute de quoi que ce soit. Toujours d'après Bruno, il y a peu de chance qu'elle me reconnaisse, mais si je lui parle de Marie-Pierre, la connexion devrait se faire. C'est à peu près ce qui se passe, si ce n'est que d'abord elle me prend pour un SDF qui veut l'agresser, car à peine suis-je à deux mètres qu'elle glapit « Ça suffit maintenant, j'appelle le concierge, il va téléphoner aux flics et vous casser la gueule, on en a marre que vous veniez déféquer dans les escaliers », ce qui m'oblige à crier moi aussi « Non, non, tu te méprends, on était partis au cap d'Agde ensemble, j'étais l'ami de Marie-Pierre, on louait des bureaux avec vous », ce qui fait qu'elle s'arrête, écarquille les yeux comme pour mieux me voir, et dit « Mince, t'es le taré qui a tué quelqu'un ? Qu'est-ce que tu fais là ? » Après avoir parlementé une bonne dizaine de minutes, elle consent à venir boire un café avec moi au coin de la rue.

– Je ne comprends pas. Si c'est Bruno qui t'envoie, ce n'est même pas la peine.

Je ne sais pas si c'est une impression mais elle me paraît mal vieillir, être plus vulgaire que dans mon souvenir. D'ailleurs elle ajoute « Même pas en rêve sa bite je lui rends. Même pas en rêve. »

Je lui explique que ce n'est pas Bruno, mais moi, qui suis à l'initiative de la rencontre, que Bruno m'a même vivement déconseillé de venir et qu'il n'a accepté que parce que j'ai réglé l'ardoise.

– Comment ça ?

– J'ai besoin de la collection. Je veux la louer à Bruno. Je paie ce qu'il te doit.

Elle me regarde avec des yeux ronds.

– Mais t'es complètement débile. Pourquoi tu fais ça ?

– J'ai mes raisons. L'argent est là, en cash.

Son visage exprime un sentiment particulier, comme si je la dégoûtais, que j'étais une misérable déjection, mais porteur de quelque chose dont elle pourrait finalement avoir besoin.

– Vingt mille euros là tout de suite en cash, et je lui rends sa bite en or ?

Je sors l'enveloppe. Elle réfléchit environ une dizaine de secondes. Puis se lève et dit « Attends-moi là, je reviens ». Je poireaute en écoutant deux poivrots disserter sur l'assassin des banquiers. « Si ça se trouve, c'est une émanation de l'inconscient collectif des pauvres qui les tue, dit le premier. – Tu crois ? répond le second. Si c'est inconscient comment il peut les tuer aussi facilement ? » Cinq minutes plus tard, Patricia est de retour, avec un sac de tissu contenant une sorte de tube.

– C'est des vrais billets ?

Je lui tends l'enveloppe et lui demande de recompter, mais discrètement, pas la peine de se faire voler par un délinquant croisant dans les parages, ou par les poivrots, s'ils se montrent agressifs. Elle jette un coup d'œil. Détaille les liasses du pouce. OK, elle fait, mais tu peux lui dire qu'il aurait pu régler ça tout seul et que je ne veux plus jamais entendre parler de lui.

– Tu es dans l'erreur, je redis. Bruno n'y est pour rien. Maintenant je suis artiste. Photographe. C'est pour ça que j'ai besoin du godemiché.

Mais elle est déjà partie.

(Les collections phalliques)

– Incroyable, commente Bruno, absolument incroyable !

– Mais non, il suffit d'être positif, et les choses s'arrangent.

Nous allons voir le reste de la collection, entreposé dans un box. J'ai beau ne pas être un exégète du sujet, il est évident qu'il s'agit de quelque chose de rare. Des malles dressées à la verticale s'ouvrent pour découvrir des sortes de petits placards en nacre où chaque pièce repose avec son livret illustré retraçant son histoire.

– Regarde les signatures, c'est le propriétaire iranien qui les a fait faire. Dommage qu'on n'ait pas les originaux !

C'est effarant. Il y a Picasso, Dalí, Ernst, Chagall, Giacometti, et d'autres que je ne connais pas. « C'est spécialement pour la collection, répète Bruno, spécialement pour la collection », comme si la vue de son trésor commençait à le faire dérailler. Il se met à caresser les bites en me les détaillant l'une après l'autre, ainsi que les boules de geisha, en expliquant qu'avec Destiny c'était vraiment la folie, ça plus la coke, n'importe qui aurait perdu la tête, n'importe qui, et je dis « Oui, c'est sûr, n'importe qui », en soupesant mes chances de passer le casting. Afin de mettre toutes les cartes de mon côté, il va falloir booster le truc, et surtout me trouver la partenaire *ad hoc*. Vassilia est d'accord, il faut une fille à tomber et Destiny semble être la candidate idéale. L'ennui, c'est qu'elle ne répond pas.

Je relaisse un message, sans succès. En attendant, nous peaufinons un numéro avec Vassilia. J'ai un costume queue-de-pie, je suis sourd et muet. C'est mieux, dans le sens où je ne parle pas anglais et où l'envoyé de l'émir qui fait le casting est anglophone – en plus, un sourd-muet met en confiance, c'est toujours ça de gagné. J'ai loué un costume, à l'endroit où j'avais acheté la fausse barbe, et, avec Vassilia qui fait office de présentatrice, je passe les deux jours suivants à répéter le numéro, pendant que, parallèlement, on regarde les sites de comédiennes susceptibles de se livrer à ce genre de blague.

– Trop risqué, commente Marc-Olivier, quand il passe une tête dans le bureau de Vassilia où nous nous entraînons. Il faut quelqu'un dont on soit sûrs, pas qui nous claque dans les pattes au dernier moment.

Et comme Vassilia est déjà en piste, il lui demande de se tenir prête au cas où. L'idée étant bien sûr d'offrir un véritable show au casting-émir, de sorte à bien enfoncer le clou. Bruno a mis au point une démonstration avec Destiny, où elle essaie les godes en racontant les anecdotes qui s'y rapportent, agrémentées de quelques phrases du genre « Ce n'est pas du sexe que vous avez devant vous, c'est de l'Histoire », elle s'enfile les phallus en jade et ivoire en grimaçant la petite mimique qui tue – rien d'outré, rien de malsain, non, juste du « plaisir à l'état brut ».

– Tu te sens de faire ce genre de truc ? je demande, alors que Vassilia reregarde la vidéo pilote en soupesant un des godes.

– Je sais pas trop. Si ça reste entre nous, peut-être.

Finalement, le soir, une fois tout le monde parti, on fait un essai, qui est, me semble-t-il, plutôt concluant. « Tu es très sexe, je dis, je pense que ça devrait coller. – Tu crois ? » elle s'inquiète, en se caressant avec l'engin qu'elle a auparavant désinfecté et enduit de gel. Au début, je tente de rester sourd et muet, mais comme je ne suis pas aveugle c'est vite intenable, et de toute façon elle aussi a du mal à garder son sang-froid, et nous nous retrouvons à baiser comme des tarés. Elle a la peau douce et fine, et sent incroyablement bon. Je la caresse longuement avec le gode, en faisant attention de ne pas la blesser. Elle jouit, griffant mes épaules auxquelles elle s'est accrochée – j'ai dû me baisser pour être à la bonne hauteur. Puis je la prends et je jouis moi aussi. Hepner a raison, l'AS est quelque chose de très plaisant.

– Oh là là ! elle fait en se recoiffant, je crois qu'on a dérapé.

– Ce n'est pas grave, c'est même un plus, on sera plus à l'aise pour travailler.

Et là-dessus, comme un fait exprès – Hepner parlerait de Synchronicité-signifiante –, je m'aperçois que j'ai eu un appel en absence. C'est Destiny, elle est à Paris et veut savoir de quoi il retourne.

– C'est incroyable, je fais, c'est elle, la mannequin de mon copain, juste quand on était en train d'essayer le godemiché.

– Elle a dû sentir que je n'étais pas vraiment pro, ironise Vassilia, qui – je la regarde alors qu'elle se rhabille – est franchement bien faite.

Elle a des seins un poil gros, une petite chatte à moitié épilée et un piercing au nombril. Honnêtement, elle ferait parfaitement l'affaire. Ce dont elle se défend.

– Mais non, tu ne te rends pas compte. Ils ont l'habitude d'acheter des mannequins à longueur de journée. Moi, je suis juste sexy.

Je rappelle Destiny, qui propose un rendez-vous au bar du Crillon dans une heure. Vassilia suggère de m'accompagner. Ce que j'accepte, une fille inspire toujours confiance.

(La symétrie du désir)

Le rendez-vous passe comme une lettre à la poste. Destiny comprend exactement de quoi il s'agit et ce qu'on attend d'elle. Les termes émir, yacht, soirée privée de folie, jet-set et discrétion sont des concepts avec lesquels elle est tout à fait en phase. Reste à se mettre d'accord sur un prix. Nous convenons de quinze mille euros, ce qui me paraît extravagant, mais comme l'argent a l'air de couler à flots, pourquoi s'en priver. Deux mille pour le casting, le reste si l'affaire est conclue. Elle connaît parfaitement la collection et peut refaire sans problème le numéro. Il faudra néanmoins organiser une répétition, car il y avait quelques répliques sur la vidéo, or si je suis muet, il faudra procéder à des ajustements. Nous repartons avec ma camarade, fort contents. Je la dépose chez elle en taxi – elle habite derrière Bastille, pas très loin de Hepner home. Nous nous embrassons avant qu'elle ne descende, en mettant la langue longtemps, elle me disant « Je suis désolée, je ne te fais pas monter, le jeudi mon petit ami est là », tandis que mon iPhone vibre. C'est Daphné qui me rappelle, et me propose de venir lui faire « un petit coucou » si je suis dans le coin.

– Changement de programme, j'informe le taxi. Pour finir, cap sur la place de Clichy.

Daphné m'attend en grande tenue, avec une guêpière et des porte-jarretelles. Nous baisons comme des furieux après que je lui ai donné de la cocaïne, ce qui paraît chez elle aller de pair avec son AS et doit, selon moi, dissimuler un problème existentiel, pas besoin d'avoir suivi les enseignements de Hepner pour s'en rendre compte. Il n'empêche, notre étreinte est des plus agréables, et mon ardeur ne faiblit pas, boostée par mes quinze ans d'abstinence et ma nouvelle conviction – développer mon AS est positif et de sain. Quand je me rhabille, encore essoufflé, Daphné me dit que je suis comme tous les mecs : une fois « ma bite essorée », je n'ai qu'une idée, c'est rentrer chez moi, et j'avoue que je suis surpris par sa remarque.

– Qu'est-ce que tu voudrais que je fasse d'autre ? je demande, dubitatif.

Elle secoue la tête, mi-amusée, mi-déconcertée. « Rien, c'est pas grave, je pense que pour certains trucs t'es à l'ouest. » Je lui confie néanmoins que je la trouve de plus en plus sympa, et que je me ferais bien une expo avec elle, vu que j'ai pris un Pass duo à Beaubourg et que j'ai vu sur Internet que d'autres musées prestigieux, comme le Louvre ou le Grand Palais, en proposent aussi. Elle dit qu'on verra, elle doit travailler à ses marionnettes.

Je rentre à pied, surexcité par la façon dont se met en place l'opération Cannes. Mon intuition, développée grâce au programme d'H+ Laissez-s'éveiller-vos-potentiels, est bonne.

(Les déguisements favorables)

Cela se confirme dans les jours qui suivent. Je n'ai pas une minute à moi, mais l'ambiance reste au beau fixe. D'abord je cours dans tous les sens, car en plus de mes projets professionnels purement lucratifs, comme Cannes, je me dois de penser à moi. Je m'inscris dans une salle de sport, au Burga Club, une petite salle sélecte du Marais, pas aussi haut de gamme que le Ken Club, par exemple, qui paraît-il accueille le gratin, mais quand même très bien. Le seul ennui, c'est que vu le quartier il y a beaucoup d'homosexuels, ce qui me gêne un peu. Je vais à différents cours. Je pratique cardio et muscu, comme en prison, mais aussi des trucs plus pointus, comme du Body Attack, où tout le monde crie en faisant des chorés que j'ai du mal à suivre car je ne connais pas les mouvements, mais peu importe, je me sens ainsi en meilleure connexion avec la ville. Il est important d'avoir un physique en bonne condition, débarrassé des tensions générées par la modernité. C'est d'ailleurs un des fondements des enseignements H+, « un esprit sain dans un corps sain ». Ensuite, en plus du sport, je m'achète un appareil photo pro, parfait pour un travail artistique en profondeur, qui me permettra de donner libre cours à la créativité que je sens croître de jour en jour.

Mais le truc tip-top, c'est que nous passons le casting les doigts dans le nez. Quand le jour du rendez-vous arrive, nous sommes fin prêts. Vassilia a supervisé les répétitions avec Destiny, qui, il faut le reconnaître, se comporte en super pro, assurant ses répliques en s'enfilant gode sur gode aussi naturellement qu'une autre se serait remaquillée, et le tout avec une… grâce déconcertante. Même Vassilia est troublée. Elle me demande d'où sort cette fille, ce qu'elle a fait avant et pourquoi elle ne joue pas au cinéma tant sa présence est déroutante. Je n'en ai pas la moindre idée, mais ce qui est sûr, c'est qu'on est au top pour le rendez-vous. Et… tout se passe comme sur des roulettes.

J'ai mon costume queue-de-pie, le visage grimé – cela évitera qu'ils gardent de moi une image trop précise. Nous nous présentons à l'heure dite, dans un hôtel particulier à deux pas de l'Élysée. Un garde nous fait entrer, un autre nous fouille et, quelques minutes plus tard, nous voilà dans un grand salon, en train de faire notre numéro. « Ce n'est pas du sexe que vous avez devant vous, c'est de l'Histoire. » Le responsable du recrutement, habillé à l'européenne, avec une courte barbe en pointe comme s'il sortait d'un album de Tintin au royaume d'Abdallah, est accompagné d'une petite bonne femme appelée Gertrude, qui se présente avec un fort accent allemand. Ils trouvent la prestation formidable. Gertrude a déjà des idées pour le décor – je comprends qu'elle est la directrice artistique de la soirée. L'émissaire du cheik nous demande si nous savons quel genre de surprise-partie ils organisent. J'agite mes mains de muet en une gestuelle qui peut dire oui ou son contraire. Destiny explique qu'elle a l'habitude de fréquenter une clientèle haut de gamme, ce qui clôt le sujet. Nous l'avons compris, c'est bon, c'est dans la poche. Nous sommes attendus à Cannes quelques jours avant la fête, de façon à préparer le décor.

– Mais quand même, je m'enquiers, curieux, auprès de Vassilia qui nous attend dans un café, comment ça se fait que Marc-Olivier ait autant de pognon à investir ?

– C'est d'autres émirs, rigole ma complice. Ils s'ennuient, alors ils cherchent à se faire des crasses pour s'amuser. L'un organise une soirée avec des people, l'autre se paie un journal pour les afficher en photo et coller la honte à son cousin.

– Non, je fais, interloqué, c'est vrai ?

– Bien sûr. L'année dernière, le nôtre s'est payé une chaîne de télé et plusieurs équipes de foot pour être sûr de pouvoir regarder ses propres matchs et de gagner à tous les coups.

Chapitre 4

(Anne Carruthers)

Déjeuner avec Anne Carruthers, l'assistante sociale. Je l'ai invitée au bois de Boulogne, dans un restaurant-île où l'on accoste en bateau, recommandé sur un site Internet comme étant « idéal pour un tête-à-tête romantique ». Le printemps se confirme. Anne Carruthers est encore plus mignonnette que dans mon souvenir. Dans une publicité, cela donnerait : « Charmante, dégageant une tendresse naturelle qui vous donne envie de la prendre dans vos bras et de lui dire des mots gentils, elle saura vous écouter avec attention. » Pour l'instant, nous faisons plus ample connaissance. Elle s'inquiète de la façon dont se sont passées mes retrouvailles avec la Liberté. Ça se voit gros comme une maison qu'elle est dans le Monde-de-l'Aide-aux-Pauvres-et-aux-Victimes.

– Bien, je dis, c'était une longue parenthèse, mais elle est refermée. Cela m'a permis de regarder beaucoup de séries télé et de lire de la poésie.

– Cela ne doit pas être évident. Vous trouvez que le monde a beaucoup changé ?

– Plus ou moins. Principalement les faux gens qu'ils ont recrutés pour les hotlines technologiques, peut-être aussi sous forme de naines et d'obèses, mais je suis moins sûr. À part ça, c'est… la Terre continue de tourner.

Elle sourit de confiance, sans trop comprendre ma blague. Je propose qu'on se tutoie.

– Des faux gens ?

– C'est une impression. Avec ces innovations technologiques et les hotlines qui les accompagnent, on a parfois l'impression de parler à des robots.

– C'est parce que le personnel a des briefs très stricts. Ils n'ont le droit de donner que des réponses élaborées à partir des problèmes rencontrés par les utilisateurs. C'est de cette manière qu'ils sont formés – elle sourit encore. D'ailleurs, beaucoup sont délocalisés à l'étranger. Dans des pays où la main-d'œuvre coûte moins cher. Mais il y en a aussi sur le territoire français. J'ai prospecté certaines entreprises pour des réinsertionnables.

– Des réinsertionnables ?

– Je suis désolée, le terme est maladroit. Des sortants de prison après une longue peine.

– Waouh ! Après une longue peine, tu leur proposes de faire standard téléphonique avec des réponses préétablies ?

– Tu crois que c'est inadapté ?

Je réfléchis un moment.

– Non, ça dépend des gens. Pour certains, c'est une bonne solution. Quoique la population des prisons soit spéciale. Au CDD, c'est les VIP et les fins de peine méritantes, mais ailleurs, ils ne sont pas trop standard-téléphonique-robots.

Elle me demande pourquoi j'étais incarcéré. Je reste silencieux.

– Je ne devrais pas poser la question ?

– Si, il vaut mieux que j'apprenne à en parler sans gêne. J'ai tué quelqu'un.

Elle ne dit rien.

– Tu le savais ?

– Oui, j'ai regardé ton dossier. Mais je ne sais pas pourquoi.

– J'étais chef d'entreprise, je dis, sans finir ma phrase.

– …

– J'ai eu un gros problème de trésorerie, des difficultés financières.

– C'était une entreprise de quoi ?

– Tout ce qui touchait à l'essor de l'électronique et de l'électroménager grand public. Écran géant. Téléphone. Lecteur DVD. J'étais un précurseur. J'ai malheureusement fait faillite.

Elle attend la suite, sans curiosité malsaine, plutôt dans l'idée, me semble-t-il, de mieux saisir la situation, de mieux me comprendre.

– Une succession de hasards fâcheux. Ma femme a fait une fausse-couche. Un de mes fournisseurs a eu des problèmes avec la police. J'ai été acculé, et un type qu'on connaissait a proposé de l'argent à ma femme pour qu'elle l'accompagne dans des clubs échangistes. D'abord j'ai accepté, et puis il nous a forcés à faire des… des choses de plus en plus scabreuses. J'étais complètement déboussolé. Un soir, j'ai pris un couteau et je l'ai tué. C'était passionnel, j'ajoute. Pas crapuleux.

Elle reste sans rien dire. Tente de sourire, mais en gardant un visage grave.

– Et toi, je demande, pourquoi tu es en prison ?

Elle réfléchit.

– Hasard des opportunités professionnelles ?

– Non, choix politique et existentiel.

– …

– C'est une nécessité de s'entraider.

J'ai une intuition.

– Tu es bouddhiste ?

Elle a l'air mal à l'aise.

– Oui, mais c'est aussi un choix politique. Chacun de nous doit s'investir dans une autre vision du monde, plus solidaire.

– Bien sûr.

– Tu crois que j'exagère ?

Elle ne semble pas sûre d'elle.

– Je ne sais pas. Moi, personne ne m'a aidé.

Je pense à Hepner.

– Enfin, ce n'est pas tout à fait vrai. La personne avec qui j'étais en cellule m'a fait comprendre beaucoup de choses.

Elle reprend.

– Mais aujourd'hui, à tenir ce genre de discours, tu passes pour une bonne sœur.

– Si tu es convaincue, c'est le plus important.

– J'agis sincèrement. Certains le font pour avoir un bon karma, mais moi, vraiment, j'agis sincèrement. Je pense que c'est bien de s'entraider.

J'ai l'image de certains types avec qui j'étais en centrale – *Oz, le moment où le fasciste essaie de sodomiser le nouveau.* Grand Boulevard, qui se vantait d'avoir fait tapiner sa cousine, ou TVA, qui faisait de la perception directe avec un marteau. « Bien sûr, j'approuve, c'est important, mais tout le monde n'est pas dans la même logique. »

– Je viens de commencer, je verrai bien si mes illusions se trouvent battues en brèche par la réalité.

Nous allons nous promener dans l'île. Je veux savoir si elle est avec quelqu'un.

– C'est compliqué. J'étais avec la même personne depuis longtemps, mais nous venons de nous séparer.

– Pourquoi ?

– Je suppose que maintenant que tu as répondu à mes questions, il est normal que je réponde aux tiennes ?

Nous rions. Des joggeurs passent près de nous. Un couple est allongé sur la pelouse. L'homme a la main entre les cuisses de la fille, qui est en jupe, et la branle abondamment. Des mouettes volent au-dessus du lac. Un groupe de canards nagent après du pain que leur lance une personne âgée.

– C'était quelqu'un qui a été perturbé pour des raisons professionnelles, et cela a fini par rejaillir sur notre couple.

– Il faisait quoi ?

– Il était MNS, dans les Landes, sur la côte atlantique. Il avait choisi cet endroit à cause du surf. Il adorait surfer.

Le groupe de canards s'envole en faisant coin-coin. Des cygnes les remplacent et viennent à leur tour boulotter les bouts de pain que leur jette la mamie.

– Et plus maintenant ?

Elle soupire. Non, plus maintenant. Les plages sur cette côte étaient incroyablement dangereuses. Les vagues étaient très fortes, avec des courants violents, pour un public peu averti des risques. Les MNS passaient donc leur temps à siffler les baigneurs égarés hors des zones balisées et s'attiraient l'animosité des vacanciers, tout en étant eux-mêmes constamment sur le qui-vive. Malgré la surveillance, il y avait régulièrement des accidents et, même avec les hélicoptères de la gendarmerie, il était difficile d'assurer une sécurité parfaite. Un jour où le copain d'Anne Carruthers était en repos, le drame s'était produit. Une femme s'était noyée sur sa plage et la famille avait porté plainte. Les MNS furent condamnés pour négligence. Seule l'absence, ce jour-là, du compagnon d'Anne Carruthers le dispensa d'un opprobre pénal. Il en garda néanmoins la terreur d'être confronté à la même situation, augmentée d'une vague culpabilité de ne pas avoir été là pour partager le sort de ses compagnons. Il devint donc de plus en plus crispé, mais plutôt que de renoncer il fut de nouveau candidat pour la même plage les années suivantes, et son stress empira. À tel point qu'il avait pris, comme un tic, l'habitude d'intimer à d'invisibles baigneurs de sortir de l'eau en agitant les bras comme s'il tenait sa palme. Il faisait régulièrement des cauchemars et sa vie de couple s'en ressentait fortement. Anne Carruthers tenta pendant un certain temps de l'aider, mais sans succès. Quand un jour, il la siffla alors qu'elle essayait des vêtements dans un magasin, cela fut la goutte d'eau. Elle décida de le quitter.

– C'était mieux pour nous deux, conclut-elle tristement. Il a besoin de travailler sur lui.

J'essaie d'imaginer leur vie. Lui en train d'agiter sa palme et de siffler, elle bouddhiste.

– Et sexuellement, c'était comment ? je m'enquiers, ajoutant, pour tempérer le côté direct de ma question : dans un couple, une bonne harmonie physique est importante.

Elle fait une moue, qui peut signifier l'affirmative et son contraire. Nous marchons encore. Elle veut savoir en quoi consistent mes projets professionnels. Je lui explique mon idée d'expo, autour de l'argent, elle pense que c'est un bon sujet. Finalement, comme je trouve que cela tire en longueur, je lui dis que je la trouve attirante, ce qui visiblement la gêne. Je dis aussi que c'est vraiment chic ce qu'elle fait, que tout le monde est dans le Monde-de-l'Égoïsme et qu'elle, au moins, essaie de faire quelque chose de sympa. Nous nous quittons là-dessus car je dois passer voir Marc-Olivier pour un brainstorming d'urgence. Dans le bateau, en retraversant, elle reste silencieuse, et j'ai peur de l'avoir effarouchée ou choquée avec mes déclarations.

(La discrétion des Vélibs)

À Ballon rouge, Marc-Olivier et Vassilia m'attendent de pied ferme.

– Ça va être énorme !

– C'est sûr.

– On va déchirer.

– ...

– J'ai l'accord de T. Il est invité et va couvrir le truc en exclu pour *Dirt*.

Je ne sais pas qui est T. Vassilia – aujourd'hui en jupette mauve et débardeur moulant – m'explique que c'est un écrivain hyper branché, qui anime également une émission de télé. Il est d'accord pour se charger du rédactionnel, sous pseudo – mais les avertis reconnaîtront qu'il s'agit de lui. Nous parlons également budget. En accord avec Bruno, nous sommes convenus de demander vingt mille euros, plus cinquante grammes de coke. Je garde là-dessus dix mille euros de com. Marc-Olivier fait à peine attention et dit à Vassilia de me donner l'argent. « Et pour la coke, comment tu fais ? » J'explique que j'ai mes contacts, et du coup il m'en commande aussi, ce qui m'oblige à lui préciser que c'est exceptionnel, car je n'ai pas envie de jouer les dealers. Nous parlons de *Dirt*, il me montre des essais de maquette. Tout est prévu : si l'opération se passe bien, il sort les photos dès la fin de la fête, le mardi matin, et le spécial Cannes est en kiosque le jeudi, c'est-à-dire deux jours avant la clôture et le palmarès, au moment où le monde entier a les yeux tournés vers la Croisette.

– T'imagines, il redit, les yeux brillants. Le monde entier. Le monde entier va regarder *Dirt*.

En fait, à ce moment-là, je ne l'imagine pas très bien. Je laisse Marc-Olivier savourer l'idée de son triomphe. Vassilia, qui me raccompagne à la porte, me roule une pelle vite fait en me disant qu'il faut remettre ça, ne serait-ce que pour qu'elle soit vraiment prête au cas où Destiny ferait défection, proposition que j'approuve. Nous avons eu des nouvelles de Gertrude, qui travaille sur le décor pour mettre en valeur notre show et la collection. Elle a prévu que nous soyons juste à côté de ce qu'elle appelle la « Chienne Gallery », au cœur du labyrinthe où elle veut plonger les invités. Comme je joue toujours le sourd-muet – j'ai expliqué que j'ai eu un accident récemment, ce qui justifie que je ne parle pas le langage des signes mais que j'entende un peu –, nous communiquons par e-mail et texto.

Dans le métro, plusieurs fausses personnes écoutent un joueur de tam-tam au repos raconter qu'il est joueur de tamtam, mais qu'il ne peut jouer car des vigiles lui ont cassé la main, et qu'il faut lui donner de l'argent. Je lui glisse cinq euros et descends à ma station. Mouss m'attend au Costes, qui est un peu son « bureau », le gros de sa clientèle y passant régulièrement. Il me demande d'être discret, car s'il se faisait griller ce serait fini de son bizness. Après avoir discuté quelques minutes, nous sortons et marchons jusqu'au parking de la place Vendôme. Échange drogue-argent dans l'escalier qui empeste l'urine, ce qui amène une remarque de mon camarade sur la nécessité de renforcer les surveillances dans ce genre d'endroit, « si même place Vendôme cela sent la pisse, c'est que quelque chose ne va pas ». J'approuve. Mouss me conseille un Vélib', car en Vélib' on ne se fait jamais arrêter. C'est donc en pédalant que je convoie le paquet de drogue jusqu'à la place des Vosges. J'ai juste le temps de me changer pour aller à la soirée du Sofa bar.

Sur Internet, les nouvelles sont mitigées. On craint une pandémie de varicelle indonésienne. Un présentateur télé brésilien est accusé d'avoir commandité des crimes pour les filmer et faire monter l'audience de son émission, il serait donc le premier producteur de *snuff movies* publics. Quelqu'un a roulé en tracteur dans le métro, en réaction à un problème de subvention agricole. Les dégâts se montent à plusieurs centaines de milliers d'euros, le manifestant ayant perdu le contrôle de son véhicule pendant la rixe avec la CRS qui essayait de le maîtriser. J'ignorais qu'il y avait des CRS femmes. Je m'habille du mieux que je peux. Décontracté. Avec des chaussures achetées en prévision de Cannes, dont le vendeur m'a assuré que c'est ce que mettent les yachtmen.

(Sent-la-bique)

– C'est cool que tu sois venu, m'accueille Paranoïd Daisy. Viens, je vais te présenter.

À côté des invités, j'ai l'air d'un plouc. Tout le monde porte un costume extravagant. Des costumes qui semblent sortir tout droit d'une autre dimension, tant ils vont comme un gant aux gens qui les portent, on dirait une… seconde peau qu'on leur aurait donnée pour qu'ils… comprennent quelque chose. Voilà l'idée bizarre qui me traverse. Ils paraissent tous complètement farfelus.

– Salut, je m'appelle Gaston.

– Moi, c'est Anne Dessert, je ne mange que des desserts, même en entrée.

– Ah, je fais, c'est cool.

– Moi, c'est Lady Marmelade.

– Parce que tu ne manges que de la marmelade ?

– Mais non, parce que j'en ai marre de laver la salade.

Il y a aussi Monk Attaway qui, m'explique-t-il, ne fait pas tout à fait partie de la bande du Sofa, mais tient une petite cave de jazz juste à côté – il est habillé comme un maquereau de Harlem au temps de la prohibition. Le Bibendum, qui ressemble au Bibendum avec des gros boudins de plastique autour du corps. Les Bernard et Gaspard Lascar, style apache. The Preacher, qui prêche une « société différente et meilleure ». Silicone Désir, pour qui la « vie qu'on rêve n'a pas de fin », et Qu'il-ne-se-salisse-jamais, qui se doit d'être propre. En descendant de chez moi tout à l'heure, j'ai croisé Mérédith et son fils dans l'escalier, je lui ai proposé de venir avec moi mais elle a décliné mon invitation, ses yeux bleus se contentant de ciller légèrement comme si elle était surprise, voire amusée. Joe n'a pas fait de signe avec ses doigts, et je me dis que c'est dommage qu'elle ne soit pas venue, car elle aurait été à sa place dans ce décor, comme une papesse étrange régnant sur une cour d'illuminés.

– Preacher, un discours ! hurle soudain l'assemblée. Un discours !

Sautant sur une table, le prêcheur obéit à l'injonction, Anne Dessert me sert un verre de tisane magique. « Tu vas voir, c'est radical ! – C'est de la drogue ? je demande, parce que si c'est de la drogue je ne peux pas, je fais des exercices et c'est déconseillé », mais je bois quand même le verre, qui a un goût délicieux, et me plonge rapidement dans un début d'euphorie agréable et détendue, tandis que le cinglé sur sa table vocifère une harangue pas piquée des hannetons à l'adresse des Parisiens.

– Parisiens, vous dormez dans des gangues de béton, enfermés dans des cimetières de convoitise. Votre haleine est empuantie par les effluves du tabac chimique que vous fumez dans le métro de la mort, et vous buvez le liquide qui vous fait tourner la tête et sentir mauvais de la bouche, alors que pourtant vous avez autour de vous des trésors à comprendre et cela n'est pas une bonne direction. Non, Parisiens, vous êtes dans l'erreur ! Vous êtes dans la *no way* ! Votre cécité est une impasse karmique !

L'assemblée hurle de rire.

– Mais dans le métro, on n'a pas le droit de fumer, fait remarquer quelqu'un. Tu devrais dire le tabac mauvais que vous fumez, faire une pause, et parler ensuite du métro de la mort.

Preacher en convient. Un DJ l'accompagne de ses boum-boum électroniques. Je tente de flirter avec Anne Dessert, mais ça ne fonctionne pas. Comme si cela n'était pas à-propos, ou pas dans leur scénario. Il y a encore des divertissements, on danse, puis je rentre à l'appartement. Paranoïd m'explique qu'ils ne peuvent pas faire de bruit trop tard car les voisins sont « hyper chiants et comme on vient d'ouvrir, la moindre plainte risquerait de nous faire fermer ».

La nuit, je fais un rêve bizarre, mettant en scène les protagonistes de la soirée, mais dans une situation différente, en train de passer un jugement sur une autre planète. L'être qui les condamne les appelle les « Affligeants ». Ils vont être téléportés sur Terre, où on leur donnera une seconde chance et un nouveau costume. Ils devront répandre la joie autour d'eux et aider les autochtones. Ils sont accompagnés par une sorte d'ambassadeur de leur planète d'origine, qui les considère comme des boulets et la honte de leur planète, exactement comme des malfaisants sur Terre – *les jugements dans un épisode de Babylone Five. Les malfaisants sont déportés sur des planètes bagnes*. « Mais on est cool, soupire Anne Dessert, dont le vrai visage ressemble à celui d'un monstre. Enfin, on va essayer de le devenir. » Qu'il-ne-se-salisse-jamais opine derrière, il bave du venin.

Je suis réveillé par Marc-Olivier, qui m'informe que Destiny a demandé une rallonge de dix mille euros et qu'il la lui a accordée, eu égard à la qualité de sa prestation, mais qu'il faut maintenant serrer les boulons, car les commanditaires ont beau être larges de la bourse, « il faut quand même pas trop exagérer ». Il me dit également de rester sur les starting-blocks car le voyage en Normandie doit avoir lieu incessamment, je dois absolument faire des photos, c'est pour ses partenaires, les mêmes que ceux qui financent *Dirt* et donc l'expédition Cannes – « tu comprends, ils paient, mais il leur faut la top qualité tout le temps, c'est leur seule exigence », ce qui me semble la moindre des choses et j'entends bien la leur donner, je concocte déjà mon plan. Je dois espionner un couple a priori illégitime, qui passe un moment tendre en Normandie – d'après Marc-Olivier, ils vont aller voir des chevaux, visiter des haras – et photographier leur intimité amoureuse, sans aller jusqu'au cliché hot. A priori, un jeu d'enfants, mais je préfère prendre toutes mes précautions, alors j'envoie un long message à Anne Carruthers, sur Facebook, où je lui explique que j'ai été sensible à sa personnalité, à ses choix, à sa générosité – ce qui est vrai – et que j'aimerais l'inviter à m'accompagner quelques jours en Normandie, pour un reportage sur les haras et les chevaux. D'après mes calculs, elle n'a pas eu de mec depuis sa rupture avec Palme Agitée et ça doit quand même la travailler, même si elle est bouddhiste, du moins c'est là-dessus que je compte. En cas de refus, je pourrai toujours faire appel à Daphné, mais c'est un second choix – non pas en tant que personne, je trouve Daphné super, mais sa tenue de Vampirella risquerait de faire tache au milieu des pâturages. Anne Carruthers est parfaite, en plus cela me permettra certainement de la baiser, ce dont je me réjouis à l'avance.

J'envoie mon message et je vais au sport, mon iPhone vissé dans les oreilles, avec des affirmations positives d'H+ à fond. Je fais quarante minutes de cardio, quarante minutes de muscu, en réfléchissant au cours de la vie, aux méandres de l'existence, comme me l'a conseillé Hepner, imaginant des fils se dénouer et reprendre des formes harmonieuses. Les gens autour de moi transpirent et soufflent. Une femme fait des haltères et devient toute rouge. Je conclus par un peu de rameur et, en sortant, après toutes ces filles en Lycra moulant, je décide de faire une visite impromptue à Daphné. Je la surprends en nuisette, à presque quatorze heures, mal réveillée, manifestement dans un état second.

– Que se passe-t-il ? je demande. T'as pris un truc ?

– Non, enfin si, mais pas ce que tu crois.

Il y a des poupées partout. Ça sent une drôle d'odeur.

– T'as fait cuire la marmite du diable ? je rigole, mais quelque chose flotte dans l'atmosphère, l'intuition que j'ai développée grâce à l'H+ me le dit.

Elle arbore une expression chafouine.

– Comment tu le sais ?

Je lui explique que, grâce à mes exercices, j'ai cultivé l'intuition, et puis ça sent bizarre, alors comme par-dessus le marché elle fait une drôle de tête, j'en conclus qu'elle a dû voir sa copine et qu'elles ont fricoté leur bazar de sorcières, ce qu'elle me confirme en hochant la tête. « Oui, mais je préfère que tu n'en parles à personne, parce que les gens sont quand même flippés là-dessus », et comme je suis intrigué, je jure mes grands dieux, ah, ah ! que non, bien sûr, jamais je ne parlerai à quiconque de ce qu'elle va me raconter.

– On a trouvé un Sent-la-bique.

– Un quoi ?

– Un Sent-la-bique. Ils sont hyper durs à trouver, il n'y en a presque pas.

Et la voilà qui m'explique qu'il y a plusieurs siècles la fondatrice de leur tradition s'est unie avec le Cornu, elle en bique, lui en bouc, comme il se doit pour pareil mariage, et que de cette union sont nés quelques enfants, dont les bâtards ont perduré parmi l'espèce humaine. Il en reste quelques-uns en circulation aujourd'hui, amnésiques et ignorants de leur passé glorieux, mais toujours porteurs d'une larme de charme de leurs géniteurs. En récupérant leur sperme, il est donc possible de se fabriquer des onguents surpuissants.

– Et alors ? je demande, complètement effaré. Vous en avez trouvé un ?

– Je ne sais pas les reconnaître, mais elle, oui.

Le plus souvent, ils traînent dans les bars à bière, cultivent la tenue genre cuir et rouflaquettes – d'après Daphné, les rouflaquettes sont prépondérantes – et présentent un vague air caprin. La copine de Daphné avait reçu depuis un moment des signes comme quoi une opportunité se présenterait qu'il ne faudrait pas louper – il y avait des histoires de cycle, de concordance avec des astres. Elles s'étaient donc mises en quête de la perle rare et bingo, elles en avaient trouvé un dans un bar hard-rock et l'avaient amené chez Daphné.

– Il était tellement bourré qu'on lui a tiré le jus sans même qu'il s'en rende compte.

Je ne suis pas effaré, je suis sidéré.

– Tirer le jus ?

Avant, toute la difficulté était de le faire cracher dans un récipient, on en perdait beaucoup, mais maintenant, avec les préservatifs, c'est beaucoup plus pratique. « *Be careful, she wants sperm.* »

– Mais, une fois que tu l'as, pourquoi ne pas recommencer plusieurs fois ?

Impossible, cela devait se passer un jour précis, en accord avec la lune et d'autres critères que Daphné elle-même ignorait, elle n'avait pas un niveau suffisant, mais sa copine, oui, et bref, hier soir, l'opération avait réussi.

– Le problème, c'est qu'il ne voulait plus décoller, on a été obligées d'appeler un taxi et de le mettre dedans. C'est l'ennui avec les Sent-la-bique, souvent ils sont complètement paumés, parce qu'ils ne sont pas faits pour ce monde, ce sont des égarés.

J'ai la tête qui tourne.

– Et vous avez fait la mixture ?

– C'est un onguent. Tu mélanges le jus à des extraits de plantes et d'autres ingrédients selon l'effet recherché. Puis tu t'en passes dans la chatte, sur le moment ça brûle, mais après, si tu baises avec un mec, il peut devenir ton esclave pour toujours – elle rit. Tu veux essayer ?

Je suis pris d'une envie incontrôlable de la prendre.

– Non, j'arrive à balbutier. Je préfère pas.

Elle s'approche, glisse ses doigts entre ses cuisses et me les tend pour que je les suce. « Un Sent-la-bique, ah, ah, c'est hyper rare ! »

(La lumière de Mantegna)

Longue réponse d'Anne Carruthers. Elle se pose plein de questions, sur moi, sur le fait qu'on se voie, le sens que cela peut avoir, mais finalement elle trouve que cette proposition de week-end peut être une bonne idée, le seul bémol c'est sa disponibilité. Cela dit, si je la préviens à l'avance, elle peut s'arranger avec un collègue. Je réponds que je lui donne des nouvelles très vite et que je suis content, c'est galvanisant d'être en contact avec quelqu'un comme elle, pour le travail, pour mes projets, je la trouve lumineuse. Là-dessus, je vais voir une expo au Louvre sur Mantegna, un grand peintre que j'admire beaucoup depuis que Hepner m'a confirmé quel acteur majeur de la Renaissance il avait été. Plus je reprends goût à la liberté, à la ville, et plus j'aime l'art. Et le fait que je sois maintenant un artiste, plutôt qu'un chef d'entreprise, est très plaisant. Cela me procure une aisance, un rapport au monde que je n'avais pas avant. Je réfléchis à mon exposition, à comment je vais mettre en scène le thème de l'argent à travers mes photos, et aussi où je vais exposer. Au Louvre, il y a un espace pour les artistes modernes qui font des hommages aux classiques dans leurs créations contemporaines, mais je ne pense pas qu'ils acceptent des inconnus, en tout cas pour ma première expo cela risque d'être compliqué. Il faudra donc que je trouve une galerie. Le Marais serait pas mal. J'ai vu qu'il y en avait quelques-unes à côté des magasins de mode. Ou alors Bastille, assez branché.

En rentrant à Hepner home, je croise encore des comédiens en costume, mais d'une autre époque. Un centurion romain, une matrone, un gladiateur. Le Sofa bar est noir de monde. Je m'arrête pour boire une tisane. Anne Dessert est là et nous flirtons timidement, mais sans qu'elle ouvre vraiment une porte, et puis j'ai encore le rire de Daphné dans les oreilles – « On a tiré le jus du Sent-la-bique, ah, ah ! » – et j'ai beau me dire que c'est des bêtises, qu'elles sont larguées dans la vie et que ces trucs donnent du piquant à leurs existences qui sinon n'en auraient pas beaucoup, j'ai quand même une impression de malaise. Du coup, j'abrège et monte me coucher.

(Johnny Cash)

L'appartement de Hepner m'est maintenant familier. Je passe un moment devant l'ordi, sur Deezer et Spotify, où je me confectionne des *playlists*, notamment Johnny Cash, que j'ai découvert en prison. Mes deux compagnons de cellule en centrale, TVA et Grand Boulevard, en étaient mabouls, et moi aussi maintenant j'adore Johnny Cash. *In Folsom*, bien sûr. Quand on écoute ça et qu'on est soi-même incarcéré, cela vous redonne du tonus pour la journée, comme si votre cœur repartait alors qu'il était mort, mais aussi tous ses autres disques. Il y a plein de bons chanteurs, mais la voix de Johnny Cash est inimitable, surtout quand il dit, au début de ses chansons : « *Hello, I'm Johnny Cash.* » Rien que d'y penser, j'en ai des frissons, et le film sur sa vie, *Walk the Line*, « marche droit » en français, est formidable aussi. Je suis particulièrement fan de la fin, quand il se marie avec June Carter et que la voix off explique qu'ils sont restés trente-cinq ans ensemble, à chanter et à élever leurs enfants, alors qu'il aurait pu finir alcoolique ou drogué, une loque comme Bruno par exemple, et ne jamais remonter la pente. C'est une image forte, et souvent j'ai imaginé que je retrouverais Marie-Pierre, qu'on se remettrait ensemble malgré la noirceur qui nous était tombée dessus, et c'est ce genre de chose qui m'a fait tenir avant que je rencontre Hepner.

Au moment où je vais me coucher, quelqu'un frappe à ma porte. C'est Mérédith, qui me propose de venir boire une tisane chez elle, ce que j'accepte. Nous discutons de choses et d'autres, je lui parle de Mantegna, qu'elle connaît bien sûr, et de mes projets d'exposition, qu'elle écoute d'une oreille distraite. Elle finit par m'avouer qu'elle fait parfois des crises d'angoisse et de savoir que je suis à côté, enfin juste en dessous, la sécurise. J'essaie d'imaginer quel genre de relation elle entretenait avec Hepner. Comme si elle lisait dans mes pensées, elle dit : « Il était amoureux de moi et moi pas de lui, mais je l'aimais bien. » Je comprends, c'est évident, qu'elle n'est pas du même monde, que les sphères où elle évolue, avec ses yeux bizarres et son fils autiste, ne peuvent concevoir d'interférences ordinaires, même si Hepner, finalement, n'était pas tout à fait ordinaire. « Mais vous, vous n'êtes jamais amoureuse ? » je demande. Elle a un regard triste, comme si elle était fatiguée, ou prise de panique, et elle répond « Non, je voudrais bien, mais cela ne vient pas », et quelque chose heurte ma poitrine et me brûle, comme si cette femme étrange était l'émanation d'une malédiction, d'une entité ancienne, belle et incompréhensible, que nous les humains, nous ne pouvions comprendre, et qui s'impatientait d'être retenue ici-bas.

(Les portes du soir)

La nuit, je rêve de ses yeux. Qu'elle baise avec des serpents, seule dans son appartement où dort son fils impassible, et aussi que je suis avec Hepner, sur un puits de pétrole, en train de regarder les cours de la Bourse. Hepner dit « Vas-y mon poulain, vas-y ! cette fois on a la martingale ! », et quand je me réveille il fait beau, j'ai un texto de Bruno qui s'impatiente. Il veut que je lui dépose le paquet comme convenu et il veut régler le transport des godes, ils sont hyper fragiles et je dois les faire assurer, sinon il ne les laissera pas partir. Quand je le rappelle, il bredouille qu'il n'est plus sûr de me laisser la collection, qu'il a parlé avec Patricia et qu'elle non plus n'est plus sûre, et je comprends qu'il est en train de péter les plombs. Je fonce le voir pour arranger ça avant qu'il ne fasse tout couler, ce qui, vu l'état dans lequel il est, ne me semble pas impossible. Je passe donc ma matinée à régler ce problème.

Les cinquante grammes de cocaïne étant l'argument majeur de la discussion, pendant qu'il se fait des rails à n'en plus finir, je l'écoute soliloquer sur ce qu'il va faire et comment il va remonter la pente. Finalement, que je revienne dans sa vie, maintenant, alors qu'il est au plus bas, c'est une chance qui lui est offerte et il a une idée d'association.

– Avec qui ? je demande, curieux.

– Avec toi. On ferait une super équipe. Imagine un resto avec des filles qu'on mettrait dans des cages au-dessus des tables. Je crois qu'il y avait un truc comme ça à New York, mais faire ça à Paris ce serait génial.

– Il faut un endroit haut de plafond, ce n'est pas évident à trouver, je dis, pour tergiverser.

– Comme toujours, c'est juste la question de la mise de départ. Mais avec ce que tu vas ramasser avec les godes, ça ne devrait pas poser de problème.

Nous repartons sur la justesse du prix de location. Selon lui, je vais me « gaver jusqu'à plus soif », et il n'est pas normal qu'il touche aussi peu et surtout que je prenne dix mille euros de com sur sa part à lui, ce qui m'oblige à trancher en le menaçant d'arrêter l'opération, que maintenant le prix est fixé avec les clients et que revenir en arrière n'est pas possible, ce à quoi il m'argumente que Destiny a bien eu une rallonge, alors pourquoi pas lui ?

– Bon Dieu, je finis par criser. Destiny a eu une rallonge payée par l'intermédiaire, qui ne voulait pas faire capoter le projet, mais il a pris sur sa propre commission car les clients l'ont vue et on n'a pas le choix, si maintenant on enlève les godes, tout s'arrête, et c'est ce qui va se passer si tu continues à faire le con.

Histoire de lâcher du leste, je lui promets dix grammes de coke supplémentaires, et encore vingt si tout se passe bien –

mais, je le précise, là aussi, que je prends sur ma propre part. Et afin de le sécuriser, je règle les problèmes d'assurance avec Gertrude devant lui, ainsi que le transport. Les godes seront pris en charge par un transporteur spécialisé dans les antiquités, une garantie dans la profession, et je serai moi-même sur place pour les réceptionner et veiller à leur bonne installation. De toute façon, il a la liste des pièces et il n'y a aucune raison pour qu'elles soient abîmées. Destiny sera là, et elle a l'habitude de les manipuler.

– OK ?

– OK, il finit par dire. Mais réfléchis à cette histoire de restaurant avec des cages au-dessus des tables. Je suis certain qu'on pourrait faire un carton.

Il me fait penser à mes moments les plus sombres, au moment de la faillite, quand j'étais à l'hôtel avec Marie-Pierre et que j'avais cet emploi affreux comme gardien de square, et je me demande s'il n'est pas victime lui aussi du sort qui m'avait saisi, interrompant le cours de ma destinée vers la réussite, mais en même temps je me dis non, il n'y a pas de sort, il y a juste la façon dont on gère son capital malchance, le Monde-où-on-renifle-sa-Propre-Perdition est en train de l'aspirer, et je me promets de l'éviter à mon retour de Cannes, car ce genre de dynamique peut déteindre, sa faiblesse pourrait finir par m'affecter et ce n'est pas le moment, pas avec les opportunités qui s'ouvrent à moi et que je compte bien faire fructifier. Qui plus est, son histoire de fille dans des cages me paraît malsaine et antinomique avec une vision saine de l'AS.

– C'est une bonne idée, je louvoie, mais là je suis plutôt en phase avec des projets artistiques. Je vais faire une expo bientôt. Je compte inviter Marie-Pierre, et même Patricia.

(Trajectoire de l'écoulement du sable)

Le soir, j'ai la confirmation du week-end. Pour Marc-Olivier, cela se goupille parfaitement, un tour en Normandie et je file à Cannes où Gertrude m'attend, Destiny arrivant deux jours après. Il a commandé les appareils photo, qui seront cachés dans les godes et qu'il s'est procurés via un site qui fournit « les services secrets du monde entier », paraît-il une merveille de miniaturisation. Je devrais pouvoir prendre des vues « au cœur de l'intimité des stars ». Je ris avec lui de cette bonne blague. J'envoie illico un texto à Anne Carruthers, que j'ai de plus en plus envie de baiser et qui me répond quasiment tout de suite que c'est bon, elle peut s'arranger avec un collègue – à mon avis, elle est chaude comme la braise à l'idée de ces deux jours ensemble.

Comme la journée a été dure, je m'astreins à mes exercices d'H+ avec plus de concentration que d'habitude. La discussion avec Bruno m'a énervé, j'ai dû prendre sur moi pour ne pas lui dire ses quatre vérités, qu'il n'est qu'une épave sniffante, et puis dans ses e-mails, Gertrude me parle comme si j'étais sa bonniche, plus l'atmosphère de Paris où tout le monde paraît à cran malgré l'imminence des beaux jours… donc je vais dans le Monde-Imaginaire comme me l'a appris Hepner, c'est-à-dire que je rassemble toutes mes pensées violentes, je les exacerbe, je les pousse à l'extrême, par exemple que j'imagine que je découpe ce connard de drogué en morceaux et que je crache à la figure de Gertrude en lui envoyant un e-mail incendiaire. Puis je transforme leur image en personnages de dessin animé et je fais fonctionner tout ça, comme un aimable cartoon, où les coups de poing n'en sont pas vraiment, ou en tout cas ils ne prêtent pas à conséquence, et où on peut faire rôtir quelqu'un à la broche sans lui roussir ne serait-ce qu'un sourcil. Hepner m'avait expliqué qu'il avait pratiqué ce recentrement – c'est comme ça que s'appelaient les exercices d'H+ – à son arrivée en prison et que cela lui avait certainement évité de rouer de coups certains détenus ou membres du personnel –, et c'était heureux, car il était costaud et avait pratiqué les arts martiaux, d'après ce qu'il me disait il avait même tué des gens à mains nues quand il était plus jeune. Une fois mes exercices terminés, je m'endors tranquillement.

Les jours suivants, je reste pratiquement tout le temps à l'appartement. Je vais juste au sport et je me concentre. Je regarde le plan du bateau, les photos. Je me projette dans la situation, je répète mon numéro de sourd-muet, j'appelle plusieurs fois Destiny pour être sûr qu'elle est bien sur le coup. Quand arrive l'intermède du week-end, tout est prêt. Je dois prendre le train pour Cannes le lundi matin, à mon retour de Normandie.

(La gloire d'Ourasi)

Je récupère Anne Carruthers à Rouen, qui s'est mis sur son trente et un : elle porte une robe sur un jeans, ce qui lui confère un air d'adolescente campeuse qui lui va fort bien et suscite mon engouement immédiat. Je le lui dis. Ça la fait rire, mais en même temps, elle me l'avoue, mon « côté direct » la gêne. Je lui promets d'être sage et de me tenir tranquille, et que de toute façon c'est un week-end professionnel, elle n'a pas de bile à se faire. J'ai beau être un repris de justice, je suis avant tout un gentleman.

Pour mener à bien ma mission, je dispose de quelques paramètres. Le numéro de plaque minéralogique du couple, ainsi que le modèle de la voiture. Leurs noms. Et j'ai moi-même une chambre réservée au Normandy, à Deauville, a priori à leur étage, c'est Vassilia qui s'en est occupée en soudoyant un employé. C'est une bonne configuration, seulement, je m'en rends vite compte une fois sur place, cela ne mène pas à grand-chose. D'abord Anne Carruthers, que je considérais comme un atout, se révèle un poids constant. Je ne sais pas quoi en faire. Il est difficile de la mettre dans la confidence, car elle risquerait de ne pas être d'accord pour se prêter à l'opération. Et puis prendre en photo des gens qui restent enfermés dans leur chambre est des plus coton. Pas question, comme à la prison, d'aller les shooter par la fenêtre, ou de tenir le briquet pendant qu'ils se crackent. Quant à faire le pied de grue sur le parking, ce que j'aurais fait si j'étais tout seul, avec Anne Carruthers c'est impossible. Et pourtant, il me faut les photos. Tant et si bien qu'après avoir tourné autour du pot un moment, je me décide à expliquer à ma camarade de quoi il retourne.

– Mais tu dois les photographier pour quelle raison ?

– Je ne sais pas, je dis – et c'est la plus stricte vérité –, mais on me paie pour cela.

– Et tu veux qu'on les suive ?

– D'abord qu'on les guette, parce que je ne sais pas où ils vont, et ensuite qu'on les suive, oui, je prends quelques photos et on a quartier libre.

Je la sens dubitative.

– Rien de malhonnête, je précise. Juste quelques photos. C'est rigolo, non ?

– Ça dépend à quoi elles vont servir. Si ça leur nuit, ce n'est pas bien.

La manière dont elle dit « ce n'est pas bien » résonne désagréablement à mes oreilles.

– Je ne pense pas, je dis, après un instant de réflexion. D'après ce que j'ai compris, c'est quelqu'un qui veut leur faire une surprise pour leur anniversaire, en faisant un faux journal comme si c'était des people.

– Ah ! elle fait, soulagée, c'est une bonne idée. Pourquoi tu ne le disais pas ?

– C'est ce que m'a laissé entendre la fille du bureau, mais elle n'était pas sûre non plus. Les clients sont des gens riches et le gars qui tient l'agence fait toujours son mystérieux. En tout cas, c'est une destination privée, j'ajoute, pour la rassurer définitivement, ça c'est certain.

Bon gré mal gré, elle accepte donc de passer plusieurs heures au bar, à guetter la sortie de nos proies, ce qui nous permet de discuter tranquilles, et nous passons un meilleur après-midi que je ne l'avais craint, à papoter de tout et de rien, du bouddhisme, du sens de la vie, de la difficulté à avoir des relations hommes-femmes, peu de la prison car je lui dis que le sujet me fatigue, et coup de chance, vers seize heures, le couple sort et monte dans une voiture que leur a amenée un groom. Nous bondissons vers celle que j'ai louée. Enchaînement de routes à travers la Normandie. Anne Carruthers s'amuse comme une folle. « On va se faire repérer. » Non. Si. Nous arrivons dans une espèce de ferme. Un haras. C'est bien ça, ils vont voir les chevaux.

– C'est le haras où Ourasi finit ses jours ! s'exclame Anne Carruthers.

D'après elle, Ourasi a été un grand champion et a fait gagner des millions à beaucoup de gens, mais il est relégué depuis des années dans cet endroit, les propriétaires ne paient même plus la pension et tout le monde l'a oublié. Son père, qui était turfiste, connaissait la vie de ce cheval par cœur. Bien que captivé par cette remarquable histoire, je reste focalisé sur la cible, qui maintenant marche vers le pré où se prélasse l'ex-champion. C'est exactement ce qu'il me faut. Je les ai déjà dans le parking de l'hôtel. Là, ils sont main dans la main. Allez, un petit bisou. Bingo ! Le dieu des photographes est avec moi, ils ne se sont aperçus de rien. Je bats en retraite, mon butin en boîte. Hop ! Nous repartons vers la côte avec la satisfaction du devoir accompli. J'invite Anne Carruthers dans un bon restaurant où nous dégustons des fruits de mer, une légère entorse à ma ligne végétarienne, avant de rentrer dans la chambre, où nous nous couchons, non sans avoir disséqué en long et en large l'éventualité d'une AS entre nous.

– Tu comprends, n'arrête-t-elle pas de répéter, en même temps je suis très attirée par toi, en même temps j'ai peur que cela soit pour de mauvaises raisons.

Elle se déshabille dans la salle de bains. Comme je ne sais pas trop quoi faire, je me déshabille aussi et j'éteins la lumière. Elle vient se coucher près de moi. Je me demande ce qu'elle penserait de Daphné et de ses Sent-la-bique. Nous nous embrassons. Puis alors qu'elle paraît hésitante, elle se transforme brutalement en Pasionaria sexuelle, ce qui me déstabilise, mais finalement nous arrivons à nous synchroniser et ce n'est pas mal du tout. Elle s'endort contre mon épaule, tandis que j'envoie un texto à Vassilia pour lui faire part du succès de l'opération. « Bravo, me répond-elle, g t sûr k tu y ariveré & kanteskonrebaiz ? » « Je ne sais pas, je réponds, là je suis un poil débordé. »

(Voyage en première classe)

Je pars à Cannes en TGV. L'assistant de Gertrude – un homosexuel tchèque plus vrai que nature qui ne parle qu'anglais, mais ce n'est pas gênant car je suis moi-même sourd-muet – est du voyage, ainsi que différentes personnes chargées d'élaborer les réjouissances. D'après ce que je comprends, je suis en compagnie de tops dans leurs parties. Une danseuse étoile. Les assistants de grand chef. Des mimes. Un transformiste techno. Des DJ's. Des VJ's – qui sont des mixers d'image comme les DJ's mixent le son. Tous ont l'air émoustillés par l'aventure et alléchés par l'appât du gain. En tant que muet, je reste dans mon coin. Pas la peine qu'ils gardent de moi un souvenir trop précis si l'affaire venait à mal tourner.

Nous sommes logés, pour certains, derrière la Croisette, pas un palace mais quand même, un bon hôtel avec une piscine. Les autres, notamment les cuisiniers, rejoignent directement le bateau. Le Festival vient juste de commencer, et comme les godes n'arrivent avec le transporteur que le lendemain, je pars flâner sur la Croisette.

Une foule se presse vers le Palais, un édifice affreux, pas du tout un palais. De la moquette rouge est posée sur les marches, entourées de barrières métalliques, rien à voir avec cet enchantement glamour que montrent les médias. Ça sent la frite et beaucoup de gens me paraissent vulgaires et toc. J'essaie d'entrer dans le bâtiment, mais je me fais refouler car je n'ai pas d'accréditation. En mon for intérieur, je pense à la soirée qui va avoir lieu et je me dis « Mon accréditation, vous allez bientôt l'avoir en Technicolor, ah, ah ! ». Mais je refrène cette pensée, car Hepner m'a expliqué que le négatif attire le négatif, alors je souris au vigile, et je dis « Bien sûr, pas de problème », mais il s'en fout, il y a tellement de monde et d'effervescence partout que ma réponse se perd dans le brouhaha.

Le soir, je dîne dans une pizzeria face à un acteur que j'ai déjà vu dans une mauvaise série télé et qui braille à la cantonade qu'on est de la « poussière d'étoiles », mais que ces étoiles ont produit « beaucoup de cadavres sur lesquels nous marchons donc de notre naissance à notre mort ». Cette image me poursuit jusqu'à mon lit.

Au matin, je suis pourtant frais et dispo, toujours grâce à mes exercices d'H+. Je réceptionne les godes en expliquant à Gertrude que j'ai besoin d'en dresser l'inventaire et de les préparer, ils doivent être au top. Il faut que je les cire et que je les désinfecte, que je vérifie qu'ils sont tous en état de marche – en vérité, j'ai besoin de camoufler les appareils photo à l'intérieur –, et je crains qu'elle ne suspecte une entourloupe, mais elle aussi s'en fiche complètement, débordée par l'organisation de la fête, et je peux passer l'après-midi à tout installer et à cacher les minuscules objectifs. J'aurai plusieurs appareils à ma disposition, ce qui ne sera pas de trop une fois les agapes commencées. La plupart sont des stylos camouflés – un attirail d'espions. Je les emballe comme je peux, en espérant que les cerbères du cheik n'auront pas l'idée de les dévisser.

Nous embarquons le matin suivant, ma cargaison magique et moi, sur un mini-yacht aux hommes d'équipage en livrée *Star Wars*, qui prennent en charge les caisses tandis qu'à côté j'écris sur l'ardoise magique que je me suis procurée : « Attention, attention, c'est très fragile », et le gay tchèque à côté leur dit : « Il est sourd, c'est pour ça. » Nous fendons les flots, jusqu'au vrai bateau qui est mouillé plus au large. Bienvenue à Délirus, je me dis en accostant, alors que pendant la traversée nous avons eu droit à un faux documentaire sur la fin du monde supposé en 2012, le thème moteur de la fiesta. *Before 2012. Que feriez-vous juste avant la fin du monde ?*

Nous transbordons comme nous pouvons les artifices sexuels, malgré la houle, et Gertrude, qui est déjà sur le bateau, me hèle pour me montrer ce qu'elle a prévu. Je la suis à travers un dédale de pièces, de salons, de corridors et d'escaliers. Et… c'est incroyable. Les invités vont en avoir pour leur argent. C'est la folie. Rien que dans ma section à moi – car les festivités sont regroupées en sections, plaisir de la table, drogue, sexe, jeux –, il y a de quoi occuper une armada de boucs en rut accompagnés d'une colonie de nymphes affamées de plaisir. J'ai droit à une grande pièce, décorée avec goût et agrémentée de sièges, d'alcôves, d'emplacements, où va pouvoir être essayée la « collection ». Il y a une estrade sur laquelle nous ferons, Destiny et moi, notre show. Chaque pièce va être exposée derrière une vitrine. S'inspirant de la vidéo, Gertrude a fait composer des écriteaux expliquant la provenance et l'histoire de chaque pièce. Des costumes d'époque sont posés dans les vitrines où trônent les bites, à disposition de ceux ou celles qui veulent les essayer, de façon à se mettre dans l'ambiance exacte où les phallus furent conçus et utilisés. « Ce n'est pas un artifice sexuel avec lequel vous vous amusez, mais le sel de l'Histoire qui vous pénètre, hi, hi. » Gertrude répète plusieurs fois le slogan, en s'en gargarisant. Elle me fait penser à une goule insatisfaite qui aurait trouvé un exutoire à sa part d'ombre. Son assistant tchèque ricane également derrière dans un mauvais français, « l'Histoire te pénètre », mimant vulgairement une copulation, ce qui ajoute une touche de trivialité que la sophistication du décor n'appelait pas. Je passe le reste de la journée à installer les pines dans les vitrines, au milieu des tapissiers qui finissent d'agrafer rideaux et teintures. A priori, vu comment les choses s'agencent, il est improbable qu'on vienne dénicher mon appareillage photographique, mais je reste quand même sur mes gardes, personne n'a l'air de rigoler.

Puis on me ramène à terre, où l'on reviendra me chercher demain, la bamboula démarrant le soir.

Je retrouve Destiny à l'hôtel. Elle râle parce qu'elle n'est pas logée sur la Croisette, dans un palace. « Je n'y suis pour rien, je précise, c'est eux qui se sont occupés de l'intendance et, d'après ce que m'a dit le régisseur, ils ont déjà eu un mal de chien à trouver des chambres à cause du Festival. » Je me demande évidemment s'il serait possible d'envisager un rapprochement, mais la froideur de son contact, la façon dont elle me regarde – comme de la crotte de bique – ne m'incite pas à faire le premier pas. Avant de me coucher, je réponds à l'e-mail d'Anne Carruthers, qui hésite entre se sentir flouée et utilisée, ou carrément amoureuse. De ce fait, elle m'explique qu'elle a besoin de faire le point et préfère qu'on ne se voie pas pendant un moment, ce qui tombe bien, vu que je ne suis pas là, et que, franchement, j'ai autre chose à penser dans les deux jours qui viennent. La nuit, je rêve d'or et de pétrole. L'or se mélange au pétrole. Il y a aussi des godemichés. « C'est l'Histoire qui te pénètre. Ah, ah ! »

(Un ineffable ruban scintillant)

À dix-huit heures, nous sommes réunis à un étage où le type à tête d'Iznogoud que j'ai vu pendant le casting nous fait ses dernières recommandations. Il nous informe de la gravité de notre mission. Les gens que nous allons divertir ce soir se classent dans l'élite du monde. Son patron, qui est quelqu'un de très généreux, tient à donner « le meilleur aux meilleurs », mais il saura aussi se montrer impitoyable en cas de manquement aux consignes. Il nous informe qu'en plus d'un service impeccable la plus grande discrétion doit être observée. En ce moment même, une fouille complète du bateau a lieu pour vérifier que personne n'a introduit d'appareil photo ou de téléphone – les nôtres sont rangés dans une consigne. Sur des écrans, nous suivons la progression des invités. Les limousines sortant des palaces et des villas dans l'arrière-pays, avec le macaron « autorisé » sur le pare-brise. Les lunettes noires des gardes du corps. La foule sur le port, criant des demandes d'autographes. Les gardes déguisés en Dark Vador les réceptionnant et les faisant monter dans les yachts-navettes au design d'insectes cruels. Il y a des gros plans sur les visages – des stars, des gens connus, influents et je vois que tous sont dans le Monde-de-la-Vanité-et-de-l'Égoïsme et cela donne une touche encore plus décadente à la scène. *Before 2012*, ah, ah ! Bienvenue quelques années avant la fin des haricots !

Les deux premiers yachts-insectes prennent la direction du bateau et un des régisseurs crie « En piste, les voilà ! ». Nous descendons à notre poste. Mes appareils photo ont résisté à la fouille. Destiny a l'air absent, comme si elle se foutait de tout. Je la vois vérifier s'il y a assez de gel intime. Je dis « Ça va ? Tu le sens bien ? » Elle me regarde comme si j'étais complètement abruti. Gertrude passe une tête en nous disant « J'espère que vous êtes en forme, ça va pulser ! » et nous donne aussi un bon pour obtenir des drogues si nous en avons besoin au cours du marathon. Les invités commencent à investir le bateau. Ils vont d'abord s'arrêter au vestiaire, leurs habits seront soigneusement rangés tandis qu'une armée de costumiers les prendra en charge, les habillera des plus beaux atours, sortis de la garde-robe de grands couturiers, les masquera, de façon à ce que toutes les folies auxquelles ils se livreront pendant ces trente-six heures de pure orgie demeurent incognito. La seule chose qu'ils peuvent emmener avec eux, c'est de l'argent, pour ceux qui veulent jouer.

La suite s'enchaîne comme un rêve. On entend un peu partout et dans toutes les langues « Que la fête commence » – « *Let the festivities begin !* », « *¡Que empiece la fiesta !* », « *Lassen Sie das Fest beginnen !* », « *Che la festa cominci !* »… Puis les DJ's envoient le son, et les premiers groupes de happy few montrent le bout de leur nez. Ensuite ? C'est presque inracontable. Au début, c'est mou, nous faisons une première démonstration, Destiny et moi, sous l'œil goguenard de couples masqués, et puis un grand Américain, avec une beauté fatale portant une robe entièrement transparente, demande si on peut essayer aussi « *the story* ». La fille soupèse un gode en ivoire qui a appartenu à un empereur mongol, puis un autre d'origine africaine, opte pour le mongol, et à partir de cet instant c'est non-stop, les couples défilent, essaient les godes, certains en empruntent pour aller dans la Chienne Gallery où on peut se transformer en esclave sexuel – il y a un concours d'exhibition – et je suis obligé d'aller les rechercher discrètement une fois qu'ils ont servi, ce qui me donne un prétexte pour circuler. Je mitraille comme un taré avec mes stylos, et quand je reviens j'aide Destiny, qui, imperturbable, fait show sur show, se laisse prendre par les invités avec le gode en or, et je mitraille aussi. Les gens sont de plus en plus défoncés. La salle spéciale, où on donne les drogues sous le contrôle de médecins spécialisés, est bondée. J'y fais aussi un tour. Au petit matin, j'ai un coup de chance : un acteur oublie son costume, une cape et un grand chapeau, ainsi que son masque. Quand Destiny, profitant d'une interruption des « clients », monte prendre une collation, je bondis. Je passe la cape et je mets le masque, et je pars déambuler dans les couloirs et les étages, et je sais que je prends un risque mais qui ne risque rien n'a rien, et c'est payant sur toute la ligne, car je fais des photos des restaurants, de la deuxième salle de drogue, où toutes les substances sont sous vitrines avec leur taux de pureté, leur provenance et leur compatibilité. Il y a aussi des cabines spéciales pour ceux qui veulent triper sous la direction de conducteurs expérimentés, et des psychothérapeutes au cas où certains feraient des *bads*. Dans l'étage jeux, c'est un véritable casino qui est installé et de grosses mallettes de billets sont posées en évidence sur des tables. Mon excursion a duré moins de quinze minutes et il y a tellement de monde que je passe inaperçu. Beaucoup des fêtards ont tombé le masque, et je shoote autant que je peux, en espérant, comme je fais ça au petit bonheur, avoir quelque chose dans l'objectif. J'arrive à la Chienne Gallery juste avant Destiny, personne ne s'est aperçu de mon escapade. Du coup, jusqu'à la fin de la bamboula, je ne tente plus le sort, je reste dans la gode collection, où je désinfecte les pièces utilisées, resservant mon numéro, apportant avec déférence les pièces, pendant que Destiny, tel un guide de musée, égrène les informations : « Non, celui-là était utilisé par une magicienne grecque qui atteignait la volupté en même temps qu'elle prophétisait. »

Quand arrive le deuxième soir, les gens sont épuisés, drogués, ivres, affolés d'orgasmes, ruinés pour certains, et les DJ's renvoient du son, et la coke circule à flot, et la fête repart encore, comme un second souffle effarant, et les gens perdent la notion du temps, de leur propre corps, qui n'est plus qu'un réceptacle à la promesse ou aux souvenirs des plaisirs, et les hommes avalent du Viagra par poignées et les femmes se font rebaiser, et je suis épuisé, et quand le jour se lève je monte sur le pont voir le lever de soleil avec ceux qui tiennent encore debout, et c'est là que je fais mes plus belles photos.

Chapitre 5

(Le sourire absent des bateaux-insectes)

Et la fête finit par se terminer. Les navettes des bateaux-insectes s'intensifient, convoyant les invités vers le rivage, le Festival, son faux palais et sa moquette rouge de contrebande, qui vont paraître maintenant encore plus fades et sans intérêt qu'ils ne l'étaient. Les DJ's ont lancé le dernier morceau, un remix techno des Doors, « *This is the end* », que je fredonne machinalement. Bientôt, il n'y a plus personne. Cela sent tellement le sexe à notre étage que j'en ai presque des haut-le-cœur. Destiny paraît complètement lessivée. C'est la première fois que je lui trouve figure humaine. C'est à ce moment que je réalise qu'il manque deux godes, dont un qui contient un appareil. Je suis parcouru d'un frisson glacé. Les invités passent par le sas. Si c'est comme à l'arrivée, les cerbères vont trouver l'objet coupable, l'ausculter et je vais être fait comme un rat. Sans compter la crise avec Bruno. Je file à toute blinde vers les salons d'entrée. Les cerbères sont là. Les immenses salons faisant office d'habillage et de déshabillage sont presque vides, à l'exception de quelques petites mains qui rangent les atours dans des grands cartons. « *I have a problem* », je bredouille auprès d'un garde, mais comme c'est à peu près la seule chose que j'arrive à dire en anglais, ce n'est pas suffisant pour en expliquer ni la nature, ni de quoi il s'agit vraiment. Heureusement, une des costumières entend ma détresse. Elle est venue tout à l'heure dans la Chienne Gallery, je crois même qu'elle s'est « lâchée ». Elle se tourne vers moi et dit « Ce n'est pas ça que tu cherches ? » en me montrant les deux godes disparus. Ouf, celui qui contient l'appareil n'est pas ouvert. J'ai alors un coup de chance inouï, la cerise sur le gâteau : LP, la superstar, arrive, complètement défoncée, et entreprend de se déshabiller. J'ai le gode à la main avec le stylo-appareil dedans. L'occasion est inespérée. Je fais comme si je vérifiais que l'ustensile n'avait rien, sans même jeter un œil à LP, qui de toute façon se fiche bien, dans l'état où elle est, qu'on la voie en train de se dépoiler. Je sors le stylo-appareil et je bastonne comme un cinglé, alors que la star, prise d'un élan sympathique, mime un strip-tease, et que les habilleuses, dans un sursaut de fièvre festive, tapent dans leurs mains pour l'accompagner.

– Merci, je redis à l'habilleuse, tu me tires une sacrée épine du pied, c'est des pièces de collection, s'il en manquait une, je serais dans l'embarras.

Elle sourit et j'ai envie de la baiser, là, maintenant. Après avoir vu toutes ces femmes et ce délire pendant presque deux jours sans y participer moi-même, et tandis que LP remet sa tenue de ville et disparaît vers l'escalier menant aux navettes-insectes, je demande son numéro à la fille, qui s'appelle Chloé, en lui racontant une sornette sur un projet de défilé où il y aurait besoin de costumières, et elle rit, si c'est pour le même genre de fête, elle est tout de suite partante. Là, je me rends compte que j'ai oublié de jouer les sourds-muets, mais heureusement, dans la folie de cette fin de fête, personne n'y prête attention.

(Les reflets des calandres)

Deux heures plus tard, je suis sur la navette avec mes caisses, il doit être quelque chose comme dix heures du matin. Dans ma poche, j'ai l'enveloppe avec le paiement en liquide, plus une prime pour la prestation. Destiny, hautaine, m'a à peine dit au revoir. Sur les grands écrans, avant d'embarquer, j'ai vu dans la foule de badauds qui attendent encore sur l'embarcadère, au cas où des stars continueraient à accoster, Vassilia, qui doit s'impatienter, mais je ne vois pas Marc-Olivier. Quand elle m'aperçoit, avec les stewards qui m'aident à descendre le matériel jusqu'au camion que le régisseur a commandé, son visage arbore un sourire de soulagement. Je fais comme si je ne la voyais pas, et quelques minutes plus tard, alors que je suis en route pour l'entrepôt du transporteur – je tiens à faire ça dans les règles, en refaisant un inventaire complet avant que la cargaison ne reparte pour Paris, de façon à ce que l'autre drogué ne me casse pas les pieds –, j'ai un texto qui me dit « Alors ? », et je réponds « OK », et je reçois un autre texto « Jesui derièr, en scoot », si bien qu'à destination je n'ai même pas le temps de sortir les puces et d'en faire une copie, Vassilia est là immédiatement, ce qui, dans les jours qui viennent, va me sauver. Mais sur le moment cela m'agace et, même si je suis content de la voir et que la mission s'est bien passée, j'aurais préféré ne pas l'avoir sur le dos tout de suite.

– Je pense que c'est bon. J'espère juste qu'il y a quelque chose sur les photos.

– Génial, elle soupire de soulagement. Parce qu'on a un problème avec T, l'écrivain qui est chargé du rédactionnel.

Lorsqu'il était descendu de la navette, T, que Vassilia et Marc-Olivier guettaient depuis le milieu de la nuit, les avait à peine regardés, leur faisant un vague signe, et s'était engouffré dans une limousine. Ils n'avaient pas pu l'approcher à cause des barrières, et maintenant T ne répondait pas au téléphone. Marc-Olivier était aux cent coups.

– J'avais peur que toi aussi tu n'aies eu un problème.

Je finis de sortir les puces des appareils d'agent secret. Cinq en tout, pouvant contenir des milliers de photos et de séquences vidéos. « Non, a priori, si tant est que la technique n'ait pas failli, cela devrait être bon. – T'es le meilleur », me complimente la jeune secrétaire, tendant la main pour prendre les puces, mais je dis « Non, excuse-moi, je dois d'abord voir pour le règlement avec Marc-Olivier. – Après tout, tu as raison, il n'y a pas de problème, les cent mille euros sont dans le coffre de l'hôtel », et elle ajoute « mais c'est vrai que t'es le meilleur ».

Je l'embrasse, malgré la fatigue, l'impression que j'ai de tomber de sommeil, je l'entraîne derrière les camions, le type à l'entrée se dispute avec un client pour une histoire de délais de livraison, elle se retourne et je la prends tranquillement en levrette, elle appuyée sur la porte du poids lourd, dont tout l'avant est customisé d'une peinture de science-fiction, avec des cratères et des animaux préhistoriques.

– C'était bien ? elle demande de sa petite voix, en accélérant le mouvement ondulant de ses fesses. Tu t'es servi des godes ? Et la bombe, tu l'as baisée ? Il y avait beaucoup de gens célèbres ? Ils se droguaient tous ? Et toi t'as participé ? T'étais excité ?

Et je finis par jouir, et elle – elle se caresse en même temps d'une main, son avant-bras replié contre le châssis pour garder l'équilibre –, je crois aussi.

– C'est bon ? crie le type de la société de transport. On peut charger les caisses ?

(Le coma des écrivains)

Il n'empêche. Marc-Olivier a un sérieux problème. T reste invisible. Il avait son émission de télé en direct à treize heures et il n'y était pas, les gens de la chaîne nagent en pleine hystérie. Sa messagerie est saturée. Personne ne sait où il est. « S'il ne réapparaît pas, c'est cuit, n'arrête pas de répéter mon commanditaire. Sans un rédactionnel haut de gamme, tout le concept est à l'eau. »

Nous montons dans sa chambre pour regarder les photos. La première puce est… extraordinaire. Si certains clichés sont mal cadrés ou sombres, les autres sont à tomber. C'est d'ailleurs ce que répète non-stop Marc-Olivier. « C'est à tomber, putain ! C'est à tomber ! » La suite est tout aussi époustouflante. « Et là, regarde, c'est N. – Wouah, c'est pas L avec la casquette de pirate ? – Oh là là, carrément, c'est F, c'est une copine de la Présidente, elle est mariée avec S, le DG d'H, mais là elle est avec O, le chanteur » et ainsi de suite. Quand on en arrive aux dernières prises de vue, avec LP qui fait son strip-tease, je crains que Marc-Olivier ne pète pour de bon un câble. Il se met à danser dans la chambre, en m'embrassant, en embrassant Vassilia, il commande du champagne à la réception – qui n'en a pas, lui non plus n'est pas dans un palace – et finalement demande à Vassilia d'aller me chercher l'argent au coffre.

– Et pour T, qu'est-ce que vous allez faire ?

– J'ai prévenu les clients, ils doivent me rappeler.

Je ne recompte pas les cent mille euros, je suppose qu'ils y sont.

J'ai beau tenir à peine debout, je suis curieux de savoir comment l'histoire va évoluer. Quelques instants plus tard, le portable de Marc-Olivier sonne. Il dit « D'accord, d'accord, je vous attends dans le hall ». Quand il raccroche, il semble soulagé.

– Ils envoient quelqu'un pour régler le problème !

D'après ce que je comprends, « ils » ont autant de moyens que le cheik du yacht, et pour eux c'est comme un jeu où celui qui ferait foirer l'autre gagnerait des points, ou une espèce de contentement.

– S'ils réagissent aussi bien, c'est parce qu'ils ont confiance, à cause des photos de la Normandie, ils voient qu'on est sérieux.

Il m'explique que la fille en Normandie est une princesse de leur bande et que le cheik – celui du yacht, qui est donc l'ennemi juré du financier de *Dirt* – souhaitait se marier avec elle, mais elle ne voulait pas, elle préférait une vie libre, à l'occidentale, et faire ce qu'elle voulait, alors le client de Dirt a commandé les photos pour envoyer le papier au cheik et lui foutre les boules. La sortie de *Dirt spécial Cannes*, où toute la fête sera étalée aux yeux du monde, devrait l'achever, lui mettre une honte telle, qu'il ne s'en remettra jamais.

– Et moi, ça lance mon journal, tout le monde est content.

Une limousine se gare devant l'hôtel. Nous y montons. Marc-Olivier explique la situation. L'homme à côté du chauffeur – lunettes noires, costume, français parfait avec un léger accent – demande le numéro de T. Vassilia le lui donne. Nous roulons dans Cannes. L'homme parle en arabe au téléphone. Raccroche. La voiture roule. Marc-Olivier dit qu'il va quand même lancer la maquette. L'homme ne répond rien. On le rappelle. Il allume le GPS. Entre des coordonnées dedans. Le chauffeur tourne sur les chapeaux de roue et fonce en direction de l'adresse. « Il doit être fracassé, j'explique, si on veut qu'il écrive, il va lui falloir un remontant. »

– Pas de problème, rétorque Marc-Olivier, j'ai ce qu'il faut.

Nous sortons de Cannes. Des petites routes. Finalement, nous arrivons à une villa dont le portail est ouvert. Nous entrons. Il n'y a personne. Nous appelons. Pas de réponse. Vassilia monte sur la terrasse et regarde à travers les portes-fenêtres. « Il est là, elle crie, il dort. » Pas pour longtemps, car le sbire aux allures de malfaisant dans *James Bond* s'occupe de le réveiller.

– Drogue. Espérons qu'il va être suffisamment lucide pour écrire.

Marc-Olivier demande à Vassilia d'aller lui chercher un verre d'eau. Il sort des pilules de sa poche. T ouvre péniblement un œil. De la bave séchée a coulé le long de sa joue et il bredouille. « Quelle heure il est, quelle heure il est ? » Quelques instants plus tard, T est assis devant son ordinateur, celui de Marc-Olivier posé à côté, avec les photos qui défilent. Une enveloppe remplie de billets est également présente dans son paysage visuel. Il contemple tout ça d'une incrédulité mal réveillée. Je suppose qu'après la bamboula du bateau, il ne doit pas être très sûr de ne pas être encore dans un songe.

(Le succès des images de l'orgie)

Quand j'arrive à Paris, dans un état second – j'ai dormi dans le train, d'un mauvais sommeil –, je croise de nouveau, en sortant de la gare de Lyon, une troupe impressionnante de figurants en costume d'époque, pour le même tournage probablement, qui doit être, si j'en juge par leur nombre et la fréquence de leurs apparitions, rien moins qu'une production à grand spectacle, une production américaine. À Hepner home, je prends un bain, dors quelques heures, puis me réveille sans arriver à trouver mes marques, déstabilisé sans doute par la fin de ma mission, qui m'a tenu en haleine depuis ma sortie. Certes, j'ai plus de cent mille euros en poche, plus tout l'argent que j'avais déjà hérité de Hepner, mais je sens qu'il va falloir que je trouve un truc exaltant, quelque chose de fort, car j'ai pris goût à ma nouvelle vie. Je me promets de me consacrer à mon exposition. Dès demain, je vais travailler mon sujet : l'argent. Je pense faire une variation avec des codes-barres. Des photos à l'intérieur de gigantesques codes-barres. Je consulte les nouvelles du monde, un banquier vient encore d'être retrouvé crucifié dans une mise en scène hallucinante de perfection, toujours à la David LaChapelle, symptôme peut-être d'une carence dans l'art aujourd'hui. Il est temps de désacraliser l'argent, de le montrer sous un autre jour, d'expliquer que cela peut-être un atout positif, ce qui évitera ce genre de dérive atroce. Je rêvasse un certain temps là-dessus, redonner ses lettres de noblesse à l'argent, faire comprendre que ce n'est qu'un instrument, comme me l'a expliqué Hepner. Une interface énergétique. Je pourrais facilement communiquer là-dessus.

À Cannes, tout s'est bien terminé. T a écrit le texte, puis Marc-Olivier s'est aperçu qu'il manquait deux choses : une photo du yacht en plan large, « pour que le Pékin moyen comprenne bien où se passe ce qui se passe », et une ou deux du départ, avec les Dark Vador et les stars montant dans le yacht. Pour le plan large du yacht, c'est moi qui m'y suis recollé, nous avons loué une embarcation et je me suis approché suffisamment près pour la prise de vue. En shootant, je me suis fait la réflexion que depuis ma sortie c'était ma première photo ne mettant pas en scène le sexe ou la drogue, et qui n'était pas destinée à quelque chose de sordide, et je me suis demandé comment faisaient les vrais paparazzi, à photographier toujours le scabreux, si à la fin cela déteignait sur leur psychisme, qu'à force d'enfermer des horreurs dans un rectangle de photons organisé, il n'y avait pas de quoi devenir fou. Je me suis appliqué à faire du yacht un magnifique portrait, jouant avec le soleil. Que ce bateau soit parfait et donne à tout le monde l'envie de monter dessus. Ce qui, bien sûr, est idiot, puisque très peu de gens ont un yacht, mais j'ai quand même essayé d'y mettre mon cœur. Pour les plans du départ, où toutes les stars, encore en smoking et pas encore déguisées ou droguées, se bousculaient pour monter dans les navettes-insectes, Vassilia s'est débrouillée avec des paparazzi amateurs. Il y en a de plus en plus, ce qui, d'après Chauve et Cigare, cause du tort aux professionnels. Raison de plus, d'ailleurs, pour m'investir dans le côté artistique, où là – ça, c'est Hepner qui me l'a dit –, si on trouve sa propre originalité, il n'y a aucune concurrence, parce qu'on est soi-même, et cela le public le sent.

Je somnole par à-coups, surfe mollement. J'envoie un texto à Daphné – malgré son effrayante histoire de Sent-la-bique –, à Anne Carruthers – malgré son désir de faire un break dans notre relation –, à la costumière de Cannes – « Salut, je te contacte comme convenu, peut-on se voir dans la semaine ? » –, puis je vais sur des sites de rencontre, notamment un où Hepner devait avoir ses habitudes parce que je trouve plusieurs pages de profils imprimées sur son bureau, CitéOfLigth, un site pour personnes engagées dans des voies spirituelles. Peut-être leur vendait-il sa méthode d'H+, ou alors essayait-il de séduire des femmes. Je regarde si je vois Anne Carruthers, mais elle n'a pas l'air inscrite, ou alors je ne trouve pas son profil. J'essaie de remplir le mien mais le site bugue et je finis par aller me coucher en plein milieu de l'après-midi.

Je dors jusqu'au lendemain matin, quand Vassilia appelle pour m'annoncer que notre bébé est dans tous les kiosques, que Marc-Olivier a loué des vendeurs à la criée à Cannes, et que ça va être « une pure folie ». Je m'habille donc à la hâte et fonce découvrir l'objet, que le kiosquier est en train de feuilleter. Quand je l'achète, il me dit : « Quelle salope, hein ? en me montrant la photo de LP. Et les autres, j'en parle même pas. » Je me demande si j'ai bien fait de me prêter à cette opération, si cela n'est pas du négatif qui va attirer du négatif, et je vais approfondir ma lecture au Sofa bar.

(Le récit de la fête)

– Tu lis ce torchon ? s'étonne Paranoïd Daisy, en m'apportant mon infusion.

– Non, je dis, mais je connais le gars qui a écrit l'article, je veux voir ce qu'il raconte.

Le moins qu'on puisse dire, c'est que mon travail est mis en valeur. Le texte l'accompagne parfaitement. Cela valait le coup de bousculer l'écrivain branché, car il a su trouver les mots. « *Gravissant le premier escalier, je découvre soudain la pièce "drogue à gogo". Savez-vous, vous qui vous gobergez d'un peu de cocaïne et de quelques adjuvants cannabisés, qu'il existe de nombreuses autres façons de s'envoyer en l'air ? Vous les détailler toutes serait au-dessus des forces de votre humble serviteur, présentement encore sous l'effet de ces enivrantes substances. Qu'il soit juste précisé que ce qui nous est offert est quelque chose de rare et de précieux, venu des plus audacieux laboratoires, des contrées les plus exotiques. Mais s'attarder trop tôt dans ces antichambres du rêve serait une erreur, car plus loin nous attendent le palais de Shéhérazade et ses nombreux envoûtements. Là, une collection de godemichés historiques, qu'on peut essayer en présence d'une enchanteresse et d'un sourd-muet, ici la Chienne Gallery où, le temps d'un soupir, on peut devenir esclave sexuelle.* » Le reste continue à l'avenant. Il parle aussi des tables de jeu, des valises de billets, des menus de grand chef, des robes haute couture, de l'ambiance, de la musique, de cette idée qui rôde, 2012, 2012, donnant une urgence à l'orgie si délicieuse. La seule chose qu'il ne détaille pas – mais ça, il avait prévenu Marc-Olivier –, c'est le nom des stars présentes. Pas de soucis, car au cas où on ne les aurait pas reconnues, Marc-Olivier a agrémenté les photos d'une légende, sobre mais explicite. Tout le gratin est là. Et les photos sont on ne peut plus claires. Dans quelques heures, la France entière – celle qui se faisait une joie de travailler plus pour quelques fifrelins – sera au courant que, non contentes de péter dans la soie des palaces de la Croisette, nos stars, nationales et internationales, s'envoyaient joyeusement en l'air aux frais d'un émir du pétrole, sur un yacht et avec moult drogues aphrodisiaques, en claquant des montagnes d'argent, après s'être gavée de mets fins mitonnés par des trois étoiles débauchées du *Michelin*.

(La vie sexuelle des people)

La suite ressemble à un embrasement soudain. Vers midi, je commence à avoir des réactions. Un texto de Cigare : « Chapeau ». Bruno qui m'appelle : Patricia a lu *Dirt* – elle achète tous les journaux people, ça la détend – et a reconnu les godes. Il est partagé entre le rire, « Putain, Gaston, mais t'es pas croyable, t'es pas croyable », et l'envie de me demander encore une rallonge. Pour couper court, je lui dis que les godes sont en parfait état et au complet, je les ai vérifiés moi-même, et en route pour Paris, et que, comme tout s'est bien passé, j'ai prévu de lui donner un petit bonus de cinq mille euros, nouvelle qu'il accueille avec satisfaction. Vassilia encore, qui me dit qu'à Cannes c'est le délire, ils sont en rupture, tout le monde s'arrache *Dirt*, et Marc-Olivier doit faire plusieurs télés l'après-midi, elle-même est débordée. Je sens au ton de sa voix que c'est presque trop et je me demande – d'ailleurs, elle se le demande aussi – si l'opération n'est pas en train de prendre une ampleur imprévue.

Quand je remonte, j'ai un long message d'Anne Carruthers sur FB, qui comprend pourquoi j'étais à Cannes et maintenant elle se demande si je n'ai tout simplement pas vendu mon âme au diable, et même pour elle, elle s'interroge sur les conséquences karmiques de notre commerce charnel, et ainsi de suite jusqu'au milieu du texte, où elle continue en disant que si elle voit ça d'un autre point de vue, elle me kiffe vraiment, et que quand on a fait l'amour c'était bien, qu'elle ressent pour moi quelque chose qui la trouble étrangement, et c'est peut-être ce côté « diabolique » qui l'attire autant. Elle ne sait pas quoi faire et voudrait savoir ce que j'éprouve, moi, et ce que j'en pense. Cela me plonge dans une énorme méditation sur le sens de l'amour et sa fonction exacte. Je repense à Marie-Pierre et à ce qu'elle représente pour moi. Selon Hepner, il y a différentes sortes d'amour – plusieurs programmes d'H+ sur le sujet. L'amour véritable (AV), la complicité amoureuse érotique (CAE) et l'activité sexuelle simple (AS). L'AV pouvant lui-même prendre plusieurs formes, de la passion fatale à l'amour durable. Pour Hepner, le plus intéressant – et le plus pratique – est le CAE. En effet, il permet une relation plaisante, non dénuée d'émoi, avec une forte entente physique et des sentiments, mais sans attachement pour autant. Quant à l'AS, elle doit être pratiquée avec fougue et entrain, dans un respect mutuel et un souci d'échange de plaisir. Pour Hepner, beaucoup de gens sont soit frustrés, soit dans un rapport néfaste à l'autre. L'attitude, notamment vis-à-vis des femmes, est empreinte d'un machisme archaïque et souvent malsain, ce qui donne ce côté si déplaisant à une activité sympathique et charmante. Avec Hepner, j'ai aussi fait de la psychanalyse, et je sais par exemple que ce que je ressens avec Marie-Pierre s'ancre dans un souvenir ancien, un sentiment qui regroupe une image d'amour idéale, qui touche à l'enfance et même, toujours d'après Hepner, à la mémoire d'un temps aujourd'hui disparu, celui de l'amour total, du paradis perdu, ou de son idée, d'une entente parfaite qui ne peut exister que dans un rêve. Cet élan est d'autant plus fort qu'il devient inaccessible. Tout le monde porte ça en lui, cet espoir diffus, cet idéal inatteignable, et c'est là-dessus que jouent les séducteurs malintentionnés ou les gens qui veulent manipuler les autres, en faisant miroiter cet état qui n'existe pas ici-bas.

Le soir, je reçois un coup de fil de la costumière, qui me demande si j'ai vu le journal *Dirt*, elle flippe car il paraît – le bruit court sur Internet, et d'ailleurs le type du journal l'a dit sur une chaîne câblée – qu'il y avait d'autres photos, et comme elle a « fait un peu des trucs », elle a la trouille que son mec les voie. Cela jette un froid, je lui dis que moi, je n'ai rien fait, en tout cas rien susceptible d'être gênant sur des photos, et nous convenons de nous voir la semaine suivante pour mon projet, puis je la laisse car j'ai un double appel. C'est Vassilia. Marc-Olivier a complètement pété les plombs, il se répand à la télé et sur Internet qu'il a encore plein de photos et que c'est son devoir de journaliste de témoigner de l'époque, qu'il n'est au service de personne et que c'est ça *Dirt*, une irrévérence et une impertinence qui manquaient dans la presse française, tout cela avec beaucoup d'arrogance. Vassilia a peur que cela leur attire des ennuis. Je la rassure en lui disant que c'est tempête dans un verre d'eau et que des stars en train de baiser et de se défoncer, c'est ce que le public attend. C'est l'inverse, qu'elles ne le fassent pas, qui serait choquant. Elle raccroche en convenant que j'ai certainement raison et me dit qu'ils remontent à Paris le lendemain et qu'elle m'appellera à ce moment-là.

(La froideur de l'or)

Cette nuit-là, je rêve de Hepner. Nous sommes sur un énorme pipeline. Il m'explique que cela va bientôt être le moment de passer à la vitesse supérieure. Nous téléphonons ensemble à une entreprise qui doit nous livrer de l'or. Les pipelines sont percés. L'or se couvre de liquide noir. Un Hindou nous regarde avec, me semble-t-il, de la tristesse. Le lendemain, quand j'allume Internet, l'affaire *Dirt* tient le haut du pavé. Il y a des répercussions internationales, un parlementaire russe censé être à Strasbourg apparaît sur les photos. Des stars essaient de démentir, par le biais de leur agent, en parlant de photomontage, mais les gens voient bien que ce n'est pas du chiqué. En début d'après-midi, Vassilia m'appelle, comme convenu, elle est au bureau avec Marc-Olivier et me demande de passer.

(Une intervention fâcheuse)

Ils sont quatre, habillés en noir, et celui qui est légèrement en retrait dit « C'est lui ? » et Marc-Olivier, blême, opine.

– Tu as des doubles ?

Comme je comprends instantanément de quoi il s'agit, je ne perds pas de temps à faire l'étonné, ou à demander ce qui se passe, je réponds tout de suite « Non, je n'en ai pas. Elle – je montre Vassilia – m'attendait à l'embarcadère et je n'avais pas mon ordi. Si quelqu'un a fait des doubles ce n'est pas moi ». Et Vassilia dit « C'est vrai, je l'attendais à l'embarcadère, et il a sorti les puces des appareils sous mes yeux ». La suite ressemble à un cauchemar, nous regardons les photos une à une, et les deux autres les numérotent, en marquant à qui elles correspondent. Marc-Olivier essaie de dire, dans un accès brusque de démence, « Je voudrais téléphoner à mon conseil », et celui qui est en retrait dit, en se foutant de sa gueule, avec la même voix que dans la chanson de rap « Je crois que cela ne va pas être possible », et le quatrième regarde Marc-Olivier avec l'air de quelqu'un peiné de voir un condamné signer de sa main sa propre exécution, et quand on arrive aux photos avec la copine de la Présidente en train de se faire baiser par le gode en or – son masque est à moitié enlevé, on la reconnaît bien en train de s'éclater – avec O, le chanteur, qui se turlute à côté comme un cinglé, En-Retrait dit « C'est bon, on les a ». Il appelle de son portable et répète « Problème réglé, non, je ne pense pas que cela sortira ». Les autres notent les références des photos, sans émettre la moindre réflexion grivoise, juste dans une efficacité professionnelle.

Ensuite nous partons en voiture jusqu'à un endroit bizarre, qui n'est ni un commissariat, ni une gendarmerie, mais des espèces de bureaux dotés d'une cage et, l'un après l'autre, nous sommes interrogés. Je passe en dernier, après Vassilia, qui a les yeux rouges et le visage défait, comme quelqu'un qui a beaucoup pleuré. À peine assis, mon interlocuteur m'explique gentiment que l'affaire est très grave, vu la personnalité de l'organisateur de la fête, qui a peut-être des liens avec des terroristes, et celle des invités – il fait allusion aux parlementaires russes –, et que je ne suis pas dans un service de police, mais dans une antenne d'un département spécial, qui traite d'affaires touchant à la sécurité nationale, et que donc il vaut mieux que je sois coopératif, ce à quoi je réponds que je ferai tout ce qu'ils me diront de faire – la seule chose que je veux éviter, c'est qu'ils perquisitionnent chez Hepner. Il me conseille donc de raconter par le début, sans rien oublier.

– Eh bien, je fais en me raclant la gorge, Marc-Olivier m'a proposé de faire des photos pendant le Festival de Cannes, à bord d'un yacht…

– Non, commence par les premières photos, celle du trader, en prison.

J'ai la bouche de plus en plus sèche, je commence à bégayer, mais il sourit, me propose un verre d'eau et me dit de me calmer, que ce n'est pas contre moi qu'il y a un souci, mais qu'il doit connaître toute l'histoire depuis le début, et je lui raconte, en même temps que je vois ce qui se profile, le retour en cellule, alors je dis, et je le répète plusieurs fois : « Être au bon endroit, au bon moment, ça, on l'a ou on l'a pas, c'est les messieurs journalistes qui me l'ont dit, c'est pour ça que j'ai voulu faire paparazzo, il n'y a rien de mal. » Il sourit encore et demande d'une voix douce : « Et les godemichés, c'est toi qui as eu l'idée, qui as tout organisé ? » Je réponds que oui et à la fin je demande ce qui va m'arriver, soulagé que Vassilia n'ait pas parlé de la coke, et il répond qu'il ne sait pas encore, avant de quitter la pièce. Je reste ainsi, dans l'antichambre de la mort lente, pendant un temps qui me paraît très long, peut-être plus d'une heure, peut-être deux, je ne sais pas très bien car il m'a enlevé mon portable, et quand il revient j'essaie de faire marcher mon intuition pour savoir si je vais aller ou non en prison, mais cela ne fonctionne pas.

– Bien, il dit, veux-tu travailler pour nous ?

– Pardon ? je fais, pas certain d'avoir bien compris.

Mais si, c'est aussi direct et aussi simple que ça « Veux-tu travailler pour nous ? ». Et En-Retrait dit « Au bon endroit, au bon moment, ils ont raison, ce n'est pas donné à tout le monde ». Et, alors que je suis tellement abasourdi que j'en ai les oreilles qui sifflent, ils m'expliquent en quoi consisterait leur proposition, si tant est qu'elle me convienne et que je l'accepte.

Deuxième partie

Et par un jeu d'incessants miroirs
Derrière la porte que l'on guette
Le flux de la rivière déjà reflète
Les rameaux d'une autre histoire

Chapitre 6

(Le bruit terrifiant du tonnerre)

Je suis allongé sur le lit, à Hepner home, sans bien réaliser que je suis libre, que je ne retourne pas en prison, que l'orage est en train de s'éloigner. Je ressens à quel point les années passées enfermé ont été terribles. L'idée de retrouver les geôles provoque comme des stries noires autour de moi, un sentiment de panique totale. En même temps, je ne comprends pas pourquoi cette histoire de photos provoque un tel drame. Après tout, qu'ai-je fait ? Photographier des gens. Où était le mal ? Oui, où était le mal ? Et, même si c'est une amie de la Présidente, après tout n'était-ce pas bien anodin ? Je me répète ces arguments frappés de bon sens pendant des heures, essayant de me convaincre que ces clichés n'étaient qu'une aspérité banale et ordinaire de l'existence, pas une affaire majeure, non, pas une affaire majeure, rien n'allait m'arriver, je n'avais pas enfreint de lois ou déclenché le courroux de puissants vindicatifs.

Je regarde la carte de visite que m'a laissée Ça-va-pas-être-possible. J'essaie d'imaginer ce qu'ils vont me demander, si ça va être des trucs bizarres liés à des secrets d'État, des choses vraiment espionnantes, par exemple des photos de bases militaires ou d'installations nucléaires, ou de sujets brûlants qui feront que non seulement si je suis pris je serai jeté dans un bagne, mais qu'en plus on me décapitera. Quand j'ai posé la question, ils ont ri, me disant que non, ce sera exactement ce que j'ai fait jusqu'à présent, prendre des gens en train de baiser et de se défoncer, et qu'avec ça on sera amis, qu'il n'y aura aucun danger et que même je gagnerai de l'argent.

– Et Marc-Olivier, j'avais voulu savoir, il va lui arriver quoi ?

– Rien, avait répondu En-Retrait. S'il se tient à carreau, il peut même continuer à publier son torchon. Si des gens se plaignent, il y a des tribunaux pour ça. Ce n'est pas de notre compétence.

Et ils m'avaient raccompagné, dans la même voiture aux vitres teintées, et laissé dans Paris centre, certainement pour que je ne puisse pas repérer où étaient les bureaux abritant leurs activités mystérieuses.

(Les articulations du temps)

Je reste des heures comme ça, étendu, à regarder le plafond orné de moulures et de peintures légères que Hepner avait dû faire restaurer, à songer au monde, à la destinée, au cours de la vie qui prend de si curieux chemins, et je me demande qui décide, si 2012 va vraiment être la fin comme beaucoup de gens le supposent en ce moment, si tout va s'arrêter et plus rien ne servir à rien. Je sais ce que Hepner aurait pensé, que c'est l'expression d'une lâcheté, une manière de se voiler la face, de ne pas répondre de son existence. Un alibi pour les mous du genou et les fatalistes, ceux qui de toute façon n'ont jamais considéré qu'il y avait moyen de se prendre en main, ce qui n'est pas ma philosophie. Pour cette raison, j'étais devenu chef d'entreprise, et maintenant artiste, et je me dis « Non, 2012, certainement pas » et je reprends confiance. Cette péripétie va s'effacer et tout va rentrer dans l'ordre, je vais continuer la photo, préparer mon expo et faire la mission pour En-Retrait. Il est même possible que je devienne agent secret. Ce serait cocasse. Cela ajouterait une corde à mon arc. Encore que je n'y tienne pas particulièrement. Ça-va-pas-être-possible et ses copains émettaient un signal bizarre, pas comme des policiers. Non. Les policiers ont le regard dur, parce qu'ils mettent les gens en prison à longueur de journée, mais fréquenter la misère et la lie les rend quand même un peu humains. En-Retrait et Ça-va-pas-être-possible dégageaient autre chose. Ils étaient indifférents. Comme si on était de la merde. Une merde insignifiante au regard de leur mission et des ordres qu'ils recevaient.

(L'ondulation des toits)

Le lendemain, je tente une sortie pour aller écouter ma boîte vocale. Par précaution, j'ai coupé mes deux portables. Je parcours deux stations de métro avant de les rallumer. J'ai un message de Bruno qui a bien réceptionné les godes mais qui aurait besoin de me voir vite. Pas la peine de me faire un dessin du pourquoi de son appel. Heureusement, il n'en dit rien sur le message. S'il apparaissait maintenant avec ses histoires et ses demandes de drogué, dans l'hypothèse d'un retour de flamme de l'autorité, ce serait catastrophique. Il y a aussi Anne Carruthers qui me dit que, finalement, elle pense que c'est mieux qu'on se voie « pour parler et faire le point », et aussi Daphné qui me demande si je pourrais l'aider à faire des photos de ses poupées car elle veut se faire un book, et puis la costumière que j'ai branchée à Cannes pour un rancard, et enfin Vassilia. Je réécoute plusieurs fois, j'ai du mal à comprendre ce qu'elle dit. J'ai l'impression qu'elle pleure. Le message date d'une demi-heure. Je la rappelle immédiatement. Elle décroche à la première sonnerie.

– Allô, je fais, gagné par une soudaine appréhension, c'est Gaston. Que se passe-t-il ?

– *C'est très grave*, elle renifle, *c'est très très grave, il faut que tu fasses quelque chose.*

Entre deux sanglots, elle m'explique que Marc-Olivier a un double des photos et qu'il veut « les balancer sur le Web et tout faire péter », car « personne n'a à lui dicter sa conduite, surtout pas des connards de fachos puritains ». Elle en a parlé à son copain, et aussi à sa mère, et c'est sûr que ça va très mal tourner.

– *Il va nous entraîner dans sa chute*, elle répète, *il va nous entraîner dans sa chute !*

Elle me demande de contacter les policiers et de le leur dire. Ce que je fais dans la seconde. Je repars d'abord à l'appartement ventre à terre, car je n'ai pas la carte sur moi avec le numéro. Elle a complètement raison. Ce connard va nous entraîner dans sa chute. C'est d'une évidence limpide. Il va balancer les photos sur Internet et le cataclysme va se déclencher. Les autres vont devenir maboules. Pris de fureur, leurs représailles seront impitoyables. Ils vont se déchaîner, tout saccager pour trouver les autres photos, et surtout ils viendront fouiller chez Hepner et le pot aux roses sera découvert. Les Visa Gold et le reste. Fini la belle vie, la planque discrète et surtout secrète.

Une fois la carte en main, je repars en courant et, dès que je suis assez loin de la place des Vosges, j'appelle. « C'est Gaston, vous savez, on s'est vus hier à propos du problème de *Dirt.* » Au bout, le type – c'est Ça-va-pas-être-possible – ne voit pas de quoi il s'agit. J'insiste. « Mais si, les photos de Cannes ! »

Là, il dit « *Ah oui, qui y a-t-il ?* ». Je l'informe de la situation : « Marc-Olivier a fait des doubles, je viens de l'apprendre, il veut tout faire péter sur le Net. » Silence au bout du fil, puis il demande : « *Tu es où ?* »

– Dans le métro. Pas loin d'Opéra.

– Lequel d'opéra, Opéra Opéra ou Opéra Bastille ?

– Opéra Opéra.

– Les photos sont où ?

– Je ne sais pas. C'est son assistante qui vient de m'appeler pour que je vous contacte, elle a peur que ça tourne mal.

– *OK*, il dit, d'une voix calme. *Je te récupère devant les marches dans dix minutes, entre-temps tu la rappelles et tu localises les photos.*

– D'accord, je réponds, je m'en occupe.

Cinq minutes plus tard, je suis sur les marches de l'Opéra. D'après Vassilia, les photos sont sur un disque dur, caché dans ce que Marc-Olivier appelle son pied-à-terre, c'est-à-dire le studio où il baise les mannequins après les séances de photos sans que sa femme soit au courant. Les autres arrivent par le sens interdit, à fond. Je monte dans la voiture. Pas besoin de ma super intuition pour voir à quoi pense En-Retrait. « *C'est fait, problème réglé. Non, je ne crois pas que cela sortira.* » Quelle blague ! D'après ce que j'en sais, la zone de pouvoir d'où viennent les ordres n'est pas réputée pour son empathie envers l'échec. Si les photos sortaient, la copine intime de la Présidente avec le gode en or et le masque à demi tombé laissant apparaître son joli visage, avec en prime l'autre con en train de raconter qu'il a été menacé par des sbires envoyés directement par Le Très-Haut et, cerise sur le gâteau, le chanteur – qui au passage a soutenu les Plus Hautes Zones lors de la campagne électorale – se pignolant joyeusement bord cadre, tout cela sonnerait comme un glas funèbre.

Je donne l'adresse obtenue via Vassilia, et la voiture part en crissant des pneus, pendant qu'En-Retrait dit dans son téléphone « Tu peux me localiser un numéro ? Oui, la fiotte de l'autre jour », et il ajoute « J'aurais besoin de personnel rapidement », en donnant l'adresse, 52 rue Montorgueil. Il raccroche. Quatre minutes plus tard, son portable résonne. « Ça confirme l'info en notre possession. D'accord, oui, devant avec une voiture. » D'après la localisation, Marc-Olivier est bien rue Montorgueil. L'ennui, c'est que la rue est piétonne. On ne peut y entrer que pour une livraison, le matin, ou alors il faut avoir un badge de résident, ce qui n'est pas notre cas. Ça-va-pas-être-possible hurle « Police » dans l'interphone, sans succès, si bien que nous laissons la voiture de l'autre côté des bornes, mais une voiture pie arrive et nous prend à partie, déclenchant les foudres d'En-Retrait qui insulte les pauvres gardiens de la paix et se fait ouvrir les bornes illico. Nous remontons dans la voiture et descendons la rue en essayant de n'écraser personne. L'accès du 52 est bien évidemment interdit à ceux qui n'ont pas la chance d'être en possession du bon code, ce qui achève de rendre maboul En-Retrait.

Vassilia, que j'ai convoquée sur place, arrive sur ces entrefaites. Elle se mord la main tellement elle pleure, dit qu'elle ne l'a pas non plus, qu'elle n'est venue qu'une fois, quand Marc-Olivier l'a embauchée, que d'ailleurs il l'avait sautée et qu'elle peut porter plainte pour viol, mais que le disque dur est petit et noir, ça, elle en est sûre. Quand En-Retrait demande si elle se sent capable de monter avec lui pour que Marc-Olivier ouvre la porte, elle gémit qu'elle n'y arrivera pas et commence quasiment une crise d'hystérie, ce qui déconcerte Ça-va-pas-être-possible. Le « personnel » demandé par En-Retrait arrive. Une Espace avec des vitres fumées et des malabars. La porte reste toujours close. Finalement, quelqu'un sort. Ce n'est pas Marc-Olivier, mais une jeune femme qu'En-Retrait toise d'un air suspicieux avant de faire un signe pour qu'on l'interpelle, au cas où elle aurait les photos, ce que je trouve exagéré. En-Retrait disparaît dans l'immeuble. Nous allons attendre au café.

– Je suis dégoûtée de la *life*, pleurniche Vassilia. Dégoûtée de la *life*.

La fille que le « personnel » a interpellée fait un scandale. Elle sort une carte de presse. Quelques instants plus tard, En-Retrait réapparaît, il tient le disque dur à la main. Marc-Olivier a les menottes. Il est enfourné dans la voiture du « personnel », qui démarre promptement en direction, probablement, de la question, étape intermédiaire avant les douves sombres, les oubliettes, le cachot sinistre où ils vont l'achever en le faisant rôtir à petit feu. En-Retrait nous fait signe de le rejoindre, nous allons assister à l'interrogatoire, il veut que Vassilia soit là, au cas où un détail – une photo – échapperait à sa sagacité. Nous repartons donc pour les bureaux du cauchemar.

– C'était moins une, la pute avait des clichés sur une clef USB.

La paranoïa d'En-Retrait se révèle donc payante. La jeune femme, à qui j'aurais donné le bon Dieu sans confession, était bien une agente à la solde de l'ennemi. Dans très peu de temps, nous apprendrons qu'elle est venue physiquement chercher les photos – ce qui nous a sauvés (je dis « nous » car il va de soi qu'en cas de cata j'étais cuit aussi) – car Marc-Olivier n'est pas arrivé à se connecter à sa Livebox – peut-être a-t-il appelé le service technique des faux gens aux réponses préétablies ? – et puis il a eu peur que ses e-mails soient « écoutés ». Nous suivons son interrogatoire quasiment en direct, à travers une glace sans tain et avec des micros qui nous répercutent le son de ses phrases, maintenant tremblantes d'affolement. À chaque réponse, En-Retrait interroge du regard Vassilia, pour savoir si cela semble vrai, plausible, cohérent, et Vassilia finit par dire « Je crois qu'il se rend compte qu'il a fait une grosse connerie et qu'il est allé trop loin, c'est un peu comme un enfant ». En-Retrait opine, l'air de n'en avoir rien à foutre, prêt à le découper jusqu'au dernier centimètre cube pour être sûr que toute menace est évacuée. De son côté, Ça-va-pas-être-possible s'est chargé de la jeune journaliste, qui donne du fil à retordre car on ne peut pas vraiment lui reprocher quoi que ce soit, et elle risque de faire un foin de tous les diables en expliquant ce qui s'est passé. Heureusement, elle est free-lance, donc plus vulnérable. Ça-va-pas-être-possible lui met carrément le marché en main : soit elle la boucle et elle peut gagner dans l'affaire un coup de pouce pour une rédaction, voire une chaîne de télé, soit elle joue à la conne et ce serait dommage pour tout le monde. Malheureusement, la fille est intègre, ce que je trouve louable et courageux, mais ça ne fait pas l'affaire d'En-Retrait. Finalement, il la fait fouiller, elle a une barrette de cannabis sur elle. Devant la menace d'une incarcération immédiate, elle flanche et déclare forfait. Elle ne dira rien et laissera tomber. De toute façon, elle n'est pas journaliste people, mais l'histoire l'intéressait pour la manière dont les zones de pouvoir s'immiscent dans la vie civile. En-Retrait a l'air d'en avoir ras le bol. L'affaire étant sur le point de se conclure – il n'y a plus que des détails à régler, mais cette fois toutes les images compromettantes sont bel et bien en lieu sûr –, un spécialiste analyse l'ordi, le disque dur externe et le téléphone, pour voir si des photos ont été transférées, mais a priori non. Nous avons le droit de prendre congé.

Je repars avec Vassilia. Sur le pas de la porte, En-Retrait me fait signe.

– T'as eu le bon réflexe, je m'en souviendrai.

– C'est rien, je fais, c'était idiot, l'affaire était à l'eau, pourquoi provoquer des ennuis à tout le monde ?

– Reste sur le même portable et on te contacte bientôt.

Je trouve qu'il a le même genre d'air que Hepner. Militaire, vaguement James Bond, mais un James Bond fonctionnaire.

– Et Marc-Olivier, je redemande. Il va lui arriver quoi ?

Cette fois, la réponse est sans appel.

– Il va être broyé.

– Contrôle fiscal. Inspection du travail. Mise en examen pour chantage aggravé. Détention de stups (ils ont trouvé la coke de Mouss dans son attaché-case). Demain il est à Fleury, confirme Ça-va-pas-être-possible.

Il n'y a personne pour nous raccompagner. Je vois donc où nous étions. En haut de la rue Saint-Denis, dans une cour dissimulée par deux portails. Qui se douterait qu'il y a, presque au vu et au su de tous, mais invisible pour le quidam moyen, des nids d'espions à deux pas des Grands Boulevards ? Vassilia téléphone à sa mère pour la rassurer. Elle flippe car si Marc-Olivier va en prison, il ne pourra pas la licencier, et donc elle ne pourra pas prétendre au chômage. Heureusement, elle sait où est le cash qui reste des cheiks. Dans le coffre au bureau. Chevaleresquement, je propose d'aller le récupérer. D'après elle, il reste plusieurs dizaines de milliers d'euros. Nous fonçons. Il est peu probable que les autres hurluberlus aillent là-bas maintenant, mais on ne sait jamais. Quant à

Marc-Olivier, quand il ressortira, il pensera que c'est eux qui l'ont volé.

– De toute façon, conclut Vassilia, tout ça c'est de sa faute. S'il s'était moins pris pour un kéké, on n'en serait pas là.

Nous explorons les bureaux comme des cambrioleurs, sans allumer la lumière, jusqu'au coffre dont Vassilia connaît la combinaison. Il y a moins que prévu. Marc-Olivier a dû taper dedans, mais il reste environ douze mille euros. Dans la foulée, nous baisons contre le coffre. « J'ai eu tellement les boules, répète Vassilia, avant de jouir avec des petits cris lascifs qui me mettent dans tous mes états. J'ai eu tellement les boules. »

Quand je rentre à Hepner home, j'ai la tête qui tourne. Ma vie est-elle épique ? Oui, il me semble.

(La complexité des trames)

Malgré tout, les jours suivants, je flotte dans le Monde-de-l'Angoisse-et-de-la-Peur, tant cette histoire m'a bouleversé. Je reste sur le grand lit, à réfléchir, à soupeser mes choix et leurs conséquences comme me l'a appris Hepner, à placer les choses dans une perspective philosophique en essayant d'analyser ce qu'est exactement ma vie et ce à quoi elle peut ressembler. La porte qui s'ouvre paraît brusquement moins flamboyante, plus risquée que je ne l'avais cru. Je fais plusieurs exercices d'H+ notamment celui qui consiste à se repasser les événements un à un, sans les juger, mais en les analysant, et à essayer de comprendre le moteur de chaque action et son imbrication dans les principes de causalité. Lorsque je le fais, un mot survient – c'est la caractéristique de l'exercice d'H+ de susciter des mots génériques synthétisant l'état ou la situation : AVIDITÉ !

L'avidité de Marc-Olivier, celle de Patricia, de Bruno, de Destiny, celle de Vassilia devant le coffre, la mienne. C'est l'avidité de Marc-Olivier qui l'a perdu, et aussi son ARROGANCE, et je me suis associé à cette dérive. Je l'ai même encouragée en y participant. Ma conduite dans cette affaire n'a pas été au plus près d'une véritable communion avec un esprit positif et généreux – avoir un esprit positif et généreux est la clef de tout l'enseignement de Hepner. C'est certainement cela, la coloration NÉGATIVE et AVIDE avec laquelle Marc-Olivier a animé son opération – qui somme toute n'était pas en soi répréhensible – et qui l'a conduit à la faillite. Dorénavant, je vais devoir me montrer plus circonspect dans mes entreprises, veiller à ne pas me commettre avec des personnes animées de mauvaises intentions, susceptibles de générer de mauvais karmas. En même temps, quand je me dis ça, je me fais la réflexion que ce n'est pas évident, parce que beaucoup de gens sont dans l'AVIDITÉ, qu'il est difficile de faire autrement, surtout avec le passage à l'euro, où tous les marchands y sont allés à cœur joie avec les augmentations, même si les médias disent le contraire. Plus la crise, où les pauvres ont pu constater à quel point les riches se moquent d'eux. Et puis c'est quand même un sacré coup de malchance qu'une copine de la Présidente soit venue s'amuser devant mon appareil photo.

Ces considérations ne sont pas en soi d'une grande originalité, mais à force de les ressasser, de refaire des exercices d'H+ avec les sons binauraux relaxants, je finis par me calmer et par sortir du Monde-de-l'Angoisse-et-de-la-Peur. Alors se forge plus que jamais une nouvelle conviction : ma vocation à réaliser une œuvre qui embellisse le monde, qui en témoigne et qui soit une nouvelle façon pour moi d'exister dans la vie civile, sans risque qu'on vienne me repasser les menottes ou me menacer de m'envoyer dans un bagne ignoble. Et l'argent me paraît plus que jamais un bon sujet. Une façon de concrétiser mon lien avec la société.

En tant qu'ancien chef d'entreprise, j'ai une parfaite légitimité pour le traiter, reste maintenant à savoir quelle forme je vais donner à ma pulsion artistique. Là encore, il va m'être nécessaire de réfléchir en amont, pour analyser ce que je veux faire passer dans mon message – toute œuvre délivre un message –, le style que je vais adopter et les moyens que je vais me donner.

Pour cela, je m'inscris à un séminaire sur le rôle et la fonction de l'artiste dans la société d'aujourd'hui, dont l'invitation par e-mail est passée sur Facebook. Je prends aussi des renseignements sur la BnF, car j'ai vu que Hepner y allait souvent pour ses recherches, et cela me semble une bonne chose de s'appuyer sur une solide documentation. Bien sûr, je pourrais piocher dans la bibliothèque de l'appartement, qui regorge de livres d'économie, mais ce n'est pas exactement ce que je cherche, mon sujet est plus large que l'économie, laquelle me paraît trop compliquée en soi, en plus ce sont des livres qui tournent tous autour du même sujet : comment modéliser les fluctuations monétaires ? C'est le thème majeur des bouquins de Hepner, avec des ouvrages ésotériques sur l'hypnose, sur les hallucinogènes et leur emploi aux quatre coins du monde. Et puis aller à la BnF est sérieux, cela crédibilisera mon travail.

(La chaleur du corps de l'amour)

– C'est une bonne idée, commente Anne Carruthers, avec qui je dîne à l'occasion de nos retrouvailles.

Elle a beaucoup réfléchi à notre relation et a finalement accepté de me revoir. Elle est certainement attirée par ce que je représente, cette face sombre du monde qui la fascine mais qu'elle s'est donné pour mission de sauver. Vu qu'elle en a conscience, pourquoi se priver d'un échange qui lui procure de la joie et du plaisir ? Je tombe d'accord avec elle, quoique je ne voie pas très bien quel côté sombre je peux représenter.

– Ce n'est pas parce que tu m'as connu dans des circonstances difficiles qu'il faut que tu m'associes à quelque chose de négatif, je plaide. Tu vois bien que je suis dans une dynamique positive.

Elle en convient, c'est d'ailleurs pour cette raison qu'elle me voit. Si j'étais vraiment un méchant, cela ne fonctionnerait pas. Nous parlons de l'affaire de Cannes, que je lui raconte de long en large. C'est important pour moi d'en parler. Hepner m'a expliqué à quel point le fait de pouvoir verbaliser les choses peut se montrer thérapeutique, que c'est pour cette raison que la confession ou la psychanalyse ont été inventées, et je détaille toute l'affaire, qui laisse mon interlocutrice pantoise. Mes aventures prennent un tour exotique pour le coup bien trop éloigné de son univers. Elle ne cesse de répéter « Mais enfin, Gaston, c'est un film ce que tu me racontes, c'est un véritable film ! ». Si bien qu'à la fin j'abrège, je glisse sur le dérapage suicidaire de Marc-Olivier, sur le fait qu'il va bientôt être broyé et que je vais devenir espion. Je dis juste « Tout est bien qui finit bien », que je suis dehors car on a vu que je ne faisais rien de mal, juste prendre des photos, ce qui n'est quand même pas un crime majeur.

Nous passons la nuit ensemble, dans un hôtel de charme en plein Paris, déniché sur Internet, Nuitd'amoureux.com. Anne Carruthers est de plus en plus enthousiaste, charnellement parlant, et c'est vraiment sympa, mais cela m'inquiète, je ne voudrais pas qu'elle s'illusionne dans le Monde-de-la-Passion avec moi, ce serait une mauvaise idée. Je le lui dis, et comme nous ne sommes pas chez moi, elle se met à flipper, à suspecter que je vis avec une femme, alors je lui explique plus ou moins la vérité, que quelqu'un m'a donné un appartement mais que j'ai juré de ne jamais y emmener personne, et elle me croit. « De toute façon, tu es si rocambolesque, si différent de mon maître nageur. » Nous refaisons l'amour, et moi aussi je me demande si je ne commence pas à avoir un faible, et c'est ennuyeux, car si je deviens espion, par exemple, je ne suis pas sûr que cela soit compatible. Avant de s'endormir, elle veut savoir si j'ai jamais eu envie d'avoir des enfants, ce qui nous ramène sur le passé et ma vie avec Marie-Pierre.

– En ce moment, je suis surtout dans un questionnement philosophique par rapport à mon projet artistique, j'explique. C'est trop tôt pour penser à des enfants. Pas après ce que je viens de vivre.

Nous nous endormons nichés l'un contre l'autre. Au bout d'un moment, je suis obligé de me décoller, j'ai trop chaud. J'essaie d'imaginer mes enfants, si j'en avais. Il se passe alors quelque chose de terrible : je n'y arrive pas. C'est une image impossible à obtenir. Pour finir, je sombre dans un demi-sommeil, et rêve de pétrole et d'or.

(Les escaliers contrefaits)

Le séminaire sur l'art a lieu dans une salle à côté des Halles. Il y a pas mal de monde, une petite cinquantaine de personnes. Le débat est animé par plusieurs spécialistes juchés sur une estrade décorée de faux escaliers – probablement l'allégorie de la difficulté de créer. Questions-réponses, commentaires des animateurs et interventions du public – des artistes ou des gens qui, comme moi, sont en train de le devenir. Il y a une personne qui travaille dans une usine de yaourts et fait des collages. Une autre qui est vigile. Plusieurs chômeurs. Des chanteurs. Des gens qui écrivent mais ne sont pas encore publiés. « Qu'est-ce que l'art ? Qui est l'artiste ? » demande l'animateur. C'est pour essayer de mieux cerner ces questions que nous sommes là ce soir. Le débat s'ouvre par une première question.

– Vous dites : qui est l'artiste ? Mais l'artiste doit-il forcément être quelqu'un ?

– Cela dépend de votre investissement dans l'Autre.

– Par exemple, moi, je peins, mais quand je peins, je sens que c'est ma peinture qui peint et que moi, finalement, je ne suis pas forcément là.

– Moi, ça ne me fait pas du tout pareil quand j'écris. C'est au contraire mon Moi que je ressens comme étant agissant dans le mécanisme créatif.

– Oui, mais ton Moi peut être là sans que toi tu sois là.

– C'est toute la question de l'inspiration. Est-ce la grâce qui nous touche, ou nous qui avons la grâce ?

– Il y a aussi une théâtralisation de l'artiste en tant que représentant de son art.

– Surtout avec les médias.

– En même temps, on n'est pas obligé de jouer ce jeu-là, moi je fais de la sculpture sur poterie depuis quinze ans, je n'ai jamais accepté d'entrer dans la spirale de la médiatisation, alors que j'aurais pu, et cela n'affecte en rien ma création. Je dirais même au contraire, au contraire.

– Mais si on se met sur Facebook, c'est aussi comme de la représentation ? Parce que si on fait quelque chose, c'est pour que cela soit vu.

– Bien sûr, mais il y aussi MySpace. Depuis que j'ai mes dessins dessus, j'ai plein de liens.

– Justement, la question que vous posez, avec l'irruption des nouveaux supports, n'est pas anodine.

Je suis dubitatif. Ils sont manifestement dans le Monde-de-la-Nébuleuse-Perplexité. Ce n'est pas ce à quoi je m'attendais. Quelqu'un se lève, une fille qui a l'air originale parce qu'elle a un chapeau avec des oiseaux en plastique dessus. Elle dit : « La neige est cannibale. » D'une voix douce mais comme une évidence. Et tout le monde se tait. Un des spécialistes la regarde avec concentration. Je suppose qu'il essaie de trouver une réplique intelligente, mais ça ne vient pas. Elle continue et raconte que sa grand-mère peignait au début du XXe siècle, qu'il y avait à l'époque des salons déterminant qui était *in* et qui était *out*, et qu'elle n'y était jamais invitée parce que les sélectionneurs de l'époque l'avaient dans le nez ou trouvaient qu'elle ne correspondait pas aux canons en vigueur. Alors elle s'est mise à les peindre, en mettant tellement d'énergie psychique dans son *geste* – pour dire « geste », elle emprunte un soupçon d'accent exotique – qu'une partie d'eux-mêmes s'était mélangée aux pigments et s'était collée à la toile. Ce qui fait que lorsqu'elle avait hérité des tableaux de sa grand-mère, elle avait reçu comme une toile d'araignée de gens : les descendants des Peints – c'est ainsi qu'elle les nomme – peuplent maintenant tout son entourage.

– C'est-à-dire ? demande un spécialiste.

– Eh bien, mon copain, mon amant, mes amis, tous sont les descendants des Peints. Je m'en suis aperçue sur Facebook, quand ils ont été réunis dans ma liste d'amis. Cela m'a sauté aux yeux. Croyez-moi, c'est une expérience des plus curieuses.

– Incroyable… dit un autre spécialiste.

– Je sais que c'est difficile à avaler, mais c'est pourtant la vérité. Vous pouvez regarder sur ma page.

– Et c'est quoi la question que tu voulais poser ? demande celui qui travaille dans une usine de yaourts.

– Ce n'est pas vraiment une question, c'est plutôt que je ne sais pas comment faire, parce que je veux peindre aussi. Mais si je repeins les mêmes portraits, est-ce que ça va faire pareil et qu'à la fin, on va être comme de la pâte à modeler qui se remet en forme tout le temps ? J'ai vu une fois un dessin animé qui racontait ça, la boule sculptait des formes puis les ravalait, entre-temps un peintre les peignait et ça recommençait sans cesse, en s'entremêlant.

L'assemblée reste coite.

– Et si tu mets leur identité sur les tableaux et que tu les leur donnes ensuite, ça n'annulerait pas le processus ? propose le vigile.

Nous concluons là-dessus. Le débat se poursuit mollement et dévie assez vite sur la difficulté de se faire publier, exposer, produire… ce qui m'amène assez rapidement à penser que, comme partout, il y a différentes catégories d'artistes, ceux qui réussissent et ceux qui ont plus de mal. Les choses sont exactement les mêmes pour les chefs d'entreprise, il y a le haut de la pile et le fond du panier, et évidemment, je préférerais faire partie de la première catégorie, si bien qu'à la pause, quand tout le monde sort fumer une cigarette, je m'éclipse discrètement. La fille avec les oiseaux sur le chapeau part aussi. J'en profite pour l'aborder. Je lui demande ce qu'elle compte faire et elle ne sait pas trop, elle essaie de réfléchir sur la manière dont elle peint, dans son *geste*, car tout est là. Je pense à Daphné et ses poupées.

– Ah, elle fait, intéressée. Mais c'est avec des figurines, pas avec de la peinture ?

– Non, mais elles mettent aussi des… enfin, elles ont des mélanges bizarres.

Dans la foulée, je lui demande son téléphone. Elle rit, arguant que si je la drague, elle peut me peindre, et je réponds du tac au tac que, justement, comme elle ne m'a pas peint, ça la changera de ce cercle étrange dans lequel elle tourbillonne. Je lui propose de poser pour moi. Elle rit encore.

– Vous voulez que je pose nue avec mon joli chapeau et mes oiseaux en plastique ?

– Pourquoi pas ?

Elle me donne son téléphone. Nous nous quittons à l'entrée du métro, car elle a un rendez-vous avec un Peint qui flippe car un antiquaire demande un prix fou d'un tableau qui le concerne et il a peur de rester bloqué dans la peinture.

(La courbe statique de l'avion ascendant)

Je fonce m'inscrire à la BnF afin de poursuivre mes recherches sur mon sujet, l'argent. L'édifice, qui ressemble à un bâtiment de science-fiction, est composé de quatre tours en angle, balayées par les vents. Il est accessible par des marches qui font penser aux pyramides mexicaines, là où on faisait des sacrifices, et je suppose – en fait c'est Hepner qui m'en a parlé – que c'est de cette manière, en remplaçant l'horreur par de l'histoire et de la connaissance, que le monde essaie d'évoluer.

La déco est très réussie, c'est imposant et parfait, si bien qu'on est tout de suite imprégné du sentiment d'une présence plus importante et plus savante que soi. Je suis très content d'être maintenant dans cette dynamique, en connexion avec ce genre d'ambiance, même si c'est surprenant de me voir devenir chercheur. Ce qui se révèle plus compliqué que je ne l'avais prévu. D'abord, je n'ai pas de carte d'identité. Je n'ai que mon permis de conduire, ou alors le faux passeport de Hepner. Ensuite, si j'ai un justificatif de domicile, je ne peux produire de document attestant que je suis *vraiment* un artiste. Ma bonne foi ne suffit pas. Le préposé à l'inscription est formel. Quelque chose – un contrat, une lettre d'engagement d'une galerie, d'un éditeur – doit attester le sérieux de mes recherches. Je repars donc piteux, coupé dans mon élan créateur, mais bien décidé à régler rapidement ce contretemps. La personne qui peut me venir en aide est Vassilia, parce qu'elle peut avoir accès au papier en-tête de Ballon rouge, qui est éditeur et peut donc me faire un contrat, même bidon, qui me permettra d'accéder au saint des saints et donc de commencer mon œuvre, même si je comprends bien que le fait d'aller à la bibliothèque n'en garantisse pas la réussite. Il faut aussi – Hepner a beaucoup insisté là-dessus – que je développe mon propre regard. Et certainement, comme l'a bien expliqué la fille au chapeau avec les oiseaux en plastique – elle s'appelle Fadiargue, d'origine occitane –, que je travaille mon geste. J'ai l'intuition qu'il s'agit d'un point important.

(Bastille)

Vassilia me donne rendez-vous dans un lounge à Bastille, où un couple d'homosexuelles est en train de se disputer la garde d'une enfant que l'une a portée mais dont l'autre s'est davantage occupée. Celle qui a porté veut aller voir un conciliateur, et l'autre dit « Certainement pas, on ne va pas s'adresser à ces beaufs pour régler nos affaires ». Après un début houleux, la discussion s'apaise et elles en viennent à envisager de vivre à proximité l'une de l'autre pour simplifier les choses, ce qui m'amène à penser qu'il y a toujours une solution à tout si on y met de la bonne volonté.

Là-dessus, Vassilia surgit avec des nouvelles fraîches de Marc-Olivier : il est en prison, sans droit de visite ni courrier. Le bureau est fermé, mais heureusement elle a le papier en-tête dans son ordi et me fait le contrat que je lui demande, comme quoi je suis photographe et écrivain. De son côté, elle a réussi à se bricoler des papiers pour les Assedic. De toute façon, là où est Marc-Olivier, cela ne lui fait ni chaud ni froid. Comme elle voit que je tique – après tout, il est quand même en prison et nous dehors – elle ajoute qu'en tout cas cela ne change rien à sa situation.

On discute de choses et d'autres. Elle pense profiter de son licenciement et de l'argent du coffre pour suivre une formation de graphiste, c'est ce qu'elle voulait au départ, avant que Marc-Olivier ne l'embauche.

– Mais il y a tellement de chômage, franchement je suis larguée.

Je lui conseille de faire des exercices de pensées positives et de garder un moral de gagnant, car c'est cela l'important, avoir confiance en soi. Si on cultive cette qualité, on est certain de réussir.

– Pas toujours, elle rigole, regarde Marc-Olivier, ça n'a pas franchement été la gloire.

– C'est différent, il est mégalomane.

En traversant la place de la Bastille, je récupère un gratuit. En une, un nouveau meurtre de banquier, encore une fois dans une mise en scène scabreuse rappelant certaines installations d'art contemporain. Personne ne comprend de quoi il s'agit. Il n'y a pas de revendication. On commence à parler d'un serial-killer qui vengerait la classe laborieuse. C'est du moins l'hypothèse d'un spécialiste interrogé : « Par ces meurtres, il pense faire expier à notre société ses inégalités et l'abus de la classe dirigeante. »

Je passe les jours suivants à régler mon problème de carte d'identité avec l'aide d'Anne Carruthers qui m'épaule dans cette épreuve. Je crains un moment que l'attestation de Hepner ne suffise pas. Mais en fait ça va, quelques jours plus tard j'ai une CNI véritable, un passeport et même un nouveau permis de conduire, ce qui me permet de m'inscrire à la BnF et de commencer à explorer plus avant mon sujet : l'argent.

(BnF)

– Ah, fait la bibliothécaire, l'ennui, c'est que c'est vaste ! Vous n'avez pas quelque chose de plus précis ?

Je lui explique ce que j'ai en tête. Un travail photographique sur… l'argent. Elle hoche la tête longuement. Selon la procédure, il faut commander les livres, qui sont ensuite sélectionnés dans des réserves, puis acheminés au moyen de je ne sais quel stratagème perfectionné, jusqu'à une sorte d'étagère où on les récupérera grâce à un numéro. Je ne sais pas si c'est l'ambiance, la femme qui me parle avec une certaine condescendance, mais je me sens oppressé, j'ai chaud, j'ai du mal à trouver mes mots.

– Non, je dis, l'argent, c'est vraiment le cœur de ma recherche.

– Vous pourriez peut-être commencer par l'histoire, tout simplement.

– Très bonne idée, connaître l'histoire, c'est déjà un début de maîtrise du sujet.

Sur l'écran, il y a plusieurs milliers d'occurrences. Elle me sélectionne une histoire de l'argent, avec un autre livre sur sa représentation. J'apprends ainsi que le mot « argent » viendrait du sanskrit et signifierait « brillant », que l'argent est bactéricide, raison pour laquelle on donnait aux enfants des couverts en argent – d'où l'expression « naître avec une petite cuillère en argent dans la bouche ». Mais cela ne fait malgré tout pas mon affaire, car je cherche moins des détails techniques que l'*essence* même de ce qui est considéré de façon incontestée comme le dieu du monde. Même par moi et malgré le fait que je sois devenu artiste. C'est bel et bien l'argent qui domine tout et il faut se prosterner aussi souvent qu'on le peut devant lui sous peine de voir son regard bienveillant se détourner de nous. Je suis obligé d'interrompre mon exploration, car j'ai rendez-vous avec Bruno, qui me casse les pieds d'une façon difficilement concevable. Il m'envoie texto sur texto, me laisse des messages, et comme je crains de sa part un mouvement inconsidéré – on ne sait jamais –, j'ai accepté de le voir. Je ressors de la bibliothèque après avoir passé les portillons automatiques, escaladé les escalators et fait un sourire au vigile qui m'a fouillé à l'entrée. Peut-être, somme toute, Dieu n'est-il pas seulement l'Argent, mais aussi le Savoir, car c'est Lui qui a créé l'argent, et c'est pour cela que cet endroit est si protégé, comme un coffre précieux recélant les trésors du monde.

(Histoire de l'argent)

La discussion avec Bruno est houleuse. Il est dans un état pitoyable. Il a trouvé un acheteur pour la collection mais préférerait me la vendre à moi – ce qui, traduit, veut dire qu'il a zéro acheteur mais qu'il est prêt à me la céder pour une bouchée de coke. Je décline sa proposition, lui disant que je ne saurais pas quoi faire d'un conteneur de godemichés, mais que cela nous a déjà permis à tous les deux de faire une bonne affaire. Il insiste, reparle de s'associer pour mettre des filles en cage au-dessus des tables d'un restaurant, pleurniche, menace de révéler tout ce qu'il sait si je ne l'aide pas. Je lui explique donc que cela n'aurait aucune conséquence, car le mal est fait, le commanditaire est au placard et tout a fini en eau de boudin à cause de sa connerie. Il semble stupéfait.

– Qu'est-ce que tu crois ? j'assène. Lui aussi avait un problème de drogue. Ça lui est monté à la tête. Il a cru qu'il pouvait être le *king* et il a dégringolé au plus bas.

Je lui détaille le truc.

– Une amie des Plus Hautes Zones du Pouvoir, il répète, abasourdi. Avec le gode en or.

– Oui. Et alors qu'on redonnait une chance à ce con, il est reparti en live. Ça a été moins une que je glisse aussi sur le toboggan.

Son visage prend alors un air grave, concentré. Il me met la main sur l'avant-bras et veut savoir s'il peut me demander quelque chose en ami.

– Ça dépend, je réponds, sur la défensive.

– Je crois que je me suis chopé une saloperie. Je n'en ai peut-être plus pour très longtemps. Je voudrais passer une dernière soirée avec Destiny avant de quitter la scène.

J'avoue que je suis sidéré par son culot et, surtout, par son manque d'imagination.

– Combien ? je m'enquiers, résigné.

– Avec cinq mille, je pourrais arriver à la décider.

Je me demande si, en plus d'être drogué, il n'est pas tombé sur la tête. Je lui donne trois cents euros, c'est tout ce que j'ai sur moi, et je file à la salle de sport. J'ai besoin d'éliminer ces mauvaises vibrations. Je fais quarante minutes de cardio, du vélo avec mon iPod sur les oreilles, jusqu'à ce que la bienfaisante sensation de l'effort vienne me détendre le corps et le cerveau, et tranquillement l'image pitoyable de mon ancien ami s'estompe. Je fais ensuite quarante minutes de muscu pour me retonifier et conjurer cette dynamique de l'abîme qui pourrait être contagieuse. C'est ainsi que, dans la soirée, se précise la lumineuse idée qui va venir structurer mon exposition. Elle découle d'un raisonnement simple, comme toutes les bonnes idées, d'une évidence limpide. Sitôt qu'elle prend forme dans mon esprit, j'ai la certitude de tenir un truc génial. Je passe donc une partie de la nuit éveillé, à imaginer la façon dont je vais gérer le succès. La manière dont je vais doser la com. La pub. Peut-être d'ailleurs demanderai-je à Vassilia de superviser l'opération, encore qu'il ne soit pas certain qu'elle ait les reins suffisamment solides. Il s'agit d'une mise en perspective de l'idée de l'argent, lequel est un concept sain, une façon élégante d'échanger par le biais d'une interface matérialisant l'énergie. Grâce à l'argent, tout est possible, tout est accessible à tout le monde, tant qu'il y a un vendeur et un acheteur. C'est un concept merveilleux et extrêmement astucieux. Or, aujourd'hui, l'argent véhicule une image négative. Il évoque quelque chose de sale. De mauvais. Pour l'argent, les gens commettent des bassesses. Il faut donc montrer qu'il est bel et bien mu par une dynamique positive. Je vais photographier des filles nues, symboles de beauté, entourées par un code-barres au format billets de banque. Impact maximal. Les filles nues emportent toujours l'adhésion.

Je passe plusieurs jours à peaufiner cette superbe inspiration. Je vais au Sofa bar, qui donne fiesta sur fiesta – convives toujours aussi rigolos, ambiance du tonnerre. Je bois plein d'infusions qui font rêver, et je pense que cela accroît ma vision créatrice, qui se précise de plus en plus. Je visualise très bien les positions que je vais demander à mes mannequins de prendre, les costumes et les décors dans lesquels je vais réaliser mes photos. Pour cela, je m'aide des livres d'art qu'il y a chez Hepner et des revues de mode et de design ultra branchées qui traînent au Sofa bar. Paranoïd Daisy suit la progression de mon travail avec intérêt. Je ne lui ai pas encore dit exactement de quoi il s'agissait. J'attends d'être plus avancé, mais, à la manière dont je prépare mon affaire, elle se rend bien compte que c'est top.

Le quartier est rempli de figurants en costume d'époque qui déambulent ici et là. Il fait beau. C'est le début de l'été, les filles sont en jupe et j'ai plusieurs rancards en vue. J'ai fait mes comptes, et somme toute, j'ai de quoi voir venir un certain temps. La seule inconnue est le montant de ce qu'il reste sur les comptes de Hepner que je débite avec les cartes de crédit. L'une d'elles, parvenue en fin de validité, a été reconduite d'office et m'a été envoyée par la poste. Curieux de savoir pourquoi, je me suis penché sur la question. En épluchant les relevés, il apparaît que les comptes courants ne sont pas très fournis mais reçoivent régulièrement des virements, lesquels – c'est une supposition mais je la pense cohérente – doivent être approvisionnés grâce aux intérêts d'autres comptes où Hepner a placé de l'argent. Cela devrait me mettre à l'abri pour un certain temps, mais mieux vaut être prudent. Il est préférable que je m'appuie sur mes propres forces, au cas où la manne hepnerienne finirait par se tarir, ou qu'un problème inopiné surgisse. Le seul nuage à l'horizon, en ce tranquille début d'été, ce sont les migraines dont je souffre régulièrement, associées, semble-t-il, aux rêves d'or et d'argent que je fais de façon récurrente. Parfois, j'ai des flashes de réminiscences liées apparemment à nos séances avec Hepner, dans la chapelle de la prison. Pourtant, impossible de reconstituer le moindre souvenir précis, si ce n'est l'odeur et la fumée de l'encens, la musique et la voix de Hepner, et les exercices de visualisation qu'il me demandait de faire : descendre en pensée un escalier, le remonter, visiter des pièces, observer des séries de chiffres, puis être capable de les réciter d'une traite le lendemain sans les avoir apprises par cœur, comme si elles étaient gravées en moi.

Un jour que je suis sur le pont de concrétiser mon exposition – enfin, plus exactement, de mettre en chantier la première prise de vue pour laquelle j'ai abordé plusieurs filles qui sont a priori partantes, vu qu'elles ont senti à quel point le projet était sérieux

–, ma migraine est si forte que je fais un malaise. Ça m'arrive brusquement, en sortant de la salle de sport. Je m'évanouis et les pompiers me viennent en secours. Je suis transporté à l'Hôtel-Dieu. Commence alors un véritable périple administratif, car je n'ai pas de Sécu. Je ne me suis pas occupé d'en régler les formalités en sortant de prison. Comme pour mes papiers, je ne me suis pas préoccupé de faire valoir mes droits auprès de la Sécurité sociale. Droits auxquels je peux pourtant prétendre : Anne Carruthers, que j'ai aussitôt appelée à la rescousse, me l'a confirmé. Alors que je sors de l'hôpital – l'interne a parlé d'un malaise dû au surmenage, car je lui ai expliqué que je préparais une exposition – avec une liste d'examens à effectuer dans les jours prochains, elle prend en main le problème, ce qui nous place dans une situation équivoque. Le rôle qu'elle joue soudain – après les papiers, la Sécu – lui confère un statut particulier, nous nous en rendons compte tous les deux, et lorsque le soir nous dînons au Costes, là où j'avais retrouvé Mouss quand il m'avait vendu les cent grammes de coke, nous abordons le sujet avec une certaine gravité. Qu'est-elle exactement pour moi ?

– Parce que, tu comprends, même si on ne se marie pas, je préfère savoir quel espace tu m'accordes dans ta vie.

– Bien sûr, je fais, c'est normal.

Pour sa part, elle reconnaît être amoureuse et avoir pas mal investi.

– Et toi ?

– Moi aussi. Je pense que je ne te vois pas juste pour avoir une AS équilibrée, mais que nous sommes plus proches d'une CAE, même si bien sûr je ne suis pas dans l'AV.

– Et que dissimulent ces mystérieuses abréviations ?

Je le lui explique. Elle paraît complètement stupéfaite par mes définitions de l'amour (ou, pour être exact, celles que m'a transmises Hepner) qui sont pourtant, me semble-t-il, empreintes de pragmatisme et de bon sens. Elle éclate de rire.

– Bon sang, Gaston, je crois que t'es vraiment complètement – elle cherche le mot – atypique – elle secoue la tête –, enfin je suppose que c'est ça qui m'attire chez toi.

Elle veut savoir si j'ai d'autres CAE. Ne voulant pas m'égarer dans le Monde-du-Mensonge-et-de-la-Sournoiserie, je lui dis la vérité, que j'ai eu plusieurs AS, mais qu'elle est ma seule CAE, ce qui est à peu près vrai, même si je ne suis pas complètement sûr qu'elle soit une CAE, elle n'en est en tout cas pas loin.

– Ah, elle fait, t'as d'autres copines…

– Non, je dis, mais j'ai eu d'autres relations physiques.

Elle veut savoir qui, puis se ravise, dit qu'elle est ridicule, qu'après tout il faut qu'elle me prenne comme je suis et que ses enseignements bouddhistes lui apprennent le non-attachement, ensuite elle fait la tête un moment, puis ce petit malaise se dissipe. En sortant du Costes, nous décidons d'aller au bal de l'Élysée Montmartre, une institution dont j'ai souvent entendu parler, très conviviale et conseillée lorsqu'on veut se détendre simplement. Nous nous y amusons comme des petits fous. Nous dansons, reprenons des tubes des années soixante-dix à tue-tête, et quand nous en repartons, à cinq heures du matin, elle se colle contre moi et me dit que, même si nous n'avons qu'une CAE, elle est réussie et que c'est préférable à un AV raté. J'en profite pour tester mon idée d'expo. Elle éclate de rire.

– Mais enfin, Gaston, si tu mets des filles à poil entourées de code-barres, la première chose à laquelle cela fait penser, c'est qu'il s'agit d'une marchandisation de la femme !

Chapitre 7

(La fonction des vinyles)

Je deviens agent secret le lendemain de la Fête de la musique. Il fait un temps radieux. Cela se passe de la façon la plus simple du monde. Ça-va-pas-être-possible me donne rendez-vous à côté des Tuileries, dans un salon de thé de la rue de Rivoli. Nous sommes entourés de personnes âgées. En-Retrait est là aussi, ils doivent fonctionner en binôme, même si En-Retrait semble être le supérieur hiérarchique, le chef d'équipe, ou quelque chose de ce genre. Pour placer l'entretien sur un terrain amical, nous échangeons nos bons souvenirs et nous enquérons de nos relations communes. Cela produit un échange des plus poétiques.

– Il y est toujours. Le juge va le laisser jusqu'à la rentrée.

– Il n'avait qu'à pas faire le con.

– Heureusement que tu nous as prévenus, sinon on était dans le pétrin.

– Et toi, t'as refait des photos depuis ?

– Oui, enfin je prépare une exposition. Mais c'est artistique, rien à voir avec du paparazzisme.

– C'est aussi bien, c'est un milieu pourri.

– Et avec Internet, cela fait une sacrée concurrence.

Cet assaut de civilités accompli, nous passons aux choses sérieuses. Ça-va-pas-être-possible sort une pochette avec des photos. Un homme, une femme et une jeune fille.

– Le père, la mère, la fille.

– Comme les sept familles.

– Tu dois nous faire la totale.

– L'idée, c'est qu'ils font le tour de l'Europe. A priori, pendant que Madame va chez l'esthéticienne, Monsieur s'amuse, quant à Fifille, c'est le délire.

– On veut un tableau très imagé, si tu vois ce que je veux dire.

– Pas de problème, je dis. Et je dois faire le voyage avec eux ?

– Oui. Nous n'intervenons pas. On n'est pas au courant. Tu es un travailleur indépendant, qui cherche un bon sujet pour un journal people américain dont tu as le contact – il prononce « pipol » avec un accent parisien prononcé et me tend une carte de visite au nom de *Guilty*.

– Mais je vais les suivre comment ?

– On te relaie leurs coordonnées en temps réel sur GPS. Il y aura trois points. 1 : c'est Monsieur, 2 : Madame et 3 : la fille.

– En permanence ?

– On les a par satellite.

– Et c'est pour quoi ?

Ils rient.

– Pour un journal à scandale américain. Ni plus, ni moins.

– Tu fais ton travail de paparazzo.

– Payé combien ?

– Tes frais, plus trente mille euros, plus la vente au journal que tu empoches.

– Qui sera ?

– Je peux pas te dire : entre quinze et quarante mille dollars probablement. Ça dépendra de l'intérêt des photos.

Je tique parce que le cours du dollar par rapport à l'euro n'est pas très intéressant.

– Si t'as le papy en train de se faire flûter dans un bordel, pendant que la mère se fait refaire les bigoudis, avec la fille par-dessus qui se cracke, comme t'as eu l'autre chez les huppés, tu peux certainement ramasser le pactole.

– Derrière, c'est quoi ?

Il ne faudrait pas que je me retrouve embringué dans un traquenard qui prenne des proportions incontrôlables, comme avec *Dirt*.

– Des histoires politiques qui te passeraient largement au-dessus de la tête, élude Ça-va-pas-être-possible.

– Quelqu'un qui fait des enculeries et qui va finir par manger sa propre merde, explicite quand même En-Retrait, avec une aisance dans la vulgarité dont je ne l'aurais pas soupçonné.

Ils doivent se rendre compte de mon inquiétude.

– Aucun risque pour toi, me rassure Ça-va-pas-être-possible, c'est des histoires outre-atlantique.

– OK, je dis. Je pars quand et pour où ?

– A priori l'Allemagne. On te dit ça dans les jours qui viennent.

– Pour te déplacer, tu suis le mouvement. Avion, train, voiture de loc, tu ne les lâches pas d'une semelle.

– Il y aura dix mille pour le début de tes frais. On complétera si nécessaire.

– Et pour le paiement, j'ai une avance ?

Ils se regardent.

– Qu'est-ce qui nous garantit que tu ne vas pas te barrer avec ?

Je hausse les épaules.

– Non, ce n'est pas mon genre. Si j'accepte le travail, je le fais. Je suis réglo. J'ai été réglo avec l'autre con. S'il n'avait pas pété les plombs, je le serais resté.

En-Retrait fait un signe d'acquiescement.

– Combien tu veux ?

– La moitié.

Nous convenons du tiers. Pour les frais, je demande si je dois prendre des justifs, ils me disent que non, mais que ça doit rester cohérent, que quelqu'un viendra à la fin de la mission et vérifiera si on est à peu près dans du concevable.

– Ce qui compte, c'est la réussite. Si tu rencontres un problème, tu téléphones tout de suite. Mais si tu n'en rencontres pas, c'est encore mieux.

Il me communique une identité sur Facebook. En cas de pépin, c'est là que je dois envoyer un message.

– Tu sais comment ça marche ?

– Bien sûr, je dis, j'ai même plein d'amis.

– Ah, fait Ça-va-pas-être-possible, moi aussi j'ai retrouvé une copine d'école primaire comme ça.

Nous nous séparons sur cette note de convivialité moderne. Eux, voguant vers d'autres intrigues sombres et compliquées, moi vers le Quartier latin où m'attend Anne Carruthers. Normalement, mes cibles seront à Paris dans les jours prochains, pour un raout mondain. J'y serai invité et Ça-va-pas-être-possible me les y montrera discrètement. Ensuite ce sera à moi de jouer. J'ai aussi rendez-vous le lendemain pour qu'un technicien m'explique le fonctionnement du GPS, et pour récupérer l'argent de mes frais et mon avance. Dans une vitrine, un disque vinyle posé sur une vielle platine tourne sans que personne n'entende rien. Je me demande s'il a une fonction secrète, s'il représente, ne serait-ce que symboliquement, un des cercles étranges sur lequel l'orbite de la Terre se positionne en fonction de nos humeurs et de celles de l'Univers. C'est alors que la mécanique de l'électrophone, peut-être grippée, s'arrête.

(Jack Boudin)

Anne Carruthers et moi allons dîner en amoureux au Fumoir, près du Louvre. Elle me fait remarquer que c'est le genre d'ambiance que j'affectionne. C'est effectivement CCC. Cosy, Classique et Chic. On peut se poser agréablement, la cuisine se veut innovante tout en gardant le bon goût de la tradition. Elle trouve ça plaisant. Nos mains, emmêlées, dessinent un cœur sur la nappe, me rappelant une photo d'art que j'ai vue dans une galerie, il y a quelques jours. Le serveur nous apporte des asperges accompagnées d'une crème de coriandre. Même si elle essaie de ne pas être trop sensible aux signes extérieurs, à la consommation, aux biens matériels, Anne Carruthers avoue ne pas bouder son plaisir. Ça la change de son maître nageur qui était plutôt style bistrot. D'ailleurs, ils ne sortaient pas beaucoup, il était très casanier, ajouté à son problème obsessionnel, ils ne mettaient quasiment plus le nez dehors. Nous décidons de conclure cette charmante soirée par quelques pas au crépuscule. C'est vraiment gênant de ne pouvoir emmener Anne Carruthers à Hepner home, mais enfreindre les consignes me porterait la guigne, si bien que nous prévoyons de dormir une nouvelle fois à l'hôtel, elle suspectant quand même un coup fourré, moi l'assurant qu'il n'y a aucune femme cachée, ni enfant, ni même AS louche. « Je te le jure, je dis. Croix de bois, croix de fer, c'est exactement ce que je t'ai dit, on m'a donné un appartement en prison en me faisant promettre de ne jamais y emmener personne. » Elle se serre contre moi. Je ne lui ai pas encore annoncé mon tour de l'Europe mystérieux – je ne sais pas trop, là non plus, quoi lui expliquer. Le mieux est de dire la vérité, que je vais réaliser un reportage pour un journal américain. Comme je mesure mal le degré de secret que nécessite ma nouvelle fonction, je suis resté évasif pendant le dîner sur mes projets estivaux, alors que la question des vacances est venue sur le tapis : Anne Carruthers n'ayant que deux semaines, qu'elle compte prendre en août, serais-je partant pour les envisager avec elle ? Ou doit-elle prévoir d'aller chez ses parents ? Ou de partir avec une copine ? Même si elle souligne qu'elle n'est absolument pas jalouse et que le fait que j'aie d'autres AS est pour elle une façon de travailler son non-attachement, elle veut quand même savoir si j'ai des projets avec une autre fille.

– Mais non, je te promets que non. Je suis juste sur une grosse affaire de photos dont je ne peux pas encore te parler, car on m'a demandé d'être discret.

Alors que nous sortons du Fumoir, je prends conscience que nous sommes devant Saint-Germain-l'Auxerrois.

– Incroyable, je dis. C'est l'église de *Pardaillan* !

Elle me demande de quoi il s'agit. Je lui explique que c'est un grand feuilleton, lu quand j'étais en centrale, dans le genre des *Trois Mousquetaires*, avec plein d'aventures de cape et d'épée. Le héros, Pardaillan, s'échappe toujours des mauvais coups que lui tendent les spadassins dans le Louvre, en sautant par une fenêtre qui donne sur Saint-Germain-l'Auxerrois, dont la cloche sonne les vêpres. Coup de chance, l'église est ouverte. Nous déambulons à l'intérieur, accompagnés de fantômes vêtus de chausses et de chapeaux à plume, et armés de rapières, quand un couple bizarre attire mon attention.

Deux hommes sont en train de se prendre de bec devant le tronc. Alors que l'un d'eux fait glisser des pièces, l'autre n'a pas l'air d'accord. Je les regarde mieux et...

– Incroyable !! Je les connais, j'étais en prison avec eux.

Le plus grand lève les yeux, sur le qui-vive, comme s'ils étaient en train de commettre un forfait.

– Hé, il s'exclame, c'est le Petit ! Qu'est-ce que tu fabriques ici ?

Retrouvailles. Embrassades. Ce sont deux détenus avec qui j'étais justement en centrale. TVA et Grand Boulevard. Nous nous extasions sur cet heureux coup du sort. « C'est sidérant, je répète bêtement, j'étais justement en train de parler de la détention. » Pas question d'en rester là, bien sûr, ils insistent pour qu'on aille s'en jeter un vite fait, et nous voilà donc partis vers le XIe où TVA doit s'occuper d'une livraison – il a une sacoche en bandoulière qui fait gling-gling. En deux temps trois mouvements, nous sommes embringués dans une cavalcade qui ressemble, *dixit* Anne Carruthers, « à ces films policiers avec Lino Ventura et Jean Gabin qu'on voit sur le câble ». Les deux sont sortis depuis plus longtemps que moi. Avec mon transfert en CDD privilégié, nous nous étions perdus de vue. Je leur raconte que j'ai rencontré le frère de Toss, qu'ils connaissaient également avant qu'il se suicide. En revanche, je n'entre pas trop dans les détails de mes aventures de photographe, ce serait trop compliqué pour eux, trop éloigné de leurs univers. Je dis juste que j'ai repris quelques affaires et que ça roule.

– Et vous ? je demande. Ça se passe bien ?

– Ça va. On se débrouille.

Je veux savoir pourquoi ils se disputaient.

– Il met des pièces dans le tronc.

– Et alors ? C'est tout à son honneur.

– Non, c'est des fausses pièces.

– On a des faux euros, en ce moment. Des pièces de deux. Elles partent comme des petits pains. Personne ne voit la différence.

– Il est devenu croyant en prison, c'est pour ça qu'on était dans l'église, explique Grand Boulevard.

– J'ai eu ma conditionnelle. J'avais dit que si je l'avais je deviendrais croyant. J'aurais pas dû, parce que normalement ils ne la donnent pas deux fois et je l'avais déjà eue sur mon autre peine d'avant.

C'est une bonne raison.

– Mais tu vas à la messe ? je m'enquiers, curieux de cette conversion.

– Non, quand même pas, mais de temps en temps je donne. Comme là on est en fonds avec les euros…

– Où est le problème, alors ?

– Ça peut nous faire repérer, s'emporte Grand Boulevard. Si le curé porte le pet qu'il y a plein de faux euros dans le tronc, ils peuvent faire une enquête. Y a des caméras de surveillance dans l'église, je l'ai vu dans *Zone interdite*, à cause des pillages de statues. Ils vont nous retapisser.

– Mais pas dans celle-là, c'est des fausses statues.

– Depuis quand tu t'y connais en statues ?

– Je ne m'y connais pas en statues, mais si de vraies statues étaient dans l'église, avec tous les voleurs qu'il y a partout, elles seraient déjà volées, c'est mathématique.

C'est presque comme un sketch des *Pieds Nickelés*. Anne Carruthers se mord les lèvres pour ne pas rire. Nous les suivons jusqu'à un bar-tabac à côté de Picpus, qui leur sert à écouler leur marchandise de faussaire : la patronne, complice, rend la monnaie en fausse monnaie.

– On les fait à moitié prix si t'en prends mille. Tu mets un euro, t'en as deux, c'est comme de la magie.

Je décline gentiment leur proposition. La soirée se poursuit dans le bar, aux antipodes de la norme CCC. Derrière le rideau tiré, une quinzaine de personnages, effectivement sortis d'un film noir des années soixante, alcoolisés et tabaïsés au dernier degré, se racontent des histoires de gangsters à ne pas en croire ses oreilles – des trucs sidérants, des histoires de voyous si foireuses qu'elles en deviennent extraordinaires. Quand Anne Carruthers entend qu'il y en a un qui s'appelle Jack Boudin – cela ne s'invente pas –, elle est obligée de cacher derrière un mouchoir une crise de fou rire. Quand nous rentrons à l'hôtel à quatre du matin, elle a encore des quintes de rire. « Non, franchement Gaston, c'est incroyable. Comment tu fais pour connaître des gens pareils ? » Et elle répète « Jack Boudin, Jack Boudin », en gloussant tellement qu'on n'arrive pas à baiser.

(Les surfaces planes)

Mais les meilleures choses ont une fin. Le lendemain, alors que nous petit-déjeunons et que je suis en train de lui expliquer mon départ pour l'Europe – nous avons prévu ensuite de nous faire les musées –, mon téléphone sonne. C'est Ça-va-pas-être-possible. Il y a un changement, les cibles sont en fait aujourd'hui à Paris, au quai d'Orsay, pour la célébration d'un anniversaire lié aux droits de l'homme ou à l'Europe, Ça-va-pas-être-possible ne sait pas très bien. Toujours est-il qu'il m'attend là-bas dare-dare pour me les montrer, après quoi, dans la foulée, on ira voir le technicien pour le GPS, car le périple peut démarrer plus tôt que prévu.

– Il faut que j'y aille, j'annonce, mes contacts sont là, je suis obligé d'y aller maintenant.

– Mais on ne va pas voir les musées ?

– Je suis désolé. C'est les gens pour le truc en Europe, l'opération est avancée.

Je vois qu'elle fait franchement la tête. Du coup, on se quitte d'une manière moins chaleureuse que je ne le souhaiterais, mais je lui dis quand même « Je t'appelle tout à l'heure, peut-être que tu pourrais me rejoindre, à moins que j'aie fini d'ici août… ». Elle part manifestement fâchée, ce que je comprends, et cela me chagrine. Avant de me quitter, elle dit « Ton cœur est comme une surface plane », ce qui m'intrigue. Je n'arrive pas à comprendre ce qu'elle veut me signifier, bien que je m'en doute quand même un peu. Mais je reste positif et je fais l'exercice d'H+ prévu dans ce genre de circonstance, qui consiste à imaginer que des roses sans épines jonchent le sol de celui qui s'en va, que la vie n'est que recommencement et que chaque pas l'embellit de la joie de la rencontre passée et de celle à venir.

Dans le métro, je lui envoie un message où je lui raconte tout ça – après tout, ça doit être proche de ses trucs bouddhiques –, mais comme le texte est long, le texto bugge, puis j'arrive à destination et j'oublie de le lui renvoyer.

(Quai d'Orsay)

– C'est bon, fait Ça-va-pas-être-possible au policier en faction devant le sas où se presse la foule. Il est avec moi.

Je crois que c'est la première fois que j'entre dans un ministère. Le quai d'Orsay jouxte l'Assemblée nationale. C'est un bâtiment imposant, presque un palais, qui a dû abriter au moins des rois et des reines. Nous traversons la cour d'un pas martial. Ça-va-pas-être-possible dit « Je vais te le montrer à travers les portes, c'est pas la peine qu'il puisse t'identifier ». Nous gravissons l'escalier qui mène dans le hall où sont les huissiers et fonçons non pas vers la grande salle à gauche où a lieu le raout, mais derrière, par un couloir, puis un salon avec une table immense entourée de sièges où je suppose que se tiennent des réunions hyper importantes décidant du sort du monde et des nations. Au fond, une porte entrebâillée. Ça-va-pas-être-possible me montre les cibles du doigt. « Le type, c'est celui qui est en costume noir, le grand balèze de presque deux mètres. Sa femme est là, en robe verte, et la fille est avec une copine, les deux nanas, là-bas, en tenues de vamp de la haute. » Je hoche la tête pour bien montrer que rien ne m'a échappé, et il hoche la tête aussi, peut-être impressionné au fond de lui, dans son âme de serviteur de la République, de se trouver dans un lieu si prestigieux, sous un plafond décoré d'anges et de dorures, à deux pas des diplomates et des puissants. Puis, se ressaisissant, revenant à une attitude plus conforme à son personnage d'agent barbouze, il rit et, reprenant à son compte la phrase d'En-Retrait – qui doit être son chef et peut-être son mentor –, il éructe « Il va bientôt manger sa propre merde. Il ne le sait pas encore, mais nous si ! ». Sur cette constatation de la prescience que sa fonction lui donne sur l'irruption d'un imprévu malheureux dans la vie d'autrui, nous repartons vers le hall, non sans faire un tour par le buffet pour y glaner des petits-fours.

(Les angles morts du GPS)

Nous allons ensuite récupérer le GPS dans des ateliers situés au troisième sous-sol d'un parking, dans le VIIIe. Le technicien m'en explique le fonctionnement, qui est très simple, sauf qu'en sous-sol ça ne marche pas, il n'y pas de signal GPS, une vraie bourde en termes d'organisation pour le « labo ». Ils doivent installer une antenne spéciale, mais le crédit n'a pas été débloqué, parce qu'il est question de déménager. Le technicien s'étend auprès de Ça-va-pas-être-possible sur cette question fondamentale, si bien qu'à la fin Ça-va-pas-être-possible le coupe. « Excuse-moi, mais on est pressés. » Et le technicien dit « Oui, je comprends, la technique ne vous intéresse que quand elle vous sert ».

Pour faire la démonstration, nous sommes donc obligés de ressortir. Nos trois points apparaissent. Ils sont toujours au quai d'Orsay, le GPS est formel. Ce n'est évidemment pas un GPS tout à fait comme les autres. Grâce à la technique espionnante, il est possible d'avoir l'itinéraire vers ce point, entre les points, toutes les infos concernant les alentours, les hôtels, les bâtiments divers, les commerces, mais aussi – « ah, ah, bien joué ! » fait Ça-va-pas-être-possible, appréciant en connaisseur – tous les endroits chauds près desquels vont passer les cibles.

– J'ai entré le *Guide des spots hot d'Europe*, c'est le plus à jour sur la question, fait le technicien, en se rengorgeant sous le compliment. D'après ce que j'ai compris, notre ami risque d'en avoir besoin.

Manipuler l'instrument n'est pas très compliqué. En cas de panne, je dois me connecter d'urgence à un site qui le réinitialisera.

– Parfait, je dis. Je devrais pouvoir me débrouiller. Est-ce qu'il ne devrait pas montrer aussi la copine de la fille ?

– Si, réfléchit Ça-va-pas-être-possible, tu as raison, je vais le demander aux Américains.

Avant de me lâcher dans Paris, il me donne la somme convenue.

– À toi de jouer maintenant, grand, la chasse est ouverte, on attend ton appel.

(Dieu est-il bon ?)

Je rentre à Hepner home, dubitatif. Certes, je suis désormais agent secret. Mais après ? À quelle sombre intrigue vais-je me trouver mêlé ? Dans quels desseins et avec quelles conséquences ? Je m'embarque dans un tour de l'Europe pour piéger un Américain pour d'autres Américains. Qui me dit que mes photos ne vont pas provoquer une catastrophe ? Un conflit, par exemple ? Ou une baisse de l'euro ? Ou quelque chose de pire encore que je n'appréhende pas ? Je pense aussi à la Fédération européenne. Hepner m'a expliqué quelle grande idée c'est, le temps qu'il a fallu pour qu'elle s'impose et qu'il faut la défendre coûte que coûte. Si mes photos venaient perturber cet assemblage compliqué, j'en serais très peiné. D'autant qu'en tant qu'ancien chef d'entreprise, et maintenant artiste, j'en éprouve pleinement l'aspect éclairé. L'Europe représente le même élan qu'Internet, le téléphone portable, l'iPod. Toutes ces magnifiques manifestations de la modernité, sans lesquelles la vie serait absolument impossible. Mes photos vont-elles mettre en péril ces progrès ?

Je réfléchis à cette éventualité une bonne demi-heure, puis je me dis que c'est peu probable. D'après le GPS, les cibles sont maintenant dans un restaurant parisien, À l'Ami Louis, spécialiste du foie gras. D'après l'indicateur, il n'y a pas d'endroit hot à proximité, je ne me déplace donc pas vers l'objectif et passe le reste de la soirée à étudier l'angle d'attaque. J'analyse les données. Il va probablement me falloir un deux-roues dans les villes où les cibles vont se poser. Quoique, même s'ils arrivent à filer sans moi, je pourrai toujours prendre le vol suivant.

Ensuite, ne sachant trop quoi faire – Anne Carruthers est sur répondeur et l'habilleuse, qui devait me rappeler, ne l'a pas fait –, je farfouille dans les dossiers de Hepner. Maintenant qu'il est mort, ce n'est pas comme si je commettais une indiscrétion majeure. Et puis s'il m'arrive quelque chose pendant ma mission, j'aurai au moins fait mieux connaissance avec quelqu'un qui, s'il a beaucoup compté pour moi, n'en reste pas moins un étranger. Je trouve quantité de notes sur l'économie, les fluctuations des monnaies, le cours des matières premières, des mises en parallèle avec le flux de l'histoire, des événements. La notion de cycle revient constamment. Sur une des chemises, le titre d'un sujet sur lequel il travaillait : « Dieu est-il bon ? » Sa réponse, catégorique, me surprend. « Non, ce serait antinomique avec notre expérience, Dieu n'est ni bon ni mauvais, c'est avant tout un concept, un élément fédérateur. » Je ne comprends pas ce qu'il veut dire. Si Dieu n'est pas bon, c'est qu'il est mauvais, que c'est un salopard. Et si c'est un salopard, c'est affreux. Sur la page suivante, en gros : « UN POUR TOUS, TOUS POUR UN ». La même devise que sur une photo où Hepner, plus jeune, pose avec deux amis, comme des mousquetaires.

(Des rugissements transparents)

Dieu serait un salopard ? J'en ai mal à la tête. J'ai peur d'avoir de nouveau un malaise, alors je descends au Sofa bar boire une tisane. L'ambiance est comme d'habitude, au plus haut. Tout le monde rigole et fait la java, et cela me change les idées, m'empêche de trop penser à mes nouvelles fonctions d'agent secret et aux conséquences de mes actions sur le cours du monde, le champ politique ou économique, ça me fait oublier que Dieu est mauvais et qu'Anne Carruthers boude, et je discute, je raconte des blagues et tente de convaincre Paranoïd Daisy de coucher avec moi, sans plus de succès que les fois précédentes. Je pense aussi au rêve que j'ai fait, ces gens venaient tous d'autres planètes et leur bonne humeur n'était qu'un déguisement, une feinte pour habiller la noirceur dont ils étaient porteurs. Le camouflage d'ignominies qu'ils avaient commises ailleurs pour se distraire de leur bonheur – *un épisode de la Quatrième Dimension, quand les habitants d'un paradis découvrent le mal avec délectation*. Après plusieurs cocktails, cette idée s'estompe, se dissout dans les rires et les plaisanteries, et je ne vois plus que toutes ces filles si jolies, et la fête qui continue, qui ne s'arrête jamais, la musique et les pitreries.

Quand je remonte à l'appartement, j'ai un long mail d'Anne Carruthers. « *Cher Gaston,* me dit-elle, *j'ai beaucoup réfléchi et je pense que si tu as représenté pour moi une transition nécessaire, il n'est plus de mise aujourd'hui de continuer cette relation. Cela m'a frappée comme une évidence hier soir. Mon hilarité n'était d'ailleurs qu'une manière de réagir à l'absurdité de la situation, tant je me demandais ce que je fabriquais là. Certes, tes amis sont pittoresques et toi-même tu es un personnage tellement rocambolesque, mais quel sens donnes-tu à ta vie ? Quelles sont tes valeurs ? Je t'ai dit que tu étais mon attirance pour la "face sombre" et je crois que c'est vrai. Le sentiment amoureux que j'ai cru éprouver à ton égard n'était en fait motivé que par de mauvaises raisons. Je préfère donc que nous en restions là et n'être pour toi qu'une AS qui a traversé ta vie plutôt qu'une CAE qui risque de finir par te poser des problèmes en attendant plus que tu ne peux donner. Prends soin de toi. Anne.* » Je m'endors sur une impression mitigée, mais c'est peut-être dû aux tisanes du Sofa bar.

(Les Reptiliens)

Je m'envole le lendemain pour Amsterdam en compagnie des cibles, qui voyagent en bizness. Je n'ai pas lâché le GPS des yeux – et bien m'en a pris, car de cette façon j'ai pu réagir promptement et les filer jusqu'à Charles-de-Gaulle – et coup de chance, il restait des places en liste d'attente, j'ai donc pu prendre le même vol qu'eux et les pister, tel un fin limier, sans qu'ils se doutent de quoi que ce soit. J'ai passé à mon doigt la bague de Hepner en forme d'étoile pour me porter chance. C'est ma première expérience de l'avion. Au décollage, j'ai des bouffées d'anxiété, j'ai peur que l'appareil tombe, que des terroristes s'en emparent, voire un truc encore plus bizarre. Ma voisine a l'air d'avoir aussi peur que moi, elle se signe sans arrêt, transpire, ce qui m'incite à lui sourire. Elle lit un journal sur la conspiration reptilienne, comme quoi le monde serait parasité, gouverné par des êtres reptiles qui auraient l'apparence humaine. Nous engageons la conversation. Je lui demande si elle a vu *V : la série*, qui raconte exactement cette histoire. Non, mais elle connaît la réalité, cela lui suffit. Elle va à Amsterdam, l'église à laquelle elle appartient organise un rassemblement là-bas, justement pour contrer la conjuration reptilienne, mais elle panique en avion.

– Oh, je dis, dissimulant mon propre trouble, il n'y a aucun danger, inutile d'avoir peur.

– Il ne faut pas dire cela, Dieu n'est pas toujours bon, vous savez !

J'ai de nouveau mal à la tête. J'imagine des signes autour d'elle, des gens qui rient. Nous atterrissons. Ma nouvelle amie – que j'essaie très vaguement d'entreprendre, sans aucun écho – me donne en revanche une carte au cas où je voudrais venir à l'assemblée de son église.

(L'étrangeté contrariée des objets ronds)

Je patiente à l'aéroport, attendant que la destination de mes cibles s'affiche sur mon joujou magique, puis je prends un taxi et me pose dans le centre, à côté du quartier des coffeeshops et des prostituées. L'endroit fourmille de touristes. Des Allemands, des Anglais, des Français, des Belges. « Quand tu penses à ce que représentait le cannabis quand on avait quinze ans, dit une mère de famille à son mari, ce sentiment de liberté et d'extravagance... Qui aurait pu dire que ça se transformerait en distraction pour beaufs qui viennent s'abrutir avec un joint et une bière avant d'aller reluquer les putes dans les vitrines ? » J'installe le GPS dans la chambre. Cible 1 est au Sheraton. Cible 2 également. Cible 3 – à laquelle s'ajoute maintenant Cible 4, la copine, que les Américains ont réussi à GéPéïSer – est déjà dans le Red District. Je fonce, le GPS dans une main, mes appareils en bandoulière, vers le lieu possible du crime. Je mets un certain temps à les trouver, car le GPS a beau être hyper performant, il n'indique qu'un rayon de soixante-quinze mètres, je suis donc obligé de fouiner dans la zone incriminée sans trop en avoir l'air, au cas où je tomberais nez à nez avec elles. Ouf, elles sont là, avec leurs tenues de délurées, sorties d'un reportage sur les Américaines en goguette, en train de s'extasier devant les nombreuses sortes de haschich et d'herbe, les drogues diverses et les instruments pour les consommer. C'est un jeu d'enfant que de les shooter pendant qu'elles font leurs emplettes, puis quand elles vont se rouler un joint dans un bar à côté. Cette tâche accomplie, je repense à ce que m'ont dit mes commanditaires : c'est le contraste qui sera payant. Je galope donc dare-dare vers le Sheraton, et la chance me sourit. Cible 2, la mère, est en train de s'empiffrer de gâteaux dans le lounge, l'oreille rivée à son portable, en ligne, je suppose, avec ses amies des States pour leur raconter combien l'Europe est *sweetie*.

(L'attitude déconcertante de la facture des choses)

De retour à mon QG, pris d'un élan de conscience professionnel, je classe les photos. J'ajoute la date, l'heure, les circonstances et me promets de faire de même les jours suivants, de façon à produire un travail impeccable. Car rien ne dit que je ne puisse pas carrément intégrer le service, devenir agent secret à part entière, peut-être gravir des échelons. La seule chose qui m'ennuierait, ce serait d'avoir à renoncer à mes projets artistiques. Quoique rien ne m'empêche d'y consacrer mes loisirs. Je pourrais même mêler les deux. J'ai lu qu'une artiste contemporaine a réalisé tout un travail sur les services secrets d'un pays nordique, pour en promouvoir l'image au moyen de performances et d'installations. Malheureusement, quand elle a voulu en faire un livre, les services secrets ont dû la censurer – évidemment, puisqu'ils sont secrets, ah, ah ! Résultat, ils ont obtenu l'effet inverse de celui qu'ils recherchaient : ils sont passés pour des vilains.

Mais soudain, branle-bas de combat : Cible 1, le père, que j'ai surnommé Renard-Vicieux car il me semble retors et sournois, bouge. Il sort de l'hôtel, c'est manifeste. Pile au moment où j'hésitais entre me coucher et répondre à Anne Carruthers pour lui expliquer qu'elle commet une grave bourde, que je ne suis pas son côté sombre. Je redescends à toute berzingue, enfourche mon vélo de location et pédale comme un forcené, guidé par le GPS qui me dit à droite, à gauche, encore à droite – heureusement qu'Amsterdam est truffé de pistes cyclables. La cible s'est stabilisée à quelques canaux du Red District. Il est onze heures du soir. Que peut-on aller faire à cette heure-là, surtout quand Cible 2 est bien sagement à l'hôtel ? C'est ce que Super Limier va se faire fort de découvrir !

(Une danse d'escarpins mous)

Je me sens en pleine forme et pédale de plus belle. Tant et si bien que je ne vois pas la femme qui traverse. Je n'arrive pas à l'éviter complètement, la bouscule et part valdinguer dans le décor, heureusement sans trop de bobo. Je me relève et tente de m'excuser, mais la femme – qui n'a absolument rien – se jette alors sur moi et commence à me pourrir en néerlandais, me donnant des coups de sac en plastique. C'est une espèce de clocharde déguisée en… fée. Mais une fée à la dérive. Une fée Carabosse ! Elle porte un chapeau pointu orné d'une étoile. Son accoutrement est tellement saugrenu et pathétique qu'il s'en dégage un profond sentiment de perdition. J'essaie de me protéger comme je peux. Coup de chance, des passants qui ont assisté à la scène accourent pour me sauver des griffes du monstre. C'est un groupe de Québécois. L'un d'eux repousse la harpie à l'aide d'un parapluie, pendant que l'autre me secourt. Reprenant mon souffle, je les remercie.

– Notre-Dame-des-Pires-Karmas, dit le premier en se signant comme s'il avait affaire au diable tandis que la tarée les pourrit d'injures en beuglant comme une damnée.

– C'est rien, dit un autre. « Ils » font toujours ça quand on tient notre réunion. « Ils » essaient de nous contrecarrer.

Nous battons en retraite devant sa fureur.

– « Ils » sont de plus en plus audacieux.

Ouf, la Fée Clocharde ne nous poursuit pas.

– J'ignore si elle appartient à la conspiration reptilienne, mais en plus d'être agressive elle empeste, reprend l'un des Québécois.

– Arrête avec cette histoire de conspiration reptilienne, tu sais bien que c'est une question d'évolution, rétorque son copain. Les Reptiliens sont connectés à leur cerveau primitif, rien de plus.

– Oui, mais justement, c'est pour ça qu'« ils » relaient le message des Reptiliens. S'ils priaient plus, ils n'auraient pas ce problème, dit le troisième.

Nous nous trouvons devant l'entrée d'un grand bâtiment ouvragé, dan le style gothique à ce que j'en sais. Des gens entrent et sortent. Des affiches montrant des individus à tête de serpent. Eurêka ! il s'agit de la réunion spirituelle dont parlait la femme dans l'avion. Les Québécois me le confirment et m'invitent à les suivre, car c'est « un rendez-vous majeur si tu veux progresser dans ta *life*, une fois que tu sentiras l'énergie tu seras comme en amour ». Cette proposition tombe à pic, je vais pouvoir guetter Cible 1, tout proche – j'y vois ce que Hepner appelait de la synchronicité, et Chauve et Cigare « être au bon endroit au bon moment ». Je saute donc sur l'occasion et entre avec les Québécois dans un grand hall transformé en temple de la Church of Love & Light.

L'assemblée est hétéroclite. Beaucoup de francophones, Belges, Suisses et Canadiens. Sur une estrade, un groupe chante une ode planante. À la file indienne, les dévots reçoivent l'accolade d'une femme aux cheveux gris. Ceux qui le désirent peuvent aussi écouter les conseils d'un oracle aveugle, ou trouver des ouvrages sur les Reptiliens et la façon de les combattre grâce à la *light* – les couvertures, dragons contre lumière blanche, sont éloquentes. Cible 1 est toujours dans les parages. Sa localisation ne bouge pas. J'oscille entre partir à sa recherche et attendre qu'il s'agite. En proie à cette hésitation stratégique, j'erre entre les groupes et finis par me retrouver devant l'oracle. Avec ses gros yeux blancs d'aveugle, il a une touche plus vraie que nature. Pressant la main des dévots, il murmure quelques paroles à chacun, en réponse à leur grande interrogation intérieure.

– C'est extraordinaire, non ? commente une Française à côté de moi. Vous étiez déjà venu ?

– Non, je réponds, c'est la première fois.

– Moi, j'avais déjà assisté aux nuits avec Amma, mais là, il y a quelque chose de différent.

– Ah, je dis, quoi ?

– Amma, c'est le pur amour, la bonté. Là, ils prennent parti, ils n'hésitent pas à s'engager. Ils ont le courage de s'opposer aux Reptiliens. Quand ils en rencontrent, ils sont sans pitié, sans concession.

Devant mon air ahuri, elle ajoute :

– Vous devriez accepter le darshan, vous comprendriez mieux.

Je pense que ce qui me décide – pourtant je trouve l'ensemble grotesque –, c'est le côté série télé. Le mélange de *Tintin* et de *V*. Un tel spectacle n'étant pas donné tous les jours, autant suivre le truc en entier. Je prends donc ma place dans la file pour recevoir l'imposition. Mais quand arrive mon tour, alors que depuis tout à l'heure la prêtresse étreint les gens dans le creux de son épaule et leur susurre des mots de *love spirituality*, au lieu de m'attirer à elle, elle recule et me repousse violemment, en criant quelque chose que je ne comprends pas. Je tombe de l'estrade, heureusement pas très haute, et me ratatine à deux pas de l'oracle qui danse maléfiquement autour de moi, me touche et se met à hurler « *Snake, snake* ! ». La pièce s'emplit de visions affreuses de monstres sortis d'un tableau de Jérôme Bosch. Je sors du hall à reculons, sous le regard de la petite foule, partagé entre stupeur et frayeur, comme si j'étais une incarnation du démon.

Finissant de m'achever, un des Québécois montre le GPS. « Regardez, il a même de la technologie reptilienne ! »

(Le chuchotement sournois des étincelles)

Je rentre à l'hôtel, sonné. Je mets un certain temps à me remettre de mes émotions. J'essaie de redérouler le film comme me l'a appris Hepner lorsqu'on est confronté à un événement traumatique, mais il repasse par saccades, sans fluidité, comme s'il coinçait de partout. La fausse fée qui sentait mauvais. Notre-Dame-des-Pires-Karmas. Oui, pire karma. Tu es un *snake*. Pas en amour, non. C'est un darshan. Vous allez mieux comprendre. *Snake*, *snake*. C'est une conspiration. Connexion à des zones primitives. Les territoires du serpent. *Snake*, *snake*. Ils ont le courage de s'opposer. Le tout traversé de flashes des événements récents. Vassilia pleurant. Il va nous entraîner dans sa chute. Tu es maintenant agent secret, mais sais-tu pour qui tu travailles réellement ? *La série Alias où la fille croit travailler pour la CIA, et en fait ce n'est pas la CIA, mais autre chose.* Les Reptiliens sont parmi nous, ils ont pris la forme de sacs en plastique, le long d'un canal, à Amsterdam, et maudissent les aveugles qui les sentent avec leurs mains. Puis, en forçant mon esprit à visualiser des cercles concentriques tournant de plus en plus doucement, en me répétant que cela n'est pas grave, qu'à l'évidence ils avaient besoin d'un bouc émissaire pour leur mascarade, pour conforter les dévots dans ce théâtre qui doit leur permettre de leur ponctionner du pognon, que la vieille folle n'était rien d'autre qu'une clocharde, pas une envoyée du diable, et l'aveugle un tartuffe, j'arrive à retrouver un souffle normal, à me détendre suffisamment pour arriver non pas à dormir mais à rester allongé sans flipper, à réenvisager un cours normal des choses et même à consulter le GPS, pour constater que Renard-Vicieux est rentré au bercail, après avoir tiré son coup avec une pute, ça, j'en mettrais ma main au feu.

(Les paravents d'Amsterdam)

La nuit passe comme un fleuve s'écoulant sans trop de remous et le jour me trouve à pied d'œuvre, bien décidé à killer le Vicieux qui a la bite à la main. Il y va de mon honneur de photographe et de ma carrière d'agent secret. Je passe donc la journée en planque devant le Sheraton, négligeant les filles et la mère, à me focaliser sur le père, je le suis dans Amsterdam, prends des photos, mais rien de suspect, si ce n'est qu'il boit un thé avec un jeune homme métis, et cela n'a rien, en soi, de compromettant. Il a d'autres rendez-vous vraisemblablement professionnels, car lors des entrevues – types en costume, mines sérieuses –, il consulte des dossiers, étudie des documents. Malgré mon acharnement, je finis ma journée sans aucun élément tangible susceptible d'être vendu des milliers de dollars à un journal à scandale américain.

(Love Family Park)

La suite nous entraîne dans une joyeuse sarabande européenne et touristique. Francfort, où Renard-Vicieux enchaîne rendez-vous sur rendez-vous, où Madame se promène et où les filles vont à une fête techno, Love Family Park, sous une voie express, dans une ambiance de beuverie vaguement psychédélique. Je galère comme un taré, je n'ai pas de place et c'est totalement *full*, impossible d'acheter un ticket, même au black. Quand j'arrive enfin à en trouver un, à prix d'or, c'est pour me faire refouler à l'entrée à cause de mes appareils. Ce qui m'oblige à repartir les ranger et à revenir avec mon appareil d'espion, que je passe dans mon slip. À l'intérieur, c'est la folie. Plusieurs scènes. Des milliers de jeunes technoïdes, drogués et alcoolisés. Le GPS ne m'est d'aucun secours, le périmètre est trop restreint. Autant chercher une aiguille dans une meule de foin. Malgré tout, je garde mon calme. Je procède de manière scientifique en quadrillant le terrain. Après trois heures d'investigation, mes efforts sont couronnés de succès. Les deux Américaines sont là, debout, en train de se dandiner et de kiffer la *vibe* au milieu d'un groupe de Teutons tatoués qui gesticulent. Je shoote tout ça discrètement. Quelques gros plans. Des vues d'ensemble. Le visage de la fille se juxtaposant à ceux des Huns piercés, de sorte qu'aucune équivoque ne soit possible.

La soirée se poursuit par un *after* au Cocoon – architecture postmoderne, déco futuriste, jeux de lasers froids et fumigènes – où les Américaines, décidément pas farouches, se font embarquer par deux bellâtres, l'un rasé, l'autre aux cheveux vert pomme et tatoué sur la figure, en leur roulant des pelles jusqu'à plus soif et en buvant vodka sur vodka. Une fois les photos en boîte, je rejoins Cible 1 dans le centre-ville, où il est… en compagnie du même métis, qui est peut-être son secrétaire particulier, ils lisent un livre côté à côté. À certains moments, Renard doit en lire des passages à voix haute, car le jeune homme écoute religieusement et hoche la tête comme si ce que lui disait Renard contenait des révélations philosophiques. Quand ils se quittent, Renard lui donne un billet d'avion et l'autre fait « Non, non, ce n'est pas possible » de la tête. Mais Papy insiste et sort des dollars de son portefeuille, les tend au jeune homme qui finit par les prendre avec le billet. Je fais des photos à travers la vitre du bar où ils sont installés, les mitraillant tellement que je pourrais faire un film animé, mais je ne suis guère plus avancé, on est quand même loin de la scène de stupre. Boire un coup avec un collaborateur pendant sa fille roucoule avec un technoïde, il n'y a pas de quoi fouetter un chat.

(L'infamie du chacal)

Après Francfort, c'est Berlin, et là je commence à penser qu'il y a anguille sous roche. Patience, prudence, et en quelques jours de traque, c'est bingo, enfin, et au-delà de toute espérance. Cette fois, cela ne fait pas penser à une série, c'est carrément un épisode en live : *Damages*. *Des avocats plus impitoyables les uns que les autres. L'un d'eux est gay, mais c'est un gay refoulé, qui n'ose pas s'avouer ses penchants pour les hommes. Il tombe amoureux d'un jeune serveur, avec qui il noue une relation amicale, le couvre d'argent – à tel point que ça va faire capoter toute l'affaire dont il s'occupe et même le conduire au suicide. Dans une scène, l'avocat essaie d'embrasser le serveur, qui se détourne, le pousse, l'avocat tombe par terre et la séduction tourne au fiasco honteux*. C'est exactement ce qui arrive, sous les yeux émerveillés de mon objectif. J'ai passé la journée à pister la famille. Visite du site dédié aux victimes de l'holocauste, un ensemble de formes cubiques dessinant un labyrinthe où l'on peut déambuler. Puis le musée de l'horreur nazie, expliquée par le biais d'un film qui passe en boucle, cash et sans fard. Le narrateur commente : il s'est passé ci, Hitler a décidé ça, tant de juifs ont été déportés dans tel camp, avec une franchise sans complaisance, une manière déconcertante d'assumer ces actes affreux que mes nouveaux amis américains écoutent avec recueillement. Ils sont accompagnés d'un type, un journaliste sans doute, venu interviewer Renard – Papy se fait longuement photographier devant les monuments, avec un air grave, et je vois le journaliste qui prend des notes, puis Papy abrège et s'éclipse.

Ne perdant pas une seconde, je lui colle aux basques, et bien m'en prend, car c'est maintenant que LA scène va se dévoiler à mes yeux éblouis. Renard et le jeune métis sont à la piscine, ils barbotent en maillot dans une espèce de cuve aménagée sur la Spree. L'endroit est décrit dans le *Lonely Planet* comme un rendez-vous gay, et Renard abat son jeu : il doit faire une déclaration à Jeune Métis, car celui-ci rit, d'un rire gêné, puis fait « Non, non ». Mon ami se rapproche et essaie d'embrasser sa proie, comme dans *Damages*. La vie est bien un *soap*, me dis-je en actionnant le déclencheur. Une amusante pièce de théâtre diffusée quotidiennement à qui sait la voir. Renard insiste, tente une caresse fugace sur la joue. Alors Jeune Métis a ce geste insensé mais tellement photogénique, il le... gifle ! Oui, il le gifle et je le photographie. Renard-Vicieux ne s'en effarouche pas. Au contraire, cette résistance n'est pas pour lui déplaire. Alors que Jeune Métis part à toutes jambes, il reste tranquillement à barboter, indifférent aux regards qui convergent vers lui, et sourit, d'un rictus de carnassier, certainement habitué au domptage de ce genre de petit étalon rétif. Il finit par sortir de l'eau et se rhabiller. Il passe à quelques mètres de moi, sans m'accorder la moindre attention, pris, je suppose, dans les soubresauts du désir et de la passion.

J'éprouve, à sa proximité, un sentiment de gêne. Comme si, brutalement, ces « enculeries », comme les a qualifiées En-Retrait, se mêlant à moi qui renifle sa piste comme un chacal à longueur de journée, m'éclaboussaient d'infamie. Je médite cette image un instant. Un chacal. Je ne suis pas un serpent, mais un chacal. Qui photographie des turpitudes pour de l'argent. Même pas pour une cause, ce qui serait plus noble, mais pour des billets. Puis je chasse ces réflexions déprimantes, car y a-t-il un bien et y a-t-il un mal ? Dans ces temps que nous vivons, si angoissants, si incohérents, comment le savoir ? Peut-être me manque-t-il un dieu ? Non pas un dieu que je pourrais adorer, ou supplier, ou en qui croire, mais, comme le dit la note de Hepner : « un élément fédérateur qui me permettrait une communion », ou au moins une fraternité avec d'autres. L'espace d'un instant, je revois l'assemblée de la veille, qui m'a paru ridicule. Peut-être un détail m'échappe-t-il ? Une source de lumière que mes yeux obscurcis n'arrivent pas à distinguer ? Je rentre à l'hôtel remplir mon rapport. De toute façon, ce genre de cogitation ne m'apporte rien, je perds mon temps.

(Berlin night-shot)

La suite se goupille encore mieux que je ne l'avais imaginé. Le soir, nouveau rebondissement ! Le GPS clignote comme un maboul, m'indiquant « endroit hot, endroit hot », et qui s'y trouve ? Je vous le donne en mille. Renard avec – devinez qui ? – Jeune Métis. Eh oui, revirement total, ils dansent ensemble au Berghain – ambiance de folie sodomite, quasiment pas de filles à part quelques lesbiennes égarées, Papy porte un pantalon en cuir, l'autre aussi. Manifestement, son attitude de biche effarouchée n'était qu'une feinte, car l'ambiance est maintenant à une intimité affichée. Je danse au milieu des gays déchaînés, à m'en faire péter la tête. J'ai mon mini-appareil d'espion et je canarde au jugé, comme sur le yacht, en espérant que le résultat sera au rendez-vous.

Je me sens dans un état curieux. J'ai la tête qui bourdonne. Il me semble distinguer, dans la pénombre de la boîte, des fantômes et des images du passé qui seraient tapis là, sans que je puisse les voir, mais auxquels mon cerveau serait connecté. La lumière des lasers qui vient me taper dans la rétine m'aspire dans son tourbillon. Je danse et danse encore, mais quand je tourne la tête, horreur, malheur, le couple n'est plus là ! J'ai juste le temps de les voir disparaître vers le vestiaire.

Je suis donc Gros-Jean comme devant pour la scène hot dans les back-rooms. J'en pleurerais. Pourtant, alors qu'elle semble m'avoir une nouvelle fois abandonné, je tire in extremis une nouvelle carte Chance. Vicieux et ce qu'il faut bien appeler son giton quittent le Sodome et Gomorrhe techno. Pour eux, c'était probablement « trop ». Je les suis d'aussi près que je peux sans me faire remarquer, ce qui semble simple dans un film policier, mais s'avère une tout autre paire de manches quand il s'agit de le pratiquer en vrai, surtout dans une rue de Berlin quasi déserte.

Nous traversons le fleuve. Au jugé, ils ont l'air de se diriger vers les quais. J'imagine ce qui doit se passer dans la tête du jeune. La boîte étant un cran au-dessus de ce qu'il peut supporter, pour Papy c'est tout bénéf, ils vont aller faire plus ample connaissance dans un site tranquille. Je les suis à vélo, de loin, sans les brusquer, de petites jumelles me permettant de les garder en vision. Cette stratégie se révèle payante, car c'est ainsi que je vais avoir les photos, prises au téléobjectif avec la night-shot, LE *big* truc, ce pour quoi je suis là, « *Papy en train de se faire flûter* » et tout le reste qu'on peut facilement deviner, avec moult détails, jusqu'à la marque du préservatif, dont j'irai photographier en gros plan, une fois les ébats terminés, l'emballage qui scintille sur le pavé luisant. Il forme, avec son angle déchiré, le logo de la marque et l'ombre sur laquelle il s'appuie, une composition presque parfaite.

Pour contrebalancer peut-être le malaise que je finis par ressentir à me trouver dans cette position de guetteur de stupre interdit par la morale, je m'attarde sur cette nature morte, la shootant en tous sens, essayant d'en faire ressortir la quintessence poétique, me rappelant cette séquence si charmante d'un film que j'ai vu en prison, *American Beauty*, où la caméra montre un sac en plastique qui volette dans les airs, touche de charme là où rien ne le laisserait présager. Cette tentative pour ramener un semblant de beauté dans l'histoire qui devient presque absurde – photographier un type que je ne connais pas en pleine expression de ses penchants secrets – génère une virgule bizarre, une partie de moi se demande ce que je fabrique là et si Anne Carruthers n'a pas raison lorsqu'elle prétend que j'erre dans le Monde-de-l'Obscurité.

L'emballage du préservatif continue de réfléchir la lueur narquoise des réverbères. J'ai quelques bonnes photos que je pourrai agrandir pour en faire des affiches, peut-être un tirage sur Plexiglas, un labo de la rue La-Fayette propose ce genre de service. Lorsque soudain j'aperçois un Kleenex tout froissé, jeté négligemment à environ deux mètres de l'emballage du préservatif, en une petite boule sale d'où émerge un anneau de latex.

(Mitteleuropa)

Les semaines qui suivent sont moins trépidantes, comme si, après ce festival étourdissant, les acteurs de ce sombre drame avaient besoin de souffler. Après Berlin, nous découvrons Vienne, Prague, puis Budapest, mais cette fois sans gigolo ni coffee-shop, ou discothèque interlope. Je photographie pourtant toujours consciencieusement mes sujets d'étude, les accompagnant lors de leurs visites d'expositions, de musées, de monuments, goûtant avec eux les joies de la Mitteleuropa, dégustant cafés viennois et strudels, parvenant – mon brevet de détective maintenant acquis – à ne jamais me faire surprendre, ombre invisible sur le chemin qui va peut-être les mener au drame et au scandale.

C'est d'ailleurs cette réflexion, l'incidence que pourront avoir mes photos sur le cours des choses, qui me pousse à contacter mes commanditaires. J'y ai longuement réfléchi et j'ai besoin d'en avoir le cœur net. Je les appelle un soir, alors que tout mon petit monde est en train de prendre le frais sur la colline qui surplombe la ville, à deux pas du château de Budapest. C'est En-Retrait qui décroche, comme je l'ai demandé à Ça-va-pas-être-possible sur Facebook – après lui avoir fait un foin pour qu'il comprenne que je dois absolument parler à son supérieur, des choses graves me préoccupent, mais une fois ce malaise dissipé je serai en mesure de contacter les Américains, avec « du lourd ». D'après ce que je comprends, il est en vacances et mon appel le saoule au-delà de l'imaginable.

– *Que se passe-t-il ?* rugit-il dans le téléphone. *Vous avez des ennuis ?*

Je note que nous sommes revenus au vouvoiement.

– Non, au contraire, je pense que j'ai tout ce qu'il faut. L'opération est un succès, à mon avis.

– *Tu veux plus d'argent ?*

– Non.

– *C'est quoi le problème ?*

– Je veux savoir pourquoi je fais ça.

Silence au bout du téléphone.

– *Comment ça, pourquoi tu fais ça ?*

– Si c'est quelque chose qui risque de provoquer une guerre ou un conflit, je préfère le savoir.

– *Qu'est-ce que c'est que cette histoire ?*

– Les photos, je demande, à quoi vont-elles servir ?

– *Je te l'ai dit, à ramener quelqu'un à une vision plus raisonnable des choses.*

– C'est-à-dire ?

Son agacement est perceptible. Je l'entends qui se racle la gorge, inspire calmement, peut-être qu'il pratique une sorte d'H+ lui aussi.

– *T'as les photos ?*

– Oui, je dis, comme prévu, Papy en train de se faire flûter, la femme chez le coiffeur et la fille dans la drogue.

– OK, je t'envoie quelqu'un.

Et il me raccroche au nez. Deux minutes plus tard, Ça-va-pas-être-possible me rappelle et m'engueule carrément, en me demandant si je suis tombé sur la tête. On me paie, qu'est-ce que c'est que cette faribole de conflit ? Je me prends pour James Bond, ou quoi ? La question, ce n'est pas la guerre, mais un connard qui fait chier tout le monde. Que j'attende sagement à l'hôtel, quelqu'un va venir m'aider à contacter les Américains. Que je reste joignable, il n'a personne sous la main pour le moment, c'est le week-end, mais en début de semaine, pas de problème.

– D'accord, je dis, pas la peine de s'énerver. J'ai un supplément pour les frais, mais j'ai tous les justifs.

– De combien ?

– Trois mille sept cent cinquante euros pour l'instant, donc comptez à peu près cinq mille.

– Et les photos, c'est vraiment bon ?

– Oui, j'ai même plus que les photos.

– Quoi ?

– J'ai un préservatif avec son ADN et celui de son giton.

Là, je sens que j'ai marqué un point. Ça-va-pas-être-possible prend son temps pour me répondre. Puis me dit que quelqu'un sera là lundi et que je n'ai pas intérêt à raconter de conneries, ça pourrait se passer très mal sinon. Nous raccrochons là-dessus, mutuellement énervés, lui d'avoir été obligé de déranger son chef pour une question aussi saugrenue, et moi de le voir prendre avec tant de légèreté mes états d'âme et le sort éventuellement tragique du monde.

(Les statues sans socle)

Je passe le week-end à finaliser mon portfolio : Papy aux bains Gellért qui ont gentiment installé un solarium naturiste sur le toit, où il se fait bronzer la bite en faisant de l'œil aux gays locaux, pendant que sa fille va au Sziget, un festival de musique de folie. Une semaine non-stop de concerts en tout genre, avec des scènes en simultané. Des centaines de milliers de personnes et une ambiance du délire. Alcool et drogue en pagaille. Bref, une plaisanterie pour Joe l'espion. J'assiste à quelques concerts. Visite un site de statues communistes avec la mère et une copine américaine. Les statues sont énormes, manifestant dans leur démesure la tyrannie de leurs modèles. Quand je les observe, j'ai un haut-le-cœur, en prise avec une horreur qui me dépasse, assailli d'images de guerre et de barbarie qui oscillent dans mes pensées, scandant un mélange de coups de tonnerre, de malheur et d'une interrogation atroce : comment faire pour que cela – la guerre, la douleur – disparaisse et ne revienne jamais ? Oui, comment faire et est-ce à notre portée ?

(La fin de la mission)

Puis mon agent traitant arrive, accompagné de Ça-va-pas-être-possible qui me dit qu'il a préféré venir en personne s'assurer que « je ne fais pas de conneries ». Ils regardent les photos. L'ambiance se radoucit, ils voient bien que je n'ai pas chômé. L'emploi du temps noté jour par jour. Les photos, et aussi le préso dans un petit sac en plastique comme si je l'avais mis sous scellés, ce qui les fait rire. J'explique aussi que c'est tout à mon honneur de vérifier que je ne contribue pas à une saloperie, cela prouve que j'ai un sens moral, et donc que je suis fiable. Ça-va-pas-être-possible téléphone à En-Retrait devant moi et lui raconte tout, dit que le préso ça avait l'air vrai vu qu'il y a les photos correspondantes, ils peuvent contacter les Américains. Quand il raccroche, il m'explique simplement qu'ils doivent un service aux Américains qui leur ont demandé d'arranger un problème où il était préférable de ne pas apparaître directement. Un homme politique ayant soutenu le nouveau Président prenait maintenant des positions contraires, attisait les tendances racistes – le nouveau Président était noir – et bêtifiantes du pays, et risquait de faire capoter des projets de loi allant dans le sens d'une meilleure répartition des richesses et d'une plus grande justice sociale. Les photos devaient le ramener à une « vision plus saine des choses ». Comme mes commanditaires ne tenaient pas à monter en première ligne, ils m'avaient embauché. Leur explication me rassure. Même si mon activité m'a par moments semblé contraire à une véritable éthique artistique, je contribuais, somme toute, à une dynamique sociale et progressiste.

– C'est une pression sur un traître exploiteur, alors ?

– On peut le voir comme ça.

– Et les types qu'on va voir, c'est qui ?

– Un journal à scandale, *Guilty*. Mais ils ne savent pas que tout a été organisé. Ils pensent que tu es un paparazzo qui cherche à vendre des photos. Alain va te briefer en ce sens.

Ça-va-pas-être-possible repart le soir même, me laissant avec « Alain ». Quand je lui demande si j'ai le droit au titre d'« honorable correspondant », il rigole et me dit que je vois trop de films mais que je suis fiable et que « pour des gens qui font ce qu'on leur demande sans poser trop de questions débiles, il y a éventuellement de quoi bricoler à l'occasion ».

(Guilty)

Nous rencontrons les Américains de *Guilty* deux jours plus tard. Alain sert d'interprète. Les deux sont stupéfaits par les photos. Ils n'arrêtent pas de répéter « *It's amazing* », « *O Jesus-Christ !* », « *Incredible, he's gay !* », entrecoupés de *fuck* et de *mother fucker*, pire que dans *The Wire*. Au moment où je montre le préservatif, mon bonus, ils hochent la tête en se regardant et en sifflant entre leurs dents. Quand on en vient au prix – je demande cent mille dollars –, ils s'excusent de ne pouvoir me les donner, les photos les valent mais ils n'ont que cinquante mille. Âpre négociation. En définitive, j'obtiens soixante-dix mille dollars, ce qui en euros fait moins, mais ajouté à ce que me donnent mes « commanditaires », je m'y retrouve. L'argent va m'être viré sur mon compte.

L'affaire conclue, je dîne avec « Alain ». Nous plaisantons sur mon aventure. Je raconte comment je m'y suis pris pour les photos, comment aussi j'ai été « recruté ». L'affaire du yacht, dont il a plus ou moins entendu parler. Il est bien sûr moins disert sur son « activité », mais je comprends quand même à demi-mot que c'est toujours la corde raide à cause des changements politiques et que ce n'est pas toujours simple de s'y retrouver. Il me questionne aussi sur ma bague, rigole en disant qu'on a presque la même – il a effectivement le même genre de chevalière que Hepner. Alors qu'il inspecte l'intérieur pour étudier le poinçon, il me dit que c'est du beau travail, que ce genre de bague est coté dans certains milieux.

Chapitre 8

(L'empreinte des objectifs)

J'atterris à Paris, fourbu et déphasé. L'avion a pris du retard. Nous avons dû faire escale à Rome, puis une grève a perturbé l'atterrissage, nous obligeant à tourner pendant des heures au-dessus de la piste, à tel point qu'il a été question à un moment de manquer de carburant. Il est tard. Je prends un taxi, laissant « Alain » que doit venir chercher sa petite amie. La « mission » s'est bien terminée. Tout le monde en a eu pour son argent. Mes commanditaires français étaient satisfaits. Et les journalistes de *Guilty*, donc les espions américains, à entendre le nombre de *Jesus-Christ*, de *fuck* et de *it's amazing*, tout autant. Le seul qui allait l'avoir sec dans un délai des plus brefs était ce pauvre Renard, à qui j'avais fini par m'attacher. Suivre quelqu'un pendant deux mois et assister à ses bains de soleil comme à ses orgasmes n'est quand même pas anodin. Il me faut plusieurs jours pour décompresser et me changer les idées, comme si, en suivant mes cibles, focalisé derrière mes appareils, mon esprit avait été absorbé, presque « impressionné », comme l'on peut l'être devant un film qui vous captive, par l'objet de ma traque.

(Les Peints)

Je me reconnecte au Monde-des-Petits-Gestes-Tranquilles. Dans le grand appartement, rien n'a bougé. Les dossiers de Hepner, et même l'enveloppe que je n'ai pas pu donner à son mystérieux destinataire à ma sortie de prison et que je laisse – peut-être pour ne pas l'oublier complètement – en évidence, sont posés sur le bureau. Il n'y a pas un grain de poussière. Cela sent l'encaustique. La femme de ménage a effectué sa ronde bihebdomadaire. Il fait chaud. Paris en août est désert. Mon premier mouvement est de réactiver mes possibilités d'AS. Si j'ai passé mon été à guetter l'endroit hot et l'écart lubrique, mon périple européen ne s'est pas prêté à de folles agapes. Et la défection d'Anne Carruthers – que j'ai relancée deux fois, sans succès – n'a pas arrangé la situation. Je laisse un message à Vassilia qui me répond par texto qu'elle est encore dans le Sud. Le Sofa bar est fermé pour congés annuels. Daphné est peut-être dispo, mais je dois avouer que ses histoires vaseuses m'ont rebuté. Je feuillette ma liste de contacts, quand j'ai soudain une illumination. La fille du séminaire sur l'art ! Celle avec les Peints. Je ne l'ai jamais appelée alors qu'elle semblait open. J'envoie un texto sur-le-champ. « *Toujours partante pour poser nue avec votre chapeau avec un non-Peint ?* » J'ai une réponse dans la seconde – « *Oui, pourquoi pas* » –, qui me fait tressaillir d'aise. J'appelle et une voix flûtée me donne illico rendez-vous. Deux nanosecondes plus tard, je pédale sur mon Vélib', mes appareils à la main, frémissant à l'idée de ce corps bientôt offert à ma vue émerveillée.

Le code est le bon et au deuxième étage la porte est entrebâillée. J'avoue être baba d'une telle mise en scène et surtout de l'étonnante facilité avec laquelle va s'engager une relation qui s'oriente à l'évidence vers une sympathique issue. Je pénètre dans l'appartement, anxieux, car c'est quand même étonnant, cette histoire de Peints, ou alors j'ai encore les Sent-labique de Daphné présents à l'esprit, me faisant craindre un piège. Mais non, au milieu d'un dispositif gentiment Art déco, où des portraits posés sur des chevalets structurent l'espace de leurs regards figés, ma nouvelle amie est en tenue d'Ève, un chapeau à oiseaux sur la tête.

– Génial, vous êtes épatante.

– Attention, c'est très rare que je me laisse photographier. Si vous le faites, vous me devez ensuite obéissance pour un jeu.

– Quel genre de jeu ? je m'inquiète, en sortant mes appareils.

– Disons à finalité érotique.

– Soit, je relève le défi.

– Mais vous donnez votre parole d'observer mes injonctions ?

– Sauf si c'est du SM. Je suis trop douillet.

– Quelle horreur ! Qu'est-ce qui vous fait penser que je pourrais pratiquer le SM ?

– Rien, mais on ne sait jamais.

– Ça vous va comme pose ?

Elle est assise sur un fauteuil. Avec la manière dont est meublé l'appartement, sa silhouette prend l'aspect d'une toile surréaliste.

– Et les… Peints ? Qu'est-ce que ça donne ?

– Ça se tasse. Certains se réapproprient leurs images. D'autres font des dépressions et s'accrochent à moi de façon puérile, comme si j'étais la garante de leur identité, mais globalement nous sommes en progrès.

– C'est cool.

Je commence à la photographier. Elle est incroyable. Chaque photo est parfaitement réussie, à sa place. Comme si elle avait le truc qui provoque l'extase secrète de l'objectif. Ou alors c'est la disposition des chevalets, la joliesse de l'arrière-fond, qui fait que quel que soit l'endroit où je me mets l'axe génère de la beauté.

– Vous êtes magnifique.

– Merci. Vous avez droit à cinq minutes encore.

– C'est largement suffisant.

Je shoote encore quelques clichés. Elle se rhabille.

– Alors, je demande. Ce gage érotique ?

– Qui vous a dit que c'était un gage ? Je vous enverrai un texto pour vous expliquer de quoi il s'agit. Pour l'instant, il faut que vous repartiez, car un de mes Peints doit arriver d'une minute à l'autre et il serait fâcheux qu'il vous trouve ici.

Elle doit voir ma surprise et mon dépit, car elle ajoute « Dès demain matin, promis ». Et je me retrouve dans la rue, mes appareils sous le bras, fort désemparé de ce contretemps.

(Rue des Blancs-Manteaux)

J'entre les photos dans l'ordinateur. Elle est aussi photogénique qu'excitante. On dirait ces clichés de courtisanes au début de la photographie, une touche de grâce en plus. Une princesse qui s'amuserait à jouer les gourgandines. Malgré tout, j'éprouve un sentiment de malaise. Qui n'est pas dû aux photos, mais à un détail qui me chiffonne et que je n'arrive pas à identifier. En début de soirée, j'ai un texto. « *Rendez-vous demain à l'angle Temple/Blancs-Manteaux. Vous vous tournerez en direction de Beaubourg. Vous aurez alors trois possibilités : la rue Saint-Merri, la rue Simon-le-Franc et la rue Geoffroy-Langevin. Je serai dans un immeuble d'une de ces rues, au quatrième étage. Le code vous parviendra quelques minutes avant le rendez-vous. Je vous atten-*

drai pour faire l'amour. Si au bout de quinze minutes vous ne m'avez pas trouvée, je m'en irai. » J'en suis comme deux ronds de flan. En même temps, c'est sacrément excitant. Oui, mais si je ne la trouve pas ? Quelques instants plus tard, un autre message. « *Si vous ne me trouvez pas, nous recommencerons le lendemain.* » Il fait encore plus chaud. La fin de l'été est magnifique. J'hésite à aller faire un tour, où à regarder sur Facebook si je ne peux pas tenter une approche ludique de quelqu'un (quelqu'une) qui voudrait être mon ami(e), mais pour finir je vais me coucher. Je suis encore fatigué de mon périple Mitteleuropa et autant être en forme pour le jeu de piste. Avant de sombrer dans le sommeil, je me demande si toutes les histoires que l'on nous raconte depuis toujours, les princesses, les ogres, les lutins, les magiciens, pourraient être vraies, et si oui, si celle des Peints, prisonniers de leur image et d'un peu de pigment couché sur une toile, le seraient aussi.

(Le mensonge des songes)

Ma nuit est peuplée de signifiants tournant autour de l'image. Image est l'anagramme du mot « magie », m'explique un spécialiste de cinéma. Car la vie est une série télé. Mais les préservatifs sont peints avec de la soie en plastique. Ils se mélangent aux tubes de peinture que l'on retrouve chez les Sent-la-bique. Pour apaiser les conflits, il faut prendre en photo des diplomates austères et gays. Cela évite de se transformer en chacal.

(La féerie du chapeau des oiseaux)

Ma Hepner intuition est victime d'une panne, parce que, fonçant au hasard, me tordant la cheville pour bondir d'un trottoir à l'autre, je n'obtiens que des portes closes. « *Tant pis* », m'annonce un texto tandis que je pianote mon douzième essai, suant de fébrilité. « *Vous ferez mieux demain.* » Je rentre à l'appartement, piteux, partagé entre un désir en augmentation constante et l'agacement qu'il ne puisse être assouvi. Heureusement, demain succède à aujourd'hui, et après une nuit où je rêve d'un chapeau plein d'oiseaux alangui et nu, je suis de nouveau sur le pied de guerre. Cette fois, le rendez-vous est dans un autre quartier, derrière Bastille, à deux pas du marché d'Aligre. Surmotivé, j'ai décidé de procéder de manière scientifique. Je compose le sésame digicode après digicode, à toute vitesse, perturbé par des textos – « *Essayez de vous concentrer car je suis très excitée* » – de Chapeau-oiseaux qui m'exhorte à speeder. « *Mais dépêchez-vous, je suis à bout !* », complété d'un « *Je vous en prie* » qui me rend littéralement fou au moment même où des gardiens de la paix en rollers s'avisent de mon manège. Ils veulent savoir ce que je fabrique à appuyer sur tous les digicodes en courant comme un taré, ce qui m'oblige à leur expliquer que j'ai rendez-vous avec quelqu'un, mais que j'ai oublié le numéro alors que j'ai le code – je montre le bout de papier où je l'ai marqué – mais le temps que je perds m'est fatal et le texto suivant – « *Game over* » – me le confirme impitoyablement. Piètre chevalier, je ne délivrerai pas de princesse.

(La disparition de l'enveloppe)

Il n'y aura pas de troisième séance. L'anomalie qui me chiffonnait depuis deux jours me saute soudainement au visage. L'enveloppe, celle destinée au contact de Hepner, n'est plus là. Quelqu'un est venu dans l'appartement et l'a emportée. Malgré l'heure tardive, je bondis chez Mérédith. Elle finit par m'ouvrir, en peignoir.

– Je suis désolé, je bredouille, mais c'est très grave. Quelqu'un est venu chez Hepner et a volé quelque chose.

Elle m'invite à entrer sans manifester d'émotion particulière, si ce n'est, je suppose, l'ennui d'être dérangée à onze heures du soir. Ce que je dis est plausible : elle a croisé quelqu'un dans l'escalier l'avant-veille, qui n'était ni moi, ni le voisin que l'on voit rarement. Un type de trente-cinq ans environ, qui sortait quand elle rentrait. Non, elle ne l'a pas vu plus que cela et pourrait difficilement le décrire. Elle a supposé qu'il s'agissait d'un visiteur du voisin, bien qu'il n'en reçoive jamais. J'en ai des tremblements. Que quelqu'un ait pu pénétrer dans le sanctuaire sacré et voler ce qui m'avait été confié par-delà la mort m'ébranlent dans les fondations mêmes de mes certitudes. J'ai l'impression que tout s'écroule. Que la muraille inviolable qui me protégeait jusqu'ici vient d'exploser.

– Ce n'est pas grave, vous savez, Siegfried était dans des histoires bizarres. Si le voleur a pris l'enveloppe et rien d'autre, c'est certainement en rapport avec ses anciennes activités.

Le *rien d'autre* résonne à mes oreilles comme un glas sinistre. Je la plante là et redescends dare-dare. Non, il ne manque rien. La cachette où j'ai mes euros, mes précieux euros en liquide, est intacte. Je remonte en informer Mérédith. Certainement par besoin d'avoir quelqu'un qui pourrait témoigner, le cas échéant, devant la mémoire de Hepner que je n'ai pas failli, que ce n'est pas ma faute, tant je me sens misérable de n'avoir pas été capable de faire respecter les dernières volontés de celui qui m'a tellement apporté. Un coup du sort a volé l'enveloppe, c'est elle et elle seule qui était visée, je n'ai donc rien à y voir.

Mérédith m'incite au calme. « De toute façon, si la personne à qui Siegfried voulait que vous la donner n'a pas répondu au téléphone, ce n'est pas votre faute. Siegfried n'avait qu'à mieux s'organiser. Et puis, il est mort et que vous profitiez de l'appartement ne gêne personne. » Elle est toujours en peignoir, ce qui, pour moi qui viens de vivre un labyrinthe épuisant avec une femme Chapeau-oiseaux dont je n'ai pas réussi à trouver le code, devient très perturbant. Je l'accompagne à la cuisine où elle prépare une tisane. Joe n'est pas là. Il est avec son père au Mexique. « Ah, Joe a un père mexicain ? – Non, américain, mais ils sont en vacances au Mexique. – Je ne pensais pas que vous aviez un père, enfin, que vous aviez eu un père pour Joe. » Elle rit. « Si, pour avoir un enfant, j'ai été obligée de m'adresser à un homme. » Le peignoir s'entrebâille. Des effluves d'un romantisme effarant se dégagent d'elle, mais je suppose que je fabule. « Ah, elle fait, vous trouvez ? J'ai l'impression de me dessécher dans cet appartement. » Elle me conduit jusqu'à la chambre en me tenant la main. La suite est un mélange de rêve et de réalité. D'immenses serpents ondulent de part et d'autre du lit. Ses cuisses s'ouvrent et se referment en cascade. Les tableaux ont l'air de bouger. Il me semble qu'à certains moments elle se transforme en animal. Elle dit des mots que je ne comprends pas. Quand je la pénètre, les serpents ondulent plus fort et je ressens des décharges d'électricité dans le ventre. L'étreinte dure longtemps. Comme si elle voulait me garder en elle. C'est la première fois depuis ma sortie que je ne mets pas de préservatif. À la fin, après qu'elle ait, me semble-t-il, pris du plaisir à mes frénétiques saccades, elle me repousse violemment et me demande de partir. Comme si elle regrettait ce geste inconsidéré ou que je n'avais plus aucun intérêt. Mais alors que je renfile mes vêtements dans le vestibule, elle revient, s'excuse de s'être montrée si brutale et me donne un petit dessin au fusain, choisi au milieu d'autres dans le salon. Je le prends, interloqué : il est signé Cocteau – Hepner m'a beaucoup parlé de cet artiste éclectique et polyvalent. Je sais que ses dessins valent une fortune et comme je bredouille « Mais c'est un Jean Cocteau, c'est un Jean Cocteau », elle rit de ma gêne et dit sur le ton de la plaisanterie « C'est normal, vous l'avez bien mérité », tout en me poussant vers l'escalier.

(La fin de l'été)

Deux semaines se passent sans fait notable. Le Sofa bar rouvre. Les Parisiens réintègrent la capitale. Je ne recroise pas Mérédith. J'ai entendu que Joe était rentré. J'arrive à trouver le bon immeuble et je fais l'amour avec Chapeau-fleuri – que j'ai recontactée une fois le stress du vol de l'enveloppe dissipé. Elle se révèle rigolote et audacieuse. Les Peints nous regardent depuis leurs cadres dorés. Je flippe de quitter l'appartement, que le voleur revienne – la femme de ménage n'a rien remarqué et me conseille d'aller au commissariat. Quand je sors, je mets des témoins sur les portes avec des cheveux et du chewing-gum. Je me renseigne pour louer un coffre à la banque et y mettre mes euros. Mais s'il y avait un braquage et que je ne les avais pas déclarés, ils seraient perdus… Je les garde finalement à l'appartement, cachés dans deux livres d'art que j'évide – il y a tellement de bouquins qu'il faudra les ouvrir un par un pour trouver la cachette.

Un jour, en consultant mes messages à quelques stations de l'appartement, j'ai la surprise d'avoir des nouvelles d'En-Retrait. Il me propose un rendez-vous. Je le vois le soir même au bar du Meurice. Il est accompagné d'« Alain » et d'un type que je ne connais pas, à la barbichette en pointe et qui respire – me semble-t-il – l'hypocrisie.

– Si je comprends bien, vous voulez que je reprenne du service ?

En-Retrait m'explique qu'ils ont été contents de moi, que j'ai fait un bon travail et qu'une autre branche que la sienne, pour laquelle travaille maintenant « Alain », souhaiterait me confier une nouvelle mission. Elle sera payée correctement, mais demande de la disponibilité, car il faut partir en Orient.

– En Orient ?

– Inde, Tibet, Népal, peut-être Chine. C'est une mission très délicate. « Alain » t'expliquera en détail.

– On partirait la semaine prochaine, m'informe ce dernier. « Stéphane » viendra avec nous.

– Alors ? s'enquiert En-Retrait. Partant ?

– Pourquoi pas, je fais. Il faudra prendre des photos ?

– Oui. Nous, nous serons là en cas de nécessité.

J'apprends que la cible est un type prêt à livrer des secrets militaires à une puissance étrangère. « Alain », « Stéphane », ainsi qu'une troisième personne seront à mes côtés dans l'hypothèse d'une « action ». J'en frétille d'excitation. Devenir un véritable agent secret me comble d'aise. Tope-la ! Mais faut-il des vaccins ? Des visas ? Oui, justement, une visite médicale complète est prévue dans une clinique du « service », car cette fois la mission est longue. Pour les visas, « Alain » s'occupera de tout. Je dois lui donner mon passeport. Le seul truc qui me chiffonne, c'est qu'il est à l'adresse de l'appartement. D'un autre côté, à quoi bon continuer à me cacher ? Il n'y a plus de raison puisqu'on est venu voler la lettre. Qui plus est, si un vilain voulait m'embêter, vu que je fais partie du « service », je peux toujours m'adresser à mes nouveaux copains. Après tout, je ne fais rien de mal. Quoi qu'ait fabriqué Hepner dans le passé, il est mort, et je ne vois pas de quelle manière je pourrais y être mêlé.

(L'examen médical)

Les jours suivants se passent donc en formalités diverses. J'ai droit à un check-up approfondi dans une clinique privée du XVIe. Des tests psychologiques. Un scanner du cerveau. Un électrocardiogramme. Ce qu'on voit au cinéma n'est pas du chiqué : un agent secret requiert d'être au top. Je passe sous silence mes malaises – d'ailleurs il n'y avait rien, juste du stress. Heureusement, je dois m'en sortir pas trop mal, car le médecin, assisté de « Stéphane », me félicite. A priori, je suis apte. Lors des entretiens psy, j'ai narré quelques rêves. « Stéphane », très à l'écoute, m'a posé des questions sur ceux concernant l'or et le pétrole. Quelles étaient leur fréquence ? Survenaient-ils en même temps ? Il y voit, je crois, une symbolique intéressante. Il s'est également montré curieux des exercices d'H+ – j'ai raconté que j'avais pris l'habitude en prison de pratiquer une sorte de yoga. Il est plaisant d'intégrer un groupe motivé par un but commun. Je vais enfin pouvoir canaliser mon dynamisme en le mettant au service d'une cause intéressante. Exit le Chacal. Une nouvelle voie s'ouvre à moi. Mon seul regret est de ne pouvoir le raconter à Marie-Pierre. Me savoir agent secret l'aurait épatée.

(Alexia)

Nous décollons de Paris alors que septembre n'est pas encore arrivé à son terme. Notre destination est Beijing, le vrai nom de Pékin. Notre cible est un gros homme dont je regarde les photos dans le dossier qu'« Alain » m'a préparé. Énorme, obèse et chauve. « Alain » m'explique qu'il s'agit d'un ingénieur spécialisé dans le nucléaire, qui a fait une dépression en apprenant sa séropositivité – gay, il s'est récemment contaminé lors d'une liaison avec un migrant transsaharien. Depuis quelques mois, il a pété les plombs et cherche à vendre des secrets aux Iraniens ou aux Chinois. « Pourquoi ne pas l'arrêter en France ? je demande. Ce serait plus simple. »

– Ce n'est pas ce qui nous intéresse. On préfère essayer de remonter la filière et de localiser les acheteurs. On est quasiment sûrs que derrière les soi-disant Chinois ou Iraniens il y a al-Qaida.

Un frisson me traverse des pieds à la tête.

– Mais ce n'est pas dangereux ?

– C'est pour ça qu'on est plusieurs.

– Et toi au moins, tu es bien payé, fait semblant de se plaindre « Stéphane » en écho. Nous, on est fonctionnaires. Nous n'avons que notre salaire.

– Vous n'avez pas des primes ?

– Si, des compensations aussi. Mais on est militaires, ça ne va jamais très loin.

Une fille, Alexia, nous accompagne. Elle est comme moi en free-lance, parle plusieurs langues et connaît les régions où notre aventure risque de nous mener. Elle a pas mal baroudé, fait le Tibet à pied, une partie de l'Inde. J'ai hâte de lier plus ample connaissance, car elle est ravissante, d'autant que j'apprends que pour aller au contact sans éveiller l'attention, on se fera passer pour un couple de touristes. Judicieuse proposition à laquelle j'opine vigoureusement.

(Beijing)

Nous atterrissons à Pékin-Beijing en fin de journée. Heureusement qu'Alexia parle la langue, car j'ai l'impression qu'aucun Chinois ne connaît le moindre idiome étranger. La ville est impressionnante. L'ensemble – les voitures, les buildings, les autoroutes qui surgissent dès la sortie de l'aéroport – me paraît la maquette effarante d'une excroissance démente, où tout est plus grand, plus peuplé, plus… bizarre, comme si je venais d'arriver dans un autre monde, une autre planète, une autre galaxie. Un autre univers où l'apparence aurait des similitudes avec ce que je connais, mais où le fond, l'essence même des gens, de l'air, de l'atmosphère, serait saturé d'un parfum inédit – dans le sens d'inconnu, de radicalement différent.

Les premiers jours, nous restons à l'hôtel pendant que « Stéphane » et « Alain » partent en reconnaissance. Je reste avec Alexia. Nous nous promenons dans le grand parc entourant le palais des anciens empereurs de Chine, nous faisons connaissance. Comme nous sommes en mission, je ne tente rien de particulier même s'il me semble qu'une AS serait envisageable. Au bout de trois jours de tourisme, « Stéphane » m'emmène dans le quartier tibétain et me montre le gros homme, qui mange dans un restaurant végétarien tenu par des bouddhistes. Il est en terrasse, nous restons à l'intérieur et j'ai tout le loisir de l'observer.

– J'ai pu lui mettre une puce dans son portefeuille pour pouvoir le localiser en permanence avec le GPS.

– Incroyable, comment t'as fait ?

– J'ai payé un giton qui la lui a glissée pendant qu'ils faisaient leur petite affaire.

J'ai l'impression qu'il adresse un signe à quelqu'un derrière moi, mais il n'y a personne, que des moines en robe safran.

– Bien joué. Maintenant ça va être du gâteau.

– Ne crois pas ça. Il est plus vicieux qu'un serpent à sonnette. Et si c'est vraiment al-Qaida, on peut vite avoir chaud aux fesses.

Nous rentrons à notre hôtel où nous attendent les deux autres. Puis un mouvement GPS nous indique une visite de

Gros-Homme à la gare. Je fonce avec Alexia. L'ennui, c'est que Beijing est grand comme deux cents fois Paris, saturé de méga embouteillages. Allons-nous arriver trop tard ? Mais non, hors d'haleine nous courons d'un hall à l'autre – la gare est elle-même gigantesque, aussi grande que Roissy, avec des gens, mon Dieu, mais comment peut-il y avoir autant de gens ? – et nous finissons par le localiser devant un guichet. Il est donc enfantin de prendre ensuite des billets pour le même train. Qui va à Lhassa, Tibet.

– Il y a un train pour le Tibet ?

J'ai lu des livres sur le Tibet en prison. C'est un endroit auréolé de mystère.

– Oui, deux jours de voyage. Presque trois.

Alexia traduit avec la vendeuse.

– Si on prend le même train que lui, en deux jours, il va forcément nous voir.

– Qu'est-ce qu'on fait ?

Moment de flottement. Nous appelons nos supérieurs. « Stéphane » dit que j'ai raison, il faut prendre celui du lendemain. De toute façon, impossible de partir aujourd'hui : nous n'avons pas de visa. Il s'obtient en passant obligatoirement par une agence de voyage tibétaine, concession des Chinois aux déportés des pays conquis. Nous repartons, gyrophare dehors, en quête de ladite agence. Nous réglons ce problème administratif, puis rejoignons nos supérieurs au QG. Je m'inquiète des possibilités de fuite de Gros-Homme. « Avec le GPS, me rétorque « Alain », on le récupérera sans problème. » Je fais remarquer qu'il a cependant loisir de prendre langue avec tous les terroristes du monde. Si nous ne sommes pas derrière lui en permanence, comment pourra-t-on le coincer et remonter jusqu'au supposé commanditaire ? Mon compagnon me rassure en m'expliquant que ce genre de négociations est toujours long : si un contact est pris, ils le testeront, vérifieront ses infos et le laisseront macérer plusieurs jours avant de revenir vers lui. Je trouve ça un peu alambiqué mais me range à ses arguments. Après tout, c'est eux les pros. Pendant qu'Alexia va récupérer les visas qui doivent être prêts – un vrai binz avec les Tibétains pour les avoir en urgence –, je fais un dernier tour dans Beijing. Les architectes se sont lâchés à plaisir. Comme si l'âme de la ville, prise de folie expansionniste, n'arrivait plus à se contrôler et que les hordes de Chinois en pousse-pousse prenaient brusquement une revanche éclatante sur la modernité, sur ce modèle qu'on leur a survendu depuis l'Occident. D'après « Stéphane », qui a pas mal baroudé lui aussi, c'est comme ça dans toute une partie de l'Asie. Singapour, Djakarta et Tokyo sont tout aussi impressionnants.

(Le train)

Nous partons pour le Tibet le surlendemain au soir. « Stéphane » a réservé deux livings doubles. Il n'y avait plus de couchette et pas question de se faire le périple assis en compartiment, nous sommes tous d'accord là-dessus. Je me retrouve avec Alexia, ce qui n'est pas pour me déplaire. Mais alors que le train se met en route, j'ai un début de vertige qui ne cessera de s'accentuer au fur et à mesure de notre progression vers le toit du monde. Alexia s'en aperçoit – notre compartiment n'est pas grand mais heureusement il y a deux lits – et me demande ce qui ne va pas.

– Rien, j'ai déjà eu des étourdissements mais ce n'est pas grave. C'est nerveux.

– Tu ressens des choses ?

– Comment ça ?

– Tes centres énergétiques sont peut-être perturbés.

– Par quoi ?
– Une émotion ancienne ? Un blocage ?
– Je ne sais pas.
– Vois-tu des images ?
Elle a raison. Des scènes étranges m'envahissent l'esprit.
– Oui, de plus en plus.
C'est fantasmagorique. Des bouts de films passent devant mes yeux, comme projetés depuis mon cerveau. Ou plutôt comme si mon cerveau s'en faisait le relais. Je suis peut-être confronté au Monde-de-la-Distorsion-Temporelle auquel Hepner a plusieurs fois fait allusion.
– Des scènes historiques. Des Mongols en costume se battent avec des armures et des arcs. Des démons avec des têtes de dragons.
– Essaie de les observer avec détachement.
Je tente de suivre son conseil. Mais pendant tout notre voyage – après avoir traversé la steppe, le train roule vers les montagnes, paysage grandiose, nuées de Chinois filmant tous azimuts –, je suis traversé de flashes et surtout je ressens un appel, comme si les montagnes m'attiraient avec la promesse de secrets terribles. Mon angoisse franchit la barre de sept sur une échelle de dix.
– Ce n'est rien, ne cesse de me répéter Alexia, c'est l'altitude, ça va passer.
Elle me fait des massages, va me chercher du thé, s'occupe de moi avec une sollicitude que j'apprécie beaucoup. Une fois à Lhassa, ça se calme. Ni « Alain », ni « Stéphane » ne font allusion à l'incident. Peut-être qu'Alexia ne leur en a pas parlé, ce que je trouverais chic de sa part.

(Les vitrines du Potala)

Nous déambulons dans Lhassa. Gros-Homme est dans son hôtel. Nous ne le croisons pas. C'est heureux, car si passer inaperçu au milieu d'un paysage de touristes en Mitteleuropa est aisé, parmi des Tibétains et des Chinois, c'est plus difficile. L'été est fini. Il commence à faire froid. Lhassa est extraordinaire. Même si les Chinois ont fait main basse sur la ville, rasant et modernisant tout, un vieux quartier résiste encore, où vivent les Tibétains. Nous visitons le Potala et des temples. De vieilles Tibétaines font des prières, scandant l'air de leurs moulins et répétant inlassablement le même mantra – *OmMaNiPadMeHum*, *OmMaNiPadMeHum* –, le visage noirci par la réverbération, la crasse ou la fumée des encens. Des moines passent, un parapluie au-dessus de la tête pour se protéger du soleil encore vif au zénith.

Le soir, nouvelle info. Nous partons le lendemain pour un monastère perdu dans les montagnes. Gros-Homme devrait y retrouver des commanditaires.

– Dans un monastère ?

– Oui, il a rendez-vous avec des Chinois dans une source d'eau chaude.

– Une source d'eau chaude ?

– La source est à côté d'un monastère. Le Chinois qu'il doit voir est un militaire corrompu.

– Corrompu ?

– Oui, il veut vendre au plus offrant. C'est seulement ensuite qu'il ira voir al-Qaida.

J'avoue trouver cela un poil tiré par les cheveux. Quoique, après tout, ces histoires de services secrets, lorsqu'on les lit dans les journaux, sont toujours compliquées, voire rocambolesques. Ce qui me gêne peut-être aussi c'est de ne pas maîtriser la situation, d'avancer à l'aveugle, tributaire des « infos » que reçoit « Alain » sur son BlackBerry qu'il ne quitte pas des yeux. C'était plus cool quand j'étais tout seul, mais je suppose que cela fait partie du jeu et c'est une chance qui m'est donnée. Devenir agent secret après mon problème d'incarcération est une belle opportunité.

(Les billards hilares)

Nous fonçons sur une route flambant neuve qui sort de Lhassa. « Alain » a loué un quatre-quatre. Le seul ennui est qu'il est fourni avec chauffeur. Or il est clair que les Tibétains ne sont pas familiers depuis longtemps avec notre amie l'automobile. Le chauffeur roule à tombeau ouvert, doublant et klaxonnant ses concurrents, se rabattant in extremis lorsqu'un camion arrive en sens inverse. « C'est comme en Inde, dit Alexia, il n'y a plus qu'à prier. » « Alain », lui, qui n'est peut-être pas croyant, ne l'entend pas de cette oreille. Il intime au Tibétain de ralentir, mais l'autre fait semblant de ne pas comprendre et fonce de plus belle. Course stoppée de facto lorsque, dans un tournant, un éboulis bloque la moitié de la chaussée. Nous nous retrouvons en face d'un autre quatre-quatre également engagé qui refuse de reculer. Notre conducteur klaxonne comme un cinglé. Celui d'en face fait de même. La scène dure plusieurs minutes, capot contre capot. Aucun des deux ne veut lâcher prise. Nous nous regardons interloqués. Puis brusquement, « Alain » descend, fait le tour du véhicule, ouvre la portière du conducteur (de notre conducteur), l'arrache du volant, prend sa place et recule à toute blinde pour laisser passer l'autre quatre-quatre.

Quand nous redémarrons, notre Tibétain, remonté côté passager cette fois, reste muet de surprise. Nous traversons des villages aux maisons de pierre à moitié écroulées. Des grandes effondrées abritent des billards américains sur lesquels jouent des Tibétains, donnant une touche d'improbable supplémentaire au décor. Dans les vallées, les gens vivent encore sous des tentes au milieu du bétail, même si les motos – dont les guidons sont décorés de fils de plastique de couleur – ont remplacé les chevaux. Je me demande ce que je serais devenu si j'étais né là, au milieu des yacks. « Ceux qui ne faisaient pas les formations proposées par les moines avaient des vies misérables », croit savoir Alexia. Quand elle a parcouru le Tibet – elle a été jusqu'au mont Kailash, un lieu de pèlerinage –, elle a beaucoup sympathisé avec des femmes tibétaines. Avant les Chinois, c'est dans les lamaseries qu'il y avait une vie évoluée, sinon les conditions étaient très dures, même si les gens étaient toujours joyeux.

– Et il se passait quoi dans les lamaseries ?

– Les lamas étaient réputés pour avoir des pouvoirs, ils faisaient peur. Il y avait aussi des magiciens, soit des démons échappés des montagnes, soit des lamas mal réincarnés.

Nous arrivons à destination. Le monastère, malgré l'invasion chinoise, continue de fonctionner. Nous attendons dans la voiture pendant que « Stéphane » et Alexia prennent langue avec le chef lama. C'est bon. Nous pouvons dormir là. On nous propose des chambres à flanc de montagnes, d'anciennes cellules monacales sans doute. On nous offre de la tsampa, et pour notre toilette la source d'eau chaude fera l'affaire. Je demande s'il faut que je « planque » en guettant Gros-Homme. Mais d'après le GPS, il n'est pas encore parti de Lhassa. Le soir, promenade au clair de lune. Les étoiles brillent dans le ciel. « Ça va ? ne cesse de me demander Alexia. Tu es sûr que ça va ? Tu ne vois plus rien ? » Oui, ça va. Je ressens même une incroyable paix tissée de lumière. « Les montagnes lui disent bonjour, dit un moine qui parle anglais et nous accompagne dans notre promenade. Quand elles sont de bonne humeur, elles rient, mais parfois elles se fâchent. » La nuit, j'éprouve un profond sentiment de sérénité, nageant dans le Monde-de-la-Charmante-Clairvoyance. Malheureusement, cette bienheureuse quiétude ne dure pas, car je suis réveillé par « Stéphane », qui m'invite à le rejoindre dans le temple du monastère où les moines récitaient tout à l'heure leurs prières, dans la fumée des encens.

– Que se passe-t-il ? je demande, endormi. Gros-Homme est arrivé ?

– Non, mais c'est important de ne pas être discourtois avec nos hôtes. Ils pourraient se vexer. Je leur ai dit que vous viendriez méditer avec eux.

Plusieurs lamas en robe sont assis sur des coussins. Il me semble, mais je dois me tromper, que l'un d'eux était dans le restaurant où j'ai déjeuné avec « Stéphane ». On me fait asseoir sur un coussin. Les autres sont installés à différents endroits de la pièce, comme s'ils occupaient des places stratégiques. L'un d'eux commence à chantonner, bientôt suivi par les autres. Je me sens dédoublé. Impression de voir Hepner qui me répète « Non, non, rejette cette proposition », comme pendant les exercices d'H+ où il m'apprenait à contrôler ma pensée. Soudain, les teintures du monastère disparaissent et je me retrouve dans la chapelle de la prison, des mois auparavant. L'image est rapide mais précise. Ensuite, j'ai un vertige et je m'entends dire « Je ne me sens pas bien, je ne me sens pas bien », tandis que « Stéphane » fait signe aux moines d'arrêter. Je repars dans la chambre où Alexia vient se coller contre moi en me demandant si ça va, si je vois des choses, si je repense aux rêves avec de l'or et du pétrole. Je finis par m'endormir serré contre elle, le cerveau perturbé.

(Le désarroi des glaciers)

– C'est parce que je me fais du souci pour toi, m'explique-t-elle le lendemain. Je pratique le reiki. Quand quelqu'un a des angoisses, je les ressens.

– C'est bon, je fais, vexé. Je vais tenir le coup. C'est l'altitude.

Elle sourit. Oui, quand on n'a pas l'habitude, cela doit irriguer des zones du cerveau habituellement inactives. « Stéphane » arrive porteur d'une « info » nouvelle. Gros-Homme est en route pour Katmandou. Nouveau branle-bas de combat. Dans l'avion, assis à côté d'Alexia, je m'aperçois qu'elle lit deux livres. L'un sur le pétrole, l'autre sur l'or, ce qui coïncide de manière incroyable avec mes rêves. Quand je lui en parle, elle rit, disant que c'est un phénomène de synchronicité prouvant que nous sommes en phase. Devant, « Stéphane » et « Alain » discutent. Que peuvent-ils penser ou ressentir ? Cela doit être curieux de tremper à longueur d'année dans des histoires louches, en ayant pour objectif de sauver le monde. D'autant qu'on ne peut faire l'impasse sur un questionnement politique, Hepner s'en était ouvert plusieurs fois. L'époque est compliquée, remplie d'injustices ou de choses incompréhensibles. Nous survolons l'Himalaya. Des glaciers qui n'en finissent pas. « Tu te rends compte, s'extasie Alexia, le nombre de yogis qui ont dû méditer dans ces montagnes et atteindre des états de conscience qu'on n'imagine même pas. » À l'atterrissage, alors que l'appareil dérape, ma camarade me serre fort la main en s'excusant aussitôt de son geste, elle a peur en avion.

(Katmandou)

Katmandou est une ville charmante. Nous sommes logés dans la maison d'un antiquaire local, à l'écart de la ville. Les pièces sont remplies d'objets rituels ayant appartenu à des lamas, ainsi qu'à des Bons – les prédécesseurs des bouddhistes, plus animistes, m'explique Alexia. Des crânes humains, des instruments faits d'os, de fémurs, des poignards magiques, des statues de démons ou de déesses. Le Monde-de-la-Magie rode autour de nous. Ce que l'on pourrait considérer comme du cinéma prend ici la couleur d'une évidente réalité. Le soir, nous flânons à Thamel, le quartier occidental, qui résonne d'un *OmMaNiPadMeHum* version électro produisant – après les dévots à Lhassa et leurs moulins à prières, psalmodiant le mantra dans sa forme originelle – l'impression d'un bond dans le temps. Le boum-boum de la techno faisant vibrer *OmMaNiPadMeHum*, les syllabes sacrées, d'une tonalité différente, plus lounge, plus dansante et plus proche de l'idée qu'on pourrait se faire d'une bénédiction.

Nous dînons dans un restaurant italien. Ce n'est pas bon – l'équivalent d'une cantine de centre commercial en France, pas du tout la sympathique trattoria que j'espérais. Mais ça me change des nouilles sautées et de la tsampa auxquels nous avons eu droit. Ambiance morose. Gros-Homme a disparu. Le signal du GPS apparaît, puis réapparaît. Il serait dans la campagne, à une centaine de kilomètres de Katmandou. D'après « Alain », les « autres » pourraient avoir des brouilleurs. Plusieurs chefs de l'entité ayant été tués par les Américains – grâce à des drones téléguidés et programmés sur les téléphones portables des terroristes –, la méfiance règne. Gros-Homme a dû être fouillé, voire délesté de son téléphone. Nous décidons cependant de partir pour la zone où le signal émet par instants. Nous nous ferons passer pour des ethnologues effectuant une enquête sur les guérisseurs locaux, au cas où des espions surveilleraient le coin. Finalement, alors que nous préparons nos sacs, l'opération est annulée, Gros-Homme est à l'aéroport. Nous veillons, sans nouvelle info. Je m'endors dans la pièce face au crâne de Bon qu'a peut-être incarné un magicien, ou un sorcier, ou un type quelconque dont le sorcier ou le magicien a récupéré la dépouille. À moins qu'il ne l'ait tué pour se l'approprier. D'immenses tanka – des peintures représentant des scènes de mythologie religieuse, des mandalas, ou des mantras, ces formes géométriques que les lamas utilisent pour leurs sortilèges, Alexia me l'explique – sont accrochés aux murs.

Je somnole, bercé par ces images exotiques, quand il me semble percevoir une discussion entre Alexia et « Stéphane ». « Vous vous y êtes engagée. – Pour être proche et faire en sorte qu'il soit en confiance, pas pour coucher. – Ne jouons pas sur les mots, vous savez très bien ce qu'il en était avant de partir. » Dans un demi-rêve, je vois aussi Hepner qui me reparle de piège, qui m'intime de rester vigilant, et les mots « Sfatu 22 » s'affichent sur un écran invisible avec une devise, « vendre et s'enrichir », qui s'entrelace en lettres d'or. Je me réveille, sentant un corps se glisser contre moi. C'est Alexia. Elle n'arrive pas à dormir. Elle a froid. Ce qui est vrai : les Népalais n'ont pas l'air de connaître le chauffage, ni les cheminées. « Tu dors ? – Non, je dis, pas vraiment. Je rêvais à cette histoire de crâne. Tu imagines qu'il y a eu quelqu'un dedans ? » Elle me dit de ne pas penser à ça. C'est certainement de la sorcellerie, ou alors pour des rituels qui permettent de se jouer de la mort, je n'ai pas à être effrayé. En fait, je ne comprends pas ce qu'elle veut, car je ne la sens pas évoluer dans le Monde-de-la-Sensualité. J'ai même l'impression qu'elle se force, qu'elle joue un jeu que je ne comprends pas. Il ne se passe donc rien, en tout cas rien de sexuel. En revanche, j'ai des rêves de plus en plus violents, comme si le crâne me parlait, m'invitait à l'accompagner dans les montagnes, me présentait des nâgas, ces sortes de serpent représentant l'énergie, issus du monde souterrain, gardiens-démons de trésors fabuleux. Je vois l'or, des montagnes d'or. À cet instant, je ressens un barrage : quelqu'un que je ne distingue pas m'interdit d'aller plus loin. J'entends « La connaissance n'est pas à vendre ». Je me réveille anxieux de cet avertissement. Alexia est collée contre moi. Elle ne dort pas. Je lui raconte mon rêve. Elle flippe aussi, me dit de rester calme, de visualiser des propositions positives. Finalement, elle passe sa main partout, me fait des caresses. Dans un mélange de chaleur vaguement érotisée, j'arrive à me rendormir.

(Les étoiles noires)

Nous décollons pour l'Inde. Gros-Homme est localisé avec certitude à Varanasi. L'ambiance y est différente. L'Himalaya semble loin. Il y a des gens partout, avec des rickshaws, des cortèges funéraires, les croyants venant de l'Inde entière pour se faire incinérer afin d'obtenir de bonnes réincarnations. Avec la fatigue qui s'accumule, j'ai vite le tournis. Nous prenons des chambres dans une guest-house, puis « Alain » m'informe que Gros-Homme a été vu dans l'antre d'une secte, vers les gaths, et qu'il faut y aller.

– On ne risque pas d'éveiller les soupçons ?

– Non, des Occidentaux y viennent pour se faire initier. Nous allons faire pareil.

– C'est un véritable périple mystique, j'ironise, alors qu'Alexia s'installe d'office dans ma chambre. Si cela continue, on va finir illuminés.

– Ne plaisante pas trop, grince « Alain », parlant d'al-Qaida, si tu tombais entre leurs mains tu ne serais pas fier. Et si ce salopard arrive à leur livrer le dossier, on risque d'avoir un sérieux problème sur les bras.

Départ en rickshaw puis à pied, le rickshaw ne pouvant plus passer dans les ruelles étroites. Un Indien qu'« Alain » a dû recruter nous conduit. Nous arrivons à une maison, qui se révèle un temple – j'ai l'impression que les maisons sont en réalité toutes plus ou moins des temples – où des hommes aux visages noirs, le front barré de maquillages, nous accueillent d'un œil méfiant. Alexia parlent avec eux. Je ne comprends pas ce qu'ils racontent. Un autre type, peut-être un chef, sort de derrière une tenture – tout cela ressemble à un film de série B avec les « Hindous », le côté « vrai » en prime – et nous observe sans rien dire. Ou plutôt m'observe, moi. Les autres l'interrogent du regard. Il fait non de la tête. Alexia doit lui demander pourquoi et insister, car il répond alors en anglais, en s'énervant « *He has a Dark Star, no good, no good !* », en faisant un geste pour que nous sortions, comme si j'étais impur, ou pire encore. Cela me rappelle la scène affreuse à Amsterdam dans l'espèce de réunion de tarés.

– Qu'est-ce qui se passe ? je demande. On n'est pas de la bonne caste ? Pourtant je suis végétarien.

– Non, dit « Stéphane » qui a l'air embêté. Ils doivent se méfier à cause du Gros. Ça prouve en tout cas qu'il y a bien quelque chose qui est en train de se passer.

Au retour à l'hôtel, cellule de crise : j'entends « Alain » perdre patience avec « Stéphane ». Je perçois des « ça ne rime à rien », « on court après du vent », « je croyais que tu étais sûr de toi ». Il parle d'Alexia et de moi. J'imagine que cela n'est pas convenable d'avoir des AS pendant les missions. À la première occasion, je mettrai les choses au point : rien ne s'est passé entre nous. Je comprends très bien que cela parasiterait la bonne marche de nos affaires. « OK, dit « Alain », faisons encore un essai, sinon on annule tout. »

(Rishikesh)

Deux jours plus tard, nous sommes à Rishikesh – littéralement, la ville des voyants. Gros-Homme se reposerait dans un ashram. Je suis missionné pour aller « au contact ». Tant pis si je me grille, mais il faut en avoir le cœur net : je vais prendre un cours particulier avec un gourou spécialisé en yoga. Alexia m'accompagne. Cette fois, pas d'accueil déplaisant, de Dark Star ou d'Hindou grognon. Nous prenons place dans une grande pièce blanche où un professeur nous invite à quelques exercices de respiration. D'abord avec une narine, en faisant descendre le souffle par un côté de nos canaux énergétiques, puis avec l'autre. Je ressens des choses bizarres, comme si mon circuit interne recevait une décharge. Des couleurs partout. Des flashes de lumière. Je tombe en avant, parcouru par une électricité aussi agréable qu'insupportable. Dans un demi-brouillard, Alexia s'avance vers moi, son téléphone à la main. Je l'entends dire « Venez vite, il est tombé dans les pommes, il est tombé dans les pommes ». Je flotte dans le Monde-de-l'Or, dans les profondeurs de la Terre où scintillent le métal précieux et sa bienfaisante lumière.

Chapitre 9

(La couleur du sable)

L'avion se pose sur le tarmac de l'aéroport du Caire. Je suis resté inconscient presque quarante-huit heures, dans un état proche de la catalepsie. D'après le type de l'ashram, mon malaise serait dû à ma trop grande réceptivité, qui a permis un afflux soudain de la Kundalinî, une énergie située à la base de la colonne vertébrale dont l'irruption dans les chakras peut causer de graves perturbations. Pour ma part, il me semble avoir flotté un long moment dans le Monde-des-Ténèbres, ballotté dans les méandres d'une affolante question : y a-t-il de l'or ou du pétrole ? Des déités infernales surgissaient dans des rugissements de dragons courroucés, je marchais dans une forêt effrayante. La clairière était introuvable et le labyrinthe tel, que je savais la moindre tentative vaine. Alors que j'étais sur le point de me résigner à cette perdition, j'ai eu un sursaut. J'ai repensé au *Seigneur des anneaux* – lu en prison pendant ma première année d'incarcération, bien avant que je rencontre Hepner. Au passage où l'horrible araignée manque dévorer Frodon et Sam, finalement sauvés grâce à leur détermination, à la lumière que leur a donnée Galadriel et à l'épée de Bilbon. Fort de ce souvenir, j'ai pu à me frayer un chemin au milieu des ronces et des épines et ouvrir les yeux dans la guest-house où Alexia me veillait.

(L'enlèvement de Gros-Homme)

Ces deux jours dans le Monde-de-la-Réalité-qui-Vacille ont été – j'en ai le récit par mes camarades – riches en péripéties. Après mon évanouissement, des émissaires d'al-Qaida seront localisés autour de Gros-Homme et, pour des raisons qu'« Alain » ne comprend visiblement pas très bien lui-même, il a été décidé – au plus haut niveau – « d'arrêter la plaisanterie ».

– C'est-à-dire ?

– Une autre équipe était aussi sur le coup. Ils ont intercepté Gros et l'ont dérouté vers un de nos centres en Égypte.

– Il y avait une autre équipe ?

– Oui, des spécialistes. Nous étions là pour déblayer le terrain.

Gros-Homme, je suppose drogué et ligoté, a donc été déporté vers Le Caire en avion militaire dans un centre spécial, une « clinique » où nous le rejoignons derechef. Alexia et moi allons nous prêter à un stratagème : nous faire passer pour des prisonniers, dans l'espoir de gagner sa confiance. J'en profiterai pour effectuer une série de tests médicaux. Le « service », inquiet, tenant à me garder en bonne forme. J'avoue être touché par cette attention et en éprouver de la gratitude. C'est aussi rassurant de faire partie d'un groupe où le sort des uns et des autres ne laisse personne indifférent. Même si j'ai toujours été réticent à ces histoires de « l'armée est une grande famille » et tous ces trucs que je trouve de la foutaise, là c'est différent. Certainement d'ailleurs parce que je le vis de l'intérieur, en tant qu'agent secret.

(La clinique)

Nous sortons de l'aéroport. L'ambiance change de l'Inde. Nous sommes dans un pays arabe.

– Mais avec al-Qaida, ce n'est pas gênant d'être là ?

– Justement, c'est fait exprès. C'est une base en territoire avancé qui nous permet de rayonner sur le périmètre.

Je comprends, au ton de sa voix, qu'il ne peut m'en dire plus et que c'est vraiment, il me le glisse, « chaud de chaud ». Nous traversons Le Caire. Embouteillage infernal. Klaxon en tous sens. Conduite anarchique, mais après l'Inde je suis rodé. Nous quittons le centre-ville pour nous rapprocher du site des pyramides – endroit historiquement fort, mais aussi, Hepner m'en a souvent parlé, centre de connaissance et d'ésotérisme. J'espère qu'il me sera possible de faire du tourisme et d'aller les visiter. Nous arrivons dans un quartier où les masures jouxtent quelques villas, dont une entourée d'un mur hérissé de tessons de bouteilles et protégée par une batterie de caméras : la « clinique ». « Alain » m'explique que Gros-Homme est dans une chambre-cellule et que je vais d'abord passer des examens avant que nous mettions à exécution notre plan.

– Alexia et toi vous ferez passer pour des sympathisants d'al-Qaida arrêtés par nos services et tu lui proposeras de t'enfuir ou de transmettre un message.

La « clinique » est plus vaste qu'il n'y paraît au premier abord. Le mur d'enceinte cache un parc et plusieurs constructions. Une grande bâtisse principale, une maison de gardien et un garage. Des gens se promènent dans le parc. Lorsqu'ils nous voient, certains d'entre eux se mettent à proférer des insultes. Il doit s'agir de prisonniers, encore qu'il semble bizarre de les laisser se promener, mais je sais aussi maintenant que le Monde-des-Espions obéit à des règles mystérieuses. Et pour tout dire, je suis encore sonné de ma perte de connaissance, du voyage et de toute cette cavalcade, si bien que je n'y prête pas vraiment attention.

« Stéphane » n'est pas avec nous, il est rentré en France. Un nouveau « collègue » nous a rejoints. Il est médecin. C'est lui qui pratiquera les examens et nous aidera à interroger Gros-Homme le cas échéant.

– Sérum de vérité ? je demande, histoire d'être dans le coup.

– Oui, mais version actualisée.

Le médecin s'appelle « Serge ». Il me dit que d'après ce que lui a expliqué « Alain », mon état requiert un certain nombre d'examens. Heureusement, le centre est une ancienne clinique qui accueillait la bourgeoise égyptienne. Il est équipé d'un matériel ultra perfectionné, y compris des scanners à la pointe de l'imagerie cérébrale, ce qui permettra de mieux comprendre ce qui m'arrive.

– Ah, je fais, flippant carrément – *Tony Soprano après son évanouissement dû aux canards, en train de passer l'examen et demandant à sa femme s'il a une tumeur* –, vous pensez que cela peut-être grave ?

– J'espère que non. Mais un contrôle permet souvent d'éradiquer un problème qui peut avoir des conséquences fâcheuses si on ne s'en occupe pas à temps.

Sur ces paroles pleines de bon sens, je m'installe dans une chambre. Je suis invité à me dévêtir et à enfiler un pyjama de malade, ce qui me met aussitôt mal à l'aise et dans une disposition d'esprit proche de la paranoïa. Et si tout cela recelait un piège ? Si les intentions d'« Alain » étaient autres que celles qu'il prétend ? Il me semble que Hepner aurait désapprouvé ma témérité. Qu'à ma place, il aurait été plus méfiant, davantage sur ses gardes. Alexia vient me raser la tête, opération nécessaire aux examens. J'essaie de faire fonctionner mon H+ intuition, sans succès. Sa présence me perturbe. D'autant qu'en plus de me raser les cheveux, elle me masse les épaules, puis passe ses mains partout. Si cela apaise mes craintes, à la vue de mes boucles de cheveux jonchant le sol l'image de Samson et Dalila s'impose à mon esprit.

– N'aie pas peur, ils sont vraiment pointus et la clinique est équipée du meilleur matériel.

Je ne sais pas si j'ai peur. Peut-être un peu. En même temps, je ne pense pas avoir quelque chose de grave. Je me sens en bonne santé. Les malaises que j'ai eus me paraissent d'un autre ordre, en rapport avec Hepner, et peuvent, selon moi, difficilement être associés à une manifestation négative. C'est certainement des résistances dans mon cerveau. Les mains d'Alexia continuent leurs entortillements, descendant de plus en plus bas et finissant par provoquer une excitation franchement sexuelle, tandis qu'elle me chuchote à l'oreille « Tout va bien se passer, je resterai près de toi, tout va bien se passer », comme une berceuse qu'on murmurerait à un enfant pour qu'il vous fiche la paix. Puis elle me laisse et je reste seul, dans mon pyjama de malade, à regarder le plafond et à essayer de comprendre, dans un effort philosophique intense, par quel jeu du destin j'ai pu passer du vol d'une voiture avec des godemichés à l'épopée d'Extramill, aux années de prison, à la fête à Cannes et à l'appartement de la place des Vosges. Peut-être tout cela était-il nécessaire pour me permettre d'être un jour agent secret. Je me demande si j'ai trouvé ma véritable vocation, ou si cela n'est encore qu'un passage vers autre chose que je n'imagine pas.

Ma fenêtre donne sur le jardin. Il y a des arbres. Des oiseaux chantent. Je suppose que c'est là le delta du Nil et son limon fertile. J'ai vu un documentaire en prison sur le sujet. Les Égyptiens avaient un système de croyance avec le soleil. Comme rien ne se passe, qu'il fait beau et que, même si je dois passer des examens, je me sens en pleine forme, je décide d'aller faire un petit tour, histoire de profiter de la chaleur de Rê. Et plutôt que de déranger les autres, je passe par la fenêtre que je n'ai, comme ma chambre est au rez-de-chaussée, qu'à enjamber. Me voilà donc en train de me promener dans le parc, savourant la douceur de l'air et goûtant les joies de me sentir à l'étranger en toute quiétude. C'est très agréable. J'ai l'impression d'être en vacances. Soudain, au détour d'une allée, tels des fantômes, un groupe de silhouettes apparaît, m'entoure, commence à me toucher et à m'assaillir de questions.

– Non, il est réel. Ce n'est pas un extoplasme-créature.

– Excusez-nous, mais avec les attaques des autres, on préfère être sur nos gardes.

– Vous venez nous rejoindre pour préparer la riposte ?

– Comment ça se passe dehors ? Les gens se rendent compte, ou l'aveuglément prédomine toujours ?

Ils sont une petite dizaine de personnes avec des airs, mon Dieu ! On dirait des zombis ou des déments. Pas tellement dans leurs aspects – ils ressemblent plutôt à des illuminés babas cool –, mais dans l'impression que leur contact procure. Pensant qu'il s'agit peut-être de prisonniers apparentés à al-Qaida, je préfère rester sobre dans mes réponses.

– Toujours pareil, mais les choses vont certainement évoluer.

Je me dis aussi qu'ils ont peut-être des informations et que s'ils me prennent pour l'un des leurs, il y aura matière à obtenir quelques infos. Je tente donc ma chance et demande d'un ton anodin « Et vous, vous savez s'il y a des choses qui se préparent en ce moment ? », ce qui déclenche un concert de vociférations. Non, ils n'ont pas la moindre info et commencent à en avoir marre d'être là. Ils n'arrêtent pas de faire leurs exercices, ce qui les projette dans des Mondes-de-plus-en-plus-Sombres. Le pire étant qu'ils ne voient même pas l'adversaire.

– Pourtant on dit les formules, dit une femme. Mais comment être certaine qu'elles font de l'effet ?

– Moi je les sens, dit un autre. Leurs vaisseaux doivent être stationnés pas loin parce que j'ai eu des maux de tête toute la nuit.

– Tu crois que tu pourrais les localiser ? je questionne, prenant dans le feu de l'interrogatoire des intonations d'En-Retrait.

– Vers Betelgeuse, répond une autre. C'est toujours vers Betelgeuse, ça, j'en suis sûre.

Je n'ai pas le temps de poursuivre, car « Alain », arrivé en courant, s'interpose entre la troupe bizarre et moi, me coupant dans mon élan policier d'un « Mais qu'est-ce que tu fais là ? Pourquoi t'es sorti ? ». Il m'attire vers la maison en me tenant fermement comme si c'était moi le malfaisant, me réprimandant d'avoir quitté ma chambre. Devant mon étonnement face à la brusquerie de sa réaction, il se reprend et m'explique que c'est hyper chaud d'hyper chaud et qu'on n'a pas le droit à l'erreur. « C'est des détenus qu'on fait mariner en attendant qu'ils craquent. Si tu parles avec eux ça peut tout fiche en l'air. »

– Des terroristes ?

– Évidemment, la petite bonne femme qui ne paie pas de mine était un des cerveaux du 11 Septembre. Et l'autre type a failli se faire péter devant Notre-Dame avec dix kilos d'explosifs sur son Vélib'.

Je réintègre ma chambre, penaud. Heureusement, pour tromper mon ennui, Alexia vient à la rescousse et nous passons la soirée à parler de choses et d'autres jusqu'à ce que « Serge » m'annonce que les examens commenceront demain et qu'en attendant je dois prendre un décontractant.

– C'est marrant, je dis, il a exactement la même forme que ce que me donnait le type avec qui j'étais en prison.

– Ah, fait Alexia. C'est normal, beaucoup de médicaments sont fabriqués industriellement, surtout depuis qu'il y a les génériques.

Le cachet – assez gros, avec un sigle en forme d'étoile dessus – ressemble trait pour trait au comprimé d'H+ auquel j'avais droit sous la férule de Hepner. Même le goût est semblable. J'en ai pris encore quelques fois après ma sortie, comme me l'avait conseillé Hepner, puis j'ai arrêté. Je l'avale en faisant la grimace. Alexia me félicite, comme un enfant qui viendrait enfin de consentir à accepter son antibiotique. « Je serais bien restée avec toi, mais il te faut du calme, une agitation peut fausser les examens. » Elle part en fermant les volets et la porte à clef – à cause des tarés qui rodent dans le jardin et dans les couloirs – et me laisse seul à mes pensées qui prennent un tour de plus en plus curieux. Comme dans le train vers Lhassa, j'imagine des scènes du passé. Des scènes historiques en rapport avec l'Inde, la Chine, le Népal, les régions que nous avons visitées lors de notre périple, mais avec une précision inaccoutumée, comme un film à la télévision. Je finis par m'endormir, dans un sommeil entrecoupé de cris et de hurlements. Il me semble comprendre « Non, vous n'avez rien à faire sur notre planète, partez, partez ! ». Puis le silence. Je me dis qu'ils doivent peut-être les torturer. Cette pensée me glace d'effroi. Je n'arrive pas à me rendormir. Je me demande où je suis vraiment, s'il s'agit d'un centre comme cet endroit où les Américains interrogeaient les terroristes, voire quelque chose de pire encore.

(La fatigue des fleurs)

Au matin, je n'ai pas le droit de petit-déjeuner, car il faut être à jeun pour les examens. Je me sens anxieux, apeuré même : personne ne sait où je suis. Si « Alain » avait envie de me zigouiller parce que j'en sais trop ou pour une obscure raison de services secrets, il pourrait le faire en toute impunité, sans avoir à s'inquiéter des réactions de ma famille. Je ne peux m'empêcher de pouffer, car la seule famille que je n'ai jamais eue, finalement, c'est Marie-Pierre. C'est peu, en tout cas pas suffisant pour faire vraiment office de famille. Ma vraie famille ! Je glousse nerveusement sur le chariot qui m'emmène à la salle d'examen. Alexia a un regard inquiet, comme si elle craignait que je ne perde la boule. Elle me reprend la main avec une certaine répugnance, me semble-t-il, mais en essayant d'y mettre de la chaleur. « Ne t'inquiète pas, tout va bien se passer. » J'ai l'impression qu'elle en a ras le bol, qu'elle voudrait que cela cesse et qu'elle est gênée de faire ce qu'elle fait, et l'image que j'ai d'elle à cet instant est celle d'une fleur fatiguée.

(Out the body)

On m'installe dans une pièce qui ressemble à une salle d'opération. « Serge » me demande si j'ai peur et je dis non alors que ce n'est pas vrai : j'ai peur, mais j'essaie de ne pas le montrer, de ne pas me laisser aspirer dans le Monde-de-la-

Frayeur qui, Hepner me l'a expliqué, n'est rien d'autre qu'un manque de confiance dans les forces vives de l'Univers et un manque de confiance en soi-même. Cette pensée me rassérène, me détend presque et quand les électrodes de métal froid se posent sur mon crâne rasé, je souris. « Il y a une scène comme ça dans les *Soprano*, c'est très drôle, Tony Soprano avec sa femme. » Mais ni « Serge » ni Alexia ne me répondent, comme si le sens de l'humour les avait désertés.

– Hé, c'est si grave que ça ? Il se passe quelque chose ?

– Non, fait « Serge », se forçant à sourire. Tout va bien, a priori pas de problème, on va juste te plonger dans un sommeil artificiel de façon à étudier la régularité de tes ondes cérébrales, mais d'ores et déjà d'après ce que je vois tout a l'air normal.

– Ah, cool, ça m'ennuierait d'avoir une saloperie.

– Mais avant il y a un exercice avec de la musique.

« Serge » me passe des lunettes, comme pour la plongée, et un casque sur les oreilles. Une lumière aveuglante m'irradie la rétine tandis qu'un son binaural me chahute le cerveau, activant le psychotrope. « Hé, je refais, c'est comme les exercices d'H+, c'est exactement pareil ! » Je n'ai pas le temps de réfléchir plus avant à cette incroyable coïncidence que pensées et images paraissent affluer sur mon écran mental avec une vitesse quasi insoutenable tandis que je sens l'effet de la drogue m'envahir. Je sombre dans le noir complet. Je ne sais alors pas combien de temps s'écoule, mais, comme quand j'ai perdu connaissance à Rishikesh, une part de moi qui se noie finit par reprendre un semblant de conscience. J'ai la sensation de flotter en apesanteur, de voguer telle une brume légère dans les couloirs de la clinique. C'est une sensation des plus curieuses, je ne me souviens pas l'avoir expérimentée. Je ne me pose pas la question de savoir si je suis mort. En fait, certainement pas. Je dois plutôt être dans une inédite coulisse du monde qu'il me serait possible de visiter. Je me demande quoi faire quand je me sens soudain demandé à un autre endroit de la clinique. Aspiré par un toboggan immatériel, comme si je me matérialisais instantanément à distance – les deux sensations pouvant paraître antinomiques, mais c'est ce que je ressens, confronté probablement à une variabilité de l'espace et du temps –, j'apparais dans la pièce télé de la clinique où sont réunis les gens bizarres croisés dans le jardin.

– Il est là, dit une femme, je le sens.

– Tu peux communiquer avec lui ?

– Je vais essayer.

Un halo sort de la femme et vient à ma rencontre. Je perçois, comme si j'entendais d'une façon étrange, un « Qui es-tu ? ». Question pertinente à laquelle je réponds de la même manière – je pense qu'avoir vu des films avec des fantômes m'aide – en émettant ma réponse plus que je ne la dis.

– La personne que vous avez vue tout à l'heure dans le jardin.

– Comment t'appelles-tu ?

– Gaston.

Le léger halo disparaît. Madame Irma revient parmi ses amis.

– C'est bien lui. Il s'appelle Gaston.

Un type avec un tee-shirt portant une inscription, qui me paraît inca ou aztèque, s'en mêle.

– Demande-lui quel rôle il tient dans la pièce.

– Tu nous embêtes avec ton histoire de pièce, cette façon que tu as de toujours vouloir te distancier nous place complètement dans l'irréalité.

– S'il est là, c'est qu'il a une fonction, renchérit un autre, Mickaël a raison.

– Qu'est-ce que ça peut faire de toute façon, l'important étant : est-il avec eux ou pas ?

– Je ne l'ai pas senti hostile. Il a plutôt l'air perdu.

– Méfions-nous des apparences, tu sais de quoi « ils » sont capables.

– Cela voudrait dire qu'il s'agit encore d'une épreuve.

– N'oublions pas que nous sommes livrés à nous-mêmes. S'il s'agit d'un coup fourré des « autres », on risque de le payer très cher.

– Vous planez avec vos histoires, vous voyez qu'on s'est foutu de notre gueule. Il n'y a pas plus d'extraterrestres que de beurre en broche.

– Si tu es si malin, pourquoi tu ne sors pas et ne retournes pas en France ?

– C'est vrai, si tu penses que c'est de la foutaise, pourquoi tu restes ? C'est bien parce que tu sais que c'est vrai, mais tu préfères croire que c'est du délire. Parce que ça rassure ton Moi.

Je peux les entendre et les comprendre, alors qu'ils doivent transiter par Madame Irma. Peut-être sent-elle que je commence à m'ennuyer, car elle revient vers moi et reprend son questionnaire.

– As-tu des informations concernant 2012 ?

– Non, je réponds, paraphrasant Hepner, mais je pense que c'est un alibi pour les lâches qui ne veulent pas prendre leur existence en main.

Ma réponse les ébranle.

– Comment ça ?

– C'est bien pratique de penser que tout va s'arrêter et qu'il n'y a rien à faire. Cela permet toutes les dérives.

– Justement, nous sommes ici pour lutter contre le mal.

Le silence s'installe, puis Madame Irma veut savoir si j'ai une question à leur poser.

– Oui, je dis, pensant à l'enquête. Faites-vous partie d'al-Qaida et savez-vous si Gros-Homme a vendu des secrets ?

Cela les plonge dans la perplexité. Manifestement, ils ne sont pas au courant de quoi que ce soit. C'est bon à savoir, cela évitera de perdre du temps avec des interrogatoires sans intérêt. Il me semble même qu'ils ont la trouille. Sur l'injonction d'une des femmes – elle parle d'esprit farceur sans doute néfaste –, Madame Irma rompt le cercle qui permettait la communication et me rend la liberté. Je flotte maintenant dans les couloirs de la clinique. Ne sachant pas trop quoi faire, c'est naturellement que, poursuivant mes investigations, je pénètre dans la cellule de Gros-Homme. Cellule d'ailleurs toute relative, car il est allongé sur son lit en train de téléphoner. D'abord, je pense qu'il doit s'agit d'un stratagème – ils ont dû lui laisser un téléphone pour voir qui il contacterait. Mais en écoutant la conversation, je réalise brusquement que quelque chose ne colle pas.

(Les artifices de la mascarade)

– Non, pas tout de suite. Ils ont encore besoin de moi pour leur mascarade... Écoute, je n'en sais rien, du moment que l'argent a été viré... Dis-leur que je ne serai pas là pour les répétitions... Je ne sais pas je te dis, d'abord on était en Chine, après au Tibet, après en Inde... Mais non, je ne suis pas avec une autre femme, qu'est-ce que tu racontes ? Je suis dans une sinistre chambre de la banlieue du Caire et je n'ai même pas le droit de sortir pour aller boire un café.

Ainsi Gros-Homme n'est pas gay, c'est un acteur. Un acteur, je me répète en flottant dans le couloir jusqu'à la chambre suivante où Alexia est elle aussi en train de téléphoner.

– Non, il ne s'est pas passé quelque chose. J'ai dormi avec lui, mais on n'a pas eu de relation. Mais non, je te promets. Je ne pouvais pas faire autrement. Comment ça, pourquoi je leur obéis ? Mais tu sais bien pourquoi. Je te l'ai expliqué. De toute façon, il ne me plaît pas. Allô, allô… tu m'entends ?

Le mystérieux interlocuteur a raccroché, ou alors il n'y a plus de réseau, car la discussion s'interrompt. Cette incursion dans les coulisses de la réalité est décidément pleine de surprises. Heureusement, l'état dans lequel je flotte n'est pas propice à l'émotion. Il me permet cependant d'enregistrer les informations sans avoir de réactions affectives particulières. Je poursuis mes pérégrinations de fantôme jusqu'à l'étage où se trouvent les salles de soins. Je traverse plusieurs pièces en chantier. Des outils traînent par terre. Une scie circulaire sur batterie est branchée dans un coin. Des outils et des pots de peinture sont laissés çà et là. Je traverse la pharmacie, qui est bourrée de drogues – il y a plein de flacons de GHB. Mes deux collègues sont en train de consulter des écrans sur lesquels s'affichent des courbes et des graphiques.

– Ça y est, commente « Serge », le cerveau commence à cracher les infos.

– C'est bon signe ?

– Jusqu'à présent oui.

– « Ils » sont en route ?

– Oui, tu iras les récupérer à l'aéroport.

– Toutes les infos seront sorties d'ici là ? Il vaudrait mieux éviter qu'ils viennent pour rien.

– À cette cadence, normalement oui. Au moins de quoi vérifier que l'opération est viable.

– Et son cerveau ne risque pas de lâcher ?

– C'était un risque à courir, mais Hepner l'avait bien préparé.

– Sans vouloir trop faire état de mon cas personnel, tu n'oublieras pas de leur rappeler le rôle que j'ai joué.

– Si tout va à son terme, je crois que personne ne sera oublié.

– C'est si énorme que ça ?

– Oui. Hepner était un connard, mais il avait mis le doigt sur du lourd.

J'ai beau, en tant que fantôme, ne pas être assujetti aux inconvénients de mon Moi émotionnel, les informations sont si surprenantes que je ressens des distorsions qui viennent strier désagréablement mon costume de buée.

– C'est prudent que tu restes seul avec lui ?

– A priori, il ne peut rien se passer, c'est comme s'il était dans le coma.

Là-dessus, les machines se mettent à clignoter et de nouveaux graphiques apparaissent suscitant une frénésie chez « Serge » qui se met à pianoter fébrilement sur son ordi, comparant les données produites par les écrans à d'autres tableaux, lançant des calculs, tandis que, sans trop comprendre, « Alain » regarde par-dessus son épaule et s'extasie de confiance. « Alors, c'est vraiment du lourd, c'est vraiment du lourd ? » « Serge », concentré, hoche la tête. « Je confirme, c'est abyssal, "ils" vont sauter au plafond. » Cette nouvelle semble les réjouir profondément.

– Je vais le faire entrer en phase 2.

– Tu crois ?

– Oui, on est au bord d'avoir les infos.

Je les vois qui manipulent des curseurs comme s'ils mixaient sur une table de DJ. Je ressens alors quelque chose d'incroyable. Je suis à la fois avec eux, en train de les regarder, et en même temps dans mon corps, l'esprit irradié de lumière, les oreilles bastonnées de binauraux. Je glisse le long d'un toboggan en 3D où des scènes passent devant mes yeux comme un théâtre inouï sur lequel seraient enregistrés des événements condensés de notre histoire. S'ensuit un énorme puits noir sur lequel une bulle monte et descend, provoquant des oscillations qui mettent « Serge » en transe. Puis une échelle dans une mine d'or sur laquelle je dois grimper, redescendre, regrimper à la manière d'un personnage de dessin animé devenu fou. J'entends à ce moment-là la voix de Hepner qui me dit d'arrêter tant que je n'entendrais pas le sésame. « Merde, dit « Serge », ça coince, il vaut mieux le laisser reposer, pas la peine d'être trop pressé. » Le show des lasers se calme, le concert aussi et je plonge dans le sommeil.

(Gros-Homme)

Quand je reviens à moi, je suis allongé dans ma chambre. Je n'entends aucun bruit. Personne dans les parages, apparemment. Je me souviens instantanément de tout. Qui plus est, je me sens en pleine forme. Comme si cette petite séance m'avait connecté à des parties de moi-même que j'ignorais jusque-là, remplies d'énergie. L'équation est simple. Les salopards sont en train de me sucer le cerveau pour une raison que j'ignore. Mais comme j'ai encore un doute, je me dis qu'il faut en avoir le cœur net. Alors je bondis. Aussi silencieux qu'un ninja sur le sentier de la guerre, je me faufile jusqu'aux pièces en chantier et me saisis de la scie circulaire, bénissant la technologie qui a produit des machines aussi sophistiquées, capables de fonctionner grâce à une alimentation mobile. Ensuite, je me rends au « labo », également désert. Je me remplis les poches de dosettes de somnifère et surtout de GHB.

Ma première visite est pour Gros-Homme, qui se détend avec une revue pornographique et frôle le début d'infarctus en me voyant apparaître, mon engin à la main.

– T'as une demi-seconde pour me dire ce que tu fais là et qui t'a embauché.

L'avantage, c'est que la scie circulaire est plus persuasive qu'un pistolet. L'effet est immédiat.

– Hé, il bredouille, hé mais qu'est-ce qui se passe ?

J'approche la lame de son visage. Il a tellement peur qu'il n'arrive pas à me répondre. Je crois même qu'il se chie dessus. Il articule juste « comédie, comédiens », ce qui me suffit. C'est donc bien la réalité que j'ai vue et pas un rêve. Cela me rend fou. Je suis au bord de le découper illico, comme si la séance de laser ajoutée aux révélations m'avait transformé en loup-garou hystérique. Mais j'arrive à me calmer et je lui dis « OK, OK, tu vas boire ça, c'est un somnifère léger, c'est pour que tu dormes, je ne te ferai pas de mal ». Il s'exécute en tremblant tellement qu'il en renverse partout, si bien que je suis obligé de lui donner une autre dosette. J'attends à côté de lui. L'effet est rapide : une dizaine de minutes plus tard, il ronfle, moment mis à profit pour échafauder un plan. Même si je ne mesure pas complètement ce qu'impliquent mes découvertes, une chose est certaine : ma situation est critique. La première chose est d'obtenir l'explication détaillée de cette sorcellerie. La deuxième certitude est de ficher le camp de la clinique du docteur Mabuse. Mon cerveau a dû subir un choc, car je m'entends maintenant penser comme un robot. Un robot super efficace. Question : comment partir ? Réponse : *voiture, garage, « Alain » va chercher les « autres »*. Quelques instants plus tard, je suis tapi dans l'ombre du bâtiment où est garée la voiture de location. Question : comment les neutraliser ? Réponse : *sac de ciment au-dessus de la porte*. Je grimpe sur l'échelle qui se trouve là, ma scie toujours à la main, et positionne un sac de ciment en équilibre, puis je m'assieds et attends. L'obscurité est saturée d'éclairs de couleur, comme si j'avais basculé dans la huitième dimension.

Une heure environ se passe, puis un bruit se fait entendre. C'est « Alain », accompagné d'Alexia. Il se plaint qu'on peut les laisser en plan et que « Serge » peut s'attribuer tout le mérite de l'opération auprès des Sphères. Alexia flippe à cause de son copain. Je le laisse s'avancer juste ce qu'il faut. Le sac est pile au-dessus de la portière qu'il doit ouvrir.

– Et s'il meurt ? s'inquiète Alexia.

– Qui ça ? Le cobaye ? Franchement, je ne suis pas sûr que cela soit une grosse perte, c'est un taulard.

– Toute vie doit être sacrée.

– Ça, c'est le manuel. Dans les faits, il y a des enjeux qui transcendent ce genre de question.

Le sac de ciment l'atteint pile au moment où sa main se pose sur la poignée. Je dégringole à mon tour tel un chimpanzé courroucé, lui refracassant le coude dans mon élan. Il gît à terre. Là, je deviens presque fou. Je le secoue comme un prunier et lui colle plusieurs coups de pied alors qu'il gémit comme une loque en se tenant l'épaule.

– Putain, t'es malade, tu m'as cassé le bras.

L'instant d'après, il y a moi d'un côté et lui qui regarde – scène de film affreux –, la lame qui tourne. Je n'arrive pas croire que je suis capable de faire ça, mais je suis prêt à aller jusqu'au bout. La lame fend l'air d'un feulement métallique.

– Tu vas parler, tu vas tout raconter sur ce qui s'est passé et ce qu'il y a derrière cette folie, pourquoi on m'a fait aller en Inde chez ces tarés et maintenant ici dans cette clinique de zombis.

La peur apparaît dans ses yeux. Il doit voir dans les miens ma détermination, que je risque de le transformer en saucisson s'il ne parle pas. Je repense à TVA. « *L'important, c'est qu'il te croie capable de le faire.* » Ça ne suffit pas, parce qu'il ne va pas se mettre à tout déballer comme ça. Alors je crie à Alexia, qui regarde la scène, pétrifiée, de lui faire boire une ampoule que je sors de ma poche et pose par terre, en faisant vrombir la lame et en tournant avec comme si vraiment j'étais complètement secoué. La stratégie paie, car elle avance, prend l'ampoule, la sectionne et la porte aux lèvres du salopard. Je suis à côté, la lame à quelques centimètres de son visage et je hurle encore « Bois, bois, je veux voir que tu avales ! ». Alexia vide le liquide dans la bouche du connard. Quand je suis sûr qu'il a bu, je lui intime de se coucher par terre. J'ordonne à Alexia d'ouvrir le coffre et de se coucher dedans. Ensuite, j'attends. Au bout d'une dizaine de minutes, je repose ma question. Il a les yeux légèrement vitreux, il se tient l'épaule. J'approche cette fois doucement la scie de sa jambe – ma seule hantise est que la batterie rende l'âme – et je le menace en détachant chaque syllabe. « Je vais te tronçonner le pied. »

– OK, il finit par dire, éteins cette saloperie. Que sais-tu exactement ?

– Que Gros-Homme a été payé pour jouer un rôle et que j'ai été cambriolé en rentrant de Budapest.

– Mais tu connais Sfatu 22 puisque tu étais en prison avec lui.

– Commence depuis le début ! je hurle en rallumant la scie alors que j'ai un nouveau vertige et que le Serpent-du-Mensonge oscille autour de lui. Depuis Budapest !

Il doit vraiment avoir la trouille, car il répète la même chose en se tortillant sur le sol pour éviter le contact avec la lame, que j'ai arrêtée pour économiser la batterie, mais que je pose contre sa chair – si j'appuie la blessure sera atroce. « Du calme, du calme, je ne vais pas te raconter de bobards. »

– Qu'est-ce qui s'est passé à Budapest ? C'est à cause de l'Américain ?

– Non, rien à voir, l'Américain c'était ce qu'on t'a dit, c'est un service qu'on rendait. C'est quand j'ai vu ta bague.

Il fait allusion à la bague de Hepner.

– Je ne l'ai pas volée, je glapis, comme s'il m'en accusait. Quelqu'un me l'a donnée.

Il arrive à rire malgré la douleur de son bras.

– Même si tu l'avais voulu, ça m'étonnerait que tu aies pu le faire. Ce genre de bague, quand on les vole, ça se retourne contre le voleur. Non, il était peu probable que tu l'aies volée, mais elle appartenait à quelqu'un et je savais à qui.

– Tu connaissais Siegfried Hepner ?

– Pas directement. Mais je connaissais l'histoire de Sfatu. J'avais fait partie de la Régulation qui s'est occupée de l'affaire. J'aurais dû prévenir un gradé, mais j'ai préféré d'abord voir de quoi il retournait. De retour à Paris, je t'ai mis une balise et je t'ai suivi avec le GPS. C'est comme ça que j'ai trouvé la planque. Personne ne la connaissait. J'ai attendu quelques jours et j'ai tapé l'appart. Il y avait la lettre en évidence, avec le sceau de Sfatu.

– Tu l'as lue ?

– Oui, j'aurais dû prévenir un gradé, mais je l'ai lue. Je ne suis pas très élevé dans la hiérarchie, cela pouvait me faire des points. Mais quand j'ai vu de quoi il s'agissait, j'ai fait remonter l'info et ils ont prévenu les Triangles.

– Les triangles ?

Il grimace encore. « Écoute, je peux te dire certaines choses, mais dans ton intérêt… »

Je ne le laisse même pas finir, car je suis pris d'une fureur démentielle, comme si quelque chose se rompait en moi, le sentiment d'avoir été dupé au-delà de l'imaginable. Je crie que c'est un enculé, que je n'en ai rien à foutre des Triangles et qu'il faut qu'il me dise tout. Puis je me calme. D'une voix atone, je murmure. « Je ne comprends rien à ton histoire. On va procéder plus doucement. Tu vas me raconter minute après minute ce qui se passe dans ta tête depuis le moment où tu vois la bague, avec l'explication de texte au fur et à mesure. D'accord ? » Et cette saute d'humeur achève, je pense, de le convaincre.

– Comme tu veux. Ils risquent de te faire pire que te tuer.

– Donc nous sommes à Budapest. Je viens de te donner les photos de l'Américain. Qu'est-ce que tu penses à ce moment-là ?

– Je pense que tu es un Acolyte et que je ne le savais pas. Je te fais alors le signe de reconnaissance.

– Quel est-il ?

– Un signe de la main et un mot dans une phrase.

– Vas-y.

Il fait le signe en grimaçant de douleur à cause de son bras.

– Et le mot ?

– Ça dépend du jour de la semaine. Il faut glisser sa correspondance dans une phrase.

– C'est-à-dire ?

Lundi-lune, mardi-mars, mercredi-mercure… « Il y a un problème de pollution au mercure et ainsi de suite. » Là, j'ai vu que tu ne réagissais pas.

– Les Triangles ?

– Oui, c'est ce qu'il y a au-dessus des entités et des groupes. Ça date du Moyen Âge, peut-être de plus loin encore. Sfatu 22 était un des groupes.

– Des sociétés secrètes comme les francs-maçons ?

– Oui, c'est pareil. Il y en a partout. Ils dirigent et influent sur la politique et l'économie.

– Tu en fais partie ?
– Oui, mais je n'ai pas un grade important.
– OK. Parle-moi de Hepner.
– C'était un chef de groupe. Le Sfatu 22.
– Pourquoi était-il en prison ?
– Officiellement, il était accusé d'avoir touché des commissions occultes sur des ventes d'armes. Mais la vérité, c'est que le Grand Maître lui avait retiré sa bénédiction.
– Pourquoi ?
– Hepner était corrompu. Il était déjà passé une fois en conseil de discipline. Là, c'était plus grave. Il y a eu une enquête, mais la Régulation s'est arrêtée après le suicide du Grand Maître. Certains pensent qu'il s'agissait d'un assassinat.
– Qu'est-ce que la régulation ?
– Une commission d'enquête. Si un groupe est soupçonné d'irrégularité, une régulation conduite par d'autres agents est missionnée.
– Tu connaissais déjà l'appartement ?
– Non, Hepner s'était fait une planque. Il poursuivait un but qui n'était pas dans la ligne commune.
Nous en arrivons maintenant à la question cruciale.
– Qu'y avait-il dans la lettre et à qui était-elle adressée ?
– À l'autre du groupe Sfatu. Il expliquait que les travaux avaient abouti et que tu en étais la preuve.
C'était plausible. Cela devait être la personne que je devais contacter en sortant de prison. Le numéro qui ne répondait pas.
– La preuve de quoi ?
– Que sa découverte fonctionnait. Qu'il avait changé l'algorithme et que maintenant ça marchait. Il se savait condamné, mais il voulait que l'autre Sfatu demande un mil-

liard d'euros, payables à sa fille. Il avait installé une procédure de sécurité qu'elle seule pouvait décoder. C'était la garantie qu'il n'y aurait pas d'entourloupe. Il demandait de contacter les Triangles directement et de négocier. Il avait fait le test sur toi pendant plusieurs mois avec une marge d'erreur quasi nulle. Il écrivait de t'emmener à la clinique et de te faire le traitement complet pour servir de preuve. Ensuite, il fallait que sa fille soit là pour avoir le secret complet, sinon ça se bloquerait. Il t'avait gravé comme ça.

– Comment ça, *gravé* ? je demande, en proie à une angoisse de plus en plus violente.

– Je ne sais pas exactement. Sfatu faisait des expériences sur le cerveau. Il t'a mis un truc dedans qui permet de prévoir certaines choses si tu pratiques certains exercices. Ça a un rapport avec l'économie et les cours de l'or et du pétrole, c'est tout ce que je sais. Quand l'info est remontée, tout le monde est devenu hystérique. J'ai été convoqué et une opération a été organisée.

– Dans quel but ?

– Dans la lettre, il était question de la clinique, mais personne ne savait où elle se trouvait. Finalement, ils ont déniché un Acolyte, « Stéphane », qui avait été avec Hepner au début de Sfatu et qui s'est fait fort de te décoder en t'emmenant en Inde chez les yogis qui avaient initié Hepner.

– Tout était une mise en scène alors ?

– Oui, il ne fallait pas que tu te doutes de quelque chose, car ton cerveau aurait pu bugger. J'ai engagé le figurant pour faire comme s'il s'agissait d'une mission.

Je ne reviens pas de la façon dont ils se sont foutus de ma gueule.

– Mais cela n'a rien donné. « Stéphane » nous a trimballés de place en place, sans succès.

– Qu'est-ce qui aurait dû se passer ?

– On aurait dû rencontrer un maître capable de te décoder avec leur technique. C'est à partir de ça que Hepner a conçu son programme. Mais cela n'a pas fonctionné. Le type qui en était capable ne s'est pas montré.

– Et Alexia ?

– C'est une Acolyte. Elle devait franchir un grade si elle parvenait à te rassurer.

– Pourquoi est-on venus au Caire ?

– Ceux qui suivent l'opération à Paris ont eu de nouvelles infos : l'adresse de la clinique et quelqu'un pour utiliser la machine.

– Qui suit l'opération ?

– Des gradés en partenariat avec les Plus Hautes Zones du Pouvoir. Ils disent que les Triangles sont au courant, mais je pense que c'était resté au niveau des Sphères, que tout le monde a pété les plombs et n'a qu'une idée en tête, se remplir les poches.

– Grâce au secret que je détiens ?

– Oui, bien utilisé, il peut générer un profit énorme.

– Qu'est-ce qu'on m'a fait à la clinique ?

– Je n'en sais rien, je ne suis pas le scientifique. « Serge » t'a administré le traitement pour que ton cerveau sorte le secret. C'est tout ce que je sais.

– Quel est le secret ? je redemande en sueur.

– C'est en rapport avec l'économie, il répète. Avec le cours de l'or et du pétrole. Je n'en sais pas plus.

– Qui peut savoir de quoi il s'agit vraiment ?

– L'autre Sfatu, celui qui est toujours vivant. Ils étaient trois, mais Hepner et Bloodfield sont morts.

– Il est où ?

– J'ai posé la question. Les gradés m'ont dit qu'à l'annonce du suicide du Grand Maître, il s'était volatilisé. J'ai demandé s'il était mort aussi, ils m'ont dit que d'après eux non, qu'il devait se cacher. Ils ont essayé de le retrouver, en vain.

– Et la fille de Sfatu, pourquoi ne pas faire appel à elle si elle peut décoder le secret ?

– Introuvable aussi. Personne ne sait où elle est.

– Même avec les moyens que vous avez ?

– Personne ne savait que Sfatu avait une fille. Elle ne doit pas porter son nom.

– Et les gens dans la clinique ?

– Ce sont des cobayes dont Hepner s'est servi pour ses expériences et qui ont buggé.

Il dit la vérité. J'essaie de réfléchir et de trouver d'autres questions à lui poser, mais je n'en vois pas. Ce que je viens d'apprendre est tellement abasourdissant que j'en reste pantois, presque sans réaction.

– Tu vas me tuer ? il demande, presque curieux.

– Je ne sais pas. Je ne crois pas.

– Je n'ai pas peur de la mort.

– Pourquoi avoir parlé alors ?

– La mort et la torture sont deux choses différentes.

Il a raison. La mort et la torture sont deux choses différentes.

– Désolé pour ton bras. Je ne voulais pas te faire de mal.

– T'es *dead*, il bredouille, en bavant à cause de la drogue qui doit lui engourdir le système nerveux. Tu ne sais pas qui on est, t'es *dead* ! ajoute-t-il encore, passant sa main valide sur son cou, comme une guillotine.

Mais je ne tiens pas compte de sa menace. Je lui retire son portable et l'enveloppe de liquide qu'il a sur lui. Je le ligote avec du Scotch et je lui refais boire une dosette de GHB. Cette salutaire opération accomplie, je fais sortir Alexia du coffre. Elle me regarde, hébétée, répétant « Je voulais pas, je te jure, je voulais pas ». Sans piper mot, je la déleste également de son téléphone et lui fais signe de monter. Je me mets au volant en vérifiant que j'ai bien mon passeport, et nous démarrons. Alors que je me présente devant le portail, que j'ouvre grâce au bip posé sur le tableau de bord, une silhouette arrive en courant. C'est « Serge » qui crie, pensant sans doute qu'« Alain » est au volant. « Hé, il n'est plus dans sa chambre, il s'est tiré ! » Je pile net, recule en le visant et bingo ! Je fauche ce salopard qui va s'écrabouiller dans un coin. Les zombis accourent et se mettent à hululer. Je remets la gomme dans un crissement de pneus victorieux. Les gardiens égyptiens sortent de leur cahute et s'enfuient dans la lueur de mes phares, épouvantés, quand je leur fonce dessus. Nous nous échappons de cet endroit maléfique, Alexia sanglotante, et moi dans un état proche de la folie, avec des mots qui défilent dans mon cerveau – « Jérusalem, porte d'Or, Jérusalem, porte d'Or » –, qui s'impriment comme une boucle préenregistrée. Je ne sais pas ce qui est le plus flippant : avoir une société secrète à mes trousses ou un programme gravé par une ordure qui se met en marche toute seule à l'intérieur de ma tête.

Chapitre 10

(La forme des pyramides)

Nous roulons comme des aveugles. La voiture cahote sur le chemin sans lumière. La nuit autour de nous s'entortille en lambeaux de peur. Mon désarroi est tel que je suis à la lisière d'un basculement définitif dans la folie, ce qu'Alexia doit sentir. Je l'ai installée sur le siège arrière, les poignets scotchés, les fermetures pour enfants verrouillées, lui interdisant ainsi une éventuelle fuite lors des arrêts. Elle répète, essayant de ne pas pleurnicher – mais elle n'y arrive pas – « Je t'en prie, calme-toi, je vais t'expliquer, je t'en prie », tandis que je balance par la fenêtre les affaires de son sac à main, l'injuriant, hurlant qu'elle s'est conduite comme une ordure et qu'un autre que moi la tuerait sans l'ombre d'un remords, mais seule la crainte d'un mauvais karma me retient, ah, ah ! et aussi – je hurle – « parce que je veux rendre le bien pour le mal ! », Hepner me l'a enseigné, idée maintenant si saugrenue qu'elle me fait exploser de rire, une hilarité de cinglé qui achève de la plonger en panique – elle roule des yeux égarés dans le rétro. J'accélère encore, rebondissant dans les nids de poules, tape sur le volant, comme sur un tam-tam. « Le bien pour le mal ! Ah, ah ! Vous vous êtes foutus de ma gueule ! » Nous devons être dans la banlieue du Caire. Toujours pas de route. Des pistes de sable. *No way*. Des villages. Des masures en terre. Des ânes et des poules. Le jour se lève. Le même soleil qu'ont dû voir les pharaons. Le bien pour le mal. *No Way*. Je finis pourtant par me reprendre, parvenant à ralentir ma respiration, sifflant entre mes dents – « J'en ai vu d'autres, j'en ai vu d'autres » –, me raccrochant à cette bouée simpliste qui fait que tant qu'il y a de la vie l'espoir n'est pas loin, et composant avec cet ordre qui vient me battre les tempes, surgit du fin fond de mon cerveau, message, je le comprends, que m'adresse l'ordure Hepner depuis les dimensions de la mort où il a disparu. « Jérusalem, porte d'Or, Jérusalem, porte d'Or. » Lorsqu'épuisé, j'abdique et prends la décision de m'y rendre, formulant mentalement « Oui, d'accord, j'irai », mon agitation cérébrale décroît. Je retrouve dans l'aube naissante un semblant de raison. Quelle que soit la diablerie à l'œuvre, depuis la brume abjecte dans laquelle je me débats, aller voir par moi-même ce que dissimule cette épouvante est la seule idée viable qui arrive à surnager dans le chaos de mes pensées.

(Des fragments d'hérésie)

– OK, je dis, en garant la voiture. À toi maintenant.

La peur doit être à son paroxysme. Elle halète et a du mal à articuler. Elle arrive finalement à regeindre qu'elle ne voulait pas, qu'ils l'avaient forcée. Je la calme en lui parlant doucement. Je lui dis que je ne vais rien lui faire si elle raconte ce qu'elle sait depuis le début sans rien omettre, comme l'autre connard a fait. Et lui, je ne l'ai pas tué, alors pourquoi lui ferais-je du mal à elle ? Tout ira bien, oui, tout ira bien, même si je peux effectivement la tuer, c'est sûr. Mais je n'en ai pas l'intention. Enfin, pas tout de suite, ah, ah ! Alors elle arrête de pleurer et me demande si elle peut faire pipi. Je la laisse descendre et uriner par terre, les mains toujours scotchées, pendant que je bois un Coca trouvé dans la boîte à gant, que je partage avec elle quand elle se rassied.

– Le connard a dit que tu étais une Acolyte. Ça t'est venu comment ?

– À la fac. J'ai fait un rêve qui se passait dans un décor étrange, comme sur une autre planète. Peu de temps après, j'ai rencontré des gens…

– Quels gens ?

– Par un de mes profs avec qui je sortais. Ils ont fait allusion à mon rêve, sans le nommer clairement, mais en me disant que c'était mon souvenir fondateur et que je pouvais intégrer leur groupe. Qu'eux aussi venaient d'un autre endroit et que nous avions des buts de progression communs.

– Comment ça, par allusion ?

– C'était bizarre, ils parlaient de choses qui faisaient écho, mais sans vraiment en parler. Il fallait que je comprenne à demi-mot.

– Et ensuite ?

– Je suis entrée dans ce groupe. Il y avait de temps en temps des réunions, mais c'était surtout un réseau de relations. J'ai fini mon cursus universitaire et après j'ai eu une bourse pour voyager.

– Vous faisiez quoi dans les réunions ?

– Des études. Des réflexions sur le sens des choses.

– Pourquoi t'ont-ils proposé de venir avec nous ?

– Ils avaient besoin d'une présence féminine pour te rassurer.

– Tu savais quoi ?

– Que ton cerveau détenait un secret qui pouvait servir l'humanité.

– Pourquoi toute cette mascarade et ce périple ?

– On devait rencontrer un grand maître que Franck voulait convaincre de t'ouvrir par la méditation.

– Franck ?

– C'est le vrai nom de Stéphane, j'avais fait un stage de reiki avec lui. Il connaissait un yogi, qu'il avait rencontré lors d'un voyage avec le type avec qui tu étais en prison, mais ne savait pas comment le contacter. C'est une présence mystique. Il est parfois avec les lamas, parfois en Inde, on ne sait jamais, il a plusieurs incarnations.

– C'est pour ça que vous m'avez trimballé partout.

– Oui, mais le yogi ne s'est pas manifesté. On a alors fait des essais avec les moines tibétains, mais ça ne marchait pas. Et à Rishikesh, t'es tombé dans les pommes. À ce moment-là, « Alain » a eu une nouvelle info, « Stéphane » s'est fait virer et on est venus au Caire où on a retrouvé un nouveau type.

– Tu le connaissais ?

– Non, pas plus que celui qui se fait appeler « Alain ». Avant le voyage, je ne connaissais que « Stéphane ».

– Tu sais qui il y a derrière ?

– Il existe une hiérarchie. Je n'en sais pas plus.

– Et les Triangles ?

– C'est le sommet. On n'a pas le droit de parler d'eux. Seuls les gradés y ont accès. « Alain » me l'a expliqué pendant le voyage. C'est eux qui décident des opérations, donc de la nôtre, mais lui pensait que des gradés voulaient s'emparer du secret pour eux-mêmes, en accord avec les Plus Hautes Zones du Pouvoir et les Sphères Proches, et que les Triangles n'étaient en fait pas au courant.

Je reste silencieux, essayant de réfléchir. Si les Plus Hautes Zones du Pouvoir se sont associées avec des initiés corrompus pour me sucer le cerveau afin de voler un secret qui va les rendre milliardaires, les aiguillages de ma destinée, déjà pas brillants, risquent de se teinter d'un augure encore plus sombre.

– Et ceux qui ont dit que j'avais la Dark Star ?

– Je ne sais pas. Ils ont vu quelque chose en toi, mais je ne sais pas quoi.

Une camionnette remplie d'ouvriers égyptiens passe en nous regardant. Alexia a encore les poignets entourés de Scotch.

– Et Hepner, tu le connaissais ?

– Non. Mais Franck, oui. Il avait été son assistant au début de la découverte de Hepner. C'est pour ça qu'ils ont fait appel à lui.

Je la fais remonter dans la voiture, à l'avant, en lui détachant les poignets. Nous repartons. Un vieil homme assis sur le pas d'une porte nous indique la direction du Caire. Il fume un narguilé, indifférent à mes ennuis et à la marche du monde, à la folie qui nous entoure. Il agite la main. *« À la tool, a la tool. – Choukrane »*, répond Alexia, pleine d'une gratitude qui s'adresse probablement aux dieux pour lui avoir épargné un funeste sort.

(La constance des sourires du vent)

Mon cerveau recommence à travailler. Des questions s'y impriment : « Comment aller à Jérusalem ? Avion ou voiture ? »

Réponse : bus, gare routière.

Les voies d'accès pour la capitale sont saturées. Nous passons trois heures dans les embouteillages. « Je suis désolée, ne cesse de redire Alexia, mais en plus comme les yogis ont vu un truc noir sur toi, je croyais que c'était ton karma. »

Nous allons prendre un petit déjeuner. Je lui dis que je vais la libérer – et de toute façon, elle pourrait s'enfuir en courant si elle le voulait – et que moi aussi je suis désolé, car elle a l'air gentille. C'est bête aussi pour son téléphone que j'ai balancé par la fenêtre, parce qu'il contenait tous ses contacts. Mais je ne pouvais pas prendre le risque que les docteurs Mabuse puissent nous localiser. Elle me dit qu'elle s'en fout, qu'elle a une sauvegarde à Paris et qu'elle est surtout déboussolée par ce qu'elle vient de vivre. Il est évident que Franck n'est pas clair, les autres non plus, mais admettre cela – que ce qui la rattache à ses études ésotériques soit troublé de corruption – la déstabilise complètement. L'ambiance se détend. Je lui dis que c'est dommage que l'on se soit rencontrés dans pareilles circonstances, car elle est charmante, même si la comédie qu'elle m'a jouée est odieuse.

– Mais je m'en doutais. Je sentais bien que tu n'étais pas dans le Monde-de-la-Sensualité.

Elle rit, dit que son petit ami va probablement la larguer à cause de cette histoire, tellement il est jaloux, et que maintenant cela poserait moins de problème. Je comprends que je lui plaisais peut-être, ou que je lui aurais plu dans d'autres circonstances, du moins c'est ce que je me dis pour me rassurer et me donner un appui sur cette réalité devenue si inquiétante, si mouvante. Elle pose sa main sur la mienne. Sa présence est rassurante, car malgré le marasme j'arrive à me détendre et à réenvisager un arrimage dans le Monde-de-la-Sérénité.

– C'est normal, je fais vraiment du reiki et tout ce genre de truc, c'est le cadeau que me donne la vie. Dans mon rêve fondateur, la finalité était que je devienne guérisseuse.

Je la laisse dans le centre du Caire, avec de l'argent. Sans téléphone, elle ne peut pas contacter les autres et elle serait incapable de retrouver la clinique. Elle n'a même pas son passeport, ni sa carte de crédit.

– À l'ambassade, dis que tu t'es fait agresser par al-Qaida.

Sur cette blague, nous nous séparons.

(Le plan confus de la ville du Caire)

À peine l'ai-je quittée que le même Hepner-message-gravé-dans-mon-cerveau, enregistré en boucle, revient. « Jérusalem, porte d'Or. Jérusalem, porte d'Or », additionné de conseils pratiques : gare routière-problème, visa-bus.

J'abandonne la voiture devant un hôtel pour un taxi. Je bredouille « Jérusalem, bus, bus », mais mon interlocuteur reste sourd. « *Comprendo ? Understand ?* » J'ai l'impression de me remettre à siffler comme un serpent. La ville me semble hostile. Le chauffeur me regarde comme un demeuré. Un autre chauffeur, qui parle anglais, s'en mêle. « Israël ? Bus ? Bus ? – Oui, bus, Israël. » Mes doigts gesticulent tout seuls, tentant d'indiquer cette destination improbable, peut-être dans l'espoir de lancer une dynamique compréhensible, ou de faire comprendre à mon chauffeur que le monde est en train de basculer et que lui aussi fait partie de ce mauvais rêve. Puis je cesse. À quoi bon ?

– Turgoman, Orabi ? émet en retour l'égyptien, comme une imprécation aggravante.

Nous roulons dans Le Caire. De nouveau les embouteillages et moi dans le Monde-de-la-Paranoïa, craignant à chaque instant que son visage ne se métamorphose en celui d'« Alain » ricanant un « Vous êtes arrivé Mister, ah, ah ! » et que nous nous trouvions, par magie – *Le Prisonnier, quand Patrick Mac Gohan s'enfuit de l'île où on le retient prisonnier, pour finalement atterrir... sur l'île où on le retient prisonnier* – dans des bureaux sinistres à Paris dans le centre des services secrets avec Ça-va-pas-être-possibe chaud comme la braise à l'idée de me tabasser et pire encore.

Mais rien d'aussi fâcheux ne survient. Après m'avoir trimballé pendant deux heures au moins en bifurquant dans des rues adjacentes qui me semblent d'infernaux labyrinthes, le chauffeur me dépose – me délestant d'une fortune en euros – à Turgoman, la gare routière située à côté du métro Orabi.

Je peux y acheter un billet pour la frontière d'où je pourrais rejoindre Eilat, puis Jérusalem. Le coup de chance, c'est que les Mabuse m'ont laissé passeport et carte de crédit, que j'ai de l'argent sur moi, plus l'enveloppe raflée au connard. Sans cela, j'étais cuit. C'est ce que je me répète, abasourdi d'avoir réussi à m'échapper. « Sans cela, j'étais cuit ! » Au guichet, il n'est pas possible d'avoir une place pour le jour même, alors je palabre. Comme il n'y a pas de solution, je montre plusieurs billets de cent euros au préposé, qui se met à suer plus fort et qui finit par m'arracher l'argent des mains, en jetant des regards affolés, et par me donner le bon ticket.

(Les connexions aléatoires)

J'accède au bus dans un état second. Le manque de sommeil, mais surtout la séance de Super H+, a dû affecter mon système de perception et peut-être mon système neuronal.

Mon esprit fonctionne de façon chaotique.

Seules les séquences de question-réponse, qui apparaissent d'ailleurs à point nommé à chaque fois que je rencontre un problème, comme si j'étais téléguidé, installent des îlots de cohérence au milieu de la confusion. Pendant ces moments, la qualité de mon raisonnement est fulgurante. Il me semble même qu'il me permet un accès à des informations inconnues.

Question : comment ?

Réponse : connexion à la mémoire collective.

(Les frontières voilées)

Le bus est rempli d'autochtones. Aucun Européen. Peu de femmes – et chacune uniquement accompagnée de son mari. Certaines sont voilées, ce qui ajoute à mon impression de décalage. Pour une raison obscure, nous ne démarrons pas. Une panne ? Des valises qui n'ont pas été chargées ? Une voiture militaire vient se garer à côté de nous. J'ai peur que ça soit pour moi, mais non. Un officier enfourne des cantines dans les soutes. Nous partons dans la nuit. Une vieille dame, qui parle français, me dit que le bus s'arrête souvent pour donner – ton mystérieux – des « choses » aux bases militaires et, aussi, qu'il y a régulièrement des pannes. Il lui est déjà arrivé de rester plusieurs jours coincée. « Et la frontière, je demande, pour le visa cela ne pose pas de problème ? » A priori non, car je n'ai pas une tête de terroriste. Elle me conseille de ne pas prendre de taxi à Taba et d'aller à pied, car les taxis escroquent, et Eilat – Israël donc – est tout à côté. Je somnole une partie du trajet. Le bus ne cesse de faire des haltes. On décharge les cantines, qui sont jetées sur des Jeep. Plus tard, un contrôle surprise. Un type est prié de descendre. Le bus repart sans lui. Les militaires le gardent. On lui a passé des menottes. Comme dans le train vers l'Himalaya, des scènes bizarres flottent à quelques centimètres de mon visage, se reflètent sur les vitres obscurcies. Un vieillard fait boire des liqueurs à des hommes. Des femmes dansent pour eux des danses lascives. Un des hommes se réveille au matin les yeux rougis. Il tient un poignard à la main et un nom est inscrit dans son esprit. « Haschichins », me souffle une voix invisible. « Alamut. Danger. Hassan va envoyer ses sbires. Il les tient avec le chanvre et les sorcières. » Il me semble frôler l'âme d'un croisé peinant sur le chemin de Damas, égaré dans cette région hostile, venu défendre le tombeau du Christ, voyage plein de dangers et de sortilèges. L'espace d'un instant, son errance sous le soleil, sa peur et sa détermination, la conviction de la justesse de sa mission – sauver le tombeau – deviennent miennes. Puis cette image, surgie des sables qui bordent la route, s'effondre, criblée de flèches.

(L'accumulation des barrières)

Nous arrivons à Taba avec du retard. « Immigration », me dit la femme qui parle français. « Il faut faire la queue et acheter un visa. » Cette fois, pas de possibilité de s'arranger en payant. On me fait attendre avec d'autres prétendants à l'entrée de la Terre promise. Il fait froid alors que je pensais la région brûlante de soleil. Un militaire me pose des questions. Je ne sais pas répondre, car je ne parle pas anglais. Il appelle un supérieur.

– Touriste, je dis, touriste.

– *First time in Israel* ? questionne le gradé.

Il examine mon passeport. Les tampons pour la Chine, le Tibet, le Népal et l'Inde, puis celui pour l'Égypte qu'il regarde avec attention, comme si l'inscription recélait des signes pouvant lui indiquer la nature exacte de ma personnalité, de mes intentions. Je vois qu'il ne va pas me donner le visa, que son esprit obtus va trouver une raison, connue de lui seul mais assujettie à sa propre bêtise, pour me le refuser. Je ne pourrai pas accéder à Jérusalem ; mon cerveau, comme un disque rayé, se mettra alors à répéter le même message sans arriver à obtenir gain de cause, et je finirai par mourir, dans ce *no man's land* improbable, coincé entre deux frontières, oublié de tous et basculant lentement dans la folie et le dénuement. Alors j'ai une intuition, je montre le sceau de Hepner, la bague magique, posant ma main en évidence sur le comptoir. L'anneau est bien miraculeux, car l'attitude de la sentinelle change immédiatement. Il intime à son subordonné de régulariser mon entrée en Terre sainte et tamponne lui-même mon passeport, grâce à quoi je pénètre en Israël, la tête haute. Peut-être pas pour sauver le tombeau du Christ, mais bien décidé à trouver ce que signifie *Jérusalemportedor*, qui tourne maintenant en refrain sur un air de mon adolescence, *Money* des Pink Floyd. Dans le bus qui m'emmène à Tel-Aviv, je m'endors épuisé. Si je fais le bilan de la situation, il n'est pas fameux.

(L'ange de la fortune)

Je passe une journée et une nuit à Tel-Aviv, épuisé, à dormir. Sommeil réparateur même si, dans mes rêves, reviennent les images de Gros-Homme, des demi-zombis en train de converser avec moi, flottant dans une dimension onirique, la scie circulaire et le choc de la voiture heurtant le corps de « Serge » – je suis terrifié à l'idée de l'avoir tué. Je m'éveille en meilleure forme, essayant de positiver : je ne suis pas encore mort, j'ai un peu d'argent. Surtout une idée commence à faire son chemin : si mon cerveau est détenteur d'un formidable secret de la richesse, qui dit que je ne pourrais pas en profiter ? Porté par cette considération optimiste, que je soupèse en avalant un copieux petit déjeuner face à la mer, je pars pour Jérusalem en car, grimé de lunettes de soleil et d'un chapeau, le crâne rasé, un début de barbe pour éviter que l'on me reconnaisse, car après tout rien ne me dit que derrière *Jérusalemportedor* ne se dissimule pas encore un traquenard fomenté par les Mabuse & Co.

(L'illusion du monde)

J'ai acheté un guide. Il existe bien une porte d'Or construite sur l'emplacement du Second Temple lui-même bâti sur les ruines du premier, dans un contexte d'occupation romaine. L'article parle de guerre, de religion, de rites, de sacrifices. Quand le car nous dépose devant les forteresses de la vieille ville, je suis encore propulsé dans le film d'une reconstitution historique auquel le traitement d'H+ a dû me donner la possibilité d'accéder, c'est évident. Il est certain, maintenant que j'y repense, que les gens en costume que je croisais aux alentours de la place des Vosges n'étaient pas réels, mais la matérialisation de quelque chose que je ne comprends pas et qui a forcément à voir avec les diableries dans lesquelles m'a propulsé Hepner. Cette constatation me procure un accès d'intenses frayeurs, je me dis que le monde n'existe pas, ou plutôt que c'est moi qui l'invente, tout ce que je vois, touche et ressens n'est que le fruit de mes projections : je suis seul dans ce théâtre absurde. Je me mets alors à rire, car cela me paraît l'unique alternative devant cette idée si bizarre et si déstabilisante. « J'ai inventé le monde, ah, ah ! » Dans cette manifestation de bonne humeur idiote, je franchis l'enceinte de Jérusalem au milieu des juifs intégristes, des femmes voilées et des marchands de fruits et légumes qui poussent leurs carrioles sans se soucier d'écraser la foule.

(La lamentation du Mur)

Si j'avais plus ou moins eu le vague espoir qu'il se passe quelque chose, j'en suis pour mes frais. Certes, je n'imaginais pas exactement quoi, mais peut-être une subtile manifestation me signifiant que je n'étais pas venu pour rien, qu'il y avait bien quelqu'un qui m'attendait à *Jérusalemportedor* et qu'une explication me serait donnée, que ce cauchemar prendrait sens. Rien de cela n'arrive. Je sillonne les ruelles, qui n'ont pas l'air d'avoir changé depuis l'époque de la Bible, enchanté par l'ambiance qui doit être unique au monde, ressentant ce même genre d'atmosphère qu'à Lhassa : une trace intacte du passé. Une trace, ah, ah, tout à fait *réelle* – je ris encore, comme si d'un claquement de doigt de ma vision H+ je pouvais faire disparaître le pavé des venelles et les marchands du temple, si nombreux. Une multitude de religieux des trois confessions s'agitent en tous sens.

Vers la fin de l'après-midi, apercevant une horde de juifs, chapeaux et redingotes, se dirigeant dans la même direction, je les suis et arrive dans un endroit qui m'avait échappé, où une foule de mêmes costumes est rassemblée, face à un mur, s'organisant en un curieux spectacle. Des hommes – les femmes sont dans une autre partie – lisent des livres de prières, se balancent d'avant en arrière face à la barrière de pierre, somnolent assis sur des chaises, récitent des phrases sacrées dans une ambiance déconcertante. J'ai une brusque illumination. Je m'avance, traversé par l'idée de Dieu qui pourrait peut-être me venir en aide, ou m'éclairer sur la marche à suivre. Pris d'une inspiration, je me signe plusieurs fois, car c'est à peu près tout ce que je connais de la religion. Mon regard croise alors celui d'un jeune religieux qui a surpris mon geste et qui secoue la tête, indigné et dédaigneux, me faisant comprendre à quel point je suis hors du coup, loin certainement de la manière dont les choses doivent être vues. Je sens que mon salut est encore en train de m'échapper, que ce Mur est une impasse. Je tourne les talons et bas en retraite au milieu des vociférations hystériques d'un gros rabbin qui s'adresse non pas à moi et mon maladroit signe de croix, comme je le crains un moment, mais au Mur lui-même et donc, j'imagine, au Créateur, preuve s'il en est que la religion n'explique pas tout, sinon pourquoi se mettre en colère contre son propre Dieu ?

(L'incertitude de la nuit)

Je remonte en zigzaguant à travers les ruelles. Le jour qui tombe accentue encore l'ambiance d'un autre temps. Les ombres semblent ouvrir une fenêtre baignant dans une lumière que mes yeux ne peuvent percevoir, mais que mon corps ressens et qui me trouble, comme si Jérusalem était une porte donnant sur d'autres dimensions. Puis cette impression lumineuse disparaît et je bascule dans un film de science-fiction moyenâgeux, comme si je n'étais plus vraiment sur Terre, mais dans un endroit posé aux confins de l'espace – *Babylone Five, alone in the dark, notre dernière chance de ramener la paix dans l'Univers*. Alors que la nuit s'empare de la vieille ville, je me demande où est passée la lumière. Oui, existe-t-elle encore ?

(Le feu qui brûle)

Marchant au hasard, je finis par entrer dans une église orthodoxe, d'après le plan que je consulte. Une messe s'y déroule. Des dévots viennent toucher le gisant de pierre posé à l'entrée. « Parfois, dit une femme en français à son amie, ils sont obligés d'être présents avec des extincteurs, car un feu magique prend tout seul. » Les moines chantent des cantiques. Le vacillement des cierges sur les murs dessine des formes effarantes. « *Only God*, répète une vieille Américaine. *Only God. That's all.* » Je ressors. Il me semble que je connais cet endroit, son dessin m'est familier. « Pope, me dit le message préenregistré par Hepner. Trouve le pope. Demande le pope aveugle. Le pope français. » Je tourne dans la cour, remonte le long de l'église par la petite ruelle. *Popaveugle. Popfrançais*. Je me cogne à un moine. Pope ? Pope français ? Je touche mes yeux. *No see*. Aveugle. Pope. *French*. Je montre la bague, comme avec le douanier, mais sans effet. Il me regarde comme si j'étais fou. Je monte des escaliers. Je tape à une porte. La dame qui m'ouvre parle quelques mots de français. Oui, il y a un pope aveugle. Là-bas. À deux rues d'ici. Sa fille m'accompagne. D'autres escaliers. Une porte s'ouvre. « Je viens de la part de Siegfried Hepner, j'ai besoin de vous parler. » Il répond d'une voix tranquille. « Siegfried Hepner, mon Dieu. Entrez donc. Que motive cette visite ? » Comme si cette nouvelle, somme toute, n'était pas plus surprenante qu'une autre. Je prends place dans un fauteuil, dans un petit appartement meublé sobrement, avec des bibliothèques remplies de livres et une croix sur un mur.

(Le pope aveugle)

– Je suis désolé de vous déranger, mon père, je bredouille, mais il s'agit d'une affaire de la plus haute urgence.

– Vous ne me dérangez pas. À mon âge, je suis au contraire friand de distractions.

Si sa manière décontractée est rassurante, je n'en reste pas moins sur mes gardes, car il peut faire partie des Mabuse.

– Voilà, j'étais très proche de Siegfried Hepner, qui m'a demandé de vous contacter.

– Siegfried Hepner…

J'ai l'impression que cela l'amuse. Un nouveau message préenregistré m'explose dans le cerveau. *Hester.*

– Hester, il m'a dit que vous comprendriez.

– Siegfried Hepner, il répète une nouvelle fois, comme si le nom avait quelque chose de plaisant. Quelles incroyables histoires rocambolesques nous réserve-t-il encore ?

– Il est mort. Il y a quelques mois. D'une tumeur au cerveau.

– Je suppose que vous venez chercher ce qu'il m'avait confié ?

– Oui. Et aussi que vous me parliez de lui. J'étais son… héritier spirituel et il était très secret. Lorsque je le questionnais, il me disait toujours qu'après sa mort le pope saurait me raconter. Oui, c'est ce qu'il me disait. Demande au pope. Le pope sait tout ce que tu voudras savoir.

Mon bobard n'a pas l'air de le perturber beaucoup, car il va chercher une clef dans un tiroir et ouvre une armoire où sont rangés des dossiers, puis me demande de m'approcher.

– Il y en a un qui doit être intitulé Sfatu 22, et dedans une chemise marquée Hepner.

Je trouve le dossier. La chemise. Je les pose sur le bureau.

– Qu'est-ce que vous voulez savoir sur Hepner ? s'enquiert le pope.

– Tout, je dis, il a guidé mes pas, mais il restait mystérieux.

Il veut savoir si j'ai d'autres référents ? J'hésite quelques secondes. « Oui, depuis que j'ai fait ce rêve fondateur, les choses se sont enchaînées naturellement, j'étudie le reiki pour devenir guérisseur. »

– C'est bien.

Moment de silence. Il a l'air de fouiller dans ses souvenirs. Je pense : il va se rendre compte de quelque chose, ou bien il est train de prévenir les Mabuse grâce à un signal secret, ou il va sentir que je mens. Mais non, au bout de quelques minutes il se met à parler, volubile, comme s'il racontait une histoire à un enfant, un conte sympathique qu'il essaie de rendre attrayant en cherchant les bonnes expressions, prenant son temps, calé dans son siège, ses yeux d'aveugle me fixant, avec la croix derrière, sur le mur, une croix sans corps du Christ, sobre, qui se détache sur le fond blanc, comme la garantie d'un antidote aux maléfices.

– Si vous voulez que je vous parle de Siegfried Hepner, il faut aussi que je vous parle de ses amis. Car Hepner n'était pas seul, ils étaient trois. Monsignac, Bloodfield et Hepner. (Petit temps de pause.) Les Pieds Nickelés sans scrupule de la connaissance. Bloodfield devait être le plus intelligent. Hepner était malin, mais d'une avidité insensée. Monsignac était derrière. Je pense que c'était le couillon, le genre à mettre son doigt dans l'encrier. Hepner était le meneur qui l'entraînait. Le Sfatu 22, c'était eux. Ils en étaient les piliers. Qu'était le Sfatu 22 ? Cela, vous devez l'ignorer, car les novices ne sont pas au courant de ce genre de choses. Un groupe d'initiés, juste avant les gradés dans la hiérarchie. Des élèves destinés à gravir les échelons et à devenir opérants, à qui l'on donnait de petits pouvoirs pour juger de leur comportement, et qu'on poussait à commettre certaines erreurs pour qu'ils en tirent les conséquences. pour plus tard. Sfatu est l'anagramme de Faust. (Autre temps de pause.) Il faut bien sûr que les participants jouent le jeu, qu'ils ne dérapent pas au-delà des bornes admises. Mais qu'ils expérimentent. Oui. Cela est nécessaire. Le bien. Le mal. Quoi faire ? Comment se dépatouiller avec tout ce bazar ? Cela est parfois tellement compliqué. Les circonstances, la situation de la planète, les perturbations externes leur offraient des opportunités d'évolution. Hepner l'avait compris. Il était ambitieux. Il s'est tout de suite fait remarquer. Ce n'est pas moi qui le suivais, mais son référent à Paris. Un type plutôt rigide. Le genre qui ponctue toutes ses phrases de « n'est-ce pas » et de « voyez-vous ». J'ai eu le dossier ensuite, quand il y a eu des plaintes et le conseil de discipline. C'est le référent qui avait demandé une sanction. Hepner se démenait comme un beau diable pour faire entendre son point de vue. Enfin bref, il s'était mis dans le pétrin et le Grand Maître l'avait dans le nez. Bloodfield était scientifique. Il faisait des expériences sur le cerveau. Monsignac était dans la finance. Bonne famille. Des relations dans le monde de l'argent. Un esprit mathématique. Quand je dis que c'était le couillon, cela ne veut pas dire qu'il n'était pas intelligent, loin de là. C'était certainement un esprit brillant dans sa partie, mais il n'avait pas l'audace de Hepner, ni le brio intellectuel de Bloodfield. Ils avaient choisi l'étude du cerveau et les modifications de conscience comme sujet de leurs travaux. Vaste programme, non ? Hepner était spécialiste de l'hypnose. Un fin connaisseur. Je pense que l'idée de pouvoir manipuler autrui était la base de sa motivation. Le pouvoir. Le pouvoir est un des écueils de la connaissance. Le pouvoir et l'avidité. C'est évoqué au fil de toutes les histoires que l'on distille dans le tissu culturel. Le chevalier sans peur et sans reproche. L'âme désintéressée au cœur pur. Pour jouer un rôle au service des autres, un minimum de rigueur morale est demandé. Le moins qu'on puisse dire, c'est que Hepner n'y était pas sensible. Ils ont rapidement mis à jour des choses intéressantes en repartant des travaux de Charcot, des débuts de la psychanalyse, de techniques de méditation et en s'appuyant sur les avancées technologiques de l'imagerie cérébrale. Bloodfield était très calé là-dessus. Ça et l'informatique. C'était son dada. L'intelligence artificielle. Programmer le cerveau. Hepner aussi s'y était mis, mais lui, c'était plutôt la synthèse. Comprendre et faire des passerelles. Apporter du grain à moudre. Relancer la réflexion, ouvrir des pistes inédites. C'est comme ça qu'il s'est présenté la première fois. Un esprit curieux. Curieux et intransigeant. Efficace et pragmatique. Mais déterminé, oui, déterminé, dans un but constructif, pour faire avancer les choses. Et animé d'intentions altruistes. Les traditions doivent fonctionner sur un principe d'échange. Pas de pensée unique. Pas de sclérose.

« Ils ont été envoyés en mission, toujours autour de leur thème de recherche, dans d'autres régions du monde. Avec des recommandations, bien sûr. Les voyages forment la jeunesse, ce n'est pas vous qui direz le contraire. Et ils ont eu accès à des secrets qui ne sont pas divulgués au commun des mortels. C'est là que cela a dû commencer à déraper. C'est une supposition, mais elle me paraît correcte. Ils ont dû revenir en France sans plan précis, mais avec une idée derrière la tête. À mon avis, ils n'avaient rien compris à ce qui leur avait été montré, car ils se se sont obstinés à y trouver une application politique. Une application politique ? Vous vous rendez compte ? On leur montrait un diamant parfait, et la première pensée qui leur traversait l'esprit c'était de le convertir en institut de sondage. Mais cela n'a rien donné. Leur merveilleuse idée s'est ratatinée comme une vieille balle de tennis crevée. Un institut de sondage. Voyez-vous ça. La vérité, c'est qu'ils voulaient monnayer leur savoir. Ils entretenaient des accointances avec quelques dirigeants des Sphères Proches, qu'ils ont pu appâter avec leurs fariboles. Il y a toujours des politiciens corrompus, mais cela tournait en rond. Ils n'ont pas obtenu les résultats escomptés. C'est à ce moment-là qu'ils ont trouvé autre chose.

Le pope fait une nouvelle pause. Je ne demande pas de quoi il s'agit, car je pense le savoir déjà.

– Ils se sont embringués dans je ne sais quel stratagème alambiqué, je n'ai jamais compris de quoi il s'agissait exactement. Quoi qu'il en soit, un retour extrêmement négatif de la part des Orientaux. Avec un veto absolu pour un passage à l'échelon supérieur. Cela ne les handicapait pas complètement, il leur suffisait de fournir une explication, de contextualiser leurs démarches. Mais peu après, il y a eu la plainte du référent : Hepner s'était mis à commercialiser des programmes de méditation, des CD, avec des remèdes pour les maux de la modernité. Trouver la confiance en soi. Voguer vers la sérénité. S'enrichir en rêvant. Maigrir en grossissant.

Des fariboles à faire pâlir de jalousie les élixirs du docteur Miracle. Il a été convoqué par la commission. C'est à ce moment-là que j'ai découvert le personnage. Il a plaidé la bonne foi et la diffusion de la connaissance. Il y a une loi qui dit que nous devons partager le savoir, autant que faire se peut. Il s'est appuyé là-dessus. Selon lui, les Terriens étaient dans un marasme tel qu'il n'était pas possible de les sensibiliser avec des programmes purs. Il fallait nécessairement en passer par des versions perverties avant de les amener à plus de lumière. De la même façon que Parmentier leur avait fait manger de la pomme de terre pour éviter qu'ils crèvent de faim : en les leurrant. D'autant que les tests prouvaient que ses programmes fonctionnaient et se révélaient même très efficaces. Il disait s'en servir lui-même avec succès. La commission a écouté ses explications. Comme elles étaient cohérentes, Hepner n'a pas été sanctionné et, ses complices et lui ont repris leurs « activités thérapeutiques ». Et la commission, quoique sans en encourager la diffusion, n'a émis aucun avis défavorable. On les a seulement exhortés à se montrer plus vigilants sur leur communication. Son référent n'était pas d'accord, mais la commission est passée outre.

« J'ai alors été chargé de surveiller l'évolution du Pied Nickelé, en gardant un œil sur lui. D'après les Instances, du positif pouvait encore en ressortir. C'est ce que l'on espère toujours. Du positif. Nous sommes là pour ça. Accompagner les situations, aiguiller les foules vers la bonne voie, anticiper les bifurcations judicieuses. Les choses ont repris leurs cours. Ou plutôt Hepner a repris son bizness. On ne pouvait pas dire que ses ventes de CD miracles drainaient le grand public, mais bon, cela ne faisait pas de mal. Des disques de relaxation. Des affirmations positives. Le b.a.-ba. Et puis il y a eu la nouvelle plainte. Le référent est remonté au créneau, hors de lui. Je crois qu'il n'avait pas digéré que la commission passe outre son avis, et qu'il pistait Hepner pour le prendre en faute à la première anicroche. C'est du moins ce qu'a plaidé Hepner, ou enfin ce qu'il voulait plaider, parce qu'il n'en a pas eu le loisir. Cette fois, le référent, avec ses "n'est-ce pas" et ses "voyez-vous", était quand même grand maître et avait donc un droit de veto. Il y avait déjà eu un veto d'une autre tradition, suite aux voyages des Pieds Nickelés dans les traditions orientales. Hepner s'est donc retrouvé du jour au lendemain exclu, sans aucune protection, tant et si bien que, comme il trempait dans un certain nombre de margoulineries, il a atterri sur la case prison sans toucher les vingt mille euros.

« Qu'avait-il fait pour susciter un tel courroux ? Il s'était mis au service d'un groupe industriel fabriquant d'armes. Conseil en développement humain. D'après Hepner, que j'ai vu au moment où le tonnerre a commencé à gronder, il s'était surtout contenté d'insuffler un soupçon d'harmonie au sein d'un groupe d'égarés. Pour les Instances, j'étais toujours son avocat et il avait confiance en moi, c'est pourquoi il est venu dare-dare m'assurer de sa parfaite innocence. Ici, oui, à Jérusalem, où j'étais retiré depuis ma cécité. Il savait que j'avais un certain poids sur la commission, mais le rapport était accablant. Ses activités tenaient plus du barbouze que du conseiller en psychologie new age. Avec des interventions à l'étranger dans des zones de conflit où il avait même commis des ventes d'armements à des groupements terroristes et, paraît-il, un homicide. C'est d'ailleurs pour cela que dans la seconde suivant son exclusion, il a été embastillé. Comme je vous le disais, Hepner était la tête pensante, le moteur de l'aigrefinerie, à croire qu'il avait réellement pactisé avec le mal. Alors que ce genre d'équation – Faust, vendre son âme au diable – est une manière de tester ses propres capacités à commercer avec les zones sombres de la conscience, pas à devenir *vraiment* mauvais. Mais il avait perdu tout sens de la mesure, dépassant les bornes dans une échelle de graduations telle que plus rien n'était possible. J'ai accepté de garder les documents qu'il m'avait confiés et que je vais vous remettre. C'était pour sa fille. Le détail curieux, si l'on peut appeler cela un détail, c'est que quelques jours après son incarcération, le Grand Maître s'est suicidé. Sans explication. Une fin bizarre. Vous me direz : comment se fait-il que nous n'essayons pas de tirer l'affaire au clair, de voir si Hepner est impliqué là-dedans ? D'abord, Hepner n'avait aucun intérêt de tuer son référent, même si celui-ci l'avait exclu. Il savait pertinemment qu'une commission d'appel allait se réunir pour traiter son cas et qu'il avait encore une chance de pouvoir plaider sa cause. Ensuite, le rapport a conclu à un vrai suicide. Le référent était en poste dans un endroit parfaitement sécurisé, avec des systèmes de sécurité tels qu'il était difficile d'admettre que l'on ait pu s'introduire près de lui – on l'avait retrouvé à son bureau, son arme personnelle dans la main. Oui, il était armé, il était conseiller spécial auprès de la présidence – enfin de celle d'avant, pas de la nouvelle. Son décès a jeté un froid considérable sur cette affaire et tout ce qui y touchait, comme si une sorte de maléfice s'était introduite par le biais de cette fâcheuse aventure dans un endroit où elle n'aurait pas dû être. Tout le monde s'en est désintéressé, comme si la meilleure solution était que cette brume sale se dissipe d'elle-même. La commission d'appel a statué sur le sort de Hepner, en confirmant son exclusion. Moi-même, j'étais à l'âge de la retraite, ce que j'avais bien mérité, loin des frasques des Pieds Nickelés. Alors je sais ce que vous allez me demander : pourquoi ne pas avoir fait état des documents que m'avait confiés le suspect ? Eh bien si, j'en ai fait état. Lors de la réunion de la commission, j'ai expliqué que Hepner était venu me voir quelques jours avant son exclusion. Toujours est-il que tout le monde s'en fichait éperdument. Comme si, je vous dis, la commission ne souhaitait qu'une chose : ne plus entendre parler de ces histoires sordides.

« Les documents de Hepner sont donc restés en ma possession. Ai-je eu la curiosité d'y jeter un coup d'œil ? Eh bien non. Figurez-vous que j'ai moi aussi mis de côté cette histoire. On ne peut pas trop se pencher sur la saleté, car sinon elle finit, si ce n'est par vous corrompre, du moins par vous contaminer ou vous affecter. Mon empathie pour les crapules avait ses limites. (Légère pause, il se penche en avant.) Et maintenant vous surgissez. Un disciple. Un disciple de Hepner. Mais qu'a-t-il pu vous apprendre ? Qu'est-ce qu'un type comme Hepner était capable de transmettre ? Est-ce à travers vous son éventuel rachat qu'il manifeste, un signe ultime qu'il avait en lui quelque chose pouvant encore recevoir la parcelle de lumière nécessaire à une place dans le défilé ? Et Monsignac et Bloodfield, que sont-ils devenus ? Monsignac avait décidé de suivre une espèce de psychanalyse avec un type qui faisait partie d'un groupe d'Acolytes également, vers Lyon. Vous devriez peut-être le rencontrer. Il y a son adresse dans le dossier. Hepner aussi aurait dû le voir régulièrement, mais, bien sûr, il ne l'a jamais fait. Les crapules n'ont guère le sens de l'introspection.

Il se tapote le front.

Se remettre en question, replacer les choses dans une perspective historique, comprendre son fonctionnement, ce n'est pas du temps perdu, vous savez.

J'approuve gravement. Le silence s'installe. La flamme des bougies projette des ombres sur le mur. Le pope dodeline de la tête. Une dizaine de minutes s'écoule. Quand je suis certain de son assoupissement, je me lève sans faire de bruit et me saisis du dossier. Il y a aussi des bagues, le même genre que celle de Hepner. J'hésite et puis me dis que cela peut me servir. J'en prends une avec une sorte de hiéroglyphe gravé. Au moment de sortir, il me semble que le pope ouvre ses yeux aveugles, qu'il me voie et que son esprit – ou une force qui l'habiterait, dont il serait le relais – m'indique qu'en volant le dossier, en suivant le chemin que Hepner a tracé pour moi, j'emprunte une voie périlleuse, mais qu'il m'est encore possible de faire coïncider mes pas avec un dessein plus grand, bénéfique et salutaire. Comme si mon rôle dans cette pièce absurde pouvait avoir un sens, oui, une signification mystérieuse que je me devais de découvrir. À charge pour moi de débrouiller ce curieux héritage. Je sors de la pièce sans bruit. Le pope ronfle.

Troisième partie

Et derrière la porte un murmure
Du jeu qui reflète
Sur le rameau des miroirs
Le fil incessant de l'histoire

Chapitre 11

(La beauté des femmes dans les aéroports)

Le psy-salopard-suceur-de-cerveaux-et-faisant-partie-d'une-société-secrète habite à Lyon. Il s'appelle Pascal Estivan. Le dossier ne m'apprend rien de plus que le récit du pope. Je n'ai pas de quoi explorer les mystères de la clef USB qui était dans une enveloppe marquée Hester et qui doit être le sésame magique m'expliquant les dessous de ce labyrinthe fou dans lequel j'ai été projeté et auquel je ne comprends rien, si ce n'est que les enjeux me dépassent.

Je prends l'avion à l'aéroport de Tel-Aviv, m'attendant à ce qu'un Mabuse me saute dessus. Mais rien de cela n'arrive, ni au départ, ni à Roissy, où j'atterris au petit matin après un vol sans histoire. Je passe la douane tendant mon passeport, anxieux, à un douanier fatigué qui le regarde à peine. Pas de Mabuse. Ou alors ils me tiennent sous surveillance et attendent leur heure.

L'objectif numéro un est de récupérer les euros que j'ai cachés dans l'appartement. Le second, de descendre à Lyon. J'essaie d'évaluer mes chances de survie. Elles sont quasi nulles. Les sociétés secrètes – ou du moins ceux qui semblent s'en recommander – ont l'air de tenir le système. Et elles sont corrompues. En accord avec les Plus Hautes Zones du Pouvoir. C'est comme un film où le personnage n'a pas d'issue. Je regarde si mon taxi est suivi. Apparemment pas. Des séismes ont dévasté des régions du globe. Le film *2012* – qui ne raconte rien moins que la fin du monde – est sur les écrans. Le chauffeur de taxi a trouvé que c'était un bon film. Par contre, il n'a pas encore vu *Avatar* qui, paraît-il, « déchire vraiment ». Nous poursuivons notre échange philosophique. Il pense que tout part à vau-l'eau. La preuve : avant, les femmes étaient beaucoup plus belles dans les aéroports que dans les gares ; maintenant, c'est quasiment équivalent. Je lui fais faire plusieurs tours, à droite, à gauche, je regarde par la vitre arrière. Il rigole, mi-figue mi-raisin, et me demande si j'ai peur d'être suivi.

– Non, je fais, mais on ne sait jamais.

Cela clôt notre échange convivial. Il me dépose à Opéra.

(L'harmonie des chanteurs)

Il fait un froid polaire. Les Parisiens ont l'air encore plus abattus qu'à l'accoutumée. Je m'autorise un petit déjeuner copieux au Café de la Paix. Pour vaincre les suceurs de cerveaux, autant être en forme. « Tu ne trouves pas que le palais Garnier est d'un anachronisme fou ? » demande un homme qui ressemble à un acteur américain dont j'ai oublié le nom, mais qui joue dans *Lost* et aussi dans une autre série, à sa compagne, séduisante, en jupe, un vague air de parenté avec l'héroïne de *Buffy – les vampires nous entourent et quelqu'un est chargé de les combattre*. « Si on y réfléchit bien, poursuit le faux acteur, cela induit le concept de chant collectif, donc d'harmonie. – Tu es toujours déceptif, répond la fille. Regarde Internet, le monde a réussi à se fédérer et cela fonctionne. C'est cela aussi l'harmonie. »

Et si tous les gens étaient des acteurs ?

Il est plus que probable que l'appartement soit sous surveillance.

Quoi faire ?

Contacter quelqu'un sans interaction avec les Mabuse.

Qui ?

Bruno. À aucun moment il n'est apparu dans les « missions ». Les Mabuse ne l'ont jamais vu. Si je le paie, il me rendra ce service. Composer le code. Monter l'escalier. Entrer dans l'appartement. Aller à la cachette. Prendre le magot. Me le descendre – je dois avoir presque deux cent mille euros dans des livres évidés et collés. Un service anodin. Peut-il me carotter ? Oui. Il peut se barrer avec l'argent. Même sans ouvrir les livres, il peut penser – à juste titre – qu'il s'agit d'un objet de valeur. Vu le poids, cela peut-être de la CC. S'il pense que c'est de la CC, c'est cuit, il va foutre le camp avec. L'envie de drogue sera plus forte que sa volonté. Il faut que je le bobarde. Que je lui raconte qu'il s'agit de microfilms. Des photos. Oui, des photos que j'ai prises et qu'on cherche à me dérober. Si je les vends, il aura une part. Une grosse part. Cinq mille euros. Je marche jusqu'à chez lui. J'hésite à lui téléphoner. Pour finir, je monte et sonne. Il m'ouvre en caleçon, mal réveillé. Quand il me voit, il a un sursaut de frayeur, j'ai même l'impression qu'il veut me fermer la porte au nez.

(Judas)

– Hé, je fais, c'est moi.

– Gaston, il murmure, comme si je sortais du royaume des morts et que ma présence était une surprise complète, une mauvaise surprise.

– J'étais en voyage, je fais, posant ma main sur son avant-bras pour l'amadouer. C'est pour ça que je n'ai pas donné de nouvelles. Mais on est toujours amis.

En fait, je ne m'en souvenais pas, mais à la vue de l'*addict*, la mémoire me revient : il me reste un peu de cocaïne à l'appartement, mise de côté au cas où. Pas beaucoup, peut-être une vingtaine de grammes, mais suffisamment pour l'appâter. Pendant qu'il se verse un café en me racontant qu'il est dans une merde noire – des problèmes avec un héritage sur lequel il comptait pour financer son projet de chambres d'hôte érotiques, des ennuis avec Patricia, toujours –, je lui explique que j'étais à l'étranger pour mes activités de paparazzo, que c'était chaud et que j'ai un souci, vraiment rien, mais que son aide peut m'être précieuse.

– T'as juste à monter prendre les livres qui contiennent les photos.

J'attends qu'il me demande combien, mais il continue de détourner la tête, maugréant dans son coin, dans une attitude que je ne lui connais pas. Je suppose que la drogue le ronge et qu'il est entré dans la phase de dérangement psychique que provoque la cocaïne.

– Évidemment, je te dédommage.

Il hoche la tête, puis me regarde comme si la crainte qui l'habitait était en train de s'estomper.

– Quel genre de dédommagement ?

– À ton avis ?

Il sourit. Je souris aussi.

– Il me reste une vingtaine de grammes dans le bac à légumes du frigidaire. Ce serait idiot qu'ils se périment.

Pendant qu'il s'habille et téléphone à je ne sais qui, j'essaie de faire le point. Je peux fiche le camp au bout du monde avec l'argent. D'autant que – j'ai vérifié – les cartes de crédit de Hepner marchent encore. Mais d'une part les Mabuse peuvent très bien me pister d'un coup d'avion. D'autre part, j'ai la conviction que si je ne tire pas l'affaire au clair – à savoir, le mécanisme subtil que l'ordure m'a introduit dans le cerveau –, je peux dire adieu à ma tranquillité. Voire à ma santé mentale. Ce que j'espère, c'est qu'il existe un antidote. Quelque chose qui me nettoierait de cette saloperie. Bruno finit par réapparaître.

– Désolé, il dit, arborant de nouveau son air chafouin. J'ai dû appeler le notaire pour mon héritage. Une vraie galère.

Nous prenons sa voiture. L'ambiance devient franchement pesante. Il ne dit plus rien. Nous roulons.

– C'est où exactement ?

– Vers Bastille.

J'hésite à l'attendre au Sofa bar, mais cela nécessiterait un contact social, une discussion avec toute la bande de joyeux drilles et je n'y tiens pas.

Comment savoir si un Mabuse est embusqué ?

Peu importe, de toute façon ils ne connaissent pas Bruno.

Et s'ils étaient carrément dans l'appart.

« *Salut vieux bougre, on pensait bien que tu aurais envie de revenir à l'écurie. Sympa chez Hepner, dis donc. Décontracte-toi, il faut qu'on t'emmène passer ton petit scanner.* » Dans cette hypothèse, ils ne feraient qu'une bouchée de Bruno. Plus nous nous rapprochons de l'appartement, plus ce dernier se montre d'ailleurs bizarre. Boulevard Henri-IV, il est pris d'une crise de spasmes.

– Ça ne va pas ? je demande.

Ce ne sont pas des spasmes, mais des sanglots. De grosses larmes qu'il essaie de retenir, sans succès, car il renifle de plus belle.

– Je suis un enculé.

– Mais non, je fais, exaspéré intérieurement par la tournure des événements, mais me contenant pour ne pas aggraver la situation. Pourquoi tu dis ça ?

– J'ai tout foiré. J'ai loosé ma vie.

– Tu crois ?

J'essaie de temporiser, car je ne vois pas très bien quoi lui dire.

– Je suis un enculé, il répète. J'avais pas à te faire ça, mais ils m'ont forcé.

– Me faire quoi ? je glapis, pris d'une bouffée d'angoisse.

– Ils m'ont forcé, Gaston. Ils m'ont attaché sur une chaise et ils ont approché la cisaille sur le bord de mes couilles. Ils allaient le faire, Gaston. Ça se voyait qu'ils allaient le faire. Comme à la télé. Ils connaissaient la série. Le mal pour le mal. La loi du talion.

Un liquide glacé et paralysant s'est insinué dans mon corps et circule maintenant dans tout mon système nerveux. Dans un raté pathétique, mon cerveau passe mentalement en revue ma play-list de HBO.

– Qui ? Quelle série télé ?

Mais je n'ai pas à poser la question. Les Mabuse sont remontés à Bruno. Ils ont dû cuisiner Vanessa. Un jeu d'enfants. Une plaisanterie. Dans un brouillard, j'entends Bruno me répondre.

– Mais le cheik. Le cheik qui a organisé la fête sur le yacht à Cannes. Ta tête est mise à prix. Il y a un contrat. Il veut t'emmener dans son pays pour te faire lapider devant sa famille. À cause de toi, il est grillé avec la jet-set mondiale. Tu lui as fait perdre la face. Ils m'ont retrouvé à cause des godes. Dirt, ils m'ont fait la scène de Dirt où le mec est attaché et risque de se faire couper les couilles.

Le liquide glacé s'évapore lentement. Je me rappelle la scène de Dirt. Le directeur financier, celui qui nique les stagiaires et les filme avec une caméra cachée. Ils l'attachent à la chaise et menacent de le castrer s'il n'avoue pas sa source.

– Tu leur as dit quoi ?

– Rien, je ne savais pas où tu étais. J'ai donné le nom de Marie-Pierre et la ville où elle habitait. Je me souvenais de ce que tu m'avais dit. Le nom de son mari et Le Vésinet, qu'il était dentiste. Mais j'ai pas donné son téléphone. (Il explose en larmes.) J'ai pas donné son téléphone, j'ai pas réussi à le retrouver et Patricia a changé son mot de passe.

– C'est tout ?

Il arrive à peine à parler tellement il pleure.

– Non, ce matin j'ai eu peur, je les ai appelés.

– Ils sont où ?

– Ils vont me donner de l'argent si je te livre. Beaucoup d'argent. Je dois envoyer un texto quand on est à l'adresse.

J'ai un flash. L'assistant du cheik qui appelle son service privé de localisation de numéro de portables. « Coupe ton téléphone, je hurle, coupe ton téléphone », tandis qu'un énorme quatre-quatre surgit du boulevard Richard-Lenoir. Je me jette dehors. Crissement de pneus. Bruno évite de justesse une camionnette. Je me carapate vers le métro. Des policiers font un contrôle. J'essaie de respirer calmement, mais je suffoque. Ils contrôlent un sans-papiers potentiel. Je n'ai pas de ticket. La machine ne marche pas. Je fais la queue au guichet. Mon cerveau s'arrête par intermittence, repart. Plusieurs personnes ramassent des pierres par terre. Je pense qu'on devrait balayer plus souvent dans les stations. Cela éviterait qu'il y en ait autant.

– De quoi ? me demande le préposé.

– Des pierres, j'explique. Il faudrait faire quelque chose, cela pourrait empêcher des processus de lapidation très douloureux.

(Les répétitions du passé)

Il me donne mon carnet de tickets. Je prends la direction Bobigny. Personne ne me suit. Pas de cheik, pas de Mabuse. Je descends à la station suivante, traverse le boulevard et fonce vers la place des Vosges. J'appelle Mérédith. C'est la meilleure solution. D'autant qu'elle a les clefs. Ce n'est pas elle qui répond, mais Joe.

– Tu peux me passer ta mère ? je demande. C'est Gaston, votre voisin.

Il ricane. « *Non. Je n'ai pas envie.* » Un silence. Il fait de plus en plus froid. Des restes de neige, plein de crottes de chien maculent les trottoirs. Le ciel va descendre tout doucement vers nous et nous écraser comme un glaçon pourri.

– S'il te plaît, j'insiste. C'est très important. Passe-moi ta mère.

– T'as fait des choses avec elle pendant que j'étais en vacances avec mon père ?

– Mais non, je dis, qu'est-ce que tu vas chercher là ?

Mérédith s'en mêle. Lui prend le téléphone des mains. J'explique ce que j'attends d'elle.

– Il y a quoi dans les livres ?

– De l'argent.

J'hésite à lui demander les vingt grammes de cocaïne qui pourraient toujours me servir, mais je m'abstiens. Pas la peine de compliquer les choses. Je lui donne le nom du bar où je l'attends, à deux pas de la place.

– Vous n'avez pas d'ennuis au moins ?

– Non, c'est lié aux activités de Hepner. Un malentendu qui va se dissiper.

Elle arrive une demi-heure plus tard avec les livres et le dessin de Jean Cocteau qu'elle m'avait donné.

– Faites quand même attention à vous.

Je la remercie et lui dis que je n'y manquerai pas. Les livres sont intacts. L'argent est encore dedans. Reste maintenant à contacter Marie-Pierre. Je l'appelle d'une cabine, au cas où les cheiks l'auraient déjà sous leur emprise. Même si tout ce qui vient de Hepner me paraît maintenant entouré d'une aura sinistre, je ne peux m'empêcher de repenser à ce qu'il m'expliquait sur l'idée de cycle, et la répétition du passé, lorsqu'elle n'est pas bien comprise. Quinze ans plus tôt, Marie-Pierre était enlevée par les malfaisants : ils croyaient que c'était moi qui leur avais piqué la drogue cachée dans la voiture que j'avais volée grâce aux godemichés pour Moussa. Comment ne pas voir l'analogie avec ce que je vivais présentement ? Dans les exercices d'H+, cela correspondait à une répétition karmique, une dynamique énergétique mal gérée. Il fallait alors l'analyser en faisant monter dans la partie consciente du cerveau une image synthétisant le problème. Lorsque je le fais, j'ai la vision très précise d'un billet de banque à l'effigie d'un rat pris au piège de sa propre avidité. Marie-Pierre répond à la première sonnerie.

(L'iris calme des flots)

– C'est Gaston, je dis. Il faut que je te voie absolument, c'est très grave.

– *Gaston, que se passe-t-il ?*

– Je ne peux pas t'expliquer par téléphone.

– *Tu as des problèmes ?*

– Marie-Pierre, je t'en prie. Fais-moi confiance, c'est très important.

Je sens qu'elle hésite, qu'elle est en train de se dire que j'ai dû faire une connerie et qu'elle a quand même un vague lien avec moi. Même si ça l'ennuie, elle ne peut pas me raccrocher au nez comme ça. Le ton de ma voix doit la décider, car elle finit par accepter un rendez-vous dans l'après-midi.

– *Où ?*

– Au Café de la Paix, je dis sans réfléchir, comme j'y étais le matin même et que l'endroit me semble sûr. À quinze heures.

Une fois que je serai certain que Marie-Pierre est en sécurité, qu'elle ne risque rien et que les cheiks ne l'empaleront pas, je prendrai le train pour Lyon et j'essaierai de trouver le psy-suceur-de-cerveaux pour remonter jusqu'à Monsignac. Je pourrai peut-être alors négocier avec lui, trouver comment m'enlever des neurones ce qu'y a collé Hepner. Ça me paraît la moins mauvaise idée. Une façon de purger l'abcès définitivement. À moins qu'il s'agisse encore d'un effet pervers de l'H+. Une façon préprogrammée de m'envoyer dans la gueule du loup quoi que je fasse. « *Vous étiez avec notre ami Hepner en prison, asseyez-vous camarade, il nous a beaucoup parlé de vous, ah, ah !* » Oui, mais après ? Après, je partirai à l'étranger. Dans un pays où on peut faire quelque chose avec deux cent mille euros et des cartes de crédit qui fonctionnent. D'ailleurs combien de temps peuvent tenir les cartes de Hepner ? C'est la grande question. Au moins jusqu'au terme de leur validité. Donc plusieurs années. À moins que les comptes ne se retrouvent à sec. Que pouvais-je acheter avec deux cent mille euros ? Un petit hôtel ? Un petit hôtel dans un coin sympa au bord d'une mer avec quelques touristes qui passent de temps à autre. En Orient, en Afrique ou en Amérique du Sud. Là où finissent les parias qui se cachent, loin de la justice de leur pays. Ils deviennent alcooliques, se tapent des putes locales, attrapent des maladies dont on ne guérit pas. En vieillissant, ils ont la fièvre et repensent à leur vie d'avant. D'avant qu'ils ne commettent les terribles erreurs qui les ont conduits en si fâcheuse posture. Ou alors n'y pensent jamais. Regardent la mer, la ligne de l'horizon, deviennent philosophes, rencontrent une riche héritière, une veuve, elle-même en rupture de milieu, séduite par le côté forban du personnage. Comment appellerai-je l'hôtel ? Le Marie-Pierre ? L'H+ ? Au bon billet ? Face de rat ?

(L'évaporation des liens)

– Alors, qu'est-ce qui se passe ? Tu as des ennuis ?

Je suis soulagé qu'elle soit là, mais c'est tellement surprenant de la voir au milieu de cette folie que je reste la bouche ouverte, muet comme face à une apparition. Défaillance qui s'explique aussi par le stress auquel j'ai été soumis et la fatigue qui s'accumule.

– C'est compliqué, Marie-Pierre.

– Tu es malade ? Tu n'as pas l'air bien.

– Marie-Pierre, c'est très grave. Il faut que tu m'écoutes.

– Mais je t'écoute.

– Il faut que tu sois courageuse, Marie-Pierre, très courageuse.

Mon idée, c'est qu'elle explique tout à son mari et qu'ils partent le temps que les choses se calment. Le mieux serait bien sûr qu'ils déménagent. Je commence à lui raconter l'histoire, le yacht, mais aussi – cela me fait du bien de parler – les suceurs de cerveaux, mes missions pour les services secrets, les cheiks qui ont retrouvé Bruno à cause des godes et cette répétition du passé qui ressurgit.

– Ils ont ton nom et celui de la ville où tu habites. C'est un jeu d'enfants pour eux de te trouver. Un jeu d'enfants. Ils peuvent appeler un satellite. Ils sont presque aussi puissants que les services secrets.

Ce que je lui raconte est confus, mais je pense suffisamment cohérent pour qu'elle me croie. Son visage se plisse comme si elle était triste et inquiète.

– Si tu déménages maintenant, ils ne te retrouveront pas. Mais je veux que tu saches que si vraiment il y avait un problème, j'ai pensé à une solution.

– Laquelle ?

Je me tapote la tête.

– Mon cerveau. Mon cerveau vaut une fortune énorme. Si je vais voir le cheik en personne et que je le lui explique, avec les moyens qu'il a, on pourra reprendre le programme. En plus, la clinique est dans un pays musulman. Cela paierait ma dette et il te laisserait tranquille.

– Je n'ai pas besoin de déménager.

– Pourquoi ?

Temps de silence. Quelqu'un fait tomber un couvert par terre. Cela fait kling-kling. Mon cerveau a de nouveau des ratés.

– Je t'ai donné un faux nom et je n'habite pas au Vésinet. Mon mari n'est pas dentiste.

En réflexion dans la glace, les gens s'agitent sur le trottoir. Une femme et un homme se promènent. La femme tient l'homme par le bras. L'homme montre quelque chose devant lui de l'autre côté de la place en hauteur que je ne distingue pas. Je pense qu'il s'agit peut-être de quelqu'un suspendu à la balustrade d'un immeuble, prêt à se défenestrer. J'ai l'impression que Marie-Pierre essaie de sourire, mais qu'elle n'y arrive pas. À moins que ce ne soit moi qui me convainque qu'elle essaie de sourire.

– Si je fais ça, de toute façon, ça les calmera, ils te ficheront la paix.

Le serveur demande à Marie-Pierre ce qu'elle veut boire. Elle répond qu'elle ne reste pas, qu'elle s'en va. Je la vois qui se lève.

– Tu as pensé à voir quelqu'un ? Ce serait peut-être mieux que tu puisses faire le point avec une personne dont c'est le métier.

Elle disparaît dans une porte à tambour. Je pense que j'ai tué quelqu'un pour elle. Et que j'ai fait des années de prison. Et puis, comme un voile qui se déchire, je me dis que c'est idiot, qu'elle me prenne pour un fou n'a aucune importance, non, vraiment, c'est aussi bien, une page se tourne, elle a bien fait de ne pas me donner son vrai nom de femme mariée, ni l'endroit où elle habite. Bruno n'ayant pas son numéro, il n'y a aucune raison qu'ils la retrouvent. Je lui pardonne. Après tout, c'est vrai que ce que je raconte est difficilement croyable, surtout l'histoire avec mon cerveau qui vaut une fortune.

Je sors dans la rue avec mon sac plastique contenant les deux cent mille euros dissimulés dans les livres d'art collés et mon dessin de Jean Cocteau dont je ne sais que faire – est-il est préférable que je le vende ici, à Paris, ou que je le garde comme poire pour la soif si je veux acheter une affaire à l'étranger ? « Certainement pas, hurle un clochard ivre. Vous n'y connaissez rien, les roses n'ont d'épines que pour ceux qui ne savent pas les cueillir. » Je note qu'il a dit « n'ont d'épines » et non pas « n'ont des épines », ce qui suggère une certaine culture, voire une sensibilité poétique. Peut-être a-t-il fait des études, s'est-il intéressé aux roses et a-t-il étudié des œuvres. Maintenant, il crie place de l'Opéra. Avant de monter dans le taxi qui m'emmène gare de Lyon, je lui donne cinq euros.

(Les traboules du Vieux-Lyon)

Les traboules sont des passages qui relient les rues du Vieux-Lyon en traversant les immeubles. C'est une particularité de la ville. Cela date, d'après une explication que je lis dans une vitrine, des débuts de Lyon, ou de plus tard, on ne sait pas très bien. L'ensemble constitue une sorte de labyrinthe et j'y vois l'allégorie parfaite du délire au milieu duquel je me débats. Le psy-suceur-de-cerveaux habite dans un de ces passages au deuxième étage d'une jolie cour qui ressemble à un décor de film. De film fantastique moyenâgeux, ah, ah, car – toujours sous l'effet de l'H+, je suppose – je ne cesse d'imaginer des scènes d'époques révolues où les gens portaient des atours comme sur ces tableaux du Louvre. Par instants, ma vision de ces recoins truffés de couloirs et de dédales d'escaliers se peuple de fantasmagories. Mon agitation et ma fébrilité se sont estompées. Mes chances de survie sont tellement maigres, mon horizon d'événements si bouché qu'une détente a fini par s'emparer de mon être. Comme si, de toute façon, arrivé à un tel seuil, il ne servait plus à rien de stresser. Un problème avec des Mabuse ? Les Plus Hautes Zones du Pouvoir suivent l'affaire de près ? Des cheiks assoiffés de sang veulent me lapider ? Mon cerveau, qui vaut par ailleurs très cher, risque de me lâcher après une ingestion de bonbons malins concoctés par des savants fous ? Les Hindous dans leurs antres prétendent que la Dark Star est sur moi ? Après tout, qu'importe.

Ça fait deux jours que je planque autour de l'adresse et je n'arrive pas à me décider sur la façon d'aborder ma cible. J'ai peur que le pope n'ait prévenu les salopards. Pourtant ma proie a l'air tout ce qu'il y a de plus tranquille, et si des affreux sont également en planque dans l'attente de ma venue, ils savent se faire discrets. J'ai suivi Psy à différentes reprises. Il va matin et après-midi travailler dans une bibliothèque qu'il gagne en empruntant une autre traboule. Mes hallucinations sont de plus en plus consistantes, car je le distingue maintenant avec une rapière et un chapeau à plume. Je dois dire que je suis émerveillé : cette image est d'un réalisme troublant. D'autant que la rapière ricochant sur les marches de pierre émet un claquement de ferraille, ce qui me fait réaliser qu'il est vraiment habillé en cape et épée. Cette découverte saugrenue me plonge d'abord dans une certaine perplexité. Que fait-il en d'Artagnan ? Il passe de traboule en traboule, s'arrête, exécute une génuflexion, déclame des vers, repart, recommence dans une autre traboule. J'ai du mal à faire en sorte qu'il ne me voie pas. Je n'arrive pas à comprendre ce qu'il fabrique. Je suppose qu'il s'agit d'une pratique ésotérique, un rituel magique évoquant peut-être la difficulté de se mouvoir dans les méandres de l'existence. C'est du moins ce que j'imagine, car si moi-même je me livrais à ce genre de fantaisie, c'est certainement ce que j'aimerais y trouver.

Réalisant que je m'égare en me laissant aller à pareille pensée, que j'ai plutôt intérêt à ne pas perdre de temps en me laissant leurrer avec des fariboles, je me décide à intervenir pile au moment où il fait des grands gestes de salut avec son chapeau à un interlocuteur invisible à qui il parle en latin. Bondissant, je lui barre la route et lui colle sous le nez la bague que j'ai trouvée chez le pope, chuchotant. « Bonjour Acolyte, puis-je vous accaparer quelques instants ? »

Il a l'air aussi surpris que moi, voire apeuré, bredouille qu'il est habillé comme ça à cause d'une reconstitution historique à laquelle il doit participer. Lui comme moi sommes gênés : lui d'être découvert dans cet accoutrement, moi parce que je pense qu'il risque de deviner la supercherie. Mais il n'en est rien, il m'invite à le suivre dans la bibliothèque, m'expliquant que s'il n'a pas énormément de temps – on l'attend pour sa prestation historique –, il sait toujours se rendre disponible pour ceux qui en savent plus que lui. J'approuve gravement et l'assure que nous essaierons de faire bref.

– Affaire Hepner. Les Triangles rouvrent le dossier. Je crois que vous avez suivi Monsignac sur injonction de la commission ?

J'ai adopté un ton vaguement martial.

– Absolument. Mais j'ai déjà tout relaté dans mon rapport.

– Je sais, mais j'ai besoin d'entendre votre sentiment. C'est une affaire compliquée. Vous a-t-il parlé de Hepner et de ses travaux ?

– De Hepner, oui, un peu. De leurs travaux pas vraiment. Il était... il était dans la contrition. Dans la repentance. Mais je n'ai jamais pu avoir de détails précis sur ce qu'il se reprochait. J'ai essayé de creuser son histoire. Il venait d'une famille aisée, il avait côtoyé le monde de l'argent. Je suppose qu'avec Hepner ils se sont égarés, vendus, c'est ce qui ressortait. La seule chose que j'ai pu obtenir de lui, c'est que l'argent n'était pas sale. Ce qui était sale était ce que l'on en faisait, ou ce que l'on faisait pour en obtenir. Il essayait plus de se justifier que de se livrer à l'introspection.

– Cela confirme mes craintes.

Il me regarde, légèrement interloqué.

– À l'évidence, il n'est pas dans une remise en question sincère et je subodore de nouvelles malversations. Je ne peux vous en dire plus, car devant la gravité de l'affaire le secret est de mise. Je vais avoir besoin de lui parler. Avez-vous son adresse ?

J'ai peur qu'il ne tique, qu'il me dise « Mais comment se fait-il que vous ne l'ayez pas ? ». Non. Il hoche la tête, dit que Monsignac lui a donné de ses nouvelles récemment, lors d'un de ses passages à Lyon. Il avait besoin de s'épancher. Il a même cru qu'il allait lui livrer enfin quelques confidences, mais il s'était contenté de boire un café. Monsignac devait aller à l'hôpital pour un problème de santé et il voulait savoir si Psy y connaissait quelqu'un. « Je peux toujours passer un coup de fil dans le service, me propose mon nouvel ami, et essayer de voir s'il n'a pas laissé une adresse. » Je le remercie pour son sens de l'initiative et lui demande combien de temps va prendre cette recherche. D'après lui, elle sera brève, car plusieurs autres Acolytes sont en poste dans le centre hospitalier. Il me propose de revenir le lendemain. Je passe donc la soirée à me promener dans Lyon que je ne connaissais pas. Je visite le musée de la Miniature, où tout est petit et minuscule avec des décors reconstruits en version riquiqui. Je me demande s'il s'agit d'un reflet de l'Univers, induisant que nous aussi sommes peut-être, pour des géants qui nous regardent, des choses précieuses enfermées dans des chambres de carton-pâte posées en équilibre sur la cime des nuages. Nos petites histoires ressembleraient à d'infimes cartoons avec lesquels ils se distrairaient.

(La gastronomie lyonnaise)

Je vais dîner. Lyon – c'est connu – est une capitale de la gastronomie. Comme je suis végétarien – ce qui est idiot vu que les trucs de Hepner étaient de la foutaise, mais maintenant j'ai pris le pli et manger de la viande me met mal à l'aise –, je ne peux me livrer à la ripaille que la carte du bouchon où j'ai élu domicile mériterait. Je me contente d'une soupe de légumes et d'une tourte aux pommes, sous le regard réprobateur de la serveuse à qui j'explique que je suis une diète. Elle veut savoir si c'est un projet existentiel ou pour des raisons de régime.

– Je ne sais pas, je réponds, trouvant cette idée de projet existentiel tellement drôle que j'en ris tout seul.

Quand elle revient m'apporter le dessert, je lui raconte que je suis nouveau dans Lyon, que mon projet serait plutôt de trouver quelqu'un qui me fasse visiter la ville. De fil en aiguille, nous faisons plus ample connaissance et quand elle finit son service je l'attends. Elle s'appelle Claire et n'a pas de petit ami. Nous marchons dans les petites rues, nous découvrant une passion commune pour les séries télé et la poésie. Même si nous n'avons pas d'AS – elle souhaite ne pas avoir de contact physique aussi rapidement, même s'il est clair que je lui plais –, cela constitue un entracte dans l'espèce de cavalcade déconcertante dans laquelle je me trouve malgré moi embringué. Nous parlons du sens de la vie, qui demeure pour elle incertain. Elle ne sait pas vers quoi se tourner, ni comment envisager l'avenir. Elle trouve que les schémas proposés – le prince charmant, avoir des enfants, devenir *executive woman* – ont fait long feu. Je lui avoue être moi-même dans l'expectative.

(Monsignac)

J'arrive à Bâle le surlendemain. J'ai obtenu l'adresse de Monsignac par Psy sans aucun problème et, sans coup fourré des Mabuse. Comme il était tard, j'ai revu Claire et dormi chez elle – c'était son jour de repos –, ce qui m'a procuré une détente incroyable et une nouvelle relation plaisante. Je lui ai dit que je voyageais pour des recherches que je faisais sur le cerveau – ce qui est vrai et m'a évité de mentir –, et que je lui referai bientôt signe si je le peux. Nous nous sommes quittés l'un et l'autre enchantés de notre rencontre. En regardant le paysage défiler, j'essaie d'imaginer si je pourrais vivre avec quelqu'un, me marier, avoir des enfants, comme le suggérait Anne Carruthers. Puis un léger mal de tête me ramène à la réalité. Pour l'instant, le contexte ne s'y prête pas. Monsignac habite donc en Suisse. D'après Psy, qui a eu les infos par ses copains de l'hôpital, il a une tumeur au cerveau, comme Hepner. Ce n'est pas du chiqué, il va bientôt mourir. J'ai été obligé de louer une voiture. Si les Mabuse sont après moi, ils auront les moyens de me localiser vu que je l'ai louée à mon nom. En même temps, rien ne dit qu'ils puissent avoir accès à tous les loueurs de voitures, c'est là-dessus que je table.

Monsignac habite la campagne sur les contreforts du Jura, une maison dissimulée par une énorme haie, que je mets deux heures à trouver, sans portail ni chien. Quand je me gare devant chez lui, il est en train de récupérer son courrier dans sa boîte aux lettres. Je m'approche et lève la main en signe de paix.

– Je viens de la part de Hepner. De Siegfried Hepner.

Il me regarde d'un œil torve, comme si ce nom ne lui disait rien. Alors que je montre la bague, il cligne des yeux, hoche la tête en la regardant de plus près, telle une taupe myope. Finalement, il me fait entrer chez lui à contrecœur.

– Siegfried m'a retrouvé par l'hôpital, je suppose ? Il a toujours été très fort pour résoudre les énigmes policières.

Je ne renchéris pas sur sa supposition. Je me contente de le regarder fixement. Il a enlevé son bonnet. Il est chauve, peut-être à cause de la chimiothérapie.

– J'ai besoin de vous, je dis. Votre ami m'a gravé le cerveau avec un secret dedans. Vous êtes le seul à pouvoir m'aider.

Je lui raconte comment j'ai connu Hepner et la suite, avec les Mabuse. Je suis prêt à le menacer de balancer son adresse, mais ce n'est pas la peine, car il a l'air complètement atone. Il me regarde avec des yeux ronds et finit par me demander ce que je veux savoir.

– Votre version des faits. Le pope m'en a raconté une partie, mais il ne savait pas grand-chose.

D'abord il ne dit rien, triture un bout de couverture pensivement. Puis, le plus simplement du monde, comme si tout cela n'avait aucune importance, qu'il s'agissait d'une histoire qui n'aurait plus pour lui la moindre charge affective, il se met à me raconter l'enchaînement de circonstances qui m'a conduit à rencontrer toute cette épouvante.

– La vérité, c'est que nous avons joué avec le feu. Hepner nous a entraînés dans sa folie et nous en payons aujourd'hui les conséquences.

Monsignac avait pu parler avec Hepner au début de son incarcération, peu de temps après que j'intègre sa cellule. Il lui avait expliqué qu'il avait un nouveau cobaye pour l'expérience. « Une dernière carte qui renversera le jeu », avait dit le salopard. Mais Monsignac était déjà fatigué et malade, il avait peur d'aller en prison aussi, il avait coupé les ponts. C'était la dernière fois qu'ils avaient communiqué. Ils s'étaient connus tout jeunes, par leurs loges d'initiés – il se lève, me montre une photo, je reconnais Hepner, ils sont bien habillés élégamment, les cheveux plus longs que la normale, c'est les années soixante-dix – et avaient rapidement sympathisé. Ils étaient responsables d'un groupe, le Sfatu 22, qui chapeautait d'autres initiés moins avancés sur la voie. Le Sfatu 22 devait également intervenir dans la vie civile à travers leurs activités, en usant de l'influence du réseau, afin de faire progresser l'humanité. Ils devaient par ailleurs se consacrer à un sujet d'étude allant dans le sens d'un progrès de la connaissance. Hepner avait proposé une direction. Il s'intéressait à l'hypnose et aux potentiels du cerveau. L'époque s'y prêtait : il y avait eu des recherches sur le LSD ; avant cela, Charcot et même Freud avaient utilisé l'hypnose ; l'Occident découvrait les pratiques de méditation orientale ; les scientifiques répétaient à qui voulait l'entendre que l'homme n'utilisait que dix pour cent de ses capacités...

Après quelques recherches théoriques, ils furent missionnés pour étudier en Inde avec un swami. Celui-ci leur montra des pratiques secrètes, notamment une où le méditant, plongé dans le noir absolu, répète différents mantras auxquels les initiateurs ajoutent des boissons à base de plantes, provoquant des états hallucinatoires violents. À la fin de cette retraite, qui peut durer plusieurs années, une très légère ouverture est pratiquée dans la hauteur de l'habitacle, laissant passer un rayon de soleil. Un diamant y est glissé de manière à ce que le rai de lumière, en le traversant, soit diffracté. Le cerveau du méditant est alors brusquement irrigué, il passe de la nuit à la lumière. Cette opération tient compte de configurations solaires et stellaires particulières que seuls les swamis connaissent. Les méditants qui ont traversé cette épreuve acquièrent des dons particuliers, notamment celui de pouvoir se connecter à l'histoire de la planète – ce qu'on appelle les annales akashiques –, de lire le passé des gens et des lieux comme des nations.

Hepner et les autres furent vivement impressionnés par ce qui leur était montré. Ils rentrèrent en France avec l'idée de s'en servir à des fins politiques. Le swami les avait initiés aux incidences des cycles sur le cours des choses sur Terre. Même si les calculs étaient remplis d'incertitudes, du fait de l'instabilité d'une partie du cosmos, des constantes étaient repérables et facilement déclinables ici-bas, notamment – du moins Hepner le pensait-il – pour prédire le résultat d'élections. Ils repartirent donc en Asie dans le but de ramener un ou plusieurs méditants, à qui ils proposèrent de l'argent, une vie en Occident et tout le confort matériel, précise Monsignac avec une candeur qui me laisse pantois. J'imagine un instant la tête du malheureux yogi, qui vient de passer dix ans enfermé dans sa grotte à répéter son incantation, à qui l'on propose soudain une baignoire et un lecteur DVD. Non seulement les yogis avaient décliné l'offre, mais certains leur avaient ri au nez. D'après Monsignac, l'un d'eux – il n'était pas sûr que ça ne soit pas de la prestidigitation – avait même fait apparaître de l'or. Toujours est-il que c'était arrivé jusqu'au swami qui leur avait mis un vent. Interdiction de revenir. Interdiction de faire état des secrets entrevus. Interdiction de poursuivre leur recherche sur les traditions orientales.

De retour en France, ils n'en avaient pas tenu compte et avaient réussi à corrompre un des élèves de l'ashram où ils avaient été accueillis, lui envoyant un billet d'avion. Cela devait être le bas de gamme, un cancre qui n'avait suivi qu'une partie du cursus, mais cela fut suffisant pour le scanner avec les nouveaux appareillages de résonance nucléaire auxquels Bloodfield avait accès. Les résultats étaient mitigés. Il se passait bien quelque chose. L'activité du cerveau était hors norme pendant les exercices, mais de là à en tirer des conclusions exploitables... A fortiori, des projections de résultats politiques. De plus, le moine n'était pas très intelligent. Il ne savait faire que deux types de méditation, l'une où il devenait comme de l'or, l'autre entièrement noir. Il disait que l'or était fait pour apaiser et que le noir était dangereux, que certains mouraient de peur en faisant cet exercice. Pour ce qui est des images du passé, ce n'était pas non plus concluant. Le moine avait bien des images, mais qui paraissaient incohérentes. De plus, il s'était vite révélé ingérable, avec un penchant pour la boisson, à tel point qu'ils avaient été obligés de le recoller dans l'avion à destination de son pays d'origine. Ça n'avait pas été facile, car le salopard, séduit par les fastes de la France, s'était carapaté de l'aéroport et Hepner avait dû le faire rechercher puis embarquer de force – ce souvenir parvient à tirer un sourire à Monsignac. Il paraît que son don de voyance s'était alors révélé, pendant qu'il était entre deux policiers, et qu'il avait décliné les ascendances karmiques des gardiens de la paix qui le menaient à l'avion, avec des précisions troublantes sur leur avenir que personne n'avait de toute façon jamais pu vérifier. Cet échec cuisant n'avait pas découragé le trio, car, par hasard – et Monsignac insiste sur ce point, la découverte a été fortuite –, quelques jours après le renvoi du bonze, alors qu'il aidait Bloodfield à trier les papiers ayant trait à l'expérience, il s'aperçut que la courbe de fréquence du cerveau épousait parfaitement celles des cours de l'or et du pétrole de la semaine correspondante. Monsignac était un pro de la Bourse. Cela pouvait être un hasard, mais les autres tests montraient la même chose. Il y avait une corrélation troublante entre les courbes des fréquences du cerveau du bonze pendant ses méditations et les cours des deux matières premières. « À ce moment-là, la fièvre s'est emparée de nous et ne nous a plus jamais quittés. C'était comme une attraction si irrésistible qu'elle en devenait obsédante. Nous avions découvert un secret fabuleux : la possibilité de prévoir le cours de l'or et du pétrole, autant dire, pour quelqu'un capable de se servir de cette information, une capacité d'enrichissement infinie. »

L'ennui, c'est que le niaqwé poivrot avait été chassé manu militari. Une fois que Hepner et ses complices se furent renvoyé la balle sur qui avait été à l'origine de cette bourde fâcheuse, il avait fallu prendre une décision. Le retrouver, perdu en Orient, était peut-être possible, mais nécessitait d'y retourner. Or le swami était puissant dans sa région. Les politiques comme les autorités lui obéissaient. Il y avait fort à parier qu'une tentative de débarquement sur le continent asiatique aurait des répercussions fâcheuses. De toute façon, Bloodfield et Hepner étaient catégoriques, il était possible de refaire, en mieux, ce que ces Ostrogoths avait fabriqué dans leurs grottes avec leurs mantras et leurs diamants. Les recherches prirent plusieurs années. Monsignac convainquit un ami d'enfance, Enclun-Prieur, de financer une clinique où des essais seraient effectués, les deux courbes du cerveau du bonze faisant office de preuve suprême. La clinique ouvrit ses portes quelque temps après l'an 2000. Hepner – d'après Monsignac, c'est à ce moment-là que les choses commencèrent à déraper sérieusement – recruta des cobayes sur un site de rencontre new age. Les premiers essais avec des personnes lambda ne donnèrent pas de bons résultats. Il leur fallait des adeptes du yoga ou de la méditation. Hepner les enleva et les transporta en Égypte dans un avion d'une des sociétés d'Enclun. Il les y enferma en leur faisant croire qu'ils étaient des êtres élus, que des entités lumineuses les soustrayaient à une invasion terrestre. Pour cela, ils devaient se soumettre à un traitement contraignant qui leur donnerait des super-pouvoirs. La technologie mise en place comportait trois axes. Un psychotrope, une fréquence sonore en remplacement du mantra – et une irradiation de la glande pinéale par un faisceau laser projeté dans la pupille selon un battement calculé par Bloodfield. Ce programme avait été baptisé Ipoméga Crystal Sound System (ICS). Il donna assez vite des résultats, c'est-à-dire que les cobayes devinrent tous quasiment fous. Fous et quand même doués, pour certains, de sensibilité paranormale. Ou en tout cas d'une propension à distinguer, là où d'autres ne voyaient rien, une multitude de choses.

Dans le même temps, Monsignac et Bloodfield commencèrent à faire des rêves. Ils marchaient dans un décor de sable et rencontraient le swami. Celui-ci les regardait silencieusement, puis le même mot, *karma*, s'affichait. Ou alors c'était un livre qui s'ouvrait avec des phrases en sanscrit. Bloodfield n'y prêtait pas attention, mais Monsignac, plus impressionnable, vivait mal cette irruption troublante dans la quiétude de ses nuits. Quand à Hepner, peut-être psychologiquement plus fort, il ne faisait pas de rêve. Malgré le basculement dans la démence des cobayes, les premiers résultats apparurent assez vite. Des courbes dessinaient avec précision les cours de l'or et du pétrole des jours suivants. Malheureusement, deux problèmes se posaient. D'une part, il ne s'agissait que d'une projection sur quelques jours, jamais plus. Le second, c'est que toutes les courbes n'étaient pas bonnes. Certaines n'avaient aucune signification. Et il n'était pas possible de repérer une raison à cela, car parfois les bonnes courbes venaient de l'un et le lendemain d'un autre. Or tout l'intérêt de l'information était qu'elle soit suffisamment fiable pour pouvoir engager d'énormes sommes. Comment investir des montagnes d'argent sur des paramètres aussi mouvants et sur des durées aussi courtes ?

Les choses se précipitèrent quand Enclun fils – ami d'enfance de Monsignac –, dans le but d'épater son père qui se posait la question de sa succession, prévint d'une visite prochaine à la clinique. Un nouvel essai fut tenté avec des doses plus importantes, en plongeant un des cobayes dans le coma. Cela donna un résultat satisfaisant, la courbe sur deux semaines, mais pas suffisant aux yeux de Hepner qui décida, pour la venue d'Enclun père, de monter encore d'un cran l'expérience. L'industriel et son fils étaient attendus à la clinique. Le cobaye était déjà dans la salle. Hepner, Bloodfield et Monsignac eurent une longue discussion. Monsignac voulait arrêter l'expérience. Il avait rêvé du swami qui le mettait en garde. Des phrases en sanscrit s'affichaient en lettres de feu. Même s'il ne les comprenait pas, Monsignac se doutait de leur sens : ils allaient trop loin et dépassaient les bornes. Bloodfield – plus mitigé même s'il avait lui aussi fait le même rêve – était pour passer outre. Hepner, quant à lui, ne se posait pas la question. Ils étaient en passe de réussir ce que les spécialistes cherchaient depuis le début des tentatives de modélisation économique. Avant d'être endormi, le cobaye, qui devait sentir leurs hésitations, demanda si cela était sans danger, car il avait l'impression de détecter les MET (Mauvais ExtraTerrestres) à proximité.

Puis Enclun & fils étaient arrivés. Monsignac se souvenait de cette journée comme d'un cauchemar. Les autres malheureux, de plus en plus délirants, avaient été enfermés dans les sous-sols. Un deuxième cobaye, un géant qui pratiquait les arts martiaux et la sculpture, avait mieux résisté que les autres au traitement de choc. Il était prêt dans une pièce attenante – probablement la pièce où j'avais moi-même attendu –, au cas où. Mais dès le début, les choses s'enclenchèrent mal. Il faisait une chaleur suffocante. Enclun & fils étaient assis sur des fauteuils que Hepner avait achetés au centre-ville, de façon à parfumer leur visite d'un vague cachet VIP. Alors que les premières courbes sortaient des appareils sous le regard attentif des bailleurs de fond, le type avait fait un arrêt cardiaque. Cela aurait dû stopper le processus, mais pour Hepner il était impossible d'interrompre l'expérience. Pas avec les deux dans leurs fauteuils sentant le Skaï, qui regardaient à travers la glace sans tain séparant les pièces. Le fils n'arrêtant pas de dire à son père « C'est comme si nous étions sur le point de devenir les maîtres du monde », Monsignac et Bloodfield approuvant frénétiquement de la tête. Hepner avait donc évacué le cadavre dans une chambre, en expliquant que le premier essai n'avait pas été concluant et qu'ils allaient essayer avec un autre candidat. C'est à ce moment que la séance avait réellement tourné au mauvais film. Quand Hepner s'était approché du lit où il gisait, le géant s'était dressé telle une apparition de film gore, en hurlant une diatribe à faire pâlir de jalousie l'imprécateur le plus chevronné. Il disait tout savoir, être sorti de son corps et avoir tout filmé depuis sa forme astrale – Monsignac se souvenait de son terme, « filmé », comme s'il avait enregistré leur médiocrité. Il comprenait maintenant que ses doutes étaient fondés. Il avait été abusé et séquestré. Le châtiment serait terrible, car il avait vu son destin. Il avait compris qu'il était le bras. Celui qui rendrait la justice et ferait rendre gorge aux méchants et aux impies. Hepner, qui heureusement était armé, avait été obligé de le menacer et même de tirer. Le géant s'était enfui par la fenêtre avec la voiture de location – en défonçant le portail comme moi – et la sacoche d'Enclun père contenant son ordinateur.

La suite avait été une cascade d'événements atroces. Les zombis enfermés au rez-de-chaussée, entendant le coup de feu, avaient cru à une attaque de MET et s'étaient délivrés en cassant le verrou de leurs geôles. Ils avaient assailli Enclun & fils qui n'avaient dû leur salut qu'à une fuite – à pied puisque la voiture était partie avec le géant – sous une canicule épouvantable. Le père répétant « il y a un décès, nous sommes complices, nous sommes complices ». Monsignac courant à côté, assurant « non, c'est l'effet du traitement qui les fait délirer sur le moment, cela n'a aucune incidence sur leur santé ». Jusqu'à ce que le fils arrive à héler une fourgonnette de maraîcher – Monsignac se souvenait des deux hommes se hissant au milieu des cageots de légumes – pour les conduire à l'aéroport. Exit l'expérience Clinique des maîtres du monde.

Parallèlement, dans une synchronicité parfaite, le Grand Maître qui les suivait – il avait déjà réuni une fois la commission disciplinaire pour une histoire de CD de relaxation – avait découvert que Hepner travaillait à faire le barbouze pour le groupe d'Enclun. À leur retour à Paris, ils apprirent qu'ils étaient exclus de leur confrérie. Pire : Hepner était aussi poursuivi au pénal et incarcéré. D'après Monsignac, tout cela n'était que la suite logique de leurs actes, l'avertissement du swami s'était matérialisé. Bloodfield et Monsignac n'avaient pas été inquiétés. Bloodfield était même resté en poste dans le ministère où il travaillait officiellement. Mais un problème de santé était rapidement apparu, le même pour les trois. Une tumeur au cerveau. Maintenant Monsignac allait mourir. Hepner était mort. Et Bloodfield aussi. Il s'était suicidé dans une crise de démence. C'est pour cela qu'il n'avait pas répondu à mon coup de fil.

– Et n'allez pas croire que c'était parce que nous avions expérimenté la poudre de perlimpinpin qui devait nous rendre richissimes. Pas du tout, nous n'en avions jamais utilisé. Non, c'était tout bonnement le karma qui nous avait rattrapés, comme nous l'avait indiqué le swami.

Il me demande si je veux boire quelque chose. Il a l'air ailleurs, presque rasséréné d'avoir pu raconter son histoire. De mon côté, je pense aux phénomènes de boucle. J'ai vécu quasiment la même chose que le géant. Peut-être étais-je en train de courir sur un immense fil invisible circulaire qui fait que tout, toujours, se répète, avec de légères variantes.

Comme une roue sinistre où les géants deviennent fous par la faute d'êtres cupides et où de malheureux zombifiés espèrent qu'une soucoupe volante les emmènera loin de cet enfer.

– Et sa fille, je demande. Vous savez où elle habite ? A priori, c'est elle qui a la clef de ce que Hepner m'a mis dans le cerveau.

– La petite Hester... Hester Hepner, bien qu'elle ait toujours porté le nom de sa mère. Hepner était fou de cette femme. C'était aussi une initiée. Mais la grande classe. Scientifique. Hepner a réussi à la séduire avec ses boniments, mais elle s'est vite détournée.

Il se lève, disparaît quelques instants et revient avec une adresse. Je veux savoir pourquoi il me la donne aussi facilement. Sa réponse tombe sous le sens.

– Mais enfin, mon jeune ami, quelle importance croyez-vous que cela puisse encore avoir pour moi aujourd'hui ?

Chapitre 12

(Carhaix)

Hester la salope, fille chérie de son père le monstre qui lui destinait les trésors obtenus grâce aux courbes magiques qu'auraient dû livrer mes neurones, vit en Bretagne. Je suppose qu'elle est ma dernière chance de me sortir de cette impasse. Les messages préenregistrés, ricanements persistants, ricochent par intervalles réguliers dans un espace situé entre ma mâchoire et mon occiput. Par moments, le réel semble distordu. Monsignac n'a même pas voulu jeter un œil sur la clef USB, me disant qu'il n'y entendait rien. Hepner et Bloodfield étaient les spécialistes, mais la fille doit avoir des connaissances, un minimum en tout cas, sans quoi son père ne l'aurait pas mise au centre de son dispositif.

Je n'ai aucune nouvelle des Mabuse. Je rends le véhicule de location sans ennui, prends le train, repars pour Rennes, où je reloue une voiture. Ni le ciel, ni des vilains ne me tombent dessus. Les salopards sont pourtant probablement à mes trousses, me surveillant par satellite, attendant le bon moment. Comme je n'ai pas d'autre choix, je continue à avancer, tel un pantin perdu dans une nuit qu'il ne comprend pas.

La fille Hepner habite les monts d'Arrée pas très loin de Carhaix, une maisonnette dissimulée au bout d'un chemin plongeant vers un vallon que je mets, comme d'habitude, des heures à trouver – je ne veux pas attirer l'attention en demandant des renseignements aux autochtones. J'imagine une femme d'un certain âge à l'aspect revêche – des cheveux grisonnants relevés en chignon –, et d'une méchanceté et d'une raideur naturelles là où son père était froid et calculateur. Mon plan est simple. Si elle est bien là où elle doit se trouver, donc si Monsignac ne m'a pas bourré le mou, je vais entrer chez elle, la ligoter et lui faire rendre gorge. Le seul ennui serait qu'elle n'ait pas d'ordinateur pour lire la clef et le secret qu'elle doit contenir. Mais c'est peu probable et j'ai tout mon temps. Je me suis procuré une paire de jumelles pour l'observer au préalable. Au cas où elle vivrait avec un costaud, bien que mon intuition me la décrive comme célibataire, vieille fille frigide terrée dans son antre, se passionnant pour des chants bretons ou des antiquités, des assiettes en porcelaine, des petites poupées. Je la visualise plongée dans des livres arides, donnant à manger à son chat – elle en a forcément un, voire plusieurs – et n'ayant d'autre but sur Terre que de participer au complot mabusien.

Après avoir risqué l'embourbement à plusieurs reprises, je finis par trouver l'endroit, en fin de journée. Il doit pleuvoir depuis des jours, le chemin est un torrent de boue. Je passe une première fois devant la maison. D'après les indications, ça doit être là. Je me gare plus loin, à l'abri d'une haie. J'avance à croupetons jusqu'à la barrière. Bingo, le nom sur la boîte aux lettres a l'air bon. Le prénom commence par un H. La fille de l'ordure s'appellerait H. Denguin. Patronyme banal. Non seulement elle doit être vieillotte et triste, mais en plus moche. Il y a de la lumière dans la maison, c'est donc qu'elle est habitée et que la salope est au nid. J'hésite sur la marche à suivre. Je serais tenté de rentrer et de la braquer dans l'instant, mais je ne possède pas d'arme et j'en ai plein les pattes, je suis fatigué. Je diffère donc au lendemain et rebrousse chemin vers Carhaix où je me pose dans un hôtel pour routiers après avoir effectué quelques emplettes.

Je prends une douche et dîne de crêpes. Question épineuse : la fille du salopard a-t-elle un chien ? Un molosse qui se jettera sur moi pour protéger sa maîtresse ? Le mieux étant encore d'aller vérifier, faisant fi de la fatigue, je repars sitôt ma galette avalée. Malgré la nuit, dans un effort d'orientation inouïe, j'arrive à retrouver le chemin que je descends cette fois à pied, serrant la bombe lacrymo achetée chez l'armurier de Carhaix : au cas où un cabot serait à l'affût, je suis prêt à le gazer – quoique j'aurais peut-être dû prendre des boulettes de viande empoisonnées. Une silhouette passe et repasse devant la fenêtre. Une silhouette de femme. Hepner fille n'est pas encore couchée. Elle n'a pas l'air si vieille que ça. A priori plutôt mon âge. Elle est en chemise de nuit et parle au téléphone. Je ne vois pas très bien, car les vitres sont embuées. Pas de chien dans les parages. Je reste une bonne heure dans le froid à la regarder remettre des bûches dans le poêle, faire du rangement, répondre à ses e-mails – bon point, elle a un ordinateur.

Comme il pleut à nouveau, je regagne mon hôtel. Si les Mabuse étaient en planque à côté de chez elle, ils seraient déjà intervenus. Je dors donc d'un sommeil plus tranquille. Ça va être du gâteau. Je vais la neutraliser et nous allons regarder ensemble – oui, ensemble – ce qu'il y a sur la clef. Elle m'aidera à comprendre – oui, comprendre – comment faire pour arrêter ce processus affreux et me nettoyer le cerveau de ce que son père y a collé. Et si elle refuse, je l'y forcerai.

(Les menottes de l'amour)

Il pleut. L'autre idée peut-être pas si irréalisable que ça – je l'ai eue quand je m'imaginais négocier avec le cheik pour sauver Marie-Pierre – serait de reprendre à mon compte l'aventure. Trouver un financier qui me suive. Nous pourrions faire moitié-moitié. J'ai les infos, lui la masse financière et les capacités de jouer à coup sûr les deux valeurs. Je pourrais devenir fabuleusement riche. Roi de l'or et du pétrole.

Mon esprit dérive sur cette idée plaisante alors que je suis installé en planque avec un fauteuil de camping sous mon parapluie dans le bois derrière chez H. Denguin depuis le levé du jour. Je passe en revue les nombreuses situations attrayantes que m'offre cette option – devenir fabuleusement riche, avec un nouveau paramètre : je ne suis plus le chef d'entreprise méritant et astucieux qui a réussi par le jeu d'un capitalisme dont il a habilement su tirer parti, non, je suis la richesse incarnée. L'homme mystère dont le trésor intrigue et fascine. Mon influence ne cesse de grandir. Mon cerveau – ses précieuses courbes sont recueillies chaque trimestre après ma séance de divine méditation cataleptique –, est assuré plusieurs milliards d'euros. J'appelle les grands argentiers de puissantes nations de façon à leur éviter des investissements néfastes. Bien que goûtant peu le faste des palais, je suis reçu partout.

De l'agitation dans le jardin me sort de ma rêverie. H. Denguin se dirige vers une cabane en rondins qui me cache à sa vue. Un sauna sans doute, car elle y allume un feu, en ressort, rejoint la maison, puis réapparaît une vingtaine de minutes plus tard nue entourée d'une serviette. Je regrette de ne pas pouvoir mieux la distinguer à l'intérieur du chalet, car elle est plus jolie que je ne l'avais supposé. Elle ressort, sans serviette cette fois – je l'ai en gros plan dans mes jumelles –

pour aller s'asperger sous un jet glacé. Elle rentre à nouveau. Je suis hypnotisé. Elle est très jolie. Franchement jolie, je me répète, d'autant qu'à part ma rencontre à Lyon, en termes d'AS, je n'ai pas eu de contacts récents. Je décide d'être plus circonspect dans mon approche, notant sa physionomie sportive et sa bonne forme. Il n'est pas certain que j'arrive à la maîtriser et à la ligoter.

Une demi-heure plus tard, elle est habillée, fraîche et pimpante. Je la vois prendre sa voiture, tenant un grand truc long enroulé dans une serviette, puis disparaître dans le chemin. J'hésite alors sur la marche à suivre. Si je m'introduis chez elle, je bénéficierai de l'effet de surprise à son retour. Me cachant, je pourrai même la menacer en lui faisant croire que je suis armé. Ce sera un jeu d'enfant de l'attacher.

– Levez les mains sans toucher à votre bombe lacrymogène.

Je suis tellement saisi que c'est un miracle que mon cœur ne lâche pas.

– Marchez jusqu'à la maison. Je vous préviens, le fusil est chargé.

– Comment m'avez-vous détecté ? je demande, sidéré et pensant surtout, avec tous ces trucs surnaturels auxquels j'ai été confronté, qu'elle a peut-être une sorte de double vue.

– Il y a un trou dans la palissade du sauna. Je vous ai vu assis sur votre fauteuil. Vous venez souvent regarder ?

– Ce n'est pas ce que vous croyez. Ce n'est pas sexuel.

– Ah non, qu'est-ce que c'est alors : vous faites des recherches sur le bocage breton ?

Elle me fait signe d'avancer jusqu'à un tuyau de plomberie. Une menotte ouverte y est accrochée.

– Passez votre poignet et attachez-vous là.

– C'est une erreur, je glapis. Une erreur manifeste !

Devant l'incongruité de la situation, pensant aussi qu'il se peut qu'elle soit des services secrets, je dis « Comment se fait-il que vous ayez des menottes ? ». Question à laquelle elle répond presque en rigolant. « Un de mes petits amis aimait bien m'attacher. Vous n'avez pas l'air très dangereux, ajoute-t-elle, mais je vais quand même appeler la gendarmerie, je n'ai pas envie que vous reveniez rôder par ici. »

– Ce n'est pas ce que vous croyez, je redis, ça n'a rien de sexuel. J'étais avec votre père en prison, c'est pour ça que je suis là.

– Mon père, comment ça mon père ?

L'espace d'un instant, je crains qu'elle ne s'appelle pas Hester, que l'*H* ne soit qu'une affreuse coïncidence. « Vous vous appelez Hester et votre père vous aimait beaucoup même si vous ne le voyiez pas. » Elle plisse ses yeux. « Qu'est-ce que ce c'est que cette histoire ? Qui vous envoie ? » Je répète : « J'étais en prison avec lui. C'est Monsignac, que vous devez aussi connaître, qui m'a donné votre adresse. J'ai absolument besoin de vous, ce n'est pas ce que vous croyez, ce n'est pas sexuel. » Elle paraît troublée. J'insiste, lui redonne d'autres détails, explique que ma bombe lacrymo concernait un risque canin.

– Je ne vais rien vous faire, simplement vous raconter l'histoire que votre père m'a chargé de vous transmettre à sa mort.

Elle ouvre de grands yeux. « Ah, Siegfried est mort ? » fait-elle d'une voix neutre.

– Oui, je dis, ce n'est pas une blague. Et si vous pouviez me détacher, je préférerais.

Elle pose finalement le fusil et me détache.

– Vous voyez, je dis, je ne vous fais rien, mais je n'étais pas sûr qu'il n'y ait pas de danger. J'ai donc surveillé la maison.

L'intérieur est tapissé de photos de pays lointains, de tentures colorées, avec une foule de statues.

– Pourquoi voulez-vous qu'il y ait un danger ?

– Je crois que vous ignorez qui était vraiment votre père, je dis, accentuant cette déclaration d'une intonation théâtrale de façon à pousser l'avantage que je sens poindre. Si c'est le cas, ce que je vais vous raconter va malheureusement vous surprendre.

– Bien, elle fait, regardant sa montre, cela prendra longtemps ?

(Hester Hepner)

Elle ne cesse de hocher la tête, répétant « C'est ébouriffant, c'est complètement ébouriffant ! ». Je lui détaille l'intégralité de la première saison : moi en prison avec son père, puis la suite, Cannes, mes aventures de paparazzo, d'agent secret. Le préservatif de l'Américain. *Guilty*. Au début de la deuxième, à l'épisode Hepner et le swami, une connaissance mystérieuse, elle s'exclame : « Quel con, avoir une telle chance et la gâcher pour des raisons aussi stupides ! » À celui de la clinique, son visage se plisse comme si je lui racontais un film d'horreur. Elle murmure, les larmes aux yeux : « Les pauvres gens, comme ils doivent souffrir. » Au récit de ma fuite, lorsque je pulvérise tout le monde avec la voiture et que j'emmène Alexia, elle frémit, pensant au karma que cela a pu me causer. Enfin, au moment où je lui rapporte le coup du pope, la clef USB et l'intégralité de l'histoire telle que me l'a racontée Monsignac, elle est tellement abasourdie qu'elle décommande son rendez-vous de l'après-midi sans émettre le moindre commentaire.

Dehors, la campagne bretonne est charmante. Il ne pleut plus. Il y a même un rayon de soleil. Hester – nous nous tutoyons désormais et nous appelons par nos prénoms – semble réfléchir intensément. La narration de mes mésaventures a un effet salutaire. Je me sens mieux, moins seul. J'avais l'impression de devenir fou à porter cette histoire. Je lui demande si elle me croit. Elle rit. « Si tu étais capable d'inventer une histoire pareille, je ne pense pas que tu perdrais ton temps à espionner les femmes seules perdues dans la campagne. » Ce que je ne comprends pas, c'est qu'elle n'a pas reçu la lettre que je lui avais envoyée en sortant de prison, selon le vœu de son père. Elle m'explique qu'elle n'était pas là, qu'elle rentre tout juste de voyage. Le plus clair du temps, elle habite à l'étranger – elle est ethnologue. Cette maison en Bretagne est son point de chute lorsqu'elle se trouve en Europe, c'est-à-dire de plus en plus rarement. Elle n'a pas encore relevé son courrier.

– C'est pour ça qu'ils ne t'ont pas trouvée.

– Qui ?

Elle a encore du mal à se faire à l'idée que des méchants rôdent.

– Les Mabuse. Ils ont essayé, mais n'ont pas réussi à te localiser.

– Je ne porte pas le même nom que mon père. Ma mère l'a quitté quand elle était encore enceinte. Il ne m'a pas reconnue. Sinon je me serais appelée Hester Hepner.

– Ils se sont rencontrés comment ?

– Dans un séminaire sur l'hypnose. Ma mère était scientifique. Elle travaillait sur les traces de métalangage dans les traditions archaïques et leurs fonctions symboliques. J'ai repris ses travaux en les adaptant à la société moderne.

– Ça consiste en quoi ?

– Détecter si des cultures exotiques ont des façons originales et inédites de réfléchir. Regarder si des schèmes de pensée ont influencé la manière dont la civilisation telle que nous la connaissons s'est édifiée.

– Ah, je fais, légèrement perdu. Ça doit être intéressant.

– C'est même passionnant. C'est comme étudier l'ADN de notre structure sociale. Une prise sur l'arrière-fond qui a façonné nos façons d'imaginer la vie.

– Pourquoi ta mère s'intéressait-elle à l'hypnose ? je questionne, toujours méfiant.

– Il y a beaucoup de façons de voir le monde. Dans certains endroits, il est nécessaire de savoir le regarder de la même manière que les gens qui y vivent pour ne pas passer à côté des choses essentielles.

– Elle était dans les mêmes machins que Hepner, dans une loge secrète ?

Elle élude, dit qu'on peut penser que le monde est plus mystérieux qu'il en a l'air sans appartenir à une secte.

– Le plus important maintenant est de comprendre le programme que mon père t'a mis dans le cerveau.

Je me force à rire.

– Figure-toi que c'est ce que j'avais en tête en venant ici.

Nous ouvrons la lettre, qu'Hester a fini par retrouver au milieu de tas de publicités et de courriers administratifs. Nous n'y apprenons rien de plus que je ne savais déjà, si ce n'est la confirmation qu'Hepner prévoyait bien de faire don d'un milliard d'euros à sa fille. Mon cas personnel est à peine évoqué, en termes méprisants pour « un pauvre type qui s'est révélé réceptif à souhait ». La marche à suivre est sur une clef USB confiée à un pope à Jérusalem, puis Hepner corrige certains dosages d'H+ et ajoute deux codes : le *Boléro* de Ravel et *Money* de Pink Floyd – légère concession humoristique, je suppose, à l'idée d'un dieu fédérateur.

– Mais en quoi étais-tu nécessaire au bon fonctionnement du programme ? je demande

– Je ne sais pas, il a dû te mettre une sécurité qui fait office de *password*. Une fois codées, sans la présence de certains paramètres, les connexions neuronales s'organisent mal et le cerveau bugge. Les neurones sont d'une grande plasticité. Selon le réseau de connexions qu'ils établissent, nous pouvons percevoir des informations qui sont habituellement gérées de façon inconsciente.

– C'est-à-dire ?

Elle élude encore.

– D'autres facultés peuvent être développées.

– Tu crois que mon cerveau a buggé ?

– Je ne sais pas. Tu as l'air normal. S'il avait buggé, cela se verrait. Ou tu le sentirais. Tu percevrais des choses bizarres. Ou ce serait ingérable. Ou tu ferais tout le temps des cauchemars.

Je suis parcouru de frissons. Je revois les hommes en armes en bas de la place des Vosges et l'âme du croisé, dans le désert, percé de flèches.

– Ah, je fais, c'est ça les symptômes…

J'essaie de ne pas me relaisser gagner par l'angoisse. Je reviens sur la question à laquelle elle n'a pas répondu.

– Alors pourquoi fallait-il que tu sois là ?

Elle a l'air gênée. Je sens qu'elle tourne autour du pot.

– Je ne sais pas. Mais j'ai revu mon père il y a quelques années.

(Les comptines de l'enfance)

Les relations qu'Hester entretenait avec mon ex-compagnon de détention étaient complexes. Sa mère avait été follement amoureuse de lui, mais s'était vite rendu compte que le personnage n'était pas à la hauteur de ses promesses. Hester avait rencontré son père pour la première fois à l'âge de treize ans, quand ses parents avaient resympathisé. Hepner était brillant, drôle, plein d'allant et d'anecdotes. Sa mère s'était laissée reséduire et ils avaient vécu ensemble plusieurs années avant qu'elle ne découvre qu'il était infidèle et surtout d'une amoralité choquante. « Il était fasciné par l'argent, à un point déconcertant pour quelqu'un de cette intelligence. » Les amants avaient rompu de nouveau, se quittant fâchés. La mère d'Hester était repartie dans ses voyages et Hepner dans sa course vers l'abîme. Mais pendant tout leur revival amoureux, ils n'avaient cessé d'échanger sur leur passion commune : l'étude du cerveau et des possibilités d'en modifier les capacités. « Ils étaient tout un groupe d'hurluberlus, d'illuminés, mais aussi de savants à se réunir autour du même thème et à procéder à toutes sortes d'expériences. Les années soixante-dix n'étaient pas très loin. Certains étaient dans des trucs fumeux, mais d'autres, comme mes parents, prenaient ça très au sérieux et obtenaient des résultats. » Finalement, alors qu'il n'avait jamais donné de nouvelles, Hepner était réapparu dans la vie d'Hester.

– C'est lui qui m'a recontactée. Je venais de finir mes études. Il vivait avec une femme place des Vosges et m'a expliqué qu'il allait devenir très riche. Il était sur le point d'inventer un procédé révolutionnaire et m'a demandé de l'aider.

– En quoi ?

– Au cours de nos recherches, ma mère et moi avions collecté beaucoup d'informations, notamment sur les psychotropes. Siegfried revenait d'Inde et cherchait des équivalents aux molécules utilisées là-bas par des initiés. Je lui ai fourni une première liste et des échantillons.

– C'est à partir de ça qu'il a fabriqué l'H+ ?

– C'est probable. Ensuite, je suis repartie en voyage et j'ai perdu le contact.

– Pourquoi ?

– Il me mettait mal à l'aise. Chaque fois que je le voyais, j'étais partagée entre fascination et dégoût. Comme si j'étais confrontée au diable.

Je lui apprends que son groupe s'appelait Sfatu, l'anagramme de Faust. Nous branchons et analysons le contenu de la clef USB : une série d'indications sur le dosage et la composition de l'H+, sur la fréquence sonore « pétrole » et « or », sur le type de laser à utiliser. Nous découvrons également le code que doit délivrer Hester pour que tout se passe bien : une comptine que Hepner lui avait écrite quand elle était ado pour se faire pardonner de ne pas avoir été plus présent pendant son enfance.

Hester a l'air soulagée.

– J'avais peur d'être impliquée dans ce truc affreux, qu'il ait trouvé quelque chose dont j'aurais été complice.

(Les refuges de la nuit)

Reste maintenant à savoir ce que l'on va faire. J'ai peur qu'elle me dise « Eh bien, ravie d'avoir écouté ton histoire, mais dans le fond, même si c'est mon père, je ne suis pas concernée, donc ce serait sympa que tu essaies de régler le problème sans moi ». Heureusement non. Elle est bouleversée par ce que je lui ai raconté, elle pense aux gens dans la clinique, que c'est atroce et qu'il faut trouver une solution, déjà regarder ce que l'on peut faire pour moi. Elle va contacter les anciens amis de sa mère, toute la bande d'hurluberlus. Peut-être certains sauront-ils quoi faire, ou au moins auront-ils une idée sur la marche à suivre. Dans un premier temps, il faut se procurer de l'H+.

– Ça, j'en suis sûre, quoi que l'on fasse, il faudra repartir des mêmes molécules, sinon on ne pourra jamais refaire le bon parcours.

– Malheureusement, le seul à en posséder était Hepner... ou alors, à la clinique ?

– Et place des Vosges ?

– Il y en a dans un placard... j'avoue, mal à l'aise.

– Il faut y aller.

Je secoue la tête négativement.

– Pas possible. Que je sois passé entre les mailles jusqu'ici, c'est déjà de la chance, alors retourner place des Vosges reviendrait à me jeter dans la gueule du loup.

– Toi oui, mais moi, que veux-tu qu'ils me fassent ?

Il est clair qu'Hester n'est pas dans le Monde-de-la-Bonne-Idée.

– « Ils », c'est les services secrets ! Les Plus Hautes Zones du Pouvoir. Des initiés corrompus !

Elle me regarde, surprise.

– Tu penses qu'ils campent jusque dans l'appartement ?

– Non, dans l'appartement il n'y a personne. J'ai envoyé la voisine chercher des affaires.

Nous décidons de partir le lendemain. Elle m'installe un lit dans la pièce commune et, allongé sur mon matelas, les yeux à demi fermés, je la vois qui se déshabille. Que se serait-il passé si je n'avais pas partagé ma cellule avec Hepner ? Si elle n'était pas rentrée d'Afrique ?

Je finis par plonger dans le sommeil, attentif aux cauchemars, signes que mon cerveau serait complètement cuit. Mais je n'en fais pas. Je rêve d'Hester, un rêve sans équivoque, où j'ai pour elle des sentiments, quelque chose de plus qu'une simple AS, ce qui, lorsque nous petit-déjeunons au matin, me gêne plus que s'il s'agissait d'une fantaisie uniquement charnelle.

– Tu as bien dormi ?

– Oui, a priori pas de cauchemar.

– C'est bon signe. Moi, j'ai rêvé de mon père. Vous vous prépariez des plats gastronomiques en prison.

Je lui ai raconté qu'un des voisins de cellule était un grand chef.

– Quel est le programme ?

– Envoyer des e-mails aux spécialistes du cerveau et attendre qu'ils me répondent. Celui que je connais le mieux est un priapique forcené. Il veut toujours m'inviter aux espèces d'orgies qu'il organise.

Je lui demande ce qu'est un priapique.

– Un type obsédé par le sexe. Priape était le dieu de l'amour physique, chez les Grecs. Il est souvent représenté avec un sexe énorme en érection.

– Il travaille sur le cerveau aussi ?

– Oui. Je crois même qu'il a fusionné ses deux passions.

J'imagine un visage en forme de pénis dans un dessin animé scabreux.

– Ses fêtes, c'est comme mon truc à Cannes, sur le yacht ?

– Je ne peux rien affirmer, je n'y suis jamais allée.

Elle prépare son sac et nous prenons la route pour Rennes, où je dois rendre la voiture. Elle s'inquiète de mon bagage. « Tu n'as que ces livres ? L'art compte donc à ce point pour toi ? »

(Le camion des poubelles)

La suite est une bulle de savon dans laquelle je glisse, pas complètement réveillé. Nous gagnons Paris en train.

Montparnasse. Le grand couloir, animé par d'immenses panneaux éducatifs sur la vie dans l'Univers. Étoiles. Galaxies. Les usagers passent sans les voir, semblables à des zombis épuisés.

Place des Vosges. J'attends Hester dans un café rue de Rivoli, pas très loin du Sofa bar. Je pense : nous allons nous faire arrêter, ou alors elle est leur complice, elle est en train de leur téléphoner et tout va cesser, ils vont venir me mouliner le cerveau comme les oranges à jus que presse la serveuse derrière son comptoir et ma vie va prendre fin, créant comme un astucieux pied de nez une sarabande d'argent pour des égoïstes sans scrupule. J'essaie de savoir si cela est un drame ou non, s'il ne me resterait pas encore une issue. Finalement, je me dis – constatation sans appel – que Marie-Pierre est sortie de ma vie et qu'Hester me plaît beaucoup. Et un nouvel AV serait une option plaisante. Le problème, c'est que nos rapports n'ont pas l'air de s'orienter dans le sens de ce genre de fantaisie. Mais c'est un fait, Hester est très charmante, et elle est la seule personne à qui j'ai pu raconter mon histoire. La seule aussi à y être mêlée – et de façon « neutre », sans danger pour moi. En plus, nous avons des choses en commun. J'ai vu des livres de poésie dans sa bibliothèque. Et je suis sûr qu'elle aimerait les *Soprano*. Cela se sent à son humour.

Une heure plus tard, elle n'est toujours pas de retour. J'en conclus que mes pires craintes se sont réalisées. J'essaie de garder mon sang-froid, de m'enlever de l'idée qu'elle est de mèche, ou alors qu'elle est tombée dans un guet-apens. Cette dernière hypothèse, affreuse, a raison de mes nerfs.

Finalement, j'y vais. Je préfère encore me rendre que de la savoir aux mains de ces ignobles personnages. Je passe la porte quand je la vois qui arrive. J'en suffoque de soulagement.

– J'étais prêt à voler à ton secours, je souffle, pour dissimuler mon trouble. Tu as vu quelqu'un ?

Non, personne. Elle s'est seulement attardée, curieuse de s'imprégner du cadre dans lequel Siegfried, son père, a vécu.

– Tu as l'H+ ?

– Oui. Et j'ai reçu un mail du chercheur sexuel. Il donne une fête ce week-end. Nous sommes invités. Ça se passe en Belgique. Nous avons pile le temps d'y être.

Je replonge dans les problèmes de logistique.

– Il va falloir relouer une voiture.

La question me chiffonne depuis un moment. J'explique à Hester que les cartes de crédit appartiennent à son père, et donc qu'elles sont un peu les siennes. Cela m'ennuie d'avoir à le lui cacher, mais je préfère m'en servir tant qu'elles fonctionnent plutôt que de puiser dans le cash. Je serais fort ennuyé qu'elle me dise « Ah, chouette, c'est sympa de me les avoir gardées, j'ai justement un léger découvert sur mon compte, cela me permettra de faire la jonction ». Mais elle ne fait pas de commentaire. Il me semble qu'elle est surtout dans le Monde-de-l'Interrogation, préoccupée par le côté barbouze et bandit de son ascendant, qu'elle découvre sous un jour accablant. Pourtant, je la sens dubitative à l'idée de faire une croix définitive sur ce qui pourrait venir de lui, et j'en conclus, dans une analyse psychologique assez pertinente, que le diable l'attire encore. D'ailleurs, elle insiste pour passer une nuit dans l'appartement, ce qui me paraît une folie dont je ne parviens pas à la dissuader.

– Et si les Mabuse débarquaient sans prévenir ?

– Et s'ils avaient laissé tomber, au contraire ? D'après ce que tu dis, tous les services secrets ne sont pas parties prenantes du projet. Et vu que le projet a foiré, ils ont peut-être décidé d'abandonner.

Effectivement, c'est une possibilité. Je la laisse donc partir, la mort dans l'âme et trouve refuge dans un hôtel vers Bastille. J'hésite à contacter une de mes anciennes relations parisiennes, Vanessa, ou la fille avec ses Peints, voire Vampirella. Mais je n'ai pas le cœur à la gaudriole. Je me contente d'attendre dans ma chambre sans parvenir à dormir, en espérant que le téléphone ne va pas se mettre à résonner d'un appel au secours, ou pire, que les Mabuse ne vont pas enfoncer la porte et me ligoter derechef. Je somnole enfin, lorsque j'entends le camion des poubelles et la vibration du premier métro.

(Le palais du Facteur Cheval)

Est-ce la juxtaposition de ces deux propositions : un serpentin de métal souterrain et une benne remplie de déchets – dans mon demi-sommeil, les couloirs du métro, remplis de gens tristes et malades, et les ordures de la civilisation industrielle résonnent en écho –, toujours est-il que cet entrelacs typiquement urbain me semble composer un rébus mystérieux auquel il manquerait une clef essentielle. Lorsque, finalement – ouf de soulagement –, je rejoins Hester en début de matinée, la télévision du lounge où nous brunchons diffuse des images que j'associe aussitôt, dans leur étrangeté, à la pièce manquante du puzzle.

flashcode

web

« Ainsi, une des voies possibles de notre élévation serait la réappropriation, à condition de les restructurer de façon positive, de la fureur et des scories de l'Univers », conclue la voix qui accompagne le court film.

(Les chemins de l'extase charnelle)

Location d'une voiture. Nous prenons la route peu avant midi. Hester est en paix d'avoir pu communier avec l'esprit de son père, dormi dans son lit, côtoyé les objets de son quotidien, comme un exorcisme nécessaire à ce mystère qui, m'avoue-t-elle, subsiste malgré le fait qu'il était un homme perdu, égaré dans le Monde-de-l'Égoïsme. La radio annonce des catastrophes, des faits affreux. Les banquiers, montrés du doigt lors de la crise financière n'ont pas fait profil bas longtemps et se sont reversés des bonus effarants. Un meurtre de financier, agencé une fois de plus, *dixit* le présentateur, « selon une esthétique art contemporain », vient d'être découvert, ce qui porte à quatre la liste macabre de ce serial-killer atypique. « Une manifestation du ras-le-bol des petites gens devant l'injustice ? » s'interroge le journaliste. Nous arrivons en vue de la frontière. Des terrils sur le bord de la route. Je me rappelle être venu dans la région au moment d'Extramill.

Halte dans une station-service. Des gens – visages fatigués, cafés au bar, casquettes de routier – commentent de nouveaux séismes. « C'est la Terre qui dit stop, prétend l'un d'eux. Elle trouve que l'on fait trop de conneries et elle nous le fait savoir. » Nous commandons des chocolats. Jamais ma vie ne m'a paru aussi incertaine.

(La banlieue de Bruxelles)

Nous tournicotons un moment dans la banlieue de Bruxelles avant de trouver le lieu où se donnent les agapes. Je m'étais attendu à quelques chose de vaguement sulfureux, un club échangiste de troisième zone, un appartement dans un immeuble en brique rouge, voire un moche pavillon moderne, la réalité est bien différente : il s'agit d'une vieille maison typique des Flandres, qui me fait penser à certains romans fantastiques que j'ai lus en prison. Un type aux airs de scientifique de bande dessinée nous accueille. Il embrasse Hester chaleureusement, la taquine sur sa venue et sa décision de rejoindre le camp des « libertins éclairés qui œuvrent pour le salut de l'humanité ». Dès le hall, décor parfaitement agencé, chaque pièce est équipée de gigantesques écrans reliés à des machines au look soigné. « Si tu aimes la SF, me chuchote Hester, je pense que tu vas être servi. »

(Les scoubidous mal tressés)

D'après la vidéo que diffuse un de ces grands écrans, l'objectif est une « remise en état de nos circuits amoureux basiques, pollués par la juxtaposition permanente d'un influx morbide sociétal et planétaire par le biais d'une technologie révolutionnaire ». Une armada d'appareils électroniques est installée un peu partout. Comme il faut des volontaires, je propose mes services. Hester pense que cela fera une bonne entrée en matière, si nous voulons bénéficier de leur connexion.

– Mais il n'y a pas de risques que je bugge encore plus ? je m'inquiète, alors que l'on m'installe dans un confortable fauteuil qui s'incline à la manière de celui des dentistes, ce qui ne me dit rien qui vaille.

(Le doux baiser des papillons)

Les sons, en se modulant, modifient la texture du bal agencé sous mes yeux. Les couleurs ne sont plus exactement les mêmes et les idées qui surgissaient, telles de suaves chuchotements, se font plus diffuses, moins orientées. Rien à voir avec la Mabuse Expérience. Une atmosphère guillerette de vaguelettes coquines – c'est ainsi que je décode l'ambiance – recouvre lentement les murs, le plafond, s'entremêle avec le bruissement des autres invités. Après cet intermède vaporeux, les images reviennent. D'abord les bretelles de soutien-gorge d'Anne Carruthers lors de notre premier déjeuner, ce qui me semble idiot. Quelqu'un – un poète, selon le maître des lieux – déclame un texte qu'il improvise sur les images que les transgresseurs projettent depuis mon cerveau.

« L'apparition d'une bretelle de soutien-gorge déclenche un afflux émotif de niveau trois – sur une graduation de zéro à quinze, donc pas très important –, mais permet une ouverture vers un alcool plus enivrant, tel le premier barreau d'une échelle vous invitant tranquillement à grimper vers des nues, dont le frontispice, dissimulé pour l'instant par une barrière de nuages, recèle à coup sûr d'incroyables trésors. »

Je distingue Hester à côté de moi. Les silhouettes du public qui vient écouter s'arrêtent, repartent.

« Grâce à ces deux petites rayures judicieusement positionnées de part et d'autre du cou, un quotidien terne – un matin dans le métro, la foule dans un magasin – peut facilement se transformer en un dessin animé charmant où courbe d'épaule rivalise avec omoplate-clavicule harmonieusement sculptée. Cette cotonneuse élévation s'agrémentera le plus souvent d'un éclair plus percutant, souvent bref, grâce à l'ouverture du décolleté. Mouvement d'ailleurs parfaitement maîtrisé : inclinaison du corps vers l'avant – ouverture complète de face –, léger déboîtement – demi-ouverture suggestive de côté – qui, en ramenant le regard plus bas – carrément vers les seins –, procure un enivrement immédiat, presque un arrêt du temps. Se dessine alors une configuration qui pourrait sembler improbable, mais qui ne l'est pas : la rencontre des corps dans un enroulement doux et amusant. »

Sur l'écran apparaît un melting-pot de mes impressions au contact des femmes lors de ma sortie de prison, accompagné par le bateleur concentré sur sa performance.

Je suppose que le rôle de cobaye qui m'échoie une nouvelle fois doit être mon lot, voire mon karma. Le maître des lieux – l'obsédé sexuel, comme le qualifie Hester – est un ancien ami de sa mère, qui essaie de mettre au point des systèmes de sexualité virtuelle. Il est convaincu, comme d'autres avant lui, que notre rapport au sexe est malsain, entaché d'une gangue d'obscurantisme qui rejaillit sur notre qualité de vie et notre rapport au monde. Je teste le programme Échange-convivial. Le but étant de créer une « zone phantasme érotico-romantique ». Par le biais d'images suggestives contenues dans notre mémoire inconsciente – soit les pulsions sexuelles que nous refrénons et qui s'évacuent habituellement dans les méandres du rêve (j'ai eu droit à un cours du maître des lieux, qui se nomme, cela lui va comme un gant, Rodrigue) – se constitue un film d'une charge sexuelle parfaite, à laquelle Rodrigue rajoute ce soir une coloration « love ». J'ai subi au préalable une séance de sensibilisation, qui m'a rappelé les séances d'H+ avec Hepner, devant un grand tableau d'acuité visuelle avec des stimulations colorées. Nous sommes une dizaine à tester les transgresseurs. Les autres couples – ceux qui n'ont pas de joujou magique – se sont dispersés dans les étages et les jardins, attentifs à la projection de nos souvenirs coquins que relaient les immenses homes cinémas installés ici et là, et qui sont mixés par des VJ, entrecoupés par des poètes qui improvisent. Je regrette de ne pas les avoir connus plus tôt. J'aurais pu les proposer au cheik pour la fête à Cannes où ils auraient fait un tabac.

Comme sur le yacht, certains convives sont costumés, d'autres non – c'est-à-dire pas du tout costumés, nus. On pourrait ainsi penser que, comme sur le yacht, tout est permis ce soir, mais en fait non. La règle du jeu comporte une interdiction de passage à l'acte.

– Pourquoi ? a demandé Hester.

– Amour courtois, a répondu le maître des lieux. Romantisme, phantasme fugace, excitation, contention sexuelle, stimulation des chakras du cœur, sublimation, transcendance. Mieux que l'ecstasy. L'idée, c'est de focaliser cette énergie et de la balancer sous forme d'application pour les smartphones pour adoucir l'agressivité urbaine.

J'ignore ce que cela peut donner en termes d'application, ni si cela arrivera à dérider les usagers de l'Enfer des Zombis aux heures de pointe, mais pour le moment, le système est incroyablement efficace : comme dans un film de science-fiction, l'iconographie surgie de mes phantasmes secrets se déploie sur le mur. Au début, quelques scènes hot : Daphné dans la chambre en train d'enfiler nos costumes et la pointe de ses seins à travers le soutien-gorge, cette fille boulevard Saint-Germain qui croisait les jambes si haut que la dentelle de son string était comme la mire éblouissante d'un travelling incontournable, Anne Carruthers me chevauchant, la fille avec les Peints. Mais rapidement, d'autres images, plus récentes, plus fantasmatiques, plus… oui, plus romantiques se font jour. Des images avec… Hester. Elle sort du sauna, se déshabille pendant que je fais semblant de dormir… Le tout, teinté d'une *touch* d'envie d'amour véritable qui me surprend moi-même.

Je pourrais être gêné par la présence de ma nouvelle amie à mes côtés, mais la diffusion binaurale des vagues acoustiques dans le casque a un effet suffisamment désinhibant pour que cela ne soit pas le cas. Puis le film de mes fantaisies sexuelles, alors que les stimulations changent de fréquence, prend une tournure différente. Je suis envahi d'une curieuse envie. Une envie qui monte de façon imprévue et me donne l'impression de fondre. J'ai envie d'embrasser Hester. Pas de la baiser, ni de faire des trucs sexuels avec elle – bien que cela puisse arriver –, non : uniquement de l'embrasser. Sur un écran, un des cinéphantasmes fait salle comble : un homme badigeonne de miel le sexe de sa copine, puis, se saisissant d'un bocal où ils sont enfermés, lâche des papillons qui vont lui butiner le clitoris, lui arrachant des râles de plaisir.

– Cela ne t'ennuie pas si je te tiens la main ?

Nous continuons de marcher quelques mètres, l'air vibre d'une... sensibilité que je n'ai jamais rencontrée.

– Tu ne trouves pas que l'ambiance est sympa, non ? je dis, pris d'un tournis de *peace & love* presque insoutenable.

– Ne perdons pas de vue que nous sommes là pour des raisons scientifiques, répond Hester en se marrant. Tu a un problème et nous devons le régler.

Je l'attire contre moi. Mes lèvres se posent d'abord maladroitement contre les siennes. Je glisse légèrement la langue qui rencontre la sienne. C'est absolument doux, frais et charmant, avec un arrière-goût de menthe. J'essaie de me rappeler la première fois que j'ai embrassé une fille. Nous nous embrassons pour de bon. Un baiser qui dure longtemps, comme un bonbon sans début ni fin. À travers sa robe, les formes de son corps paraissent être en nougat électrique, les bretelles de son soutif sont des guides parfaits tissés de lucioles phosphorescentes. Je l'embrasse, c'est tellement bon que les probabilités pour que je sois en train de tomber pour de bon amoureux d'elle sont en augmentation constante.

– Tu sais, je dis un peu plus tard, alors que nous repartons les infos qu'Hester espérait pouvoir obtenir en poche, c'est marrant, mais je t'imaginais vieille, triste et moche, avec plein de chats.

– Ah, fait Hester. Pour un médium à qui on a trituré le cerveau dans tous les sens, on ne peut pas dire que cela t'ait rendu voyant !

Chapitre 13

(Ecstasy supramental)

Le démiurge sexuel, après des palabres sans fin, a fini par nous donner le contact qu'Hester n'avait plus. Il s'agit d'un chercheur du groupe de départ, celui des savants fous passionnés par le cerveau et la conscience auxquels appartenaient les parents d'Hester. Il s'est retiré dans le secret le plus absolu. Hester en garde une image prégnante – elle l'a rencontré ado – et le compare à un alchimiste moderne. Là où Démiurge Sexuel s'est concentré sur l'aspect « ludique » de l'exploration – et, vu l'état étrange dans lequel je me trouve, non sans réussite –, Alchimiste Ermite s'est, semble-t-il, concentré sur un domaine plus vaste, à la recherche d'une pierre philosophale moderne qui se nicherait non pas dans l'alliage compliqué de composants organiques, mais dans les échanges subtils de nos neurones.

Hester ne fait aucune allusion aux images que j'ai projetées sur les écrans des Transgresseurs – si ce n'est, tout de même, un « Tu vois, ta motivation profonde était bien quand même de voir des filles toutes nues quand elles se font des saunas, perdues dans la campagne ». Puis nous changeons de sujet.

Comparée à la fête cannoise, ou à d'autres réunions du même type, la soirée s'est terminée très sagement. Les convives semblaient envahis par ce curieux sentiment de « romantisme », un émoi mêlant bouffée profonde d'érotisme et grande douceur douceur, une attention à l'autre surprenante. « Ecstasy supramental » n'a cessé de nous expliquer Démiurge, tout fier. « Le chakra des sentiments s'ouvre, associé à des stimulations neuronales adéquates. On est instantanément *in love*. Si tout le monde était dans cette vibration, les guerres et les discordes cesseraient dans l'instant. » C'est donc avec des yeux en forme de cœur et pantelant d'un sentiment qui m'était jusqu'alors étranger que nous quittons la banlieue de Bruxelles, direction Calais où nous prendrons le tunnel sous la Manche. Notre nouvelle destination est à l'autre bout de l'Europe, au large de l'Angleterre, l'île de Man. La voiture de loc que je conduis s'agrémente d'une musique lounge puisée dans l'iPod d'Hester. Elle me raconte sa vie d'ethnologue, me décrit des contrées éloignées qui me paraissent aussi exotiques que des planètes lointaines.

– Et toi, tu n'as jamais voyagé ?

– Avec les Mabuse. Nous étions focalisés sur le faux Gros-Homme. Je n'ai pas fait de tourisme. Mais la pauvreté m'a frappé, j'ajoute, soucieux qu'elle entende que je me suis quand même un peu intéressé à ce que je voyais. Ils ne sont pas dans le Monde-de-l'Économie.

– Certains sont démunis, c'est évident, mais d'autres peuvent sembler étranges, même à une ethnologue. Ni pauvres, ni riches. Pas comme nous. Ils voient le monde autrement.

– Ah, je fais, alors que le GPS annonce neuf heures trente-six de route. Ils le voient comment ?

– Différemment. Certains, de façon primaire et archaïque. D'autres, plus curieusement.

Je n'insiste pas. La séance de la veille continue à me faire de l'effet. Je trouve Hester de plus en plus attirante. Elle est douce, marrante, aventurière aussi. La manière dont elle m'a neutralisé avec le fusil et le coup des menottes. Sans compter que toute nue, elle est ravissante et sexy en diable.

– Et les menottes, c'est vrai que t'avais un petit ami qui t'attachait ?

– Plus ou moins. Mais cela ne me plaisait pas tellement.

– Qu'est-ce qu'il est devenu ?

Elle me regarde avec effarement.

– Je n'en ai pas la moindre idée.

(Calais)

Nous arrivons à Calais, sur lequel j'ai vu beaucoup de reportages en prison. Des immigrants viennent s'y agglutiner dans l'espoir de passer en Angleterre, créant ce que les médias ont appelé une « jungle ». Il y a des contrôles terribles. Avec les détecteurs de CO_2, les malheureux, cachés dans les camions, se mettent des sacs plastiques sur la tête pour ne pas être repérés et meurent parfois étouffés. Ou alors sont broyés en s'accrochant aux essieux. Les douaniers ont des chiens. Certains migrants essaient même de traverser à la nage. Hester a une amie qui travaille dans le social et a failli avoir des ennuis pour avoir aidé des sans-papiers. Je suis brusquement pris d'une nouvelle panique. Les livres. Comment vais-je faire avec les livres ?

– Quel est le problème ?

– Ce ne sont pas des livres.

Elle me regarde avec des yeux ronds.

– Les livres sont creux. Je les ai découpés. Il y a de l'argent à l'intérieur. C'est ce que j'ai gagné à Cannes et en faisant l'espion. Si je passe la douane avec, ils vont le trouver.

– Il y a combien ?

– Presque deux cent mille euros.

Peu de solutions s'offrent à nous. Louer un coffre dans une banque de province à quelques kilomètres d'une douane aussi sensible risque de nous attirer des ennuis. Emporter l'argent est un risque idiot, un simple contrôle et c'en serait fini de ma fortune. Cette idée affreuse me fait instantanément *switcher* de mon état « chakra love » à un début de tremblement nerveux. Quant à confier les livres à son amie qui habite Calais, non merci. Incendie, cambriolage, voire crise de cupidité soudaine de la fille et je suis Gros-Jean comme devant. Reste l'enterrement.

– Comment ça, l'enterrement ?

– On va trouver un endroit tranquille et je vais les enterrer.

Elle semble perplexe.

– Ils ne vont pas s'abîmer ?

– Je vais acheter un container en plastique.

Je repense à ce type en prison qui avait braqué la planque d'un dealer. Des billets enterrés dans un cimetière. Ils étaient pourris, moisis et sentaient la mort. À chaque fois qu'il les utilisait, il avait l'impression que de mauvaises choses lui arrivaient. J'achète une pelle de camping dans une grande surface et une caisse à outils suffisamment grande pour y placer les livres. Je me munis aussi de rouleaux d'isolant et de gros Scotch pour enrober l'ensemble. Hester prend ça à la rigolade. « Je me demande pourquoi j'ai voyagé si loin pour chercher l'aventure. » Mais je n'ai pas le cœur à la blague. Ces deux cent mille euros sont mon dernier lien avec l'espoir. Sans eux, je suis cuit. Je le lui répète plusieurs fois. Elle ne me semble pas bien comprendre l'urgence de ma situation, que les Mabuse sont après moi : sans ce pécule providentiel, je n'ai plus aucune chance de leur échapper.

Nous trouvons un bois, pas très loin de Calais, en début de soirée. J'ai proposé à Hester de m'attendre quelque part, à l'hôtel, ou chez son amie, mais elle a tenu à m'accompagner, ce qui me touche. Elle est intriguée par mon comportement et se sent responsable, en partie, des agissements de son père. Même si elle ne peut éponger la dette qu'il a contractée envers moi, elle veut l'assumer : cela fait partie de son histoire. Elle ne tient pas à subir dans le futur les répercussions d'un « nœud » autour duquel pourrait s'accumuler du négatif.

– Ah oui, je fais, préoccupé par la mise en lieu sûr de l'argent.

Nous avançons dans le bois pelle de camping et lampe électrique à la main. J'ai laissé les livres dans la voiture. L'endroit est boueux. Malgré la pénombre, je distingue de nombreuses traces de pas, ce qui est de mauvais augure en termes de confidentialité. « Il y a des gens », me souffle brusquement Hester au moment même où je croyais distinguer, dans une remontée d'H+, des fantômes de chevaliers perses en turban. Cris soudains, cavalcade. Coups de sifflets. « Bon Dieu, je fais, comprenant instantanément. C'est des clandos et les poulets sont sur eux. » J'entrevois dans l'instant ce qui va se passer. Nous allons nous retrouver pris dans la nasse. Ils vont contrôler la voiture. Trouver les livres. L'argent. Nous prendre pour des passeurs. « Couche-toi, je chuchote à Hester. Et ne fais aucun bruit. » Je l'attrape par les épaules et la force à s'allonger à même le sol, dans le noir, dans un renfoncement de terrain qui sent l'humus et la feuille mouillée. Le bruit de la cavalcade s'estompe. Revient. Repart. De nouveaux des sifflements. Quelqu'un hurle dans une langue étrangère. « C'est affreux, murmure Hester, c'est une rafle comme aux pires moments. » Je réalise que si les policiers ont des chiens, c'en est fait de nous. Des silhouettes repassent, en emmènent d'autres qui paraissent menottées. Je serre Hester contre moi, sa tête blottie dans le creux de mon épaule. Le temps passe au ralenti. J'essaie de lui tenir chaud autant que je le peux. Puis le bruit s'estompe, le calme revient. Nous nous relevons, couverts de feuilles et de boue.

– En cas de contrôle, nous avions besoin d'un moment d'intimité.

Elle sourit.

– Bonne idée. Pris d'une frénésie sexuelle, nous nous sommes dirigés dans le bois boueux afin de nous étreindre.

Elle a quand même l'air secouée.

– C'était horrible cette course-poursuite. On aurait dit une chasse à l'homme.

Mes préoccupations sont d'un autre ordre.

– Au moins, cela m'aura permis de ne pas enterrer l'argent sous le nez des clandos.

Rien que d'y songer, j'en ai des frissons. J'imagine le film affreux : le jour se lève, un clandestin va uriner. « Oh, de la terre fraîchement remuée et des traces de pas, avec des chaussures de femme ! Mais qu'est-ce donc ? » Il creuse. « Venez voir, j'ai trouvé un trésor. » Oui, nous avons eu de la chance, beaucoup de chance. Hester secoue la tête, essayant de ne pas rire.

– Mais tu n'éprouves aucune compassion ?

– Pour qui ? Pour les clandos ?

– Oui. C'est… c'était comme une rafle. Il s'agit juste de malheureux.

Elle doit voir à mon air que je suis moi aussi, d'une certaine façon, un malheureux, que ce que j'ai traversé est d'une sacrée manière une jungle, que de mon point de vue sa réflexion est déplacée, oui, c'est ce que je me dis. Je n'y suis pour rien s'il y a des clandos, non, bien sûr, je suis dans une situation certainement aussi périlleuse que la leur. Ont-ils des Mabuse à leurs trousses ? Ont-ils dans leurs cerveaux un algorithme fou destiné à enrichir des banquiers sans scrupule ? Sont-ils dans le collimateur des Plus Hautes Zones du Pouvoir ?

– Tout est lié, me dit doucement Hester. La vie est un enchevêtrement d'écosystèmes dans lequel nous avons tous une façon d'interagir.

Finalement, je trouve un endroit qui me paraît bien, vers le bord de mer. Je creuse avec la pelle de camping qui n'est pas suffisamment performante – j'aurais dû prendre une bêche. Je sue comme un forcené avant d'obtenir un trou suffisamment profond pendant qu'Hester fait le guet, rigolant encore, comparant la situation à un film policier.

– Voire un film fantastique. Avec la pleine lune, toi et ta pelle, on s'y croirait.

Nous rentrons à l'hôtel et dormons, chacun dans un lit. Mon émoi amoureux est retombé. Et je ne sais pas si j'aurais envie d'une AS avec Hester. Je ne crois pas. Quoiqu'un AV aurait pu être plaisant. Je flippe encore à cause de l'argent. J'ai pris plein de photos et de repères pour m'assurer de retrouver l'endroit. Malgré ça, je ne peux m'empêcher d'imaginer le pire. Des travaux, un bulldozer.

(Sous la Manche)

Au matin, nous prenons sagement notre place dans la file pour le tunnel sous la Manche. Des bouffées d'idées néfastes reviennent par intermittence. Je me demande si le tunnel où nous nous engouffrons n'est pas un tunnel sans fin. Une ligne noire et magnétisée que nos pas seraient obligés d'emprunter, qui nous emmènerait vers des jours encore plus sombres et dénués d'avenir. Nous écoutons les nouvelles. Des arrestations à Calais. Des « illégaux » qui occupaient un bâtiment en faisant une grève de la faim ont également été délogés. D'autres qui campaient dans un bois (probablement les nôtres) ont été attrapés. Certains sont renvoyés chez eux manu militari. Puis une émission spéciale consacrée au serial-killer de financiers et d'industriels. « Symptomatique de l'époque, s'accordent les commentateurs. Un ras-le-bol des abus des banquiers. La cristallisation d'un malaise où l'égoïsme des uns est de plus en plus mal ressenti au regard de la précarité des autres. » Un autre va plus loin encore. « Le tueur serait une émanation du collectif. Le bras vengeur des pauvres et des démunis. » On retrace les crimes et leurs mises en scène, car ce qui frappe, c'est l'aspect « artistique » de chaque assassinat. Le déploiement d'effets. Les couleurs vives – pots de peinture renversés, feutre sur les visages. La gestuelle des corps – comme des sculptures obscènes, mais d'une élégance troublante. Le tueur prend des clichés, ensuite diffusés sur le Net, qui ont maintenant fait le tour de la planète. Les grands sites les ont d'abord interdits, mais les images resurgissaient partout. On peut maintenant voir des cadavres de grosses fortunes sur YouTube et Dailymotion – un snuff-movie à épisodes – avec pour seul bémol la saturation régulière des pages Web à cause du grand nombre de téléchargements. Face à ce macabre succès, la police paraît impuissante. On dirait que le tueur déjoue les plans des enquêteurs, qu'il est même doué de double vue. Nous entrons dans le tunnel. La radio se tait. Nous passons la douane sans encombre. Heureusement, car le sac de comprimés d'H+ aurait pu être pris pour de la drogue. Notre traversée de l'Angleterre se fait sous une pluie battante. Nous poursuivons le récit de nos existences mutuelles. Si ma nouvelle amie a appris beaucoup de choses au cours de ses voyages, de nombreux points restent des interrogations.

– Sur quoi ?

– Le cours des choses. Le sens qu'on doit donner à la vie. La manière de progresser.

Je narre mes études de philosophie, glissant que je me suis intéressé à la poésie, j'en ai même écrit, ce qui la surprend. Elle trouve ça rigolo que je me réfère constamment aux séries américaines. Elle en connaît certaines, mais pas autant que moi. Nous parlons de *Lost*, qu'elle a adoré. Elle y a vu une allégorie de noter condition humaine : échoués sur une plage après un accident, notre passé remonte à la surface au gré des événements. Cette analyse n'est pas étrangère à son investissement dans la Mabuse Aventure : hors de question pour elle de ne pas tirer l'affaire au clair et de s'affranchir de ce lien, même ténu, qu'elle entretient avec son père, ou plutôt – elle souligne la nuance – avec l'image de son père.

(Isle of Man)

À bord du bateau pour l'île de Man, j'ai de nouvelles visions, des images du passé. Des drakkars. Des hommes préhistoriques forgeant des armes. Des pillages. Des hommes durs. Lorsque nous accostons, il pleut toujours. L'île de Man est le premier endroit où s'est constitué un parlement, et donc une forme primitive de démocratie. Hester a une adresse, mais pas de téléphone. Nous tournons dans l'île, heureusement riquiqui, doublés par des groupes de motards. Le site accueille chaque année une course prestigieuse, certains passionnés viennent s'entraîner hors saison.

Nous finissons par localiser l'adresse. La villa est à l'écart de tout, dans la campagne verdoyante. Nous sonnons. Une petite dame vient nous ouvrir. Hester parlemente en anglais. La dame va chercher quelqu'un. Un jeune. Non, la personne que nous cherchons n'habite pas ici. On a dû nous fournir un mauvais renseignement. Nous repartons bredouilles. Sur la route, j'ai l'impression qu'une moto nous suit.

Soirée sur le front de mer. L'île de Man doit être le Saint-Tropez local : il y a pléthore d'hôtels et restaurants le long de la jetée.

(La visibilité de l'innocence)

Discussion avec Hester sur l'innocence et la culpabilité. Nous reparlons de son père. Du poids de sa lignée familiale. De la tradition judéo-chrétienne, qui nous rend responsable d'une faute originelle que nous devons expier jusqu'à un hypothétique jugement. Hester me demande si je me sens coupable. Non, je réponds, après un temps de réflexion, pensant aux circonstances scabreuses qui m'ont conduit en prison, pour un crime dont il me semble avoir apuré la dette. Pas vraiment. Après ces sujets graves, nous badinons un peu. Je me demande si une AS serait maintenant d'à propos. Hester paraît pleine de sollicitude à mon égard.

Nous évaluons les possibilités de thérapie par rapport à mon problème. Je relate les visions qui m'assaillent encore. Les drakkars. Les guerriers préhistoriques. Elle pense que des exercices de méditation me feraient du bien, j'aurais peut-être plus de facilités à gérer les transformations de mon cerveau. Somme toute, je suis bien devenu médium, en un sens. Cette situation est inconfortable quand on ne sait pas la canaliser. Alors que nous allons monter nous coucher et qu'il va vraisemblablement se passer quelque chose, la seule chambre libre ne comportant qu'un lit double, quelqu'un nous interpelle. C'est le type de la villa. Il est habillé en tenue de motard et propose à Hester de le suivre. La personne que nous cherchons voudrait nous voir.

Direction, non pas la petite villa aperçue tout à l'heure, mais une plus grande. De nombreuses voitures sont garées dans la cour. On nous fait entrer dans la cuisine, où Hester parlemente longtemps en anglais avec un type à lunettes. Je suppose qu'elle explique ce qui nous amène, puisqu'il jette plusieurs fois un œil sur moi, curieux puis franchement étonné. Hester doit sans doute donner détails et précisions, car elle sort l'H+ de son sac et le brandit comme preuve de la véracité de ce qu'elle est en train de raconter. Le type à lunettes finit par disparaître dans la maison, pour revenir une dizaine de minutes plus tard avec un autre, plus âgé, qui reconnaît Hester et s'enquiert, en français, de la mère de celle-ci. L'ambiance se détend.

De nouveau, une discussion, que je comprends cette fois. Alexy – c'est son nom – fait effectivement des recherches sur le cerveau, très poussées. C'est lui qui a mis au point les techniques de projection cérébrale dont j'ai pu faire l'expérience avec les Transgresseurs – le Ludion Priapique. Il les garde secrètes car il redoute que des groupes malintentionnés ne s'en emparent à des fins politiques. L'industrie et l'armée l'ont déjà approché, mais il n'a pas donné suite. Il est en revanche vivement intéressé par ce que je lui raconte et veut savoir si je connais la composition de l'H+. Je lui donne la clef USB. Nous passons dans son bureau où il examine les données – graphiques de molécules, bandes de fréquences, mots clefs. « Oui, c'est ingénieux. Votre père avait des bonnes idées », glisse-t-il à Hester. La « découverte » de ce dernier, à défaut de fonctionner parfaitement, lui semble cohérente. Il me propose de procéder à des tests au labo. Il a connu Hepner, mais ne s'en souvient pas très bien – il n'a jamais été très sociable et Hepner ne partageait pas sa démarche scientifique.

Dans le labo, plusieurs personnes travaillent sur des ordis. Igor, le type à lunettes, a dû les prévenir de mon arrivée, car ils ne semblent pas surpris de me voir débarquer. Il me fait asseoir dans un confortable fauteuil. Comme pour les expériences d'H+, j'ai face à moi un tableau d'opticien. Alexy fait quelques réglages. Je gobe deux comprimés d'H+. Un technicien me branche un casque et des électrodes sur le front et les tempes. On m'écarte les paupières de façon à ce qu'un faisceau laser puisse m'être projeté dans le fond de la rétine. « Vous croyez que vous allez pouvoir m'enlever cette saloperie ? » je demande. « Non, me répond Alexy, mais vous pourrez certainement apprendre à rééduquer votre cerveau et à vous servir de ses nouvelles fonctionnalités. »

(La vie des hommes)

De nouveau, le monde réel s'efface tandis que je plonge dans les méandres du Non-Temps, là où ce qui aurait pu advenir n'est pas encore tout à fait advenu, et où ce qui le devait prend l'apparence indistincte d'une série de propositions ondulant comme le corps luisant d'un reptile. Un serpent comme un bras de mer, le même que celui sous lequel court aujourd'hui un tunnel. Les contours de la Terre sont encore dans l'ombre, il n'y a encore ni ville, ni électricité. Des hommes marchent sur une terre boueuse, sous une pluie fine. Quand celui qui est en tête s'arrête, on entend au loin le son d'une corne de brume. Nous sommes dans le nord de ce qui n'est pas encore la France – près de l'endroit, peut-être, où j'ai enterré mon argent – et qui le sera peut-être un jour, ou pas. Cela dépend des fluctuations des possibles, de la couleur du ciel et de la volonté des Hommes. Ceux qui marchent dans la terre boueuse le savent plus ou moins. Pour l'instant, ils doivent installer les Cercles et les Lignes. Cet objectif les accapare suffisamment pour qu'ils ne prêtent pas attention aux maléfices qui pleuvent autour d'eux, portés par la pluie fine que crachent le ciel et les tourbillons sanglants des supernovæ, dont les explosions perturbent les courbes du continuum –, aux démons qui surgissent et au bruit de la Guerre que l'on entend au loin.

La planète est pratiquement vide.

Les Marcheurs qui avancent dans la brume glaciale, leurs chausses de peau maculées de glaise, ne sont pas des hommes au sens où nous l'entendons, mais des émanations de ce que l'on appelle la Déchirure, une entité en charge de réparer les fractures de cet Univers. Cette Déchirure, ou Division, est missionnée par les forces qui la régissent et la régulent pour préserver le meilleur et le bien de tous.

Installer les Cercles et les Lignes devrait être une formalité, une fois que les Tribus auront donné leur accord. Pour cela, les hommes doivent expliquer et démontrer le bien-fondé de leur mission. Alors seulement le Plan pourra être exécuté. Le Principe auquel ils se réfèrent fonctionne ainsi. La Terre a été choisie, car elle satisfait aux critères nécessaires à la réalisation d'une telle entreprise. Les Tribus le savent et attendent les résultats de cette mise à plat. Lorsque les Cercles et les Lignes seront posés, elles enverront des représentants qui s'incarneront et joueront leur rôle, testant les circonvolutions des Consciences, leurs humeurs et leurs capacités à se fédérer. Mais nous n'en sommes pas là. Pour l'heure, il fait froid et humide, le ciel est gris et le Marcheur qui a pris la tête du groupe essaie d'évaluer s'il est préférable de commencer le dessin par le haut ou par le centre. Ce qui, en langage terrien, signifie par la Bretagne et le Massif Central, ou par l'Écosse et le Pays de Galles. Cela ne change en fait pas grand-chose, mais certaines Tribus pourraient, lors du résultat, arguer d'une différence de points de vue ayant pu fausser les appréciations des uns et des autres. Quoi qu'il en soit, la configuration souhaitée serait à peu près respectée. Elle doit permettre, si elle est acceptée, une libre circulation et le retour de la Paix dans cette partie de l'Univers. Le Marcheur qui a pris la tête du groupe – appelons-le John, bien que son nom varie selon les époques – est confiant. Sa mission est compliquée, mais elles le sont toutes et celle-là devrait bien se passer. Si l'Univers le permet, bien entendu, et si les Possibles sont suffisamment harmonieux. Les demi-singes qui peuplent la planète auront aussi leur rôle à jouer. Ils serviront de support à la création de nouvelles formes. Certains d'entre eux suivent parfois les Marcheurs, comme des chiens craintifs et sans agressivité. Eux aussi vont bientôt entrer dans la Guerre, les explosions des supernovæ, les mondes en déliquescence et les planètes détruites. Ils ne le savent pas encore, ou peut-être que si, une part d'eux s'en doute, tandis qu'ils grognent comme des animaux à la recherche de leur pitance du jour. Peut-être que l'Univers leur a préparé une histoire à leur mesure, ou rien, ou des possibilités, peut-être ces Cercles et ces Lignes traceront le canevas de ce qu'ils auront eux-mêmes à écrire. Finalement, il est décidé de poser les géométries en parallèle. On ne peut courir le risque que les Tribus s'appuient sur un déséquilibre apparent pour réfuter les résultats. Ce seront donc la Bretagne et l'Angleterre en même temps. Bien que, là encore, l'opération soit tributaire du jaillissement des mémoires planétaires que l'entité appelle de ses chants magiques et qui finissent par sortir de la terre comme de gigantesques et dégoûtantes limaces. Ces créatures, ou ces apparences de créatures, sont le fondement de l'opération. C'est la matérialisation des humeurs de ce bout d'Univers qui, nichée dans les os de la planète, s'extrait maintenant sous la forme de larves immondes. C'est l'analyse de ces larves qui servira à soigner, ou non, les alentours. L'entité, donc, unissant son énergie, les appelle. Pendant des centaines d'années, les plaines et les collines sont parcourues de limaces géantes portant des pierres qui s'enfoncent dans leur chair flasque, viennent rouler dans les tracés prévus à cet effet et résonnent avec le ciel étoilé. Les larves ressemblent à de pauvres vaches meuglantes, épuisées et susceptibles. Lorsqu'elles traversent la campagne, la lumière noire qui empoisonne l'Univers depuis le début de la Guerre vient ricocher sur leurs flancs suintant de graisse humide, générant des maléfices qu'il va falloir rompre. Les demi-singes, d'abord apeurés, finissent par suivre le mouvement. Ils transportent eux aussi des pierres, apprennent même à fabriquer des chemins en rondins pour les faire rouler, se connectant ainsi, pour les plus téméraires et les plus forts d'entre eux, aux mystères du ciel. Lorsque les dessins sont suffisamment ébauchés, des représentants de quelques Tribus sont conviés à venir vérifier si tout leur semble en ordre, si les alignements sont bien conformes à leur direction et si les larves qui les ont supportées ressemblent bien aux fréquences qui bordent leur planète ou leur groupe d'étoiles. Pour ce faire, les demi-singes sont déguisés, de façon à ce que les représentants puissent trouver un point d'appui. Les plus courageux recevront à cette occasion, pour s'être prêtés à cette réception, des récompenses sous forme de savoir, de pouvoir et d'objets. Ainsi, évoluant légèrement, ils pourront ultérieurement servir de corps hôtes si les Tribus daignent donner leur accord au lancement de cette expérience et s'ils envoient de nouveaux participants. Pour conférer un aspect ludique à l'affaire, l'entité agrémente l'opération d'un certain décorum. Il y aura des aventures, des femmes et des fêtes. Les représentants des Tribus apprécient.

Ce n'est quand même pas gagné. L'entité en a bien conscience. Il s'agit, mine de rien, de relier des parties diamétralement opposées et qui sont, rappelons-le, engagées dans un conflit dont les braises rougeoient encore. Pourtant, cette première vague d'Ambassadeurs est plutôt couronnée de succès. Les messages en retour sont positifs. À l'unanimité générale, les Tribus acceptent de jouer le jeu. Les siècles qui suivront verront l'Europe se couvrir de mégalithes. Dans la foulée, les Tribus envoient de nouveaux participants. Leurs étoiles, dubitatives au départ, les laissent partir et admettent que oui, il y a certainement eu des débordements et qu'il est temps maintenant d'envisager un processus de Paix. Cette nouvelle est accueillie, dans cette région de l'Univers, avec scepticisme, suscitant néanmoins une lueur d'espoir. Les représentants des Tribus sont accueillis dans les corps hôtes des demi-singes. Ces derniers sont maintenant affublés d'attirails divers fabriqués grâce à leurs nouveaux savoirs et dont la transformation de minerais en alliages est un des aspects les plus significatifs. Grâce à cela, en effet, ils pourront se battre et donc rejouer dans un théâtre qui serait absurde si malheureusement il ne reproduisait pas une folie plus grande qui les dépasse, une véritable « *Star War* ». Car la Guerre a lieu dans l'Univers et, à l'aide de leurs panoplies dérisoires, les demi-singes, qui ont maintenant un début de figure humaine, la remettent en scène consciencieusement. John et ses amis peuvent commencer à souffler. Les choses ne s'enclenchent pas si mal, en dépit du comportement des Tribus, qui laisse présager le pire.

Tout ce qui semble intéresser les « Galaxiens », c'est se foutre sur la gueule. Plus qu'un intérêt, c'est une passion vitale. L'entité multiplie donc ses efforts pour créer des dérivatifs amusants, sous forme de jeux et de propositions attrayantes. Les Arts sont mis en valeur avec en perspective une exaltation de la beauté comme antidote à la violence. Des écoles sont créées ici et là. Des activités telles que le sport sont inventées de façon à canaliser les pulsions féroces des uns et des autres. Malgré cela, la situation s'envenime et, telle une réunion de musiciens où chacun essaierait de jouer le plus fort possible de manière à dominer le concert, la bataille fait rage. Bataille pour le pouvoir, pour des territoires, pour des femmes, pour des biens, parfois pour rien, uniquement sur des différences ethniques, de faciès, de modes de vie. Tant et si bien qu'en quelques siècles la Terre, qui s'est peuplée de bipèdes, devient un gigantesque champ de bataille. D'abord locaux, les affrontements n'ont de cesse de se multiplier et de s'étendre. Les premiers empires en sont l'illustration. Pourtant, sur Terre, l'évolution est en marche. Des agents de la Guilde ont été recrutés et convaincus de venir prêcher la bonne parole pour enseigner aux peuples à échanger par le biais d'une interface. C'est une initiative primordiale, car la loi du talion est plus souvent usitée que le virement bancaire. Cette initiative, qui a lieu à l'échelle planétaire, est également déployée dans le reste de l'Univers. Partout des marchands proposent des artifices, des bienfaits et toutes sortes de choses afin de permettre aux Tribus de concevoir une nouvelle manière de fonctionner, moins primitive, plus pacifique. Sur Terre, les demi-singes commencent à apprendre à compter, ce qui est laborieux. Ils se sédentarisent. Ce nouveau mode de vie leur permet d'inscrire dans la matière leurs nouveaux savoirs, leur faisant ainsi découvrir les joies (et les pièges) du monde objectal. Des religions sont également installées. Elles ont plusieurs fonctions. Celle de fédérer les Tribus au sein d'un regroupement commun célébrant les mystères de la vie, mais aussi celle de retranscrire la manière dont l'Univers, dans cette région, s'est cristallisé autour de forces convergentes, quoique opposés. Il s'agit d'un point très important de la mission. Les rôles de propagateurs sont confiés à des Ambassadeurs ayant déjà effectué, sur leur planète, un travail significatif de pédagogue. Ces religions viennent se greffer sur les cultes primitifs que les demi-singes, dans un rapport instinctif avec les forces vives de la nature, pratiquaient, pour les plus évolués d'entre d'eux. Trames passagères, elles doivent petit à petit être remplacées par une vision plus adulte du monde, s'appuyant sur la science, au fur et à mesure que celle-ci sera intégrée, comprise et abondamment vulgarisée. Je vois tout cela aussi précisément que s'il s'était agi d'un documentaire.

– Ça va ? me demande Hester, me ramenant pour un instant à la réalité. Ce n'est pas trop fort ?

– C'est comme une série, j'arrive à répondre, la bouche pâteuse. Galaxie en déroute mais demi-singes marrants parties prenantes de l'aventure. Tunnel sous la Manche pas encore creusé.

– Vous voulez que je focalise plus ? me propose le technicien, tandis qu'un autre règle les écrans que l'assemblée scrute, bouche bée.

J'acquiesce et le tourbillon reprend, m'entraînant de nouveau dans le cours de l'aventure. Cette fois, j'arrive en pleine crise. John et ses amis sont furax. Ils sont en train de passer un savon aux Ambassadeurs. Certes, il était question d'une jolie mise en scène, de femmes fatales, de libations, mais bon sang, point trop n'en faut. Car c'est le délire complet.

« Quel est le projet ? vocifère John. Le projet, c'est de vous réunir sur une planète neutre pour que vos étoiles arrêtent de se foutre sur la gueule. Pas que vous soyez ivres morts du matin au soir en vous tapant des geishas ! »

Les Ambassadeurs se défendent mollement. Beaucoup sont effectivement incarnés dans l'élite, notamment dans les représentants du clergé – normal, ils sont plus évolués que les demi-singes qui sont d'ailleurs en passe de devenir d'honorables Terriens maintenant, vêtus et socialisés. Or, qui dit clergé, dit montrer l'exemple. Notamment en matière de chasteté et de sobriété. Ceci dans le but d'élever le niveau spirituel et énergétique, de mettre en place quelques règles civiles et d'éviter que les Terriens renouent avec leur fonctionnement animal. Une douce étreinte charnelle, teintée d'érotisme et de poésie, doit remplacer à terme une bestiale copulation.

« Qui parmi vous respecte ces consignes ? »

Réponse : personne. Tous les Ambassadeurs, à travers leurs incarnations respectives d'éminents membres de l'Église, ont bien sûr femmes, enfants, maîtresses. Sans parler de ceux qui s'adonnent franchement à l'orgie. Quant à la sobriété, eh bien le vin est tellement bon… John, excédé, revient sur le rôle de la religion, qui doit relier.

« Nous sommes ici pour relier ! Relier les esprits, relier les cultures, relier les peuples. Pas pour se bourrer la gueule en permanence et niquer comme des tarés. »

Il informe donc les Ambassadeurs que, de manière à replacer les choses dans une direction plus sérieuse – à ces mots l'assistance pouffe, comme si l'Univers était sérieux, ah, ah ! –, de nouveaux concepts seront proposés au cours des siècles à venir : une nouvelle religion, plus rigoriste, qui, tout en gardant le fond chrétien que John a eu un mal de chien à imposer aux Barbares, permettra aux prêtres de se marier. Du coup, à charge pour eux de ne pas trop délirer à côté. En attendant qu'on installe cette bifurcation, les Ressortissants des planètes sont invités à pratiquer l'Amour Courtois. L'Amour Courtois est une invention de John. Il permet un début de sublimation des pulsions primaires. John est tout content de sa trouvaille. Il explique aux Ambassadeurs à quel point cela est important, aussi bien pour les Ressortissants des planètes que pour les Terriens.

« Contrôle de l'énergie, martèle-t-il. Contrôler ses pulsions violentes, oui, mais contrôler aussi ses pulsions tout court. Là-dessus, exalté par son projet, il embraie sur ce qui doit être un des grands axes du millénaire à venir : la multiplication des voies et surtout des moyens de communication. Nous devons relier les pays, relier les gens et les relier physiquement, clame-t-il. Ouvrir de nouveaux chemins, de nouvelles routes, sûres, pratiques et accessibles au plus grand nombre.

– Et pour cela, contrôle de l'énergie, renchérit un des acolytes de John, donc pression et utilisation de cette pression, notamment pour fabriquer des engins permettant un déplacement. »

Pour beaucoup d'Ambassadeurs, cette notion est complètement abstraite. Ils ont l'habitude de voyager dans l'Univers par des moyens défiant l'imagination terrienne la plus affûtée. Le dessin que leur montre l'Ingénieur, une espèce de cocotte-minute remplie d'H_2O sous laquelle on allume une flamme, leur paraît d'un saugrenu achevé. Pourtant, l'idée de John est d'en faire son cheval de bataille. De cette invention doit naître tout le reste, la capacité de relier les continents et donc de mettre fin à la Guerre.

– Symbolique mais efficace, assure-t-il aux Ressortissants incrédules.

Emporté par son explication, le voilà qui mime un petit train, tchouk-tchouk, déclenchant encore l'hilarité de l'assemblée. « La Paix dans l'Univers grâce à ce petit artifice, que ce John est drôle, ah, ah ! »

Malheureusement, la Paix, dans l'Univers ou sur Terre, semble un vœu pieux. Je le constate alors que mon esprit vogue maintenant, grâce au Visioneuro, à travers les histoires des uns et des autres. Je distingue très nettement les fils qui se sont tissés entre les univers, les étoiles, les planètes. Les conflits, leurs répercussions, parfois même leurs racines. Car il est clair que l'Univers fonctionne tel un chaos sans cesse renouvelé, entre zones d'Harmonie et zones de Guerre dont certains des acteurs ont intérêt à l'affrontement. Les raisons en sont diverses, parfois structurelles, élevées au rang de mode d'existence, parfois factuelles, fruits de conflits plus rationalisables. Dans le cas précis qui nous intéresse, la Terre et son environnement astral proche, et alors que John et ses amis se décarcassent pour faire avancer les choses, il est clair que des forces antagonistes sont à l'œuvre.

Le projet clairement affiché de réunir les Tribus dans un grand Cercle étoilé est loin de faire l'unanimité. De toute façon, arguent les détracteurs, cette réunion est purement factice puisqu'elle ne correspond à aucune réalité géographique. Pour appuyer leurs propos, certains prennent un exemple précis : l'Angleterre. L'Angleterre est séparée du continent par la mer. Face à cette évidence incontournable, différentes factions s'opposent violemment à l'idée de fédération.

De ce fait, la Guerre reprend de plus belle. Elle dure quasiment un siècle. Sans parler des croisades, qui se servent des religions pour justifier une soif de bataille et tromper l'ennui. John et ses amis sont catastrophés. Les débats font rage. Les arguments qui leur sont opposés ne sont pas complètement dénués de fondement. À trop réunir ne risque-t-on pas d'assister à un nivellement et à un appauvrissement des spécificités de chacun ? Les Ambassadeurs sont consultés. Des séminaires de réflexion mis en place. Des essais effectués en secret. L'ennui, c'est que les Tribus viennent parfois d'endroits inhospitaliers, peuplés de naines brunes, proches de trous noirs, de féroces pulsars. Il faut donc renforcer leur culture propre avant de vérifier si les mélanges seront satisfaisants. John et ses amis se livrent à d'incroyables calculs. Et si… et si… Finalement le conflit s'étend, les guerres napoléoniennes se déchaînent, amplifiant si besoin est la folie qui se répand partout, prenant la forme dans l'Univers d'une énergie noire qui sature l'espace de ses émanations néfastes. Mais ce n'est pas tout. Du fin fond d'un Méta-Univers voisin, profitant des dissensions, des êtres se précipitent et s'engouffrent dans les brèches créées par les conflits. Ces émanations de l'Innommable arrivent également sur Terre au moment où John évalue comment surfer intelligemment sur la folie de l'Empereur. Après tout, cette soif de conquête a au moins permis, même si c'était en négatif, une sorte de réunion. Venant dans la foulée des premières révolutions, que John a personnellement suivies, en France particulièrement, elle a tracé des lignes de forces sur lesquelles pourrait aisément se substituer, pour peu que l'on s'en donne la peine, le terreau d'une démocratie, d'un monde baigné de la lumière de l'amour, de l'échange et de la joie, telle que l'imagine John qui, à grand renfort de philosophie, s'est beaucoup investi dans la diffusion de programmes pédagogiques. Relisez Voltaire et ses copains, bon Dieu ! Malheureusement donc, malheureusement, c'est à ce moment qu'arrivent les Êtres Innommables venus du Méta-Univers sur leurs Motos Démoniaques. Ils ont pris, je le vois, la forme de petits champignons noirs. Ils s'insinuent tels des fantômes hirsutes dans l'esprit des Terriens, mais aussi dans celui de certains Ambassadeurs, comme par hasard, évidemment, les plus hostiles à ces idées de fédérations. Ces Êtres Innommables sont incompréhensibles. Lorsque John essaie de communiquer avec eux, il n'en ressort qu'une impression de désolation et de mort. Une impression de, oui, de perdition. La situation est donc compliquée. D'autant que, d'après les calculs de John, qui vont malheureusement se révéler justes, l'énergie karmique accumulée au cours des siècles risque de générer un Conflit Mondial. N'importe qui deviendrait complètement maboul. Pourtant, et bien que les affreux champignons noirs soient en train de gangrener les esprits, l'entité arrive à garder le cap fixé. Sournois et malfaisants, les miasmes s'insinuent dans les recoins sombres, dans les zones humides et insalubres, attendant leur heure. Se nourrissant de violence, de tristesse et de mort, ils pressentent la grande guerre qu'ils espèrent. John et ses amis sont sur le qui-vive. Les Ambassadeurs et les Ressortissants des planètes ont reçu des consignes strictes. Si cette bulle karmique se déchire et vient nous empuantir de ses relents nauséabonds, tenons-nous prêts à rebondir aussitôt. Car si la grande guerre survient, il faudra s'en servir comme d'un coupe-feu. Tel Red Ader devant les puits de pétrole en flammes, il faudra alors espérer que l'explosion soit si forte qu'elle réprimera toute tentative ultérieure de basculement dans les abîmes de l'horreur.

C'est effectivement ce qui arrive et, du point de vue de la force de l'explosion, c'est une réussite. Le XXe siècle est le théâtre d'un affrontement sous-tendu par une idéologie qui défie l'entendement. La folie s'est emparée du monde et elle est contagieuse. « On n'aurait pu rêver mieux », grince John lorsqu'on lui fait remarquer que ses desseins ont été servis. Mais il garde un optimisme sans faille et, posément, prépare la suite. « Se servir du choc de manière salutaire », assène-t-il aux Ambassadeurs. Une fois la grande guerre finie, il faudra réconcilier les peuples, les faire se rencontrer. Il est évident qu'après pareil traumatisme, les gens n'auront qu'une envie, faire la Paix et se découvrir autrement. Et rien de tel qu'un petit voyage en train pour sceller une réconciliation, voire une amitié naissante. Pour John, cela paraît d'une évidente évidence. Et bien que tout le monde lui prenne la tête en permanence – les Ambassadeurs et leurs Ressortissants flippent de plus en plus, car la Guerre que l'on voit sur Terre n'est qu'un très vague reflet de ce qui se passe dans l'Univers, sur leur planète et à côté de leurs étoiles –, il garde un moral d'acier et invente l'après-guerre. Le jazz. Le rock. Be-Bop-A-Lula. Les années soixante-dix. Essentielles, les années soixante-dix, pour permettre aux demi-singes qui ont suivi l'aventure d'avoir des débuts d'explication sur ce qui s'est passé sur leur planète. Malheureusement, je le vois en même temps que m'apparaît la trame des possibles dessinée à l'époque, l'énergie est trop basse. Trop de champignons noirs, trop de guerres et d'agressivité, mais aussi trop d'alcool. La planète est bourrée ! Les codes génétiques – que, patiemment, John et ses amis ont fait légèrement muter – sont altérés. Parmi les milliers de routes possibles qu'aurait pu prendre le cours des événements, notre planète s'est enfoncée dans la médiocrité. Et l'argent, qui devait avoir un rôle salvateur, n'a fait qu'envenimer les choses. Une course folle à la consommation s'est emparée de la population. Mus par une avidité démente, certains Terriens qui avaient reçu au départ des bénédictions – les corps hôtes du départ – se sont transformés en égoïstes forcenés. Cet état d'esprit a déteint sur l'ensemble. Lorsque je croise ces informations, je me vois dans un bref flashe, mon visage défiguré par des moustaches et des dents de rat, tenant des liasses de billets à la main, la bouche tordue d'un rictus affreux.

– Ouh la la, je fais, m'agitant sur le fauteuil. Visage de rat, égoïsme.

– Vous êtes sûr que ce n'est pas dangereux ? demande Hester, inquiétée par mon agitation, au technicien.

– Si, j'entends celui-ci répondre, il se connecte à sa zone négative. Si elle est trop prégnante, il peut mourir ou devenir fou.

Je sens une panique affreuse m'envahir, les images sont de plus en plus atroces, le meurtre, la prison, Marie-Pierre, mon obsession de l'argent. Une main se pose alors sur la mienne et la voix d'Hester dit « Tu n'es pas que ça, concentre-toi sur ce qu'il y a de bon en toi, il y a certainement d'autres voies que celle que tu as choisie ». Je me mets alors à pleurer tandis qu'un flot d'images se succède en kaléidoscope dans mon esprit, des images de la clinique des zombis, du géant qui m'a précédé dans ce cauchemar et qui s'est enfui avec l'ordinateur du milliardaire. Puis, comme un tilt, mais un tilt salvateur, j'arrache le casque. Tel un noyé qui retrouve une bouffée d'air, je me mets à crier « Je sais, je sais ce qu'il faut que je fasse ! ». Tout le monde cesse de regarder l'écran. Lorsque j'émerge complètement et que je reprends mes esprits, ils sont tous autour de moi, à attendre ce que je vais dire.

Chapitre 14

(La distorsion des hypothèses)

– Je sais qui est le tueur des banquiers, je dis, tandis qu'ils me regardent, effarés, ceux parlant français traduisant pour les anglophones, l'Ange-de-la-Stupeur parmi eux, et moi porteur d'une vérité spéciale, descendu dans les tombes du monde pour en comprendre les trames subtiles et, de ce fait, ma parole chargée d'un parfum de mystère certifié.

Ce qui dans ce cas précis est peut-être vrai. Je sais qui est celui que les médias appellent le Tueur de Banquiers. C'est le type qui s'est enfui de la clinique. Le géant sculpteur. Il a les coordonnées des financiers grâce à l'ordinateur volé à Enclun père. Et il prépare une nouvelle « installation ». Quelque chose de terrible, qui sera à la fois son chef-d'œuvre et l'apothéose de sa sinistre mission. La fine fleur du monde de la finance doit y périr, lors d'une réunion qui a lieu en Europe. Je ne sais pas où exactement, mais je l'ai vu élaborer son plan, le concevoir en ricanant, metteur en scène macabre préparant l'issue funeste des épouvantails qu'il piste. Grâce au traitement d'H+ suivi à la clinique, il est doué de voyance et complètement fou. Ce qui va se passer est affreux. J'ai vu les fils des événements et les tissages possibles. Tel le domino fatal entraînant dans sa chute une sarabande de fracassantes conséquences, les meurtres vont déclencher la tempête. Montrées à la vindicte publique, les têtes sanguinolentes des nantis vont réveiller le goût du sang, attiser la haine et catalyser le mal-être et la misère, soulevant une gigantesque vague de chaos, générant d'abord le Monde-de-la-Pagaille-et-de-la-Confusion, puis – le Tueur a prévu un SAV sur Internet où il appellera au passage à l'acte – l'attaque physique des Banques et de leurs représentants. Là, ce ne sera plus le Monde-de-la-Pagaille-et-de-la-Confusion, mais bien celui de-la-Saucisse-et-du-Boudin qui se profilera, avec un aller direct pour le gouffre. Le titre de l'installation (dans une série qu'il a appelée *Déchetterie*) est d'ailleurs éloquent : « Capitalisme décapité ! » J'explique tout cela à mes nouveaux amis. Ils en sont comme deux ronds de flan. Les infos vont trop vite pour eux.

Nous repassons dans la maison. Alexy me demande si l'expérience m'a fatigué. Non, pas spécialement. Je me sens même en pleine forme. Igor m'explique qu'ils sont avant tout un groupe de scientifiques, ils essaient, en gros, de « comprendre ce qu'ils sont et pourquoi ils le sont », moins d'agir sur le monde.

– Ah, je fais, quand même plus sonné que je ne veux bien l'admettre par ce que je viens de voir. C'est un parti pris intéressant, mais, en même temps, là, c'est un cas de force majeure.

Nous préparons à dîner. Je sens qu'ils sont déconcertés, mais aussi surexcités par l'expérience et ses résultats, par ce que j'ai vu et ce qu'a projeté l'écran.

D'après eux, je suis bien allé dans ce qu'on appelle les annales akashiques, gigantesque base de données des Mémoires du Monde, les variabilités des Possibles et leurs interférences. Pour les occultistes, c'est le Grand Livre de Dieu, mais Alexy et ses amis penchent plutôt pour une sorte de conservation des données émises par les oscillations diverses de la Vie que le cerveau humain est partiellement capable de décoder et avec laquelle il interagit. Plus amicaux qu'au départ – ils voient que je ne suis pas de la CIA ou à la solde d'un groupe de pervertisseurs quelconque –, ils en disent un peu plus sur leurs activités. Ils n'appartiennent à aucune société secrète, ni aucune « loge » ésotérique. Ce sont plutôt des citoyens habiles qui « essaient de se poser les bonnes questions en se dotant d'outils performants ». Mais le cours des choses, le cheminement de la société, les guerres et l'égoïsme patent les ont plongés, ces dernières années, dans une perplexité croissante qui les a obligés à adopter une position discrète et en retrait. Le film qui s'est déroulé d'après les fluctuations de mon esprit apporte un éclairage inédit aux questions qu'ils se posaient, bien que, d'après Eberson, un des techniciens, « cela recoupe certaines infos déjà en leur possession, il y aurait un lien entre des cycles cosmiques et l'existence humaine, ce que disent les mythes depuis le début de la pensée ».

– Mais la question est de savoir lequel et jusqu'où. Est-ce le fruit d'un hasard ou la preuve d'une organisation cohérente ?

– Vous voulez parler de Dieu ? je rebondis, histoire de leur montrer que mon parcours m'a amené moi aussi dans le Monde-de-la-Réflexion-et-de-la-Philosophie.

– Pas exactement, me précise Igor. Nous avons fait le deuil de cette idée depuis un moment. Nous sommes plutôt sur le

« comment ça marche » et si une pérennité de nous peut évoluer sans se renier.

– Je voulais dire en tant qu'élément fédérateur, comme concept.

(Les citoyens habiles)

Nous retournons au labo où nous nous repassons la séance. Cela ressemble à un film expérimental : oscillations, figures géométriques, mots confus, trames bizarres qui viennent matérialiser mes émotions – ce qui correspond au réglage de l'appareil, le temps que la bonne fréquence active les bonnes connexions synaptiques. Puis le film cohérent apparaît. Des guerres dans l'Univers. Une planète servant de « terrain de médiation ». Des demi-singes qu'on fait évoluer lorsqu'ils servent de corps hôtes. Un mélange de film expérimental et de SF. Quand on arrive à la séquence plus personnelle, l'image se brouille et devient sombre. Je détourne la tête, encore sous le choc de cette confrontation avec moi-même.

– Je… je bredouille, tentant de me justifier. Ce sont des aspects sombres, mais Hester a raison, je ne suis pas que ça.

Ils ont l'air de s'en fiche complètement que je ressemble à un rat sur l'écran Télécortex, que j'aie tué quelqu'un dans un club échangiste il y a quinze ans, que cela me procure un sentiment d'horreur, que l'écran se parsème de stries noirâtres quand on me fouille le cerveau en interrogeant mon itinéraire karmique qui est – Eberson m'en détaille le mécanisme – la « somme de mes actes, de mes intentions et de leurs conséquences que certaines zones de mon cerveau sont capables de remettre en scène lorsqu'elles sont stimulées ». Ce qui les intéresse, ce sont les informations auxquelles j'ai pu avoir accès. Alexy, admiratif, dit que Hepner était peut-être un salopard sans scrupule, mais qu'il a mis le doigt sur quelque chose, les bonnes connexions pour activer le cerveau et le mettre en phase avec l'arrière-fond de la conscience collective. Secret que devaient connaître les yogis indiens, avec des méthodes plus rudimentaires mais tout aussi efficaces, probablement. La discussion dérive sur l'utilité, pour eux, de se repencher sur ces techniques ésotériques dont l'étude leur avait semblé vaine et sans intérêt alors qu'il y aurait peut-être finalement quelque chose à y trouver. Revenant à la direction Or & Pétrole sur laquelle Hepner m'a « programmé », l'un d'eux – neurologue, je crois – se demande si cela n'a pas un rapport avec des méditations tibétaines comme Mahākāla, le « grand noir ». Puis tout le monde tombe d'accord sur le fait que nous sommes tous porteurs de la mémoire universelle et que c'est à partir de fragments de cette mémoire que nous nous sommes, de facto, constitués.

– S'il y a la guerre ou des zones troublées dans l'Univers, peut-être que le rôle de l'homme est justement de transformer cette énergie en quelque chose d'apaisant ? propose Hester, prise d'un accès de naïveté.

(Les édredons réconfortants)

Retour à l'hôtel. Le jour se lève, mais il y a tellement de brume qu'on distingue à peine la mer. Le lit est encore plus petit que ce qu'il me semblait. Nous nous enfouissons sous un édredon énorme. Hester n'arrive pas à dormir. Surexcitée par ce qui vient de se passer, elle ne cesse de répéter « C'est incroyable, c'est incroyable ». Je lui raconte l'histoire d'Alexia, son rêve-souvenir fondateur, et celle des joyeux drilles du Sofa bar. L'intuition qu'ils étaient sur Terre à cause d'actes affreux commis sur leur planète. Nous répétons que cela doit être de la mémoire, de la mémoire de l'Univers qui se reconstitue et à laquelle on peut avoir accès. Cela explique beaucoup de choses qu'elle a vues au cours de ses voyages. Certains peuples sont peut-être directement tissés de souvenirs particuliers, issus de parties du ciel différentes. Cette explication a, pour Hester, le mérite de concorder avec les mythes et d'être accessible à une grille de lecture moins farfelue que le charabia ésotérique qui entoure habituellement ce genre de sujet.

Le lit est étroit. Nous sommes l'un à côté de l'autre. Je me sens plus détendu. Comme si les choses prenaient soudainement sens. Elle me demande si cela ne me manque pas de ne pas avoir de copine.

– Si, je dis. C'est pour ça que je guette les femmes seules dans les bois.

– Cela confirme ce que je pensais.

– Tu crois qu'on devrait essayer d'apaiser le chaos cosmique en transformant l'énergie ?

Elle rigole. Nous nous embrassons furieusement, ce qui, après toutes ces péripéties, me semble un intermède bienvenu, voire salutaire.

(La responsabilité des filiations compliquées)

Alors que je me piquerais bien un roupillon, Hester ne l'entend pas de cette oreille. Sitôt nos ébats consommés, elle revient à la charge à propos de cette vision du Tueur de Banquier.

– C'est mon père qui a créé ce... – j'ai l'impression qu'elle va dire ce monstre, comme s'il s'agissait d'un abominable Frankenstein – cet égaré. Il faut faire quelque chose.

– Mais en quoi peux-tu être tenue responsable de ce que ton père a fait ?

Elle semble choquée.

– Qu'il s'agisse de mon père n'est pas l'essentiel, ni que mes croyances personnelles abondent dans le sens d'une responsabilité transgénérationnelle. Bien sûr, je me sens responsable, mais moins en tant que personne qu'en tant que citoyenne. Si ce que tu dis est juste et déclenche un séisme social alors qu'on aurait pu l'éviter, quelle idée devra-t-on se faire de nous-mêmes ? Ce serait une grande lâcheté.

Je me demande si mes deux cent mille euros sont encore là où je les ai cachés ou si quelqu'un les a trouvés.

– On n'a aucun moyen de savoir si c'est vrai. Ce sont des images. Peut-être que c'est juste une supposition de mon cerveau qui a relié différentes informations cohérentes à première vue.

– Tu sais très bien que c'est plus que cohérent. On peut au moins vérifier si c'est plausible.

Je ne vois pas comment elle compte s'y prendre. Si Sculpteur-Géant erre dans les rues, une boule de cristal fracassée à la place du cerveau avec comme objectif des pontes de la finance bardés de gardes du corps, je ne pense pas qu'il soit dans mes moyens de mettre un terme à sa dérive.

– Il suffit d'aller voir l'industriel qui a financé la clinique.

– Le milliardaire et son fils ?

– Ce sont des personnes publiques. Elles doivent être accessibles. On peut au moins vérifier si les précédentes victimes étaient dans leur carnet d'adresses.

(Les zones érogènes)

J'ai peu dormi. Je me sens vaseux et décalé. Mon étreinte charnelle avec Hester, toute charmante qu'elle ait été, m'a déstabilisé. Les fréquences de l'amour et du sexe sont peut-être perturbantes lorsqu'on est connecté aux Zones Bizarres. À moins que cela ne soit dû aux autres comprimés qu'Alexy m'a donnés pour contrebalancer l'effet de l'H+. J'ai également des enregistrements de fréquences qui doivent repositionner mes neurones et enlever l'infamie de Hepner. Je ne sais si cela va avoir un effet, mais je me sens soulagé de savoir le mécanisme infernal sur le point d'être neutralisé. C'est comme si je ressortais de l'enfer. Nous repassons voir nos nouveaux camarades. Les Citoyens Habiles sont déjà en train de tester les formules contenues sur la clef, non pas pour essayer de trouver la recette du fabuleux trésor, mais pour poursuivre leurs explorations sur le cerveau et la conscience.

– Cela peut générer des progrès pour une meilleure connaissance de nous-mêmes, suggère Igor.

– Avoir accès à son patrimoine mémoriel permettrait de mieux comprendre son fonctionnement.

(Le Jeu)

Je m'aperçois qu'un des types est français. Écrivain, il a essayé de mettre en place un système d'échange d'œuvres sur Internet – une sorte de Jeu –, mais y a renoncé, car les résultats étaient trop empreints de choses noires et agressives alors qu'il imaginait quelque chose de positif. Il a été très intéressé par le film que j'ai « projeté » hier, car cette histoire de guerre cosmique à laquelle nous aurions pris part à notre corps défendant éclaireraient les raisons pour lesquelles notre expression artistique était constellée de discordes, de sacrifices, de viols, d'abus de pouvoir, de tyrans et de catastrophes. Je pense aux tableaux du Louvre. Il a raison. Une grande partie de notre art est dédiée à la guerre, au malheur. S'il y a vraiment des conflits et des horreurs au-delà du ciel de notre planète, nous les répercutons gaillardement depuis le début de la civilisation. « À moins que cela ne soit la marque du manque d'évolution de l'homme, tempère Hester, toujours dans une dynamique responsabilisante. Se dédouaner en invoquant une *Star War* quelconque est aussi une bonne façon de nier notre libre arbitre et nos capacités de choix. »

Je passe une partie de la journée à jouer avec l'écrivain à Télécortex. Relié chacun à un Translateur, nous devons essayer de nous envoyer une image. Plus elle est jolie, plus c'est réussi. Chaque envoi doit être une réponse au précédent. Au début, pour se familiariser avec le principe, on démarre avec un langage de fleurs en écho. Une rose. Un bleuet. Une tulipe. Les représentations s'affichent sur les écrans, légèrement distordues selon la représentation qu'on s'en fait. Puis nous passons à des choses plus complexes, dans un maraboutdeficelle. Une femme sortant de son bain. Un drap de bain tapis volant. Le tapis volant transporte une théière. Il entre dans un nuage. Le nuage et la théière produisent de la pluie. La pluie mouille les cheveux d'un couple de danseurs. Les danseurs patinent sur la glace. Les images sont, selon les variations de réglage de Télécortex et des Translateurs, parsemées des colorations de nos émotions et de la manière dont on investit l'image. À la fin, on a une espèce de clip plutôt marrant. Il trouve que j'arrive bien à contrôler mes influx – pas de choses noirâtres sur l'écran, ouf –, ce qui me flatte et me redonne espoir. Après tout, il me reste peut-être une autre option que celle du Rat-Chacal.

(L'empire du soleil des artichauts)

Avant que nous prenions congé, Igor et Eberson me montrent ce sur quoi ils travaillent. Un régulateur d'ondes. Selon eux, le monde moderne est saturé de champs vibratoires invasifs dus à l'industrialisation. Aux formes agressives de l'architecture. À la pollution. Leur installation ressemble à une statue remplie de ronds et de courbes – ils essaient de m'expliquer comment ça marche en me parlant de physique quantique et en me décrivant le mécanisme des ondes, mais je n'y comprends rien. D'après eux, cela pourrait fonctionner comme des purificateurs d'atmosphère. Recevoir les mauvaises ondes et en renvoyer des bonnes.

– C'est cool, je dis, ne sachant pas très bien quoi en penser. Ça pourrait éviter de trop bader. Mais dans les grandes villes, il va en falloir beaucoup.

(La pluie dans les paysages verdoyants)

L'Angleterre-bis sous une pluie battante. Je conduis. Hester me tient la main. Alors que l'averse redouble, qu'on n'y voit presque rien et que les battements des essuie-glaces me semblent le dernier lien nous rattachant encore au Monde-Non-Aquatique, elle dit :

– C'est affreux : malgré l'horreur et l'incroyable, j'ai l'impression d'être dans une aventure terrible.

Je lui réponds que moi aussi mais depuis un moment déjà, ce qui la fait rire.

– Là, c'est carrément de la SF, j'ajoute. Après le film d'espionnage et le film d'horreur, c'est carrément de la SF.

Ça m'ennuie de le reconnaître – vu qu'il s'est conduit comme un salopard – mais ce que m'a enseigné son père – l'idée d'appréhender ce que l'on vit comme un film sur le scénario duquel on pourrait interférer – m'a aidé à ne pas sombrer dans la folie. Elle acquiesce, dit que ce ne sont pas les théories de son père qui sont mauvaises, mais ce qu'il en a fait. Nous discutons des intentions, de la nécessité d'être dans une dynamique de générosité, idée à laquelle j'opine bien que je pense qu'il faille – si je me place d'un point de vue de chef d'entreprise – un certain niveau de bénéfices avant de pouvoir redistribuer ce que l'on a gagné. Si je remonte une affaire, oui, pourquoi pas. Pourquoi pas créer une fondation.

Ou alors, si mes travaux artistiques génèrent suffisamment d'argent, imaginer des partenariats avec des œuvres caritatives ? Je reste songeur un moment. D'abord parce que cela fait longtemps que je n'ai pas eu ce genre de réflexion – ce qui prouve que le remède d'Alexy est peut-être en train de faire de l'effet (j'écoute quasiment en boucle les séquences sonores et j'ai pris les comprimés). Ensuite parce que ça me reconnecte à la réalité, à savoir : le côté fâcheux de ma situation, et l'aspect inquiétant et mouvant de mon devenir.

– Tout de même, je finis par dire, pensant aux Citoyens Habiles et à leur machine à aspirer l'agressivité, à l'instant précis où un biker me fait un doigt en hurlant parce que j'ai oublié de mettre mon clignotant, ils sont un peu dans le Monde-de-l'Utopie, non ?

(L'épuisement de la fatigue)

Pendant les formalités de débarquement, nous écoutons la radio. En écho à nos considérations, le médiateur vient de rendre son rapport. Il parle d'un épuisement psychique de la population, termes que reprend le journaliste en appuyant – à la manière des journalistes – sur les mots « épuisement psychique », leur donnant toute leur profondeur atroce et en même temps les délestant de leur véritable charge, puisque cette information sera noyée dans l'instant par des milliers d'autres, les mêmes justement que celles qui viennent nous épuiser. « Cela, continue-t-il, dans une société qui se fragmente et où le chacun pour soi remplace l'envie de vivre ensemble. » Il dénonce également la « faible vision collective des politiques » au profit « d'une médiatisation à outrance des émotions » et « le stress intense de la vie moderne ». Je me demande ce qu'en penseraient John et ses amis, si tant est qu'ils existent. S'ils avaient prévu ça ou si, vu tous les soucis qu'ils ont par ailleurs, c'est à nous d'essayer de nous en sortir tant bien que mal, même « épuisés psychiquement ». Cela génère une nouvelle discussion avec Hester, qui s'énerve – elle a un côté Anne Carruthers en plus battante –, tempête qu'il ne faut pas lâcher l'affaire, que ce n'est pas en baissant les bras qu'on arrivera à progresser, à avancer vers la lumière et que le résultat général est certes le fruit du politique mais aussi une addition de l'individuel et qu'après ce que j'ai vécu je devrais le ressentir avec d'autant plus d'acuité. Cela me fait une sorte de tilt. La phrase rebondit dans mon cerveau comme une balle de golf en feutre lancée dans le fond d'un Caddie à la roue coincée. J'ai du mal à la comprendre. Non pas à en comprendre le sens. Mais à le percevoir à un niveau plus profond.

– Pourquoi ? je demande. Pourquoi ce que j'ai vécu devrait me faire ressentir ce genre de sentiment ? Au contraire, personne ne fait de cadeau à personne. La seule issue, c'est l'argent. L'argent permet à chacun de faire sa vie, pour peu qu'on s'en donne les moyens. C'est l'instrument de la liberté et de la démocratie. C'est pour ça qu'il a été inventé.

Elle n'a pas le temps de répondre, car je suis assailli d'une brusque et affreuse vision : mes deux cent mille euros en train d'être trouvés par les clandos. Une image d'une puissance sidérante qui me coupe presque le souffle.

– J'ai un flash, je m'entends bredouiller. C'est à cause de l'H+, j'ai un flash.

Du coup, fin de la discussion. Hester flippe et me demande ce que j'ai vu. Comme je ne veux pas répondre, je roule, les dents serrées, la respiration haletante, sortant du terminal douanier en programmant convulsivement le GPS sur l'endroit où mon bien est enterré, et manquant de peu l'excès de vitesse fatal qui aurait retardé une possibilité d'interception des voleurs. Dans une séquence en accéléré, je me vois démuni de tout. Pauvre, les Mabuse me retrouvent. J'ai beau leur montrer le certificat médical des Citoyens Habiles attestant qu'ils m'ont enlevé du cerveau la martingale fatale de Hepner, ils ne me croient pas. Quand ils en ont fini avec moi – je suis devenu une loque misérable –, le régisseur du cheik me récupère pour m'empaler dans la cour d'honneur du palais de son maître.

– Non, je souffle, ce n'est pas possible.

Je me gare le long de la dune. Ma pelle à la main, je cours vers l'endroit que je retrouve sans peine. Personne n'étant dans les parages, je creuse comme un forcené. Le petit container en plastique est toujours là. L'argent aussi. Nous repartons vers Paris. Hester a une crise de fou rire.

(L'apaisement des circonstances)

Enclun Père n'est pas difficile à localiser. Une recherche sur Internet – bienfait de la civilisation béni par tous les détectives du monde – nous apprend qu'il adore jouer au 1 000 bornes. Ce jeu, qui a enchanté des générations d'enfants, est la marotte du magnat. D'origine modeste – ses parents étaient des commerçants en rubans et rideaux –, il a gardé un pied dans la simplicité et se rend lorsqu'il le peut au Club 1 000 bornes, qu'il sponsorise, dans des locaux aménagés sur le toit d'un ancien garage, rue de Courcelles. La prochaine réunion a lieu le mercredi suivant. En attendant, nous retournons dans l'appartement de la place des Vosges. Hester – qui a décidément un tempérament de lionne – arguant qu'il n'y a aucune raison de fuir, que je n'ai rien fait de répréhensible et que, si des mal embouchés venaient nous chercher querelle, il serait peu probable qu'ils nous tuent tout de suite, nous pourrions menacer de diffuser sur Internet une vidéo révélant l'horreur avec mise en cause précise des Plus Hautes Zones. Mais rien de tel ne se passe. Personne ne vient. C'est à peine si je croise Mérédith dans l'escalier. Il est possible que l'affaire, après le fiasco du Caire, ait été enterrée. C'est plausible. Sur une affaire classique, En-Retrait n'aurait pas lâché le morceau. Mais là, ce n'était pas En-Retrait, ni même Ça-va-pas-être-possible. Il ne s'agit pas d'une affaire classique, mais d'une affaire crapuleuse. D'après « Alain » lui-même, dans ce qu'il avait confié à Alexia, c'était des Gradés Corrompus, en accord avec les Sphères Proches, qui étaient à l'origine du complot. Rien ne dit même que les Plus Hautes Zones en aient été informées. Quant aux mystérieux Triangles, ils ont certainement autre chose à faire, et puis ils sont au-dessus de ces motivations vénales. Toutes ces considérations, que je me répète, me rassurent. Je suis ainsi plus disponible pour goûter aux joies de l'amour. Car, oui, je suis bien amoureux d'Hester, qui semble avoir également un faible pour moi. Elle me confie que je suis pour elle d'un exotisme incongru.

– Comment ça, d'un exotisme incongru ?

– Tu es le fruit d'une histoire atypique, avec des systèmes de valeurs incompréhensibles, en désaccord avec ta sensibilité profonde.

– Et quelle est ma sensibilité profonde ?

– C'est ce que tu es en train de découvrir.

Pour Hester, cette mésaventure m'a transformé. Elle a produit, tel le creuset de l'alchimiste, un effet bénéfique qui m'a bonifié et permis d'envisager l'existence d'une autre manière. Pris dans les parfums de l'amour, j'acquiesce, bien que je craigne de n'être pas aussi affirmatif.

(Les petits mondes)

Lors de ces voyages et de ses études, Hester a croisé nombre de gens à la psychologie très éloignée de la nôtre. L'un d'eux, un Pygmée issu d'une tribu reculée, lui a expliqué que l'Univers était une imbrication de dimensions, générant une infinité d'univers, de galaxies, d'étoiles, de planètes, d'êtres dont on ne peut pas avoir idée. Qu'il y en a des grands et des petits, et que les grands ont parfois besoin des petits pour comprendre comment ils fonctionnent. Ainsi trouve-t-on des sortes de graines (*g'aida*) contenant en réduction la quintessence de morceaux d'Univers. Il y en a dans le ciel. Il y en a sur Terre. En posséder permettait de mieux comprendre l'équilibre des forces (*a'wata*) et la circulation des flux (*t'aïïta*). D'après lui, chaque homme peut s'y connecter. Après ce que nous avons vécu, Hester penche pour l'hypothèse de bouts de mémoires contenant des informations, porteurs de schémas d'organisation, le tout constituant ce que l'on peut appeler une « conscience collective ». Les expériences que j'ai faites, vues à travers ce prisme, prennent alors tous leurs sens.

(L'insoutenable cri des pauvres)

L'interception d'Enclun se fait en douceur. J'ai bricolé des fausses cartes de police à partir de modèles trouvés sur un site de fan de l'autorité, mais nous n'en avons même pas besoin. Nous nous approchons de lui alors que son chauffeur vient de le déposer devant son aire de jeux. Je dis juste « Nous voudrions vous parler au sujet de la clinique en Égypte, nous savons que vous n'y êtes pour rien, mais j'aimerais avoir votre sentiment sur quelques points » – *X-Files, Mulder montant au filet*. Il se décompose instantanément et, tel un buffle blessé, KO avant même le début du combat, souffle « Pas là, je vous prie, pas ici. – Très bien, marchons un peu, lui répond Hester. » Nous avançons sur l'avenue de Courcelles, moi disant doucement – *Mulder avançant son pion* – « Nous avons de bonnes raisons de penser que les financiers assassinés le sont par la personne qui s'est enfuie de la clinique du Caire avec votre ordinateur, dans lequel elle aurait puisé leurs coordonnées ». Il accuse le coup. Dit qu'il savait que cela finirait mal, qu'il est maudit, qu'il n'aurait jamais dû faire confiance à son fils, que c'est parce qu'il connaissait le père de Monsignac, que c'est l'ami de Monsignac qui a tout organisé, que c'est lui qui doit être poursuivi et qu'il n'avait pas pensé aux adresses dans son ordinateur. Je vois qu'il ment, qu'il y a très bien pensé, mais qu'il ne veut pas être tenu pour responsable. Maintenant que je lui en parle, c'est possible, oui, c'est possible, car il connaissait tous les financiers assassinés. Il se met à pleurer. Demande s'il va aller en prison. Je lui dis que non, que nous avons seulement besoin de la liste des cibles possibles. Il appelle son chauffeur. Départ en limousine.

Rez-de-chaussée d'un hôtel particulier. Nous regardons l'écran de ses contacts. « Le type a juste fait un malaise en Égypte, Monsignac me l'a assuré, répète-t-il. Ces gens étaient d'accord pour participer à l'expérience. – Oui, ne vous en faites pas, c'était juste un malaise, c'est le tueur qu'il faut retrouver. » Il hoche la tête en roulant des yeux affolés, comme si la terre était en train de s'ouvrir sous ses pieds, ce qui n'est pas loin d'être le cas, puis ajoute cette phrase incroyable, la murmure même plus qu'il ne la dit, bégayant légèrement : « Les pauvres, les pauvres, je les entends. Leurs cris sont silencieux, mais maintenant je les entends. C'est insoutenable. » Je laisse passer une bonne minute avant de reprendre le dialogue, peut-être pour digérer cette nouvelle, ou du moins l'apprécier à sa juste valeur : la stridence insoutenable du cri des pauvres lorsqu'il est entendu par les riches dans des circonstances tragiques.

– D'après vous, votre ordinateur contenait-il des informations sur une réunion prochaine de décideurs économiques ?

Il réfléchit un moment, puis dit que le colloque annuel du Club doit se tenir prochainement en Allemagne, dans un chalet. Une dizaine de personnes y participe. Je note leurs noms et l'adresse du lieu. Le raout est prévu dans deux semaines. Enclun pleurniche pour que je ne dise à personne d'où je tiens l'information, c'est ultra confidentiel. Au moment où je lui serre la main j'ai un flash terrible – *Dead Zone, le moment où le héros voyant touche la main de l'assassin et se rend compte que c'est lui*. En rentrant d'Égypte, il a payé quelqu'un, un pro, pour étouffer toutes traces de l'affaire. Le type a fouiné, est remonté jusqu'au Grand Maître, qui était venu enquêter lui-même dans la boîte d'Enclun pour savoir ce qu'avait exactement fabriqué Hepner-le-Barbouze. Et il a assassiné le Grand Maître. Un faux suicide. Un travail de pro. Enclun l'a payé. Cent mille euros. Je garde sa main dans la mienne. J'ai l'impression qu'il sait que je sais.

(Les tabloïds intéressants)

Les cibles potentielles sont des tops dans leurs parties. Certains ont été ou sont ministres des Finances de leurs pays. Représentants de gros intérêts. Patrons de multinationale. Conseillers occultes de la finance. Ils sont au nombre de onze. L'image qui flotte devant mes yeux est celle d'une Cène sans Christ où le Dieu fédérateur serait un énorme billet et les apôtres de sinistres vampires en costume trois-pièces. Leurs cadavres rigidifiés agencés dans un décor aussi macabre que symbolique. Je ne sais pas comment Géant-Sculpteur compte s'y prendre pour les assassiner. Mais s'il réussit son coup, le capitalisme européen sera frappé de plein fouet. Nous cherchons à en savoir plus. Hester sollicite la fille d'une des amies de son père, qui travaille dans la finance. Pendant le déjeuner, elle raconte moult anecdotes, notamment sur l'impitoyable monde des traders, brokers et autres opérateurs de marchés. Les types, en cas de défaillance, sont appelés – elle l'a vue plusieurs fois – en plein milieu de journée par la DRH, qui, après leur avoir annoncé leurs licenciements immédiats, les fait raccompagner par la sécurité sans même qu'ils aient le droit de repasser par leurs bureaux – ils pourraient pour se venger passer des ordres d'achats ou de ventes démentes – et sans que leurs collègues n'émettent le moindre commentaire, comme s'ils avaient été instantanément effacés. Cette évocation inquiétante émise – l'impitoyabilité de ce monde si cruel de l'Acheter-Vendre du Rien qui Vaut très cher –, elle se penche sur notre « dossier ». Cela lui paraît très curieux que les gens que nous lui citons se réunissent, cela voudrait dire qu'une possibilité d'entente existe entre des groupes capables de « peser sur le marché ». Un exemple récent est l'intervention de quelques financiers américains qui ont « joué » le dollar contre l'euro avec un espoir important de gain. Cinq millions investis pouvant en rapporter cent. Les financiers cités n'ont a priori pas de raison d'être ensemble. Bien sur cela n'est pas interdit, mais ce genre de réunion pourrait vite déraper, car mis bout à bout, leur pouvoir devient conséquent.

– Cela pourrait être considéré comme une sorte d'association de malfaiteurs ? je plaisante.

– En quelque sorte. Disons que si des manifestations bizarres dans les flux économiques survenaient à l'issue de ce genre de réunion, on pourrait se poser des questions.

– Et s'ils décédaient dans des circonstances tragiques ?

– C'est-à-dire ?

– Si quelqu'un les tuait. Cela affecterait-il l'économie ?

Notre informatrice dans les hautes finances réfléchit un instant. Les gens aux tables à côté ressemblent à des crocodiles déguisés. Je me demande s'il s'agit de Reptiliens. Probablement. Une fille – jupe, talons hauts, seins parfaitement en accord avec son chemisier – passe dans un élan gracieux.

– Non. Cela aurait un effet choquant sur le moment, mais cela ne perturberait pas l'économie en profondeur. En ce moment, le système n'a pas de mémoire. Il renaît de ses cendres.

Les Reptiliens se lèvent. Nous demandons l'addition. « Mais pourquoi ses questions, demande la fille. Vous pensez que ces types risquent d'être assassinés par le tueur ? »

– Non, la rassure Hester. Nous écrivons un scénario qui emprunte ce genre de situation.

(Les danseurs immobiles)

Avec l'effet du contre-traitement d'Alexy, Paris me paraît un ring bizarre où des statues de danseurs dans des poses indécentes se livreraient à des combats perdus d'avance. Nous ne sommes pas d'accord, Hester et moi, sur la marche à suivre. Je suis pour une non-intervention. D'abord, rien ne dit effectivement que mes prémonitions soient réelles – je lui rappelle ma vision si précise de la disparition de mon trésor, qui n'était qu'un phantasme sans fondement. Puis, même si on ne fait rien, le monde ne s'arrêtera pas de tourner.

– Je pense que ces types étaient partie prenante dans l'opération de la clinique.

– Comment tu le sais ?

– Parce qu'Enclun n'était pas suffisamment puissant pour agir sur les marchés financiers. Il en avait parlé aux cercles qu'ils fréquentaient. Le tueur le sait, ou le sent. C'est pour ça qu'il les tue. Pour se venger.

– Et tu trouves que c'est une bonne chose ?

– Je ne sais pas. Mais cela nous concerne-t-il ?

Nous repartons sur notre responsabilité individuelle au sein du collectif. La trace que laisse la lignée de Hepner. Les conséquences karmiques.

– Que l'économie ne soit pas déstabilisée, je veux bien le croire, mais ce n'est pas cela que tu as vu. Ce qui peut se passer, c'est que ça mette le feu aux poudres. Les gens s'en prendront au banquier en bas de chez eux. Il y aura des passages à l'acte. Le chaos s'installera.

Je lui rétorque que ça peut aussi avoir l'effet inverse. Le sacrifice de quelques-uns calmera la foule en colère. Surtout, je ne vois pas ce que je viens faire là-dedans. Que les banquiers se fassent tuer par ceux qu'ils ont drogués pour amasser un tas d'or, en quoi puis-je me sentir concerné de quelque manière que ce soit ?

– En gros, tu t'en laves les mains ?

– Je ne sais pas.

– Et les types dans la clinique, tu comptes les laisser là-bas ?

Le problème, c'est que je ne vois pas du tout comment la retrouver. Même si je le voulais, je serais incapable d'y retourner.

– Non, je dis mollement. Tu as raison. Il faudrait les délivrer.

– Avec l'argent qu'il te reste, tu peux facilement le faire.

Cette discussion jette un froid. Je sors marcher dans la rue, perturbé, dans le Monde-de-l'Indécision. Le Sofa bar est fermé. Je me demande ce qu'est devenue la bande de joyeux drilles. Sont-ils repartis sur leur planète, si tant est qu'ils en venaient ? Je n'arrive pas à discerner la nature du malaise qui m'étreint. Suis-je un rat ? Égoïste et avide, insouciant du sort de l'autre, prêt à laisser de pauvres financiers innocents se faire zigouiller par un fou et oublieux du sort de malheureux captifs ? En même temps, je sais ce qui me chiffonne. C'est que dans cette affaire, je n'ai rien à gagner. Il n'y a pas d'échange. Et lorsqu'on a été comme moi dans le Monde-de-l'Entreprise, avec ce genre de culture qui prône un rapport équilibré entre les gens, selon ce qu'on est capable de produire, de vendre et d'acheter, ça n'est pas concevable. Certes, il est généreux d'aider les autres. Mais, comme je le crois, à partir d'un certain chiffre d'affaires. Je retourne à l'appartement et fais part de mes considérations à Hester.

– Comment ça, rien à gagner ?

– Il n'y a pas de logique saine. C'est évident que quelque chose cloche.

Elle a l'air stupéfaite. Je crains un moment que nous n'entrions de plain-pied dans le Monde-de-la-Dispute, mais finalement elle éclate de rire et me dit que je suis complètement secoué, que cette histoire d'argent est ridicule et qu'il y a plein d'autres façons de voir la vie. L'argent n'est qu'une interface pour pouvoir échanger quand on n'est pas suffisamment évolué pour être dans l'échange spontané. Ou quand le contexte ne s'y prête pas. Selon elle, comme beaucoup de nos contemporains, je souffre d'un problème archaïque d'avidité non résolue.

– Je suis tout à fait d'accord, c'est exactement ce que je pense. Il n'empêche.

– Si je t'avais laissé avec tes ennuis. Si, quand tu es venu me voir, je t'avais dit que cela ne me concernait pas, car il n'y avait rien à gagner ?

Je concède qu'elle a un peu raison. Je pense au dessin de Jean Cocteau. Si je n'ai plus rien, je pourrai toujours le vendre. Nous sommes assis sur le canapé de son père aux moelleux coussins. La nuit est tombée et nous n'avons pas allumé la lumière. Elle continue de parler de sa voix douce, répétant que cette avidité est notre folie, que le mal est derrière, et des choses non résolues, et que cela nous étouffe comme un chancre atroce qui nous fait perdre toute raison, que cette machine folle s'est emballée, qu'il s'agisse de l'argent ou du pouvoir. Elle ne ressent pas ça chez moi. C'est une façon de penser qui a peut-être été la mienne, mais qui n'est plus là, pas après ce que j'ai vécu – elle le répète plusieurs fois. Pour elle, notre existence sur Terre n'est qu'un labyrinthe ludique où nous avons un certain nombre de défis à relever, qui sont là pour nous enseigner des manières d'être différentes, nous avons la capacité de nous transformer et de nous bonifier. Si cette affaire lui tient soudain tellement à cœur, c'est parce que son père lui paraît un symbole de cette démence en train de nous pousser vers le gouffre, le malheur et la perdition. Elle comprend très bien qu'après ce que j'ai traversé, qu'on pourchasse des clandestins comme des animaux ou qu'on assassine des banquiers ne me fasse ni chaud ni froid. Mais il y a d'autres manières de réagir, oui, certainement, elle est en convaincue. Il n'y a pas de raison non plus d'avoir peur et de fuir devant des connards malades de leur délire. Si nous n'allons pas délivrer les gens dans la clinique et au moins voir si le Géant-Scuplteur ne peut pas emprunter un autre itinéraire existentiel – elle a cette expression plaisante –, nous n'aurions pas agi de façon responsable et en accord avec le b.a.-ba de la vie. Elle n'a pas peur, elle aussi a vu des choses dures et affreuses. Dans les jungles où elle a passé du temps, les gens sont féroces, parfois comme des animaux. Mais ça n'est pas une fatalité. Certains arrivent à faire preuve de discernement et de solidarité. Il ne faut pas baisser les bras.

Je crois que ce qui me décide, ce sont les pauvres hères enfermés dans leur villa, craignant une invasion extraterrestre imminente et souffrant certainement, vu ce qu'il en a été pour moi, de cauchemars atroces, perdus dans le Monde-de-l'Enfer-et-de-la-Damnation, sans raison aucune. Et puis c'est quand même duraille de les abandonner à leur triste sort.

– J'ai gardé le téléphone de la fille. Je lui ai dit que je l'avais jeté, mais ce n'est pas vrai. J'ai tous ses contacts. Avec son aide, on pourra retrouver la clinique.

– Et pour le tueur ?

J'ai l'impression de passer mon brevet de preux chevalier.

– On peut toujours aller voir à l'endroit où doit avoir lieu la réunion, s'il est dans les parages.

Je ne sais pas combien je pourrais tirer du dessin de Jean Cocteau. Et les tableaux dans l'appartement ? Le Dalí devait valoir une fortune.

(Bastion des feux éteints)

Je demande à Hester si elle est amoureuse de moi. Elle me répond que c'est plus complexe. Je dois représenter un mélange confus de ce qu'elle éprouvait pour son père, une attirance répulsion. En même temps, je la touche et puis je suis aussi dans une période charnière, c'est évident, où je découvre une autre façon d'être, même si je n'en ai pas encore conscience. Ce qu'elle sent poindre derrière mon côté « brut de pomme » n'est pas dénué de charme.

– Comment ça « brut de pomme » ? je demande, vexé. Tu trouves que je manque de raffinement ?

Nous nous endormons en nous tenant la main.

(La beauté des champs de blé)

Par recoupements, en me servant des données qu'il y avait dans son BlackBerry, en lisant e-mails et textos, j'arrive à localiser l'adresse d'Alexia. Nous avons décidé de la contacter, car elle semble l'élément « sain » de cette triste affaire –

quand je lui ai décrit sa réaction, Hester l'a même trouvée sympathique. Non seulement elle peut nous dire ce qu'il en est des Mabuse et de leurs intentions, mais elle peut aussi m'aider à retrouver la clinique, ou me dire ce qui s'y est passé après ma fuite. Après tout, peut-être les cobayes ont-ils été évacués. Hester pense aussi qu'il doit être possible de contacter ces fameux Triangles et, par là, de faire cesser les malversations auxquelles se livrent des « gens ayant une parcelle de pouvoir et qui ne trouvent rien de mieux que de s'en servir pour pressurer ceux qui n'ont rien ». Pris dans la douceur de l'amour, même si je ne suis pas d'accord avec elle, j'abonde dans son sens. Je la trouve naïve et peu au fait des vraies réalités de la vie, bien qu'elle ait baroudé dans la jungle. Je persiste à penser que ce sont des vautours dans un monde de vautours avec des mentalités de vautours, à quoi on ne peut pas grand-chose, si ce n'est essayer de ne pas trop se faire plumer.

Nous nous postons en bas de chez Alexia. Après avoir poireauté une partie de la matinée dans une procédure maintenant rodée – *X-Files, Scully se remettant du rouge à lèvres en attendant l'arrivée de la soucoupe* –, Hester l'aborde alors qu'elle sort de chez elle. Je les vois qui discutent. Alexia a l'air surprise, mais Hester doit savoir trouver les mots pour la convaincre, car au bout d'un moment elles se dirigent vers le café situé en face de celui où j'attends moi-même. Je reste sans les voir, me demandant ce qu'elles peuvent se raconter, mon esprit vagabondant, s'amusant à imaginer ce qu'on peut faire lorsqu'on n'essaie pas de gagner de l'argent, activité qui était peut-être la marque d'un dérèglement, d'une avidité, de pulsions bizarres mais quand même fondatrices.

(L'apaisement des circonstances)

Nous sommes avec Alexia dans les jardins du musée Rodin. Il n'y a pas un chat. Nous marchons sur le gravier que nos pas font crisser, devant les *Portes de l'Enfer* qui sont peut-être le signe de la fin d'une boucle. L'indication – si on adopte le point de vue d'Hester d'un vaste labyrinthe-jeu où des bornes signifiantes seraient çà et là posées – que cette aventure est en train de se terminer, qu'en effet nous avons été en Enfer, confrontés à la noirceur du Monde. À défaut de l'avoir vaincu et maîtrisé, nous nous sommes efforcés d'y arriver, ce qui est mieux, lorsqu'on est chevalier, que de ne rien avoir tenté du tout. Alexia est décomposée. Elle ne cesse de bredouiller qu'elle ne s'est pas remise du Caire, que cela a été trop pour elle. Nous avons fini par savoir que « Serge » a juste eu la jambe cassée, donc rien de trop grave, qu'« Alain » avait une fracture de l'omoplate et que, devant le fiasco, les gradés qui étaient arrivés peu après ma fuite, ont décidé d'arrêter le bordel, même si les graphiques donnaient la courbe exacte de quelques jours d'or et de pétrole. Le retour s'est effectué piteusement. Alexia n'a plus eu de nouvelles d'aucune sorte. Elle ne cesse de faire des cauchemars, persuadée à juste titre de s'être laissée embarquer dans une voie sans issue qui mettait en péril – c'est ça, en fait, qui la taraude le plus – sa propre évolution, aggravait son karma et la coupait de l'énergie bénéfique avec laquelle elle avait commencé à apprendre à soigner.

– Et la clinique ?

– Je ne sais pas, bredouille Alexia. C'était tellement confus. Je crois que même « Alain » et « Serge » avaient peur des représailles des types qui sont venus. On a été rapatriés en France et je n'ai revu personne.

– Et par les gens de vos groupes de travail, l'espèce de réseau dans lequel vous étiez, on ne peut pas contacter quelqu'un ?

(La vie des acariens)

Le restaurant dans lequel nous dînons accueille une tablée fêtant les retrouvailles de gens qui se connaissaient ados et qui se sont recontactés via FB. Derrière eux, dans un agencement du décorum dont Paris, depuis la mode du lounge, est friand, de grands écrans diffusent des images d'insectes mêlés à des plans d'architecte. En fait, ce ne sont pas des insectes – ou plutôt si, mais des tout petits –, ce sont les fameux acariens qui vivent dans la poussière, sur nous, dans les recoins brumeux des sols et sous les meubles. Observés grâce à des techniques de grossissement performantes, ces minuscules êtres font preuve d'une vie sociale étonnante. Ils se nourrissent, combattent, copulent et défèquent. C'est d'ailleurs leurs déjections qui causent les allergies. « Ah ouais, et différent en quoi ? » demande d'une voix stridente une des filles, manifestement ivre – musique en fond house-ethnic, rupture dans le rythme mêlé de roulements de djembés. « En quoi l'homme est-il différent ? Et qui nous dit que nous ne sommes pas les acariens de la Terre ? Aussi répugnants ? Aussi minables ? » Quelqu'un prend la défense des acariens. Certainement qu'eux ne se trouvent pas minables. Puis la discussion dérive sur la capacité de l'homme à impulser quelque chose d'original, voire de créatif. « C'est ce que nous faisons du monde et non pas ce qu'il fait de nous qui compte ! » proclame un des types à l'ivrognesse. Je dis à Hester que je suis d'accord avec cette théorie et que c'est ce qui m'a poussé à devenir chef d'entreprise, puis artiste. C'est aussi l'heure du bilan pour les anciens amis qui ne s'étaient pas vus depuis longtemps. Il a l'air mitigé, car quelqu'un rétorque au battant que pour lui c'est facile, que la vie lui a souri, mais que, pour d'autres, c'est plus compliqué. Hester prend une assiette végétarienne. Moi, des pâtes au basilic. Je me demande si je vais réussir à devenir chevalier, si c'est bien mon nouveau destin après avoir été entrepreneur, photographe et espion, et dans quelle mesure l'assassinat des banquiers, s'il avait lieu, déclencherait un débordement de folie qui plongerait notre organisation sociale dans un chaos funeste.

(Cohabitation pacifique des larmes)

Je fais un rêve bizarre. Il y a des torrents de larmes. Elles ruissellent d'un endroit que je ne situe pas. Dégoulinent des nuages. Se déversent du flanc des montagnes. Les larmes, emmagasinées dans des fûts de plastique, sont ensuite proposées à la population. La répartition se fait selon des règles rigoureuses. Chacune a droit à un quota. Une fois bue, l'eau de larmes pénètre jusqu'au cœur. Elle s'y installe et y réside, recouvrant tout d'un voile noirâtre. Puis, transpirant, en une invisible buée, par le souffle de la population, elle se répand sur le monde, créant malheurs et choses sombres. Seuls ceux dont la volonté est inflexible, le cœur pur et l'esprit déterminé peuvent s'abreuver sans succomber au maléfice.

(Le déclin des maléfices)

– C'est normal que tu fasses ce genre de rêve, s'aventure Hester. C'est parce que tu es plus proche de tes sensibilités positives.

– Et les banquiers, tu crois que cela a un rapport ?

– Dans quel sens ?

– Qu'il faut que je sois fort, si je veux sauver le monde.

Elle rigole : ça n'est peut-être pas à ce point, elle a peut-être exagéré, prise sans doute elle aussi dans un tourbillon, celui des révélations que je lui ai faites, du choc avec son père et de l'expérience avec Télécortex. Il peut effectivement s'agir d'une coïncidence. Il y a certainement de nombreuses possibilités autres que ce déroulement fâcheux. En revanche, que je sois à un tournant lui semble évident. Si je décide de m'engager sur cette route, au moins aller voir de quoi il retourne, si le Géant-Sculpteur est dans les parages, s'il y a bien une assemblée de banquiers louches et ensuite, en Égypte, retrouver la clinique maudite – en dépensant dans ce but altruiste mon bon argent, mon trésor –, elle est sûre que ma vision du monde changera. Et si ma vision du monde change, alors le reste suivra. Je lui oppose que depuis que le monde est monde, beaucoup de gens ont tenu ce discours et qu'en prison j'étais avec des types qui devenaient croyants, ou religieux, qui pensaient que Dieu allait les sauver s'ils devenaient gentils, alors que je pense que ce n'est pas une bonne mentalité. Je ne crois plus en rien, si ce n'est en ce que disait le type au restaurant. « C'est ce qu'on fait du monde qui compte et non pas ce qu'il fait de vous. » Elle renchérit en disant que justement, c'est évident, que selon nos actes, la manière dont on agit, on se place dans une dynamique positive et que le reste suit, car une dynamique positive passe forcément par une relation altruiste aux autres. Les larmes que j'ai vues dans mon rêve ont peut-être diverses origines, mais il est certain que c'est en partie l'égoïsme qui génère de l'amertume et un manque de joie.

– Tu crois ?

Bon, bien sûr, elle n'en sait rien, c'est peut-être la position des étoiles, un phénomène radioactif, un conflit intergalactique, mais de toute façon le monde actuel lui fait penser à quand Frodon et Sam reviennent chez eux, l'espèce de cauchemar industriel, avec plein de règles débiles et des usines partout, Saruman ricanant. Si l'histoire des initiés corrompus, des Plus Hautes Zones et des Sphères Proches est vraie, c'est exactement cela, des usines qui puent, des règles débiles et des magiciens qui ont pété les plombs. Face à cet écueil, notre marge de manœuvre est restreinte, mais elle existe. À quoi cela sert-il d'abonder dans le sens de la bêtise ?

(Le sourire du pope)

La petite bourgade où doit avoir lieu le raout des financiers est une villégiature de luxe. Située à la frontière de l'Autriche, rien ne saurait la distinguer d'un autre endroit du même genre, si ce n'est l'ambiance – une atmosphère feutrée, les chalets cossus et quelques hôtels où l'on devine facilement que la plèbe ne descend pas, car les prix sont prohibitifs, on se demande même qui peut y venir. Pour les besoins de notre enquête, j'y ai loué une suite et nous sommes tous deux déguisés en milliardaires. Cette fois, le côté Mulder et Scully n'est plus une vue de l'esprit (même si le décor nous plonge davantage dans un film fantastique des années trente que dans l'Amérique des *Nineties*). Nous sommes ici sur la foi d'une vision médiumnique obtenue grâce à une technologie de science-fiction dans le but d'arrêter un tueur, lui aussi, selon toute vraisemblance, doué de voyance. L'ennui, c'est qu'il n'y a personne. Pas de financier, ou alors ils se cachent, et pas de tueur.

Avant de partir de Paris, nous avons consulté les dossiers de Hepner, les listes qu'il avait établies en se basant sur le site de rencontre new age. Nous avons une photo, pas très bonne, d'un type sportif, le crâne rasé. Pour l'instant, nous hésitons sur la marche à suivre. La montrer, comme le ferait un détective de série noire, au concierge de l'hôtel ou aux rares commerces du coin risquerait d'attirer l'attention sur nous. Et ne rien faire ne nous avance pas à grand-chose non plus. Du coup, nous faisons l'amour dans la suite qui me coûte une fortune, mais que j'ai tenu à prendre pour qu'Hester voie bien à quel point je suis désormais dans une dynamique de générosité.

– Et s'il ne vient pas ?

– Au moins nous aurons tenté de réagir par rapport aux données en notre possession.

La télévision annonce des séismes. Des tremblements de terre. Des tempêtes. La cause de l'extinction des dinosaures est confirmée, il s'agit d'une météorite qui a frappé le Yucatán « plus rapidement qu'une balle de revolver ». Finalement, alors que notre séjour commence, en termes de coût, à croître d'une manière exponentiellement inquiétante – Mercedes de loc, restaurants de luxe, emplettes en rapport avec nos personnages – et que je suis sur le point de déclarer forfait, de rentrer à Paris, voire d'assumer clairement mon égoïsme – sans compter, que, j'y pense depuis un moment, le géant est une bête rompue aux arts martiaux et que je me vois mal lui faire un coup de karaté –, deux faits nouveaux viennent relancer l'affaire.

Le premier, c'est qu'un mouvement discret mais repérable indique une arrivée VIP. Des limousines. Un hélico. Un autre hélico. Les chalets dont nous avons l'adresse – toute la bande a des Sam Suffit dans le même coin et s'invite mutuellement – sont investis. Volets ouverts. Lumières aux fenêtres. Les gardiens font des courses. Tels de fins limiers, nous optons pour une investigation plus poussée en direction de la balnéothérapie locale. Passé le seuil qui m'occasionne un début de malaise cardiaque – il faut être membre à l'année et le ticket d'entrée (par personne) doit dépasser le budget culture annuel d'une nation exotique –, nous sentons que nous touchons au but. Car un deuxième élément est à prendre en considération. Je ne cesse d'avoir des images de notre Géant-Sculpteur. Accompagnées de phrases de Pure Terreur prononcées du fin fond des Régions-de-la-Haine. « *Kill them all ! Kill them all !* » Au départ, je n'y prête pas plus attention que ça, mais Hester, à qui je finis par m'ouvrir, me dit que ce n'est pas forcément une construction imaginaire – je crois que *kill them all* vient directement d'un film que j'ai vu en prison – mais plutôt la manière dont me cerveau transcrit des infos qui lui parviennent. Pour elle – les Citoyens Habiles joints au téléphone le confirment –, que j'ai pris de l'H+ comme le Géant nous met sur des fréquences proches, à tel point que si je veux vraiment me connecter à lui il faudrait que je cesse le traitement que m'a donné Alexy et que je… reprenne de l'H+. Ce que je me suis décidé à faire lorsque nous avons vu les premières limousines arriver.

Je suis donc présentement vêtu comme ma compagne d'un élégant peignoir, errant dans le marbre des hammams et assailli d'images étranges. Le géant, d'après ma boule de cristal, n'est pas en train de se dorer la pilule dans une suite comme nous, mais habite dans un chalet vide dont il a forcé l'entrée. Je vois également une femme à côté de lui et des images sexuelles. Nous nous perdons en conjectures, ma collègue Sherlock Holmes et moi, sur la signification de ces communications, quand, pendant un soin de massage à base de boue auquel Hester se rend, un début d'explication jaillit, tel l'éclair de lumière salvateur dans la noirceur de la nuit. D'abord, les limousines et hélicos qui sont arrivés n'ont amené que les épouses. Les maris, occupés comme il se doit dans leurs tâches de décideurs gérant les importantes affaires du monde, ne seront là que dans quelques jours. Ensuite, il y a un vent de parano qui flotte dans l'air. Il n'a échappé à personne que les précédentes victimes faisaient partie de la bande. La sécurité va donc être renforcée. Là-dessus, rien de surprenant. Mais ce qui l'est plus, c'est qu'une des femmes –

elles sont trois, pépiant et se racontant leurs secrets de fille – trompe son mari. Elle le confie d'une voix gloutonne à ses amies. Elle a rencontré un type super bizarre qui l'a draguée et qui est tombé fou amoureux d'elle. Il doit la rejoindre ici – « C'est d'un romantisme fou, non ? » Ils ont un rendez-vous le soir du grand dîner. Les autres femmes en font des gorges chaudes. L'infidèle doit être la délurée de la bande.

Hester, qui a écouté tout cela mine de rien, rapplique en quatrième vitesse. Le doute n'est pas permis. Il s'agit de notre homme. Reste maintenant à l'intercepter en douceur en déjouant la vigilance des hommes de la sécurité qui vont pulluler. L'affaire tourne au *James Bond*. Je dois avouer que je ne suis pas aussi faraud que l'espérait ma compagne. Elle me le fait remarquer. Mon escapade à Cannes m'avait rendu plus inventif. De là à ce qu'elle pense que l'absence de gain – et sans vouloir revenir sur le sujet, plus exactement le coût de cette extravagante virée – freine mon enthousiasme, voire ma créativité de chevalier, il n'y a qu'un pas. J'essaie d'échafauder un plan. D'après mes flashes – mais je ne suis pas bien sûr qu'il s'agisse vraiment de flashes, plutôt de suppositions, je pense que Géant-Sculpteur va tenter d'empoisonner les convives. S'il veut faire un tableau de la Cène, c'est la seule solution. Même de cette façon, même en tenant compte que l'H+ a décuplé ses forces et lui a donné une sorte de superpouvoir, ça ne va pas être de la tarte. Il faut donc surveiller les cuisines du restaurant qui va accueillir les retrouvailles annuelles de ces vieux amis qui ont la capacité d'activer des leviers de l'économie aussi facilement qu'un quidam moyen la souris de son ordinateur. L'ennui, c'est que nous sommes dans une zone rurale, montagneuse, avec peu d'habitants, tous très riches. Il y a probablement des caméras partout. D'ici quarante-huit heures, une armada de *bodyguards* expérimentés va débarquer, le couteau entre les dents, pour protéger l'intégrité physique du grand capital. Je vois gros comme une maison ce qui va se passer si je rôde vers les fourneaux : ils vont me prendre pour le tueur. Alors non, effectivement, je ne suis pas aussi vaillant que lorsqu'il s'agissait d'aller faire du godemiché magique sur un yacht de fêtards, je le confirme à Hester. D'autant que nous sommes dans une situation confuse. Si ces types représentent la quintessence de la finance, ce ne sont pas non plus des saints. C'est même un peu, si on épouse le sentiment populaire, des salopards.

– Mais je croyais que tu étais pour la philosophie de l'argent ?

– Non, je suis un chef d'entreprise, pas un spéculateur.

Nous repartons sur notre même discussion, le bien-fondé de notre intervention que je trouve de plus en plus vaine et puérile.

– Puérile ?

– Oui, on est comme des héros de séries télévisées, mais avec un scénario faussé. Qui est le bon ? Le méchant ? Et quel est le but ?

Oui, quel est le but ? Sauver des exploiteurs de la main vengeresse d'un pauvre type qui a pété les plombs parce qu'on lui a infligé un traitement que j'ai moi-même subi pour éviter que les Foules, rendues folles par le goût du sang, ne mettent à sac la civilisation ?

– Indéniablement, dit Hester, après un temps de réflexion, c'est sûr que c'est paradoxal.

Là-dessus, notre échange philosophique fait long feu, nous sommes rattrapés par les événements. Des pandores locaux en quête d'indices font irruption, car un chalet a été découvert, la porte éventrée. Un maraudeur s'y est vraisemblablement dissimulé. Des reliefs de repas l'attestent. Le personnel de l'hôtel est en émoi. Ce genre d'événement, dans un endroit aussi calme, est rarissime. Une battue est en train de s'organiser, cela alors que le bruit des rotors des hélicos transportant les pontes de la finance troue les nues. Et là, coup de théâtre, nous apprenons, par le majordome, avec qui nous sommes maintenant en sympathie, que le dîner, qui devait avoir lieu au restaurant initial (où j'ai essayé de réserver sans succès) aura pour finir lieu ici, car le chef de l'autre établissement est malade. De là à y voir, comme Hester, une synchronicité d'à-propos, il n'y a qu'un pas, que, dans la fièvre de l'enquête, nous nous empressons de franchir.

(La communion solennelle)

Nous sommes seuls dans une salle de restaurant vide. D'une autre salle nous parviennent des bruits de discussions. Je me demande ce qui peut bien se dire, si les gens présents ont vraiment le pouvoir d'agir aussi facilement sur le sort du monde et, si oui, l'effet que ça leur fait, s'ils sont complètement aveuglés, cyniques, pris dans une logique incompréhensible, ou si parfois ils songent qu'eux-mêmes ne sont que des marionnettes aveugles s'agitant au milieu d'une farce grotesque dont ils s'imaginent être les acteurs alors qu'ils n'en sont que les pantins. J'ai craint un moment que les sbires de la haute finance – il y en a deux postés dans le hall – ne songent à vérifier notre identité, mais s'ils le font, ça n'aura pas de conséquence directe.

On nous fiche la paix. Nous en sommes au dessert et il ne s'est toujours rien passé. Hester va aux toilettes régulièrement, sans en rapporter de nouvelles particulières. Nous sommes donc sur le point de conclure que le Géant a certainement renoncé, qu'il est même peut-être déjà dans les filets de la maréchaussée et que l'aventure tourne court – ce qui n'est pas plus mal finalement –, quand une silhouette traverse le hall et sort dans le jardin où nous avons pris notre petit déjeuner.

– Hé, je fais, ce n'est pas celle qui a un rendez-vous ?

Si, effectivement, c'est notre amie la Coquine-qui-trompe-son-mari-le-financier. Branle-bas de combat. Nous fonçons – autant que nous le pouvons sans nous faire repérer par les molosses – à sa suite. La voilà dans le jardin. Une silhouette s'avance. « C'est lui, chuchote Hester, je le sens. » Que faire ? Nous restons tapis, feignant de nous embrasser de façon à tromper l'ennemi sur nos intentions. Nous sommes convenus d'essayer de le raisonner. Comme j'ai repris de l'H+, j'ai la tête qui tourne et des distorsions visuelles strient ma vue d'éclairs colorés.

À une cinquantaine de mètres, deux ombres sont en train de parler. Mimant toujours un accouplement mobile, nous progressons à croupetons vers le Tueur. Nous sommes tout proches. « On ne les entend plus, me souffle Hester. J'espère qu'il ne l'a pas étranglée. » L'attente est insoutenable. Hester me pousse du coude. « Il faut que tu y ailles. » J'ai préparé ma phrase dans ma tête. Je me redresse. Enjambe le taillis. « Ne vous énervez pas, je braille, il faut que je vous parle, j'ai vécu la même chose que vous. » La femme est adossée contre un arbre, les jambes entourant les hanches d'un homme qui la pénètre avec vigueur. De saisissement, celui-ci a un mouvement de recul si vif que la femme, n'ayant plus d'appui, glisse en arrière et choit par terre. Le type a le sexe dressé – je note qu'il n'a pas mis de préservatif. Son visage exprime une crainte mêlée de surprise. Il n'est ni chauve, ni géant. « Hé, je refais, gêné, j'ai vécu la même chose que vous, il faut qu'on parle », mais avec moins de conviction, car je me rends bien compte qu'il y a maldonne. Ce n'est pas le tueur, à moins que l'H+ l'ait aussi transformé physiquement. Hester est maintenant à mes côtés. La femme se relève, panique en essayant de retrouver sa culotte que, dans l'euphorie, elle a dû balancer dans les taillis. « Je suis désolé, je dis, c'est une erreur, je croyais que c'était quelqu'un d'autre. » Et je commence à battre en retraite, alors que la femme, trouvant enfin son string – rouge, qui fait une petite tache dans sa main –, ce qui doit la rassurer, se reprend et dit « Eh bien vous pourriez faire attention, ce genre d'erreur est très déplaisante », avec une classe certaine.

Elle n'a pas le temps de finir sa phrase. Hester m'attrape le bras et me force à me tourner. « Il est là, il est là, regarde ! » Je vois un visage qui me fixe dans les feuillages. À partir de cet instant, c'est comme si je passais dans une autre dimension, comme si un court-circuit avait eu lieu dans mon cerveau. Je suis en prise directe avec l'esprit de celui que nous pourchassons, nous n'avons pas besoin de parler. Cela dure très peu de temps. J'ai le temps de ressentir exactement ce qu'il ressent. Une immense tristesse, un dégoût pour la misère et la méchanceté du monde, une sensation atroce. Comme s'il avait été connecté à un froid dégoûtant. Un mélange de méchanceté et de bêtise auquel il ne croyait pas avant de l'avoir expérimenté et qui génère une effroyable sensation de vide. Un vide absurde, mortifère. Cette sensation l'étouffe. Il en est devenu fou. La seule réaction qu'il a été capable de concevoir est une pulsion meurtrière, aveugle. À l'instant où nos cerveaux entrent en connexion, il comprend que cette réaction est sans effet. Elle ne sert en fait à rien, si ce n'est à la répercuter plus encore. Et cela, je le comprends également. Comme si nos deux cortex, en communiquant, avaient équilibré une inutile équation. Des images insoutenables me traversent l'esprit, des images du mal. Je suis pris de nausées. Alors qu'il disparaît dans la nuit, pris de spasmes, je me mets à vomir, effaré d'avoir pu appréhender un tel abîme.

(Les pyramides obsolètes)

Nous inspectons les abords des pyramides. Le pilote ne comprend pas pourquoi je m'obstine à lui faire survoler des toits de masures et de villas au lieu des sites que veulent habituellement voir les touristes – *Stargate, l'expression d'une technologie intergalactique infâme*. La solution *aeroporter* s'est révélée la meilleure. À Paris, Alexia attendait notre retour. Elle s'est ouverte de ses mésaventures aux autres personnes de son groupe, qui ont fait remonter l'information, avec peut-être certaines répercussions, car des gens auraient été renvoyés, replacés dans d'autres fonctions, en tout cas mis hors d'état de nuire. Je n'aurais certainement plus rien à craindre. Elle a accepté sans hésitation de nous accompagner au Caire afin de retrouver l'emplacement de la clinique des zombis. Nous avons quadrillé le périmètre en explorant une à une les petites rues – dont beaucoup sont encore en terre – mais sans résultat. La recherche sur Google Earth n'a rien donné non plus. J'ai opté avec raison pour l'hélicoptère – la montgolfière était aussi une option, idée plaisante mais plus risquée.

Après quelques heures de vol, nous localisons la clinique. Le pilote nous pose non loin – pas trop près pour ne pas affoler les occupants. Je la prends en photo, repère avec précision les coordonnées grâce au GPS. Puis nous remettons le cap sur l'aéroport où, avant de réembarquer pour la France, nous prévenons l'ambassade. Elle met un temps fou avant de nous passer quelqu'un de compétent qui, finalement, nous promet d'aller voir si « des Français sont vraiment en difficulté ». Chose faite le lendemain, puisqu'à Paris l'info éclate au journal du soir avec toute l'histoire. « Abusés par des scientifiques, des ressortissants auraient servi de cobayes pour de sinistres expériences en pensant avoir affaire à des extraterrestres. » Images d'ambulances et des malheureux bégayants, hagards, déboussolés devant les caméras.

(La cécité des flammes)

Nous sommes allongés sur le sable, Hester et moi. Les vagues de l'Atlantique viennent battre la mesure sur le bord de la plage déserte. Être au bon endroit, au bon moment. Ce n'est pas donné à tout le monde. Mais c'est ce qu'on fait du monde et non pas ce qu'il fait de nous qui compte. Et il faut « toujours essayer de faire son maximum ». *James Olmos, le film sur la mafia mexicaine, la M, avant de descendre dans la cour et de se faire poignarder par ses anciens potes. Le même acteur qui jouait dans Battlestar Galactica. L'Univers en perdition. La révolte des robots.* Je regarde le ciel. La vie est compliquée. Les étoiles pleines de mystère. Je me demande si je vais me faire de nouveaux amis. Si ça va coller avec Hester. D'après elle, c'est en créant des réseaux dans une réciprocité positive qu'on devient plus fort. D'un certain point de vue, pourquoi pas. Des oiseaux passent, formant un V qui s'évanouit dans l'azur. Je me fais la réflexion que, depuis ma sortie de prison, c'est la première fois que je me sens libre. Le soleil commence à décroître. Après tout, il me reste un peu d'argent, les cartes de Hepner fonctionnent toujours, l'appartement aussi et, en cas de coup dur, je pourrai toujours vendre le dessin de Jean Cocteau, voire les Dalí. Et puis, rien ne dit que je ne puisse pas remonter une entreprise avec succès. Après tout, à cœur vaillant rien d'impossible.

Chapitre 15

(Les deux ombrelles du parallèle soleil)

Depuis les nuages dans le ciel la Terre ne s'est pas arrêtée de tourner là où la frayeur de fin du monde s'estompe le remous du fleuve reflète la noirceur de la nuit sur la crête des ondulations s'agitant sous les ponts de Paris se dessine une courbe forgée du même métal que les barreaux du CDD où le nouveau directeur l'ancien a été muté à cause de photos de VIP prises dans l'établissement essaie de savoir si le culturiste portugais va survivre au décès de sa mère la responsable du social Anne Carruthers pense que oui mais qu'il faudrait envisager une thérapie ou au moins un soutien psychologique un journal annonce une accalmie dans les séismes parle aussi de la découverte de nouvelles exoplanètes on a mis au point un système pour recycler ce geste idiot les lettres aléatoires que composent chaque jour les internautes pour sécuriser leurs codes secrets qui peut servir à l'identification de manuscrits indéchiffrables un logiciel a été conçu en ce sens chaque mouvement pouvant donc finalement avoir une utilité trouvant une place adaptée dans l'organisation si ce n'est de l'Univers au moins quelque part sur Terre ou encore ailleurs dans les rêves des paparazzi chauves qui fument un cigare en suivant les volutes de fumée qui s'élèvent vers le plafond des lounges où Hermine d'Armentières fête son anniversaire la fille de S. est venue elle dit qu'elle a arrêté la coke mais personne ne la croit si ce n'est pas la coke ce sera autre chose car la vie n'a plus de sens elle se met à pleurer tout le monde est gêné après tout si c'était la fin du monde peut-être serions-nous des poupées gesticulantes accrochées à côté d'un type arborant un air caprin dans les rires d'une sorcière aveuglée par sa propre méchanceté Anne Carruthers parle des concepts du bouddhisme au Portugais culturiste qui a envie de la frapper dans un mouvement de colère qu'il a du mal à contenir dans un bureau d'un service parallèle de sécurité ce qu'on appelle un service secret En-Retrait remplit des cartons l'affaire de la clinique qu'il a plus ou moins cautionnée sans même savoir de quoi il s'agissait lui a été fatale les illuminés sont soignés dans un hôpital parisien encore quelques jours et la presse se sera désintéressée de l'affaire mais les Plus Hautes Zones n'ont pas supporté qu'un tel dérapage soit possible et que les Sphères Proches aient eu autant de latitude d'action Ça-va-pas-être-possible qui était son adjoint est également de la charrette et les deux ont un sourire en pensant à toute cette merde puis leurs sourires s'estompent ils sortent des bureaux qu'ils ont occupés de nombreuses années leurs cartons sur un diable qu'un planton qui était auparavant aux ordres leur a laissé dans le couloir ils ont un léger pincement au cœur en quittant cet endroit qui les a vus fomenter des intrigues compliquées navigant sur les rouages de flux qu'ils ne comprenaient pas eux-mêmes mais qui les fascinaient et dont ils ont épousé les mouvements jeux d'alcôves conflits d'intérêts le mal est partout il n'y a pas d'innocent le système génère un poison qui s'insinue dans le moindre pli de l'être lorsqu'on est tissé de ce fil il n'est plus possible de faire machine arrière En-Retrait pense activer ses réseaux personnels et se recaser comme sous-préfet à la prochaine redistribution politique car il n'a pas envie de partager le sombre avenir des gens d'en bas qui le dégoûtent Ça-va-pas-être-possible a un débouché dans le privé dans une énorme agence de renseignement industriel qui lui faisait des appels du pied finalement il s'en fout de cette connerie il a en a suffisamment vu ça lui suffit quand ils sortent de l'immeuble le cheik qui a mis la tête de Gaston à prix négocie l'achat d'une nouvelle chaîne de télévision son régisseur responsable des godemichés photographiques est en fuite et se cache il va le faire tuer et si possible avant souffrir l'incongruité de cette idée sa folie ne lui traverse pas l'esprit cela lui paraît une chose normale et saine rue Saint-Honoré une voiture fait une queue de poisson à un Vélib' des hommes en jaillissent et crie « police police bouge pas on sait que t'es chargé » et Mouss n'a pas le temps de jeter le paquet qu'il transporte une des stars qui était sur le yacht a Cannes meurt d'overdose de barbituriques une autre est amoureuse mais flippe car elle a peur que des images d'elle dans l'orgie circulent sur le Net et que son fiancé la répudie car il est puritain des gradés qui faisaient partie d'une loge sont rappelés à l'ordre et une enquête est ouverte pour savoir jusqu'à quel point la gangrène a pénétré dans les esprits les Grands Maîtres sont enjoints de mieux surveiller leurs troupes un homme fond en larmes devant un tableau où il pense que son âme est enfermée un enfant autiste fait des gestes avec ses mains les feuilles mortes dans le jardin de la place des Vosges s'envolent se mélangent aux battements d'ailes des pigeons une nostalgie terrible envahit le cœur de quelqu'un qui regarde cette scène c'est comme une drogue dont il ne se lasse pas le Sofa bar qui a fermé est remplacé par une galerie d'art contemporain la mère de Vassilia passe devant inquiète pour l'avenir de sa fille qui a les Assedic mais que va-t-elle faire après sa formation de graphiste un voisin lui a dit que le secteur est saturé Bruno essaie de se faire hospitaliser dans une clinique spécialisée pour happy few cocaïnomanes mais quand il arrive dans la salle d'attente il a un rire nerveux et repart il a essayé de joindre Destiny mais elle ne l'a jamais rappelé et parfois il appelle Patricia uniquement pour s'engueuler avec elle car il lui manque une présence à l'ANPE spectacle un homme presque obèse passe un casting pour une pièce de théâtre il raconte aux gens qui attendent avec lui qu'il connaît la clinique dont on parle à la télé qu'il y a été et qu'il a eu de la chance de ne pas y passer le long du Gange des yogis à moitié fous répètent des mantras dont le sens s'est perdu et plus haut dans l'Himalaya d'autres sages sont en extase communiant avec des parties lumineuses de l'Univers ou de leurs cerveaux les expériences de neurobiologie assistées des techniques d'IRM le diront peut-être un jour tandis qu'au Tibet les touristes chinois affluent et s'extasient devant le Potala après avoir quitté pour quelques jours l'ambiance surpeuplée de Beijing bien loin de Washington où Renard-Vicieux occupe maintenant les spacieux bureaux d'un organisme de lobby au service de l'industrie pétrolière le même pétrole avec lequel Gaston communiait il pense que son giton métisse européen était un piège et qu'il est tombé dedans mais son naturel combatif a repris le dessus et il est probable que personne n'apprendra jamais le secret de son homosexualité au vu des photos il interdit dorénavant à sa fille certaines fréquentations le jeune métis lui a envoyé des e-mails mais il n'a pas répondu même si peut-être après tout il n'était pas complice en France Marie-Pierre pense parfois à Gaston comme à une période sombre l'image d'Alexandre se faisant poignarder qu'elle avait zappée est pourtant revenue la hanter pendant quelques mois lorsque le passé a resurgi ni ses enfants ni son mari ne connaissent cette partie de sa vie et c'est aussi bien un gros homme et une femme naine se disputent dans un taxi le même qui a transporté Gaston à son retour d'Israël il n'y plus personne pour commenter l'idée d'une harmonie collective devant le palais Garnier et personne pour ramasser des pierres pour lapider quelqu'un au métro Bastille le flot des voitures sur le périphérique est semblable au flot des voitures sur de nombreux périphériques de la planète un mélange de pollution d'énervement de fatigue et de lassitude embouteillés deux malfrats d'un certain âge se chicanent au sujet du bénéfice d'un trafic de fausses pièces d'un euro et l'un dit à l'autre que personne ne lui mettra dans le cul certainement pas un scientifique libertin essaie de faire breveter un procédé permettant d'apaiser les pulsions humaines en provoquant des stimuli psychosensoriels eux-mêmes boostant des neurotransmetteurs et plongeant l'utilisateur dans une euphorie douce et amoureuse d'après ce qu'il explique ce serait radical et plongerait les esprits terriens dans une logique heureuse ce qui n'est pas pour déplaire à John et à son équipe de régulateurs intergalactiques la femme de Dirt attend son mari qui va être libéré sur le parking de Fleury et elle songe que c'est certainement le pire endroit qu'elle a connu et le pire moment de sa vie « Serge » se remet de sa jambe cassée on doit lui enlever son plâtre plus facilement qu'« Alain » qui a eu la clavicule fracturée par Gaston et qui est exclu de la loge dont il faisait partie ainsi que « Stéphane » et d'autres gradés Monsignac meurt dans un hôpital suisse craignant de retrouver dans l'au-delà la conséquence de ses actes et l'ire du swami Alexia ne comprend toujours pas comment des êtres qui ont la responsabilité d'autres êtres peuvent s'égarer à ce point et lorsqu'elle pratique ses techniques de guérison il lui semble buter sur un point infranchissable et incompréhensible qui l'inquiète mais elle suppose aussi que le libre arbitre existe et que cela garantit le fondement même de ce à quoi elle croit et que ce point vient de là d'une autre manière de voir le monde cruel dur et sans pitié et elle espère que l'égoïsme conduit toujours à la perte de ceux qui en sont à l'origine dans une boîte de Berlin appelée le Trésor des technoïdes s'enivrent de vodka et dansent des Ambassadeurs d'autres planètes s'indignent de la lenteur des navettes qui doivent les ramener dans leurs régions d'origine et certains sont anxieux car leur système a été détruit à cause des guerres dans l'Univers quelque part dans une forêt un géant à moitié fou marche pieds nus sans relâche communiant par télépathie avec les forces vives des éléments et il espère que la nature le soigne lui montre que la démence dont souffrent les habitants de la Terre s'équilibre au contact du sol se disperse dedans se métamorphose en milliers de plantes d'insectes d'organismes de toutes sortes qui ont leur logique et dont on peut apprendre le chemin ténu menant à la paix idée que ne peut imaginer le milliardaire Enclun qui n'arrive plus à se concentrer au jeu des 1 000 bornes regarde chaque journal télévisé depuis que les illuminés du Caire comme les ont surnommé les médias ont été découverts s'attendant à ce que son nom et celui de son fils cité soit ici et là de nouvelles opérations spéculatives ont eu lieu générant des profits fabuleux les pauvres étant dans un état stationnaire satisfaits dans leurs désirs primaires pour que l'organisation sociale n'explose pas et en possession du quota d'argent nécessaire suffisant à une reprise économique du Monopoly où ils gagnent rarement la femme adultère de l'autre milliardaire a déjà un autre amant celui du raout autrichien n'ayant pas survécu à la déconfiture des bosquets sur la route qui relie le Caire à la frontière israélienne le conducteur d'un camion arrêté à un barrage pense que cette guerre latente qui existe dans cette région du monde ne cessera jamais il essaye de demander pourquoi mais cette question reste sans réponse comme si un champignon noir venu peut-être des confins d'un autre univers brouillait sa capacité de raisonnement tapi derrière l'ombre des pyramides des vestiges d'une civilisation disparue un des gardien ce que l'on appelle maintenant la clinique des Français Fous se cache car la police le recherche une dame qui a suivi l'affaire dans le journal sait qu'il s'agit encore une fois d'un acte Reptilien la peur la saisit quand elle imagine son impuissance face à cette menace à Jérusalem les églises ouvrent leur porte des juifs se hâtent vers le mur des lamentation les cris et les imprécations redoublent face aux pierres qui ont vu des scènes antiques le temps sur une toile de Dalí s'égoutte comme de la pâte à modeler Gaston vit maintenant avec Hester il envisage de monter une galerie de photos avec l'argent qui lui reste une partie de ses journées se passe à revoir comme un film fou les événements de sa vie les gens qu'il a croisés les interactions qui se sont produites et d'essayer d'en maîtriser l'incroyable dessein sa pensée ricochant sur cette grille comme une boule lancée au cœur de la partie compliquée d'un jeu dont il commence à peine à entrevoir les règles et lorsque la pression mentale est trop forte Hester le calme lui dit qu'il n'a plus à craindre de s'égarer dans les méandres de son propre cerveau que ce qu'il a vécu est étrange mais que maintenant il est aussi plus sensible aux autres plus dans l'empathie et même si cette idée semble curieuse elle fait néanmoins son chemin et parfois lorsqu'il s'endort il s'amuse à imaginer que l'ensemble du déroulé de son existence forme des cercles et des arabesques s'équilibrant parfaitement pour dessiner un tapis ahurissant orné de fleurs magnifiques répercutant dans une posture inattendue comme arc-boutée sur cette vague aveugle pour mieux la sublimer et en transcender la sauvagerie la violence inouïe de l'Univers et alors dans un demi-sommeil il lui semble voir le sourire du pope aveugle et les lettres du monde par instants lui semblent plus intelligibles comme si la phrase sans point qui s'écrivait à l'infini devant ses yeux ne nécessitait plus que la scansion subtile de sa propre ponctuation.

Table

DEUXIÈME PARTIE

TROISIÈME PARTIE

Du même auteur

Aux Éditions Fayard

Héros, personnages et magiciens, 2008.
Nouvelles du monde entier, t. II, 2009.

Aux Éditions Flammarion

Le Doigt de Dieu dans un ciel tout blanc (romans)
Cantique de la racaille, 1994 (Prix de Flore).
Wendy, 1996.
Nostalgie de la magie noire, 1997.

Le Jeu
Effacement progressif des consignes de sécurité, 2001.
Pour une nouvelle sorcellerie artistique, Librio, 2001.
Wendy2 ou les secrets de Polichinelle, 2003.
Une orange roulant doucement sur le sol d'un parking (avec Oliver Fontvieille), Au Diable Vauvert, 2003.
Bois sacré (avec Mallendi et Agnès Paicheler), Au Diable Vauvert, 2004.
La Vie miraculeuse du clochard André, 2006.
PEP, Ego Comix, 2007.
L'Évangile du verbe pur (à paraître chez Bayard)
Hépatite C, 2007.
15 ans et demi, 2008.

Aux Éditions Le Dilettante

L'Accomplissement des prophéties (nouvelles)
Un pur moment de rock'n roll, 1992.
Les Clefs du bonheur, 1993.
Vol de sucettes, 1995.
Recel de bâtons, 1995.
L'Auteur, 1995 (Prix des bouquinistes).
La Vie moderne, 1996.
13 contes étranges, 1999.
Le Retour de l'auteur, 2009.

Aux Éditions DTV

Le Danger des courants électriques (avec les photos de C. Mariaud)
Portraits des hommes qui se branlent, 1995.
Conséquences de la réalité des morts, 1997.
Attirance envers le vide (à paraître)

AUX ÉDITIONS MILLE ET UNE NUITS
P.E.P. Projet d'Éducation Prioritaire, 1996.

AUX ÉDITIONS DU PANAMA
Les Aventures d'Arthur et Violette
Les Filles sont bêtes, les garçons sont idiots, 2006.
Le Président ne peut pas être un imbécile, 2007.
Bons à rien, prêts à tout !, 2007.

AUX ÉDITIONS DU SEUIL
Les Souris ont parfois du mal à gravir les montagnes (avec Dupuy et Berbéian), 2000.
Pourquoi les petits garçons ont-ils toujours peur que leur maman les abandonne dans une forêt sombre et noire ? (avec Anne-Marie Adda), 2001.
L'Utilisation maximum de la douceur (avec Lamia Ziadé), 2001.
Nouvelles du monde entier, t. I, 2003.

CHEZ DIVERS ÉDITEURS
Ngenza (avec Laurent Sazy), Presses de la Renaissance, 2004.
Ma fille a quatorze ans, Librio, 2004.
Plantes et Chamanismes (avec Jan Kounen et Jérémy Narby), Mama Éditions, 2008.
La foire aux nains, Le Rouergue, 2008.
Les filles sont bêtes, les garçons sont idiots, Storylat, 2010.

BANDE DESSINÉE (SCÉNARISTE)
Croyez en moi !, dessins de Joan, Albin Michel, 2007.
Mon blog est un cœur qui bat, dessins de Dominique Mermoux, Vent d'Ouest, 2008.
Tokyo Girls, t. I : *Opération Chéris Charmants*, Delcourt, 2009.

Pour l'éditeur, le principe est d'utiliser des papiers composés de fibres naturelles, renouvelables, recyclables et fabriquées à partir de bois issus de forêts qui adoptent un système d'aménagement durable.

En outre, l'éditeur attend de ses fournisseurs de papier qu'ils s'inscrivent dans une démarche de certification environnementale reconnue.

Photocomposition Nord Compo
Villeneuve-d'Ascq

Impression réalisée par
CPI BRODARD ET TAUPIN
La Flèche

pour le compte des Éditions Fayard
en août 2010

Imprimé en France
Dépôt légal : août 2010
N° d'impression : 59568
35-33-4870-8/02